로마 이야기

인드로 몬타넬리 지음 ｜ 김정하 옮김

서커스

차례

이 로마사의 연재가 진행되는 동안, 내게 날아온 투서는 나날이 분격의 도를 더해갔다. 나는, 경박하고, 엉터리고, 형편없다고 질책받고, 어떤 투서는 나의 문장을, 신을 두려워하지 않는 행위라고 질책했다. 신성시되고 있는 문제에 대해 내가 취하고 있는 태도가 문제라는 것이었다.

나는 그다지 놀라지 않았다. 지금까지 이탈리아에서 고대 로마에 관해 말할 때는, 저 장중하면서도 변호론적인 문체밖에는 사용되지 않았다는 것을 잘 알고 있기 때문이다. 하지만 바로 그런 이유 때문에 로마사를 읽어도 머리에 잘 들어오지 않고, 고등학교를 마치면 아무도 그것을 떠올려보려 하지 않는 것이라고 나는 생각한다.

장대한 기념비들만으로 가득 차 있는 역사를 되짚어 보는 것만큼 지루한 일은 없다. 몇 년 전 나는 로마사를 완전히 까먹고 있었다는 것을 깨닫고, 처음부터 다시 한 번 읽어보려 했지만 하품을 참느라고 고생 꽤나 했다. 그런데, 그러한 기념비들과 같은 시대에 쓰인 수에토니우스나 디온 카시우스가 쓴 역사책을 읽어보니, 그런 장중하고, 황공한 경의 따위는 조금도 느낄 수가 없었다.

이에 용기를 얻은 나는 고대 로마의 역사가나 기록자의 저작을 하나하나 읽어보았다. 화석에 생명을 불어넣는다는 말은 바로 이럴 때 쓰는 말이었다. 학교에서 배웠을 때는 경직된 자세로 움직이지 않았던, 인간이라기보다는 오히려 추상적인 상징 같았던 고대 로마사의 인물들이, 쇠사슬에 묶인 상태에서 일거에 풀려나 생기를 되찾고, 피와 악덕과 표정과 다채로운 기벽奇癖으로 이루어진, 즉 살아 있는 진짜 인간으로 돌아온 것이었다.

이 인물들을 당시의 로마인들이 느꼈던 것과 같은 감각으로 다루는 게 뭐가 이상한가. 이 인물들을 박물관의 차가운 대리석 받침대 위에 처박아 놓는 것이 그들에게 경의를 표하는 것일까. 박물관에 가는 것은 학생들뿐이고, 그것도 시험을 위해 억지로 교사에게 이끌려 가는 것에 지나지 않는데도 말이다. 성자들도 인간이다. 아니 그들이야말로, 인간의 편협함과 기교奇矯함을 갖춘 가장 인간다운 냄새를 풍기는 인간들이다. 예수 그리스도는 자신을 부인한 성 베드로를 사도로 선택했다. 그런데도 내가 아는 예수회 인사는 권위자들과 물의를 일으키지 않기 위해, 틀에 박힌 성자 찬양과 신앙을 고취하는 전기를 쓰지 않으면 안 되었다.

로마의 역사가 위대한 것은, 그것이 우리들과는 다른 사람들에 의해 만들어졌기 때문이 아니라, 우리와 똑같은 사람들에 만들어진 것이기 때문이다. 그들의 어디에도 초자연적인 요소는 없었다. 만약 초자연적인 것이 있었다고 한다면, 우리는 그들을 존경하지 않아도 될 것이다. 키케로와 카르넬루티*에게는

---

* Francesco Carnelluti(1879~1965). 저명한 법학자이자 변호사. 이탈리아의 민사소송법, 기업법, 파산법 등에서 지대한 영향을 끼쳤다.

공통점이 많이 있다. 카이사르는 젊었을 때 불량 청년이었고, 평생 여성들과의 쾌락을 추구했고, 대머리를 숨기기 위해 매일 정성들여 머리에 빗질을 했다. 이러한 사실들은, 그들이 장군으로서, 정치가로서 위대하다는 사실과 모순되지 않는다. 아우구스투스는 마치 기계처럼 자신의 모든 시간을 제국을 조직하는 데 할애했지만, 동시에 복통이나 류머티즘과 끊임없이 싸우지 않으면 안 되었고, 카시우스와 브루투스를 상대한 그의 최초의 전투를 설사로 인해 자칫하면 패할 뻔했다.

고대 로마인들에 대해 범할 수 있는 최대의 오류는 그들의 인간적 진실이 마치 그들을 왜소화한다는 듯이, 눈 감고 못 본 척하는 데 있다고 생각한다. 말도 안 되는 착각이다. 로마가 로마가 된 것은 그 역사에서 영웅들이 과오나 어리석은 행동을 범하지 않아서가 아니라, 그들의 과오나 우행愚行이 때로는 엄청난 것이었다 해도 로마의 패권을 흔들리게 할 정도는 아니었기 때문이다.

내가 『로마 이야기』를 집필하는 과정에서 기존의 사실들 이외에 새롭게 발견한 것은 아무것도 없다. 이 책에는 로마사를 독창적으로 해석했다거나, 이전에는 몰랐던 사실을 새로이 밝히려는 그 어떤 의도도 들어 있지 않다. 이 책에서 언급하고 있는 모든 사실은 이미 기존에 언급되었던 내용들이다. 다만 내가 기대하는 것은, 좀 더 단순하고 겸손한 방법으로 로마사의 주인공들이 남긴 행적들을 보다 솔직하게 묘사하려고 할 때 이런 의도를 방해하는 적지 않은 장애물들을 제거하려는 일련의 노력들을 통해서 이 책을 완성했다는 평가이다.

경우에 따라서는 이러한 의도를 지나치게 소박한 야심이라고 생각하는 독자도 있을 것이다. 그러나 필자는 그 반대라고 생각한다. 만약 지금까지 대학에서 로마사 강의를 수강하면서 흥미를 상실한 사람들이 다시 로마사에 애정과 관심을 가지게 될 수만 있다면, 나는 오히려 유익하고 운까지 좋은 저자라는 평가를 받을 것이다.

1957년 11월 밀라노에서

인드로 몬타넬리

개정판 서문

제 앞가림도 변변치 못한 내가 이 책을 몇 번이나 다시 찍었는지 기억할 수 있겠는가. 다만 다른 외국어로 번역된 것을 제외하고도 이탈리아어 판만 50만 부 이상 팔린 것으로 짐작된다. 하지만 결코 그것을 자랑할 생각은 없다. 항상 그렇듯이 베스트셀러가 되었다는 사실은 결코 그 책의 가치를 판단하는 데 결정적인 잣대가 되지 못한다. '올해의 책'이라고 과대하게 광고된 책이 이듬해에 독자들의 기억에서 사라지는 경우를 수없이 보아왔다. 이 경우, 오히려 풍자적인 의미에서 성공한 책이라고 할 수 있을 것이다. 그러나 예를 들어 『로마 이야기』와 같은 책이 적어도 35년의 긴 세월 동안 독자들로부터 꾸준히 사랑받았다면, 이는 크든 작든 분명히 가치가 있다고 할 수 있을 것이다.

나는 재판을 찍기에 앞서 이 책을 다시 한 번 정독했지만, 첨가하거나 삭제할 만한 그 어떤 내용도 발견할 수 없었다. 다만 그동안 변화된 사항들, 예를 들면 당시의 화폐(세르테르티우스,* 탈렌트**)와 오늘날의 리라의 관계 그리고 가치의 변화에 관한

---

* sestertius. 흔히 HS라는 약어로 표기된다. 오늘날 리라의 100분의 22에 해당한다.

** talent. 고대 그리스와 팔레스티나 및 로마에서 사용되던 통화.

내용들을 새로 기록하는 작업만을 했을 뿐이다. 그러나 이러한 작업에도 불구하고 『로마 이야기』가 완벽한 것이라고는 말할 수 없다. 세상의 그 어느 역사책도 완벽할 수는 없기 때문이다. 최근 프랑스에서 가치 있는 역사서들을 내놓고 있는 어느 역사학파의 주장에 따르면, 역사가는 정치와 경제뿐만 아니라 과학, 도시학, 화폐, 식이요법, 의학, 기술 등을 잘 알고 이들을 재구성하여 하나의 복합적인 구성체를 완성해야만 한다고 한다. 이는 마치 르네상스적인 전인全人을 요구하는 것과 같은 일이다. 그러나 실제로 그 어떤 역사가도 백과사전류의 모든 지식을 알 수는 없다. 만약 그가 모든 지식을 소유하고 있다면, 역사를 파편적으로 기록하거나 모래알처럼 많은 주제들의 늪 속에서 헤어나지 못하게 될 것이 명백하다. 또한 결코 한 권의 역사책도 완성하지 못할 것이다. 위대한 역사학자인 리튼 스트레이치는 역사가들이 갖추어야 할 수많은 자질 중에는 약간의 무지도 포함된다고 말한 적이 있다. 이 무지는 구체적인 주제의 세부 사항들에 대한 심도 있는 분석을 방해하지만, 동시에 주요 사건들에 대한 종합적인 결론을 찾을 수 있게 해준다. 그 한 예로서 영국 역사학의 아버지인 존 액턴의 경우를 생각해 볼 수 있다. 이 역사가는 완벽한 설명에 필요한 모든 사항들을 완벽하게 짜맞추지 못했기 때문에 결코 한 권의 역사책도 저술한 적이 없다.

　나는 완벽한 역사책을 쓰고 싶다는 야심을 가져본 적이 없다. 전체적인 상황을 중요하게 간주하면 세밀한 부분들의 특성을 간과하게 되는 것은 거의 필연적이기 때문이다. 그러나 나는 이 책을 통해서 적어도 굵직한 사건들과 많은 변화들을 종합적으로 충분히 설명했다고 생각한다. 35년 전 초판의 서문에서 나는 다음과 같이 말했다.

내가 『로마 이야기』를 집필하는 과정에서 기존의 사실들 이외에 새롭게 발견한 것은 아무것도 없다. 이 책에는 로마사를 독창적으로 해석했다거나, 이전에는 몰랐던 사실을 새로이 밝히려는 그 어떤 의도도 들어 있지 않다. 이 책에서 언급하고 있는 모든 사실은 이미 기존에 언급되었던 내용들이다. 다만 내가 기대하는 것은, 좀 더 단순하고 겸손한 방법으로 로마사의 주인공들이 남긴 행적들을 보다 솔직하게 묘사하려고 할 때 이런 의도를 방해하는 적지 않은 장애물들을 제거하려는 일련의 노력들을 통해서 이 책을 완성했다는 평가이다. 경우에 따라서는 이러한 의도를 지나치게 소박한 야심이라고 생각하는 독자도 있을 것이다. 그러나 필자는 그 반대라고 생각한다. 만약 지금까지 대학에서 로마사 강의를 수강하면서 흥미를 상실한 사람들이 다시 로마사에 애정과 관심을 가지게 될 수만 있다면, 나는 오히려 유익하고 운까지 좋은 저자라는 평가를 받을 것이다.

지금의 『로마 이야기』에서도 첨가하거나 삭제할 만한 어떤 곳도 발견하지 못했다.

인드로 몬타넬리
밀라노, 1988년 10월

로마 이야기

제1장 로마의 기원

　로마에 최초의 국립학교, 즉 '공립학교'가 정확하게 언제 설립되었는지는 알 수 없다. 플루타르코스의 기록에 의하면, 로마가 성립된 지 약 500년이 지난 기원전 250년에 국립학교가 탄생했다고 한다. 그 이전까지 로마의 아이들은, 가난한 가정의 경우에는 부모에 의해서, 부유한 가정의 경우에는 마기스테르magister, 즉 스승 또는 전쟁 포로 출신의 해방 노예지만 대부분 학식이 있는 그리스인 가정교사로부터 교육을 받았다.

　하지만 분명한 사실은 당시의 아이들이 오늘날의 아이들에 비해서 덜 고생했다는 점이다. 로마의 아이들은 이미 라틴어를 알고 있었다. 만약 이들이 따로 시간을 내서 라틴어를 공부해야만 했다면, 결코 세계를 정복할 시간적인 여유를 갖지 못했을 것이다 그리고 이들에게 조국에 관한 역사는 대략 다음과 같이 설명되었다.

　아가멤논, 오디세우스 그리고 아킬레우스가 이끄는 그리스 군이 소아시아의 트로이를 정복하고 도시 전체를 파괴했다. 살아남은 소수의 생존자들 중에는 어머니가 특별히(오늘날처럼 당시에도 마찬가지로) 몸과 마음을 바친 '청탁'의 대가로 살아남은 아이네이아스가 포함되어 있었다. 아이네이아스는 자신을 보호해주는 수많은 신들과 함께 노잣돈도 없이 미지의 세계를 유랑하기 시작했다. 모험과 역경으로 점철된 수많은 세월을 보낸 아이네이아스는 이탈리아에 도착하여 북쪽으로 길을 떠난 끝에 라티움Latium 지역에 이르러 이곳의 왕 라티누스의 딸 라비니아와 결혼했다. 그리고 아내의 이름으로 명명된 도시, 라비니움Lavinium을 세우고 아내와 함께 여생을 행복하게 보냈다.

그의 아들 아스카니우스는 알바롱가Alba Longa를 건설하여 새로운 수도로 삼았다. 8세대 뒤, 즉 아이네이아스가 도착하고 몇 세기가 지난 뒤, 두 명의 후손 누미토르와 아물리우스는 여전히 라티움의 왕권을 공유하고 있었다. 그러나 불행히도 왕좌는 하나뿐이었다. 어느 날 아물리우스는 왕국의 통치권을 독점하기 위해서 동생을 추방하고 그의 자식들을 모두 살해했지만, 동생의 딸 레아 실비아만은 살려두었다. 그러나 그녀가 언젠가는 할아버지의 원한을 복수할지도 모르는 자식을 낳을 수도 있었으므로, 베스타Vesta 신의 여사제가 될 것을 강요했다.

하루는 금혼령에도 불구하고 자신의 짝을 찾고 싶은 마음을 포기하지 못하고 있던 레아는 적적함을 달래고 무더운 한여름의 열기를 피하기 위해서 강가를 산책하다가 근처의 풀밭에서 잠들어버렸다. 그때 마침 땅에 내려와 자신이 좋아하는 전쟁놀이를 하면서 함께 놀아줄 여자들을 찾기 위해서 여기저기 기웃거리던 마르스*가 우연히 그곳을 지나갔다. 신은 잠자는 레아 실비아를 보는 순간 사랑을 느끼게 되었고, 그녀를 몰래 범

---

* Mars. 로마 신화에서 계절을 주관하는 신이었으며 전쟁과 폭력의 신이기도 했다. 그의 제사에는 말과 황소가 제물로 바쳐졌다.

했다.

이런 사실을 뒤늦게 알게 된 아물리우스는 격노했다. 그리고 왕은 레아를 죽이지는 않았지만, 출산을 기다렸다가 쌍둥이 형제가 태어나자마자 이들을 작은 뗏목에 실어서 강물에 흘려보내 거친 물살에 휘말리게 해 익사시키려고 했다. 그러나 왕은 그날의 바람을 미처 생각하지 못했다. 결국 쌍둥이를 강물에 흘려보내던 날 강하게 불던 바람 덕분에 뗏목은 멀지 않은 평야 지역의 모래톱에 이르렀다. 마침 이곳을 지나던 늑대가 울고 있는 쌍둥이를 발견했고 아이들은 늑대의 젖을 먹고서 자랐다. 이로 인해 늑대는 후에 쌍둥이가 세운 로마의 상징이 되었다.

전설에 의하면, 이 늑대는 짐승이 아니라 아카 라렌티나라는 여자였다고 한다. 야성적인 성격을 가지고 있었던 이 여인은 주변 지역의 모든 남성들과 숲에서 불륜의 관계를 맺어 목동이었던 남편을 불행하게 만들었기 때문에 늑대라는 별명을 가지게 되었다고 한다. 하지만 이 에피소드는 근거 있는 전설은 아닌 듯하다.

쌍둥이는 처음에는 늑대의 젖으로 그리고 나중에는 이유식을 먹고 성장했다. 첫 이가 날 무렵, 이들은 각각 레무스와 로물루스라는 이름을 가지게 되었으며 결국에는 자신들의 출생에 관한 비밀을 알게 되었다. 이들은 알바롱가로 돌아와 반란을 일으켜 아물리우스를 죽이고 누미토르를 왕으로 추대했다. 모든 젊은이들이 그렇듯이, 새로운 모험을 갈구하던 쌍둥이 형제는 할아버지에게 통치권을 되찾아준 왕국을 포기하고 그곳으로부터 얼마간 떨어진 지역에 새로운 왕국을 건설하기 위해서 길을 떠났다. 이들이 선택한 곳은 물이 바다로 흘러들어가는 테베레 강 유역에 형성된 두 개의 언덕이었다. 그러나 이곳에서 새로운 왕국의 이름을 둘러싸고, 형제간에 종종 일어나는, 불화가 발생했다. 이들은 하늘에 나는 새들을 더 많이 본 사람이 도시의 이름을 결정하기로 했다. 아벤티노에서 레무스가 여섯 마리의 새를 본 반면, 열두 마리를 목격한 로물루스는 도시의 이름을 로마로 명명했다. 그리고 두 형제는 두 마리의 소에 멍에를 걸고 밭고랑을 파서 성벽을 건설하면서 누구든지 넘어오는 자는 죽이겠다고 맹세했다. 내기에서 진 레무스가 이에 불만을 품고 성벽이 약하다고 불평하면서 그 일부를 파손하자 로물루스는 맹세에 따라서 삽으로 레무스를 살해했다.

이 모든 것이 기원전 753년, 더 정확하게 말하면 4월 21일의 일이었으며, 이날은 오늘날까지도 형제 살해를 기반으로 성립된 로마의 생일로 기념되고 있다. 로마 주민들은 이를 세계 역사의 시작으로 생각했으며, 예수가 등장하기 전까지 연도 계산의 기준점으로 간주했다.

주변의 민족들도 로마의 것과 동일한 원리의 연도 계산 방식을 사용했던 것으로 추측된다. 알바롱가, 리에티, 타르퀴니아 또는 아레초 같은 도시들은 자신들의 수도가 설립된 해를 세계사의 원년으로 간주했다. 하지만 다른 주변 세력들이 모두 이런 방식을 인정했던 것은 아니었다. 이유는 간단하다. 전투에서 패배했기 때문이다. 반면에 로마는 외부의 도전을 모두 극복했다. 로물루스와 레무스가 테레베 강의 두 언덕 사이에 건설한 작은 도시는 불과 몇 세기 만에 라티움 지역의 중심지로 성장했으며, 그 후에는 이탈리아의 주인을 거쳐 주지하다시

피 모든 땅의 정복자가 되었다. 이제 전 세계의 모든 땅에서 로마어가 공용어가 되었고 로마 법률이 존중되었으며, 로마의 건국일Ab Urbe Condita인 기원전 753년 4월 21일은 로마와 그 문명의 시작을 의미하게 되었다.

　물론 당시의 상황이 이상의 알려진 사실에 입각해서 정확히 진행되었다고는 할 수 없다. 그러나 로마의 아버지들은 오랜 세월 동안 위와 같은 내용의 로마 건국에 관한 에피소드를 자식들에게 들려주었다. 어떤 사람들은 스스로 그렇게 믿었으며, 또 어떤 사람들은 애국적인 충정에서 베누스Venus나 마르스와 같은 강력한 신들 또는 아이네이아스와 같은 상류 계층의 인물들을 자신들의 건국의 역사와 연결시키려 했다. 당시의 로마인들은 자식들에게 조국이 위대한 운명을 지닌 초자연적인 존재들과의 협력으로 건설되었다는 확신을 심어줄 필요성을 은연중에 강조했다. 이 모든 것은 로마의 종교성의 기초가 되었으며, 이러한 의미에서 로마의 몰락은 종교성의 쇠락과 깊은 연관이 있다. 로마Urbs*는 로마인들이 아버지와 가정교사로부터 들어왔던 전설들을 믿거나, 자신들이 아이네이아스의 후손이며, 자신들의 몸속에는 당시에 유피테르Jupiter라고 부르던 신과 '사제'의 신성한 피가 흐르고 있다고 확신하는 동안에는 세계의 머리Caput Mundi라고 자부할 수 있었다. 그러나 전설의

---

* 라틴어 '우르부스'는 도시를 의미한다. 그러나 로마 제국의 수도인 로마를 '우르부스 로마나Urbs Romana'로 표기한 이후 우르부스는 제국의 수도 로마를 가리키게 되었다.

신빙성이 의심받게 되면서부터, 로마 제국은 분열의 과정을 거쳐 세계의 중심에서 일개 식민지로 전락하게 되었다. 어쨌든 서둘러 결론을 낼 필요는 없을 것이다.

로물루스와 레무스에 관한 환상적인 우화 속에는 몇 가지 신빙성 있는 사실이 포함되어 있다. 그럼 고고학과 문화인류학 연구를 통해서 밝혀진 몇몇 확실한 증거들에 관하여 살펴보기로 하자.

로마의 건국으로부터 약 3만 년 이전에도 이탈리아 반도에는 이미 사람이 살고 있었던 것으로 생각된다. 이들이 어느 종족에 속하든지 간에 여러 지역들에서 발견된 두개골에 대한 연구를 통하여 이들의 흔적을 재구성해보면, 이들은 이른바 '구석기 시대'로 거슬러 올라간다고 한다. 하지만 별로 믿을 만한 이야기는 아닌 것으로 생각된다. 그럼 좀 더 오늘날에 가까운 시대로 관심을 돌려보기로 하자. 이탈리아 반도의 경우 '신석기 시대'는 대략 8000년 전, 즉 로마가 건국되기 약 5000년 전이었다. 그리고 이탈리아 북부 지역에는 리구르족이, 남부 지역에는 시쿨리족이 살고 있었던 것으로 추정된다. 그들은 모두 배[梨] 모양의 두개골을 갖고 있었으며, 일부는 동굴에서 그리고 일부는 짐승의 배설물과 진흙으로 만든 초가집에서 살면서 목축과 사냥과 물고기잡이로 생활했을 것이다.

다시 한 번 4000년의 시간을 거슬러 올라와 기원전 2000년으로 우리의 관심을 돌려보면, 알프스 북쪽 지역에서 다른 종족들이 내려왔다는 사실을 알게 된다. 이들의 본래 주거지가 어디이며(중부 유럽?), 얼마나 오랫동안 이동 생활을 했는지는 알 수 없다. 이들은 배 모양의 두개골을 가진 원주민들에 비해서 그리 발달된 생활을 하지는 않았지만, 동굴 생활보다는 물 속에 거대한 기둥을 박고 그 위에 건축한 '호수 가옥palafitte'에 서 살았다. 이들은 습지로부터 온 만큼, 이탈리아 반도에서도 마지오레, 코모, 가르다와 같은 호수 지역을 주거지로 선택함 으로써 우리보다 수천 년을 앞서서 근대적 관광 감각을 생활 화하고 있었다. 그들은 양을 방목하고 땅을 개간하며 천을 짜 기도 했다. 뿐만 아니라 맹수들과 다른 종족들의 공격으로부터 마을을 보호하기 위해서 나무에 진흙을 섞어서 만든 울타리를 치는 법과 같은 새로운 문화를 이탈리아 반도에 소개했다..

이들은 이탈리아 남부 지역을 향해 서서히 남하하면서 점차 마른 땅 위에도 자신들의 전통적인 가옥을 건설하기 시작했다. 그리고 게르만 지역의 이웃 종족들로부터 배운 제철법을 이용 하여 농기구, 도끼, 칼, 면도날 등을 생산했으며, 이를 기반으 로 오늘날의 볼로냐 근처에 빌라노바Villanova라는 자신들만의 도시를 건설했다. 이곳은 빌라노바 문명의 중심지로서, 반도의 다른 모든 지역에 영향력을 계속해서 확대했다. 우리들의 생각 으로는 이곳으로부터 인종과 언어 그리고 풍속의 차이로 말미 암아 움브라아족, 사비니족, 라틴족이 파생되었을 것으로 생각 된다.

빌라노바의 주민들이 원주민들인 리구르족과 시쿨리족을 어떻게 다루었으며, 언제 테레베 강 유역에 정착했는지에 대 해서는 아직까지 알려진 것이 없다. 아마도 이들은, 한때 우리 들이 스스로를 시민이라고 부르면서 다른 종족들과 구별하기 위해 다른 종족을 '야만족'이란 어휘로 정의했듯이, 원주민들 을 말살시켰거나 또는 복속하여 종족을 중화시켜버렸을 것으

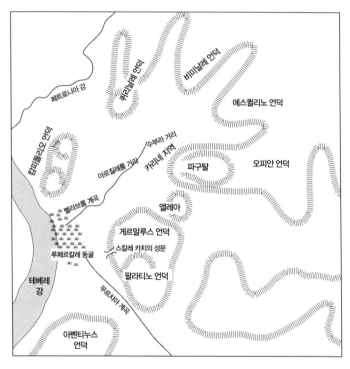

로마의 지리적 위치

로 추측된다. 기원전 1000년경에 이들은 테베레 강 유역과 나폴리 만 사이에 수많은 마을들을 건설했지만, 같은 종족임에도 불구하고 서로 전쟁을 일삼았다. 그러나 공동의 적과 대치하거나 중요한 축제가 벌어지면 서로 협력하는 탄력성을 보이기도 했다.

그들이 건설한 도시들 중에 가장 강력하고 규모가 큰 것은 라티움 지역의 중심지인 알바롱가였다. 알바니 언덕 중턱에 위치해 있던 이 도시는 오늘날의 카스텔 간돌포Castel Gandolfo로 생각된다. 일설에는 어느 날 알바롱가의 젊은이들 중에 모험을 좋아하는 소수의 무리가 도시에서 북쪽으로 수십 킬로미터 떨어진 지역으로 이동하여 로마를 건설했다는 주장도 있다. 이들은 아마도 육체노동자들로 자신의 땅을 경작하려는 마음에 한 줌의 땅을 찾아 길을 떠난 사람들이거나, 수배자들이었을지도 모른다. 혹은 경찰이나 세리에게 쫓기던 불쌍한 무리였을지도 모른다. 아니면 당시에 이 지역이 지금까지도 어디에서 왔는지 알 수 없는 새로운 종족인 에트루리아족이 상륙한 장소로 토스카나 지방과 경계를 이루고 있었음을 고려할 때, 순찰 임무를 위해서 알바롱가로부터 파견된 사람들일 수도 있다. 개척자들 중에는 로물루스와 레무스라는 이름의 두 젊은이가 포함되어 있었을지도 모른다. 어쨌든 그들의 수는 백 명을 넘지 않았다고 한다.

이들이 선택한 장소는 지형적으로 수많은 장단점을 가지고 있었다. 바다로부터 20여 킬로미터 내륙으로 들어가 있었기 때문에 해적들의 공격을 쉽게 피할 수가 있었다. 그리고 당시의 작은 배로도 강의 지류를 쉽게 항해할 수 있었기 때문에 항구를 건설할 수도 있었다. 그러나 도시를 둘러싸고 있는 늪지대 때문에 말라리아와 사나운 짐승들의 위협이 상존하고 있었다. 그나마 다행히 주변에는 언덕들이 있었기 때문에 주민들은 적어도 모기들로부터는 보호를 받고 있었다. 주민들은 그 언덕들 중의 하나인 팔라티노Palatino 언덕에 정착했으며, 계속해서 다른 여섯 개의 언덕들에도 정착촌을 건설하려고 노력했다.

인구를 증가시키기 위해서는 자식들을 낳을 필요가 있었고 자식들을 얻기 위해서는 여성들이 필요했지만 개척자들은 모두 독신이었다. 무리의 우두머리였던 로물루스가 여성들을 얻기 위해서 어떻게 했는가를 알기 위해서는 사료가 부족하기 때문에 부득이 전설에 의존할 수밖에 없다. 전설에 따르면 로물루스는 도시의 건설을 기념하여 대규모의 축제를 벌이고 이웃의 사비니족(혹은 쿠리티족이라고도 한다) 주민들과 그들의 왕인 티투스 타티우스와 특별히 그들의 딸을 초대했다. 그리고 이들이 좋아하는 달리기와 말 경주 같은 오락이 진행되는 순간을 이용하여 비신사적인 방법으로 이웃의 딸들을 납치하고 남자들을 쫓아버렸다.

우리들의 옛 조상은 여자 문제에 관해서는 상당히 민감한 반응을 보였다. 당시 얼마 전에는 헬레네를 강탈한 사건으로 10년간의 전쟁이 발발했으며, 그 결과 거대한 트로이 왕국이 파괴되기도 했다. 축제 기간에 10여 명의 여성들을 도둑질한 로마인들은 다음 날 복수를 외치며 무기를 들고 공격해오는 납치된 여성들의 아버지들과 남자 형제들과 대적해야만 했다. 로마인들은 캄피돌리오 언덕에 방어진지를 구축했다. 그러나 추첨으로 선택된 남편에 만족감을 느끼지 못하고 오히려

이탈리아 반도의 고대 종족들

사비니의 왕 티투스 타티우스를 사랑하게 된 로마 여성 타르페이아에게 요새의 성문 열쇠를 맡기는 중대한 과오를 범하고 말았다. 그녀는 침입자들을 위해 성문을 열어주었다. 사비니의 기병대는 자신들을 위해 로마를 배신한 그녀도 용서하지 않고 방패 밑에 깔아 죽였다. 이 일이 있은 후로 로마인들은 그녀의 이름을 바위에 새겨서 조국을 배신한 행위를 죽음으로 처벌하겠다는 의지를 공표했다.

그러나 이 모든 사태는 거대한 만찬으로 종식되었다. 왜냐하면 전투의 원인이 되었던 사비니의 여성들이 두 군대 사이에 개입하여 로마인 남편들이 승리할 경우에는 고아가 된다는 사실과 사비니의 부친들이 승리할 경우에는 과부가 된다는 사실 모두를 원하지 않는다는 의사를 표명했기 때문이다. 사비니의 여성들은 비록 민첩하고 난폭한 성격이었지만, 신랑들과 잘 지내고 있었기 때문에 전쟁은 종식되어야만 했다. 오히려 싸움을 계속하는 것보다는 이들의 결합을 공식화시킬 필요가 있었다. 사건은 이렇게 해서 종결되었다. 로물루스와 타티우스는 왕의 직함을 유지하면서, 새로 태어날 로마-사비니 혼혈인들에 대한 공동 통치를 결의했다. 그러나 타티우스가 얼마 지나지 않아 사망하자 공동 통치의 경험은 적당한 선에서 마무리되었다.

이 역사의 이면에는 무엇이 숨겨져 있을까? 이는 아마도 로마를 정복했다는 사비니족의 애국심과 자부심을 암시하는 내용에 불과할지도 모른다. 그럼에도 두 종족이 진정 자발적으로 통합되었으며, 그 유명한 사비니 여인들의 납치 사건은 당시에 거행되었던 결혼 의식의 일부, 즉 오늘날에도 원시 종족 사이에서 종종 벌어지는 것처럼 신부 부친의 승인하에 신랑이 신부를 도둑질하는 풍속을 암시하는지도 모른다.

만약 이런 추측이 사실이라면, 로마와 사비니의 통합 결정은 단순한 의미 이상으로 공동의 적에 대처하기 위한 것이었다고 볼 수 있다. 예상되는 공동의 적은 티레니아 해의 해안 지역으로부터 토스카나, 움브리아 지역으로 진출하면서 월등한 군사 전략을 발휘하여 남부 지역을 압박하고 있었던 에트루리아인들이었다. 로마와 사비니는 적의 주 이동로에 위치하고 있었기 때문에 심각한 위협에 직면하게 되었다. 그러나 이를 피하는 것만이 능사라고는 생각하지 않았다.

로마는 건국 이후 얼마 되지 않아서 로마 역사상 가장 힘들고 사나운 적을 만나게 되었다. 처음에는 외교적인 노선을 통해서 에트루리아족을 물리쳤지만, 나중에는 용기와 기술로 굴복시켰다. 그러나 최종적인 승리를 위해서는 아직도 몇 세기를 더 기다려야만 했다.

제2장 비극의 에트루리아족

모든 면에서 농담과 장난을 좋아하는 오늘날의 로마인들과는 반대로, 고대의 로마인들은 진지하게 생각하고 행동했다. 특히 적을 괴멸시킬 필요가 있다고 생각되면 전쟁을 일으켜서 승리를 쟁취하기 전에는 결코 적에게 쉴 틈을 주지 않았다. 뿐만 아니라 모든 희생을 감수하면서 모든 자금과 군대를 동원하여 결국에는 돌 위에 돌 하나도 남지 않을 정도로 철저하게 파괴해버렸다.

로마는 온갖 굴욕을 극복하고 대적할 충분한 힘을 갖게 될 때까지 기다렸다가 에트루리아족에게 가장 철저한 방법으로 보복했다. 결정적인 승리도 없는 길고 힘든 투쟁이었지만, 패배자에게는 철저한 파괴만이 기다릴 뿐이었다. 역사에서 패배 뒤에 멸족되거나 참혹한 비극 속으로 사라져버린 민족들을 종종 보게 된다. 에트루리아족의 경우에도 문명의 모든 흔적들이 파괴당했다. 다만 몇몇 예술 작품들과 지금까지도 판독이 불가능한 수천 개의 기록문서들만이 남아 있을 뿐이다.

학자들은 이러한 일천한 자료들을 가지고 각자 고유한 방식에 따라서 당시의 에트루리아족에 대한 역사를 재구성했다.

한편 이 종족이 어디로부터 왔는가에 대해서는 아무도 정확하게 알지 못한다. 청동기와 질그릇의 표면에 그려진 그림들로부터 추측하건대, 이들은 빌라노바인들보다 두개골이 더 크고 키가 작으며 소아시아인들과 비슷하게 생긴 사람들이었을 것으로 생각된다. 학자들은 이탈리아 반도의 주민들 중에서 가장 먼저 함대를 보유했다는 사실에 기초하여, 이들이 소아시아로부터 해로를 통해서 왔을 것이라고 주장했다. 토스카나 앞바다를 '에트루리아'를 의미하는 티레니아Tyrrhenia로 부른 것도 에트루리아족이었다. 아마도 이들은 대규모로 이동하여 원주민들을 모두 정복했거나, 몇몇 무리로 이탈리아 반도에 상륙하여 가장 발전된 전략과 무기들을 이용하여 원주민들을 복속시켰을 것으로 생각된다.

그들의 문명이 빌라노바의 그것에 비해서 더 우월했을 것이라는 주장은 그들의 무덤에서 발견된 두개골과 섬세하게 제작된 의치義齒의 흔적에 의해서 뒷받침되었다. 치아는 각 민족의 생활에서 중요한 의미를 가진다. 에트루리아족은 보다 완벽한 치료를 전제로 하는 기술적인 진보를 이룩하던 도중에 몰락했다. 그들은 어금니를 보강하기 위한 브리지를 제작하는 데 철을 사용했다. 실제로 에트루리아족은 엘바 섬에서 철을 발견하여 이를 강철로 만드는 데 성공했다. 그리고 철로 된 브리지뿐만 아니라 구리, 주석, 호박으로 만든 것도 사용했다.

이들이 건설한 도시들이 타르퀴니아, 아레초, 페루자, 베이오인데, 라틴족, 사비니족, 그리고 빌라노바의 다른 종족들이 세운 어떤 도시들보다 더 발전된 형태를 가지고 있었다. 에트루리아족의 모든 도시들은 방어 목적의 성벽과 도로, 그리고 특히 하수도 시설을 갖추고 있었다. 이들은 오늘날의 경우처럼 상당히 유능한 공학자들의 '도시계획'에 따라서, 우연적으로 또는 개인들의 원대한 욕심에 따라서 건설된 것들이었다. 그들은 공익을 위한 집단노동을 효율적으로 계획했다. 말라리아가 창궐하는 지역들을 개간할 목적으로 운하를 건설한 것이 바로 그 증거이다 하지만 그들은 특히 상업 활동을 통해서 부를 획득하는 탁월한 능력을 발휘했는데, 때에 따라서는 부를 위해서 엄청난 희생도 감수하는 냉혹하고 악착같은 상인 정신을 발휘했다. 당시까지만 해도 로마인들은 자신들의 도시에서 얼마 떨어지지 않은 소라테 산의 반대편 지역에 관심을 가질 수가 없었다. 에트루리아족은 피에몬테, 롬바르디아 그리고 베네토 지역에까지 진출했으며 계속해서 육로로 알프스를 넘어 로다노 강과 레노 강을 거슬러 올라갔다. 농촌 생산물들과 오늘날의 프랑스와 스위스, 그리고 독일 지역의 생산품들을 물물교환했다. 또한 이들은 교환 수단으로 통화를 이탈리아 반도에 도입했다. 그리고 후에 로마인들은 이들의 주화 기술을 모방했다. 배를 건조할 능력이 없었던 당시의 로마인들이 동전에 뱃머리를 새겨 넣은 것이 그 증거이다.

에트루리아족은 성격이 활달한 종족으로 즐거운 삶을 추구했다. 바로 이러한 특성 때문에 전쟁에서는 상당히 금욕적이었던 로마인들에게 패배했다. 항아리와 무덤 같은 유물들을 통해서 재구성한 삶의 흔적들에 의하면, 이들은 후에 로마인들이 공식적인 의상으로 수용한 토가 의상, 긴 머리, 수염에 고리를 부착하는 관습, 손목과 목 그리고 손가락을 보석으로 치장하는 관습이 있었고, 항상 먹고 마시고 대화를 나누는 것을 즐겼지만 그렇지 않을 경우에는 스포츠로 시간을 보냈다고 한다.

이들이 좋아한 스포츠로는 권투, 원반던지기, 창던지기, 레슬링, 폴로 경기 그리고 투우가 있었다. 물론 게임의 규칙은 오

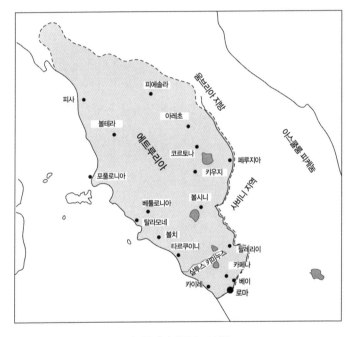

에트루리아의 주요 도시들

늘날과는 사뭇 달랐다. 그러나 이때부터 원형경기장에서 인간이 소와 생사를 건 격투를 벌이는 것이 특권으로 생각되었다. 이 때문에 도중에 죽을 경우에는 내세에서도 오락을 계속하도록 소와 싸우는 장면이 그려진 항아리를 무덤 속에 넣어주었다.

로마인들과 다른 원주민들의 사회가 소박하고 가부장제적인 풍속을 유지하고 있었던 반면, 에트루리아족의 사회는 상당히 발전된 측면들을 가지고 있었다. 그중 하나가 바로 여성들의 풍속이었다. 에트루리아의 여성들은 상당한 자유를 누렸으며, 남성들의 동반자로서 오락에 동참했다. 당시의 여성들은 매우 아름답고 세련된 풍속을 가지고 있었을 것으로 생각된다. 그림들을 통해서 알 수 있는 것은 에트루리아 여성들이 방종의 한계를 의식하지 않고 화장을 즐겼으며, 보석으로 몸을 치장했다는 것이다. 그녀들은 소파에 길게 드러누워 게걸스럽게 먹고 경망스럽게 마시는 습관을 가지고 있었으며, 때로는 피리를 연주하거나 춤을 추기도 했다. 이들 중에 타나퀼라라는 여성은 후에 로마에서 가장 중요한 인물로 등장했다. 그녀는 매우 '지적인' 여성으로서 수학과 의학에 정통했다고 한다. 이러한 사실을 통해 알 수 있는 것은, 라틴 여성들이 배움의 기회에서 완전히 배제된 것과는 다르게, 에트루리아 여성들은 학교에 다니면서 남성들과 함께 공부했다는 점이다 도덕적인 덕목들을 중요하게 생각하던 로마인들은 이들 에트루리아 여성을 자유분방한 '토스카나 여성'이라고 불렀다고 한다. 플라우투스 (기원전254~184)의 희곡 중에는 토스카나적인 풍속에 물들어 매춘을 했다는 죄목으로 고발된 여성이 등장하기도 한다.

에트루리아족의 도덕적 수준을 보다 직접적으로 반영하는 종교의 구조는 주로 번개와 천둥으로 자신의 권력을 행사하는 티니아Tinia라는 신을 중심으로 이루어져 있었다. 티니아 신은 인간들을 직접 통치하지 않고, 이름을 언급하는 것이 신성모독으로 간주될 만큼 상당한 권력을 행사하던 12명의 위대한 신들로 구성된 일종의 행정 내각에 자신의 의지와 명령을 전달했다. 우리도 이 글을 소리 내어 읽는 사람들의 머리를 혼란스럽게 할 위험을 피하는 의미에서 그 이름들에 대한 언급을 생략하기로 하자. 다만 이들은 저세상의 도시에서 문지기와 급사 역할을 수행하는 뛰어난 인물들로, 소위 죽음의 법정을 이끌면서 사망 직후 육신에서 분리된 영혼들을 인도했다. 죽은 사람의 영혼을 데려온 후에는 법정에서 규정에 따라서 재판을 하여 속세의 법을 준수하며 살았는지 조사하고 그 결과에 따라서 지옥에 처넣기도 했다. 그러나 생전에 함께 살던 친구들과 친척들이 그를 위해서 많은 기도와 헌금을 했다면 형벌의 고통을 면제해주었다. 사면된 경우에는 천국으로 인도되어 먹고, 마시고, 싸우고, 노래하는 지상에서의 즐거움을 모두 보장해주었다. 이상에서 언급한 에트루리아족의 내세관은 그들의 고분古墳 속에 그려진 즐거움의 장면들에 그대로 반영되었다.

에트루리아족은 천국에 대해서는 그 어떤 언급도 하지 않았으며, 오히려 상당히 모호한 태도를 보였던 것으로 알려져 있다. 아마도 그들의 천국에는 내부 상황을 자세히 알기에는 너무나 적은 수의 사람들만이 들어갔던 것이 아닌가 하는 추측을 할 수도 있겠다. 그러나 반대로 에트루리아족은 지옥에 관해서는 모든 것을 자세히 알고 있었으며, 고통의 세부 사항들까지 상세하게 묘사했다. 이러한 경향의 이면에는 사람들을 잘 인도하기 위해서는 용서의 제스처보다는 처벌의 위협이 더욱 효과적이라는 사제들의 생각이 있었을지도 모른다. 이러한 관점은 그 후 에트루리아에서 출생한 단테의 시대에까지 지속되었으며, 단테 역시 동일한 견해를 보임으로써 천국보다는 지옥을 더 자세하게 묘사했다.

그럼에도 에트루리아족을 마치 친절과 평화를 사랑하는 사람들의 상징으로 생각해서는 안 된다. 이들은 사람을 쉽게 죽였으며 친구나 친척을 구원하기 위해 제물을 바치는 경우에도 기꺼이 인간을 희생 제물로 삼았다. 특히 전쟁 포로들이 이러한 의식의 제물로 희생되었다. 한번은 로마 군대와의 전투에서 잡은 300여 명의 포로들을 타르퀴니아에서 돌로 쳐 죽이기도 했다. 점술가들은 방금 죽인 인간 제물의 간을 앞으로 벌어질 전쟁의 결과를 점치는 데 사용했다. 그러나 이러한 의식은 그리 신통하지 못했던 것 같다. 그렇지 않았다면 아마도 모든 전쟁은 즉시 종식되었을 것이다. 이 관습은 제물의 범위가 동물이나 양 또는 황소의 내장으로 대체되긴 했지만 로마인들에 의해서 계속해서 모방되었다.

여기저기 흩어져 있던 에트루리아족의 도시들은 정치적인 측면의 연합 세력을 구성하지 못했다. 로마가 라틴족과 사비니족에 대항해 보여주었던 것과는 다르게, 다른 세력들을 규합할 정도의 강력한 힘을 가진 도시가 존재하지 않았다. 타르퀴니아를 중심으로 연맹체가 형성되기는 했지만 분리주의적인 경향을 완전히 극복하지는 못했다. 연맹체를 구성한 12개의 작은 정치 세력들은 공동의 적에 대항하기 위해서 하나로 단합하기보다는 오히려 하나하나 차례로 적에 정복되는 운명을 맞이했다. 이들의 외교는 근대 유럽 국가들의 그것과 마찬가지로 공존보다는 차라리 홀로 죽는 편을 더 선호했다.

이 모든 내용은 조금 지나친 면이 없는 것은 아니지만, 오늘날까지 전해오고 있는 에트루리아족의 유산 중 대표적인 예술 작품들에 대한 연구에 기초하여 재구성된 것이다. 역사 사료로 직접 사용된 유물들 중에는 항아리와 동으로 만든 물건들이 포함되어 있다. 항아리들 중에는 다채로운 색으로 장식된 테라코타 제품으로 에트루리아족의 세련된 감각과 숙달된 기술력을 점토 작업을 통해서 보여주고 있는 '아폴로 디 베이오Apollo di Vejo', 즉 '산책하는 아폴론'이라고 불리는 아름다운 것도 있었다. 전체적으로 볼 때, 이것들은 거의 대부분 그리스 미술의 모방에 지나지 않으며 '컵으로 사용하는 검은색 질그릇bucche-ro nero'과 같은 몇 가지 뛰어난 작품들이 있기는 하지만 비교적 높이 평가되지는 않는다.

에트루리아를 정복한 로마인들은 그들이 학교 교육을 통해 기술과 조직 분야에서 뛰어난 능력을 발휘하고 있다는 사실을 알게 되었다. 때문에 로마인들은 이들의 문명이 병들고 부패했다는 이유를 내세워 모든 역사의 흔적들을 파괴하려고 노력했다. 그럼에도 로마인들은 자신들에게 유용한 것은 전부 모방했다. 특히 로마인들은 의학과 공학을 배우기 위해서 자식들을 베이오와 타르퀴니아로 유학 보냈다. 그리고 에트루리아족의 의상인 토가를 입고 그들의 통화를 사용했다. 뿐만 아니라 로마의 정복자들은 초기에는 에트루리아족이 보유하고 있던 정치 조직을 흉내 냈다. 그러나 후에는 군주제를 루쿠몬,* 즉 선거 사법관이 통치하는 공화제로 전환한 다음 최종적으로는 부유한 계층이 통치권을 행사하는 민주정 형태를 채택했다. 그리고 여전히 로마인들의 풍속은 금욕주의적이고 건전했으며, 사회적인 희생과 규율에 입각한 행위를 요구했다. 로마인들은 자신들의 풍속을 에트루리아족의 퇴폐적인 기풍으로부터 보호하려는 강력한 의지를 표명했다. 이 때문에 본능적으로, 전쟁에서 적을 물리치고 그들의 땅을 정복하는 것으로는 충분하지 않다고 생각했다. 한때 패배자들을 다루던 방식에 따라서 이들을 노예나 가정교사로 받아들일 경우 피정복자의 좋지 않은 풍속이 정복자를 붕괴시킬 것이라고 우려했다. 결국 로마인들은 에트루리아 문화를 철저히 절멸하고, 모든 문서들과 유적들을 파괴해버렸다.

그러나 이런 일들은 두 민족 간의 첫 번째 접촉으로부터 많은 세월이 지난 뒤에 발생했다. 두 민족 간의 첫 번째 접촉은 로마에서였다. 그리고 알바롱가인들이 이곳에 도착했을 때는 이미 작은 에트루리아 식민지가 건설되어 있었다. 로마라는 이름은 에트루리아어로 강을 뜻하는 루몽Rumon에서 유래된 것으로 짐작된다. 만약 이 가설이 사실이라면, 로마Urbs에 정착한 최초의 종족들에는, 동일한 가계를 구성하는 라틴족과 사비니족뿐만 아니라, 그 유명한 '라피둠rapidum'**의 역사가 말해주

* lucumon. 에트루리아의 부유 계층이나 군주들은 정치적 우두머리인 동시에 사제이기도 했다. 12도시로 구성된 에트루리아 연맹은 이들 중에서 매년 자신의 왕인 루쿠몬을 선출했다.

** 로물루스가 인구 증가를 목적으로 사비니 여자들을 납치한 사건.

듯이 전혀 다른 종족으로서 말과 종교가 다른 에트루리아족도 포함되었을 것으로 가정해볼 수 있다. 더군다나 몇몇 역사학자들의 주장에 따르면, 로물루스는 에트루리아인이었다고 한다. 어쨌든 길조를 나타내는 12마리의 새들을 머리를 돌려 쳐다본 후에 로물루스가 흰 수소와 어린 암소가 끄는 쟁기로 고랑을 파서 도시를 세웠다는 전설은 다분히 에트루리아풍이다.

필자는 지난 몇 세기 전부터 로마의 건설을 둘러싼 토론이 지속되고 있는 가운데 이 문제에 관하여 전문가들과 논쟁할 의사는 전혀 없다. 다만 필자는 가장 신빙성 있는 몇 가지에 대해서만은 이야기하고자 한다.

여행과 상업 활동에 적극적인 에트루리아족은 라틴족과 사비니족이 테베레 강가에 도착했을 때 이미 그곳에 작은 마을을 형성하고 있었다. 이 마을은 남부로의 항해에 필요한 물품들의 보급 기지 및 중간 기착지로서 사용되고 있었다. 그리고 계속해서 캄파니아 주에 카푸아, 놀라, 폼페이, 헤르쿨라네움 등과 같은 수많은 식민지를 건설했다. 이 지역의 원주민들은 원래 빌라노바 출신의 삼니움족이었다. 이곳에서 원주민들은 자신들의 농업 생산물을 토스카나로부터 오는 공업 생산품과 물물교환했다. 아레초 또는 타르퀴니아 사람들이 육로를 통해서 이곳에 도착하는 것은 상당한 모험이었는데, 왜냐하면 도로가 없고 야생동물들이 출몰했으며 도적떼가 우글거리는 지역이었기 때문이다. 당시 유일하게 함대를 소유하고 있던 에트루리아족은 바다를 통해서 이곳에 도착하는 데 별다른 어려움을 겪지 않았다. 하지만 여행은 몇 주나 소요되었다. 그러나 작은 선박들은 사람들에게 필요한 많은 물건들을 실을 수 없었으며,

게다가 목적지에 도착하기 전에 물과 밀가루를 공급받기 위해서 여러 번 항구에 머물러야만 했다. 테베레 항구는 항해 도중에 부족한 식량창고를 채우기에 적당한 중간 지점에 위치하고 있었으며, 육지에 상륙하여 주변 지역에 살고 있는 라틴족이나 사비니족과 교역하는 데도 편리했다. 이 지역에 얼마나 많은 마을들이 형성되어 있었는지는 알 수 없지만 이들은 모두 물물교환을 위한 시장이었다. 당시 이 지역을 포함한 라티움 지역에서는 주변의 울창한 숲에서 주로 땔감이 생산되고 있었다. 그 밖에는 약간의 보리와 포도주 그리고 올리브유만이 수확되고 있었기 때문에, 자연히 대규모의 무역 활동은 전개될 수 없었다. 에트루리아족은 돈을 벌기는 했지만 그다지 만족감을 느끼지 못하고 있었다.

에트루리아족은 로마를 건설했지만 이러한 이유들로 인해서 이 도시를 지금의 이름이나 다른 그 어떤 명칭으로 부르는 것에 관해서는 별로 중요하게 생각하지 않았다. 리보르노에서 나폴리에 이르는 티레니아 해의 긴 해안을 따라서 로마와 같은 도시들이 얼마나 많이 세워졌는지는 아무도 모를 일이다. 에트루리아족은 식민도시들에 해군과 상인을 상주시켰는데, 이주민들은 이곳으로의 이민을 마치 형벌처럼 생각했을지도 모른다. 어쨌든 그들의 주된 임무는 폭풍우로 파괴된 배를 수선하는 선납고와 창고들을 잘 관리하는 것이었다.

그러던 어느 날, 이곳에 소규모의 라틴족과 사비니족 무리가 도착했다. 새로운 주민들의 이주는 고향의 인구 증가로 인한 더 이상의 불화를 피하기 위해서, 혹은 자신들의 생산품을 필요로 하는 에트루리아족과의 교역을 위한 것일 수도 있었다.

아니면 이탈리아를 정복하려는 야심의 첫 단계로서 로마를 소유하는 것이 필수적이라는 판단에 따른 행동이었을지도 모른다 그러나 이러한 해석은 오늘날의 역사가들이 펼쳐놓은 환상에 불과하다. 라틴족과 사비니족은 수준 낮은 촌부들이었다. 이들에게 세계란 집안의 텃밭이 전부였다.

한편 새로운 이주민들은 서로 대립하여 싸움을 벌였을지도 모른다 그러나 서로의 몰락을 피하고 상호 연합하여 ─영국인들이 그들의 식민지에서 원주민들을 대하던 태도와 마찬가지로─ 자신들을 응시하고 있던 에트루리아족에게 공동으로 대적했을 가능성도 배제할 수는 없다 로마인들은 자신들을 깔보고 전혀 이해되지 않는 언어를 사용하는 에트루리아족과 직면하자, 자신들이 새로운 이주민들과 피를 나눈 동족으로서 같은 불행에 빠져 있다는 사실을 깨닫게 되었다. 이러한 현실로 인해서 로마인들은 자신들에게 절대적으로 부족하던 여성들을 공동으로 소유하게 되었다. 로마인들이 사비니 여자들을 납치한 사건은 바로 이러한 타협의 현실을 상징하는 것이었다. 물론 이들의 협약에서 에트루리아족은 배제되었다. 그러나 에트루리아족은 이들과의 연합을 스스로 원치 않고 있었다. 에트루리아족은 자신들의 우월함을 자랑하며 미천한 다른 종족들과 섞이는 것을 원하지 않았다.

종족들 간의 독자적인 생활은 적어도 100여 년간 지속되었다 이 기간 동안 라틴족과 사비니족은 이제 거의 로마인으로 동화되었으며, 그 과정에서 빚어진 수많은 불편함을 인내해야만 했을 것이다 이들은 로마의 마지막 왕이었던 타르퀴니우스 수페르부스가 사망하자 권력을 쟁취했다. 그리고 무차별적인 복수극을 연출하여 에트루리아를 파괴하고 그들의 문명까지도 말살했다. 또한 이들은 에트루리아 역사의 모든 흔적을 지워버릴 목적으로 로물루스를 라틴족 출신이라고 했으며, 로마의 성립 시기도 사비니족과의 연합 당시로 소급시켰다.

제3장 농업 계층의 왕들

로물루스는 티투스 타티우스가 죽은 뒤에도 오랫동안 살았다. 그가 죽자 로마인들은 마르스 신이 그를 납치하여 하늘로 데리고 올라가 퀴리누스Quirinus 신으로 만들었다고 생각했다. 그때 이후로 —나폴리인들이 성 젠나로에게 하는 것처럼— 로마인들은 그를 숭배했다.

로물루스의 뒤를 이어 로마의 두 번째 왕으로 누마 폼필리우스가 등장했다. 전설에 따르면 누마 폼필리우스는 후대의 마르쿠스 아우렐리우스 황제처럼 철학자와 성인을 반반씩 섞어놓은 인물이었다고 한다. 새로운 왕이 가장 관심을 보였던 분야는 종교였다. 당시 세 민족이 각각 자신들의 신을 섬기고 있었으며 이들 중에 가장 중요한 신이 누구인가를 가려낼 수가 없었기 때문에 종교 분야는 심각한 혼란을 보였다. 누마는 이 문제를 즉시 해결할 목적으로 계책을 마련했다. 그는 고집 센 신하들에게, 꿈속에 올림푸스의 요정 에게리아Egeria가 나타나 자신에게 해결 방안을 직접 전달했다는 말을 퍼뜨리도록 지시했다. 그리고 자신의 결정에 따르지 않는 자는 인간 중의 인간으로서 요정을 볼 수 있는 왕에게뿐만 아니라 인간으로 화化한 신에게 불복하는 것이라고 덧붙였다.

이 전략은 유치해 보이기는 하지만 오늘날에도 심심찮게 응용되고 있다. 20세기에 히틀러는 독일인들을 복종시키기 위해서 같은 방법을 썼다. 그는 종종 베르히테스가덴 산에서 내려오면서 신이 자신의 주머니에 넣어준 새로운 명령을 부하들에게 전달했다. 그 대표적인 경우가 바로 유대인의 말살과 폴란드의 파괴였다. 이 경우에 우리의 흥미를 끄는 것은 히틀러 자신도 이러한 사실을 굳게 믿었다는 것이다. 이러한 측면에서 보면 인류는 누마 폼필리우스 시대 이후로 별다른 발전을 이룩하지는 못한 것으로 보인다.

그럼에도 불구하고 이 전설은 당시의 사실을 파악하는 데 필요한 정보들을 포함하고 있다. 고대 로마의 왕들은 이름과 그 기원이 무엇이었든지 간에, 진정한 왕이었다기보다는 오히려 아테네의 '신정 집정관Archon baileus'의 경우처럼 제사장이었을지도 모른다.

당시에 모든 권위는 종교에 기초하고 있었다. 가부장이 부인, 동생, 아들, 손자 그리고 노예들에게 행사하는 권력은 신에 의해서 임명된 고위 신관神官의 그것과 같았다. 그들의 권력은 실로 막강했다. 그리고 동일한 이유로 해서 각 구성원들은 자신들에게 주어진 의무를 강하게 느끼며 이를 전쟁시와 평화시에 충실하게 이행했다.

누마 폼필리우스는 각 종족들이 로마로 옮겨와 계속해서 섬기고 있는 신들의 서열을 결정하여 위계질서를 확립함으로써 근본적인 정치 과업을 완수했다. 이 덕분에 누마의 후계자들인 툴루스 호스틸리우스와 안쿠스 마르키우스는 단합된 힘을 바탕으로 적대관계에 있는 도시들과의 전쟁에서 승리할 수 있었다. 그럼에도 불구하고 이것이 진정한 의미의 정치권력을 의미하지는 않았다. 왜냐하면 왕을 선출하는 데 필요한 강력하고 결정적인 권력과, 과오에 대한 책임을 추궁할 수 있는 권력은 민중에게 있었기 때문이다.

거의 모든 시대와 정권하에서 명령자는 항상 민중의 이름을 내세우기 때문에 민중 기원론 그 자체는 별다른 의미를 가지지 않는다. 그러나 로마의 경우, 적어도 타르퀴니우스 왕조 때까지 이러한 체제는 잘 유지되어서 단지 수다 차원의 가벼운 것은 아니었다. 그러나 타르퀴니우스 왕조의 왕들은 '연합 세력'으로서가 아닌 군주의 입장에서 권력을 행사했기에 왕권을 상실했다. 이리하여 어느 정도의 권력 분산이 거의 실현되었다.

도시는 라틴, 사비니, 에트루리아 등 서로 다른 세 부족으로 구분되었다. 각 부족은 열 개의 쿠리아curia 구역으로 구성되었으며, 모든 쿠리아는 열 개의 겐스gens 또는 가문casata으로 구분되었다. 그리고 마지막으로 각 가문은 가족 단위로 나누어졌다. 쿠리아 집회는 일반적으로 1년에 두 번 열렸으며, 다른 일들보다도 특별히, 새로운 왕을 선출하는 쿠리아회comitia curiata를 주재했다. 모든 구성원은 평등한 투표권을 가지고 있었으며, 다수결의 원칙에 따라서 의사를 결정했다. 그리고 왕이 이를 집행했다.

당시 로마의 체제는 사회 계층이 존재하지 않는 절대민주정 체제였다. 그러나 주민의 수가 증가하면서 새로운 변화들이 나타나기 시작했다. 본래 왕은 예식과 헌물식을 집전하면서 재판관으로서 법을 집행했다. 인구가 증가하면서 더 이상 왕 혼자서 모든 임무를 수행할 수 없게 되자 왕은 일부 권한을 특별히 임명된 관리들에게 위임했다. 이렇게 해서 소위 관료정치가 성립되었다. 이전까지 신부의 역할을 수행했던 사람이 주교로 정착했고, 교구를 관리하고 종교 기능을 수행하는 데 필요한 보좌역으로 주임사제curator가 임명되었다. 나중에는 도로를 건설하고 세금을 거두며 인구를 조사하고 보건위생을 책임지는 새로운 관리들이 추가로 선출되었다. 이렇게 해서 최초의 '장관들'이 성립되었다. 100여 명으로 구성된 장로위원회 혹은 원로원은 —장자의 권리에 입각해서— 로물루스와 함께 로마를 세우기 위해서 운명을 함께했던 초기 개척자들의 후예로서 주로 왕의 자문 역할을 수행했지만 점차 막강한 영향력을 행사하는 기구로 성장했다.

끝으로 안정된 제도로서 군대가 창설되었다. 백인대centuria, 즉 100명의 보병과 십기대decuria, 즉 10명의 기병을 공급하는 30개의 쿠리아가 기본 골격을 이루고 있었다. 30개의 백인대와 30개의 십기대, 이들 총 3,300명이 최초이자 동시에 유일한 고대 로마 군대의 상징인 군단legio을 형성했다. 군대의 최고 통수권자인 왕은 부하들에 대해 생살여탈권을 행사했다. 그러나 이러한 권한도 절대적이지는 않았다. 왕은 작전을 구상하고 군인들을 지휘했지만 그 이전에 켄투리아 회comitia centuriata, 즉 당시에 법무관praetor이라고 부르던 장교들의 임명에 대해 승인권을 행사하던 군단의 의견을 수렴해야만 했다.

어쨌든 로마인들은 왕의 독재를 방지하려는 모든 예방조치를 마련했다. 이제 왕은 민중의 의지를 집행하는 '대리자'의 지위에 머물러야만 했다. 한 무리의 새들이 하늘을 지나가거나 번개가 나무를 쓰러뜨리는 일이 발생하면 왕은 사제들을 소집하여 그 징조가 무엇을 의미하는지를 연구했다. 흉조라고 판

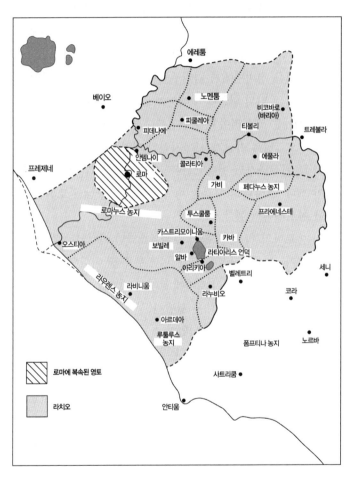

에레툼

베이오

노멘툼

피쿨레아

피데나에

비코바로
(바리아)

티볼리

트레불라

안템나이

에폴라

프레제네

로마

콜라티아

가비

페다누스 농지

로마누스 농지

투스쿨룸

프라에네스테

오스티아

카스트리모이니움

카바

보빌레

라티아리스 언덕

알바

세니

라우렌스 농지

아리키아

벨레트리

라비니움

라누비오

코라

아르데아

루툴루스
농지

폼프티나 농지

노르바

로마에 복속된 영토

라치오

사트리쿰

안티움

제1차 라틴전쟁 이후의 라치오 지역

단될 경우에는 분노한 신들을 달래기 위해 제물로 무엇을 바쳐야 할지를 결정했다. 그리고 왕은 두 명의 시민이 싸움을 벌여 한쪽이 다른 한쪽을 속이거나 그의 것을 훔쳤을 경우에는 개입하지 않았다. 그러나 정부와 공동체에 대한 범죄의 경우에는 범법자를 경비병에게 넘겨주었으며 때에 따라서는 사형을 선고했다. 그 밖의 일들에 대해서는 왕은 평화시에는 쿠리아회에, 전시에는 켄투리아회에 위임했다. 만약 왕이 교활한 인물이라면 오늘날과 마찬가지로, 자신의 개인적인 바람을 '민중의 의지'로 위장하기도 했다. 그렇지 않다면 민중의 의지를 수용해야 했다. 그러나 집행권을 행사할 때에는 항상 원로원의 의사를 참고해야만 했다.

이는 로마의 첫 번째 왕이 로물루스였던 아니었든 간에, 그리고 그가 로마를 구성하고 있던 세 부족 중 어디에 속하는가 하는 사실과는 관계없이 로마에 부과된 제도였다. 누마 폼필리우스의 현명한 정책은 매우 활달한 성격의 후계자 툴루스 호스틸리우스에 의해서 계승되었다.

툴루스는 천부적으로 타고난 정치인이자 모험과 질투의 화신이었다. 그러나 켄투리아회가 그를 군주로 선택한 동기는, 누마 폼필리우스에 의해 실현된 40여 년 동안의 평화 이후에 로마가 무엇인가를 하고 싶은 강한 충동을 느끼고 있었다는 것이다. 로마를 둘러싸고 있는 마을과 도시들 가운데 알바롱가는 가장 부유한 전략적 요충지였다. 어떤 이유로 인해 툴루스가 이 도시와 전쟁을 하게 되었는지는 알 수 없지만, 추측건대 어떤 정당한 이유도 없었을 것이다. 비록 이러한 로마의 거만함이 관련 전설을 통해서 신사적이고 기사도적인 이야기로 각색되어 있기는 하지만, 어쨌든 로마 군대는 어느 맑은 날 공격을 시작해 이 마을을 점령했다. 전해오는 에피소드에 따르면 각각 세 명의 로마인과 알바롱가인의 개인적인 결투로 전쟁의 승패를 결정하기로 했다. 알바롱가인이 먼저 두 명의 로마인을 죽였지만, 마지막 로마인이 세 명의 알바롱가인을 모두 죽이고 승리를 쟁취했다고 한다. 그러나 중요한 것은, 알바롱가가 파괴되었으며 그의 왕이 두 대의 마차에 두 다리를 각각 묶인 채로 사지가 찢겨 죽는 잔혹한 형벌을 받았다는 사실이다. 로마는 이처럼 잔인한 방법으로 자신의 모국을 대우하였으며, 자신의 건국자들이 개척한 땅을 차지했다.

물론 이 사건은 평소 리아족과의 접촉이 없어 문화적 후진성을 면치 못했을 뿐 아니라 로마인들에 비해서도 허약하고 열악한 상황에 놓여 있던 주변의 모든 부락들에 얼마간의 경계심을 조장하는 계기가 되었다. 툴루스와 그의 후계자, 안쿠스 마르키우스는 공격적인 대외정책을 지속하여 주변의 지역들을 강점했다.

로마의 다섯 번째 왕위에 타르퀴니우스 프리스쿠스가 올랐을 때 로마는 이미 주변으로부터 첫 번째 경계 대상으로 간주되었다. 경계가 분명하지는 않지만 주변의 지역적 범위는 북으로는 치비타베키아, 동으로는 리에티, 그리고 남으로는 프로시노네였을 것으로 생각된다.

로마의 팽창 정책은 이후 타르퀴니우스 가문의 다른 세 명의 왕들에 의해 한층 강화되었을 것이다 그리고 그 배경에는 리아족의 야심이 깔려 있었을 것이다. 그 이유는 다음과 같이 설명될 수 있다. 라틴족과 사비니족이 농부들이었다면, 리아족은 산업과 상업에 종사하는 사람들이었다. 전자의 두 부족은 전쟁이 발발할 때마다 자신들의 농토를 떠나 군 복무에 종사해야 했으며, 적이 승리할 경우에는 희생을 감수해야만 했다. 반면에 후자에게는 전쟁이 곧 돈을 벌 수 있는 기회로 작용했다. 소비가 증가했고 정부의 '주문'이 폭주했으며, 승리할 경우에는 새로운 시장들을 획득할 수 있었다. 모든 시대와 국가를 초월해서 이러한 사례들은 지속적으로 그리고 예외 없이 반복되었다. 도시의 주민, 자본가, 지성인, 무역 종사자 모두는 위험을 무릅쓰고 전투에 참가해야 하는 농민의 의사는 아랑곳없이 전쟁을 원했다. 일반적으로 국가가 보다 강력한 산업화의 길로 들어설수록 도시는 농촌을 더욱 강력하게 지배하게 되며, 정책은 더욱 모험적이고 공격적인 것으로 전환되기 마련이다.

네 번째 왕의 통치 시대까지 로마의 경제는 농업 중심으로 편성되어 있었다. 로마 군대의 기본 단위가 3,300명의 군인으로 구성되어 있었다는 사실을 통해서, 당시 전체 인구가 3만 명 정도였을 것이고 이들의 대부분이 로마 주변의 농업 지역에 흩어져 살고 있었다는 것을 알 수 있다. 진정한 의미의 도시 공간에는 전체 인구의 대략 절반 정도가 거주하고 있었다. 그리고 이들의 상당수는 당시 팔라티노의 주변 언덕에 건설된 부락들에 집중되어 있었다. 가옥들의 대부분은 진흙으로 건축된 초가집으로 여기저기 더럽고 무질서하게 산재해 있었다. 방하나에 문 하나 그리고 창문이 없는 한공간에서 부친, 모친, 자식, 장인, 장모, 시부모, 손자, (있을 경우에는) 노예, 닭, 나귀, 암소, 돼지가 모두 함께 먹고 마시고 잠자며 살고 있었다. 남자들은 이른 아침부터 농토를 일구기 위해서 밭으로 나갔다. 이들 중에는 원로원 의원들도 있었는데, 다른 평범한 농부들과 마찬가지로 소를 키우고 씨앗을 뿌리거나 이삭 줍는 일을 했다. 아이들도 들판에서의 노동이 그들의 진정한 교육이며 동시에 유일한 스포츠였기 때문에 농사일을 도왔다. 부친들은 농사의 힘든 노동을 통해서 자식들을 가르쳤다. 하늘이 적당한 비와 햇빛을 제공할 때 비로소 씨앗은 좋은 열매를 맺는다. 신이 원할 경우에만 하늘이 적당한 비와 햇빛을 내려준다. 그리고 인간이 신들에 대한 의무를 다했을 때 비로소 신들은 이 모든 것을 베푼다. 이러한 의무들 중에 가장 중요한 것은 젊은이가 노인을 공경하는 것이다. 이런 내용이 자식에게 주려는 아버지들의 교훈이었다.

이와 같은 현장 교육을 받으면서 로마의 시민들, 특히 주민의 과반수를 차지하는 라틴족과 사비니족은 성장하고 있었다. 주민들에 대한 공중위생과 치료의 수준은 여성의 경우에도 미천한 상태에 머물고 있었다. 화장도 하지 않고, 애교도 부리지 않았으며, 거의 씻지도 않았다. 물을 길을 때에는 머리에 이는 항아리를 이용했다. 물론 화장실과 하수구도 없었다. 당시의 로마인들은 출입구 주변에서 용변을 보았으며, 대소변을 그대로 방치했다. 남자들은 수염과 머리카락도 자르지 않고 내버려두었다. 의복에 있어서도 로마는 진정한 의미의 직물 산업과 더불어 대부분이 그리스 출신인 수준 높은 재봉사들이 활동하던 이후의 세기들과는 다르게, 당시만 해도 별로 주목할 만한 수준에 도달해 있지 못했다. 이 당시에는 가까운 미래에 중요한 의복으로 등장하게 될 토가라는 의상은 존재하지 않았거나, 아니면 높은 신분의 주민들만이 독점하고 있었을 것이다. 당시 로마인들의 의상은 오늘날 에티오피아인들이 입고 다니는 푸타futa와 비슷했다. 집 안에서 부인과 딸은 흰색 천과 양모로 만든 옷을 입었다. 이곳의 중앙 부분에는 머리가 들어갈 만한 큰 구멍이 있었다. 당시에 갈아입을 여분의 옷을 가지고 있는 사람들은 거의 없었다. 모두들 여름이나 겨울에도 그리고 낮이나 밤에도 항상 같은 옷을 입었다.

로마인들은 그 어떤 쾌락도 멀리했으며, 심지어 먹는 것까지 절제했다. 오늘날 미국의 어느 학자는 민족의 힘이나 저력은 그들이 먹는 음식의 다양성과 비타민과 칼로리의 섭취량에 의해서 결정된다고 주장했다. 그러나 로마인들은 밀가루를 물에 반죽한 후 이를 불에 구어서 얼마간의 올리브와 치즈, 그리고 특별한 축제일에만 마실 수 있는 한두 잔의 포도주를 곁들인 식사만으로도 세계를 정복할 수 있다는 사실을 증명했다. 올리브유가 등장하기까지는 아직도 많은 세월을 기다려야 했다. 올리브유는 처음에는 추위와 태양으로부터 피부가 상하는 것을 방지하려는 목적에서 몸에 바르는 데만 사용했을 것으로 생각된다. 그리고 이로 인해 몸에서 풍기는 냄새는 한층 심했을 것이다.

왕의 경우에도 예외는 아니었다. 다만 타르퀴니우스 왕조 지배 때부터 조금씩 달라지기 시작했으며, 동시에 특별한 복장과 문장紋章이 등장했다. 안쿠스 마르키우스 시대까지는 왕도 한 명의 시민이었을 뿐이며, 다른 사람들과 마찬가지로 소로 밭을 갈고 씨를 뿌리며 이삭을 줍는 농사일에 종사했다. 당시에 왕은 직무 수행상 필요한 왕궁도 소유하지 않았다. 왕은 호위병 없이 길거리를 다녔는데, 만약 무장병을 거느렸다면 민중을 합의가 아닌 무력으로 통치한다는 비난을 받았을 것이다. 왕은 나무 아래의 그늘진 장소나 집의 출구 근처에서 자신에게 왕관을 씌워준 원로들의 견해를 청취한 뒤에 최종적인 판단을 내렸다. 그러나 왕은 종교 의식이나 축제를 거행할 때에는 특별한 의상을 입고 신전에서의 의식에 참석했을 것이다.

로마인들은 전쟁에 필요한 진정한 의미의 군대 조직을 가지고 있지 않았다. 백인대를 지휘하는 법무관praetor은 아무런 계급도 가지지 않았다. 무기는 지팡이, 돌, 투박한 검 및 철모, 방패, 갑옷이 전부였으며, 오늘날의 기관총과 탱크에 비유될 수 있는 무기들은 아직 보유하지 않았다. 로마가 초기의 호전적인 적들의 지배하에서 경험했던 전쟁들은 대부분 육박전과 같은, 아무런 전략이나 전술 없이 단순히 육체적인 접촉을 통한 군사 원정이었다. 로마인들이 승리를 쟁취한 것은 이들이 강했기 때문이 아니었다. 다만 이들은 원대한 숙원을 이루기 위해서 조국이 신들에 의해 건국되었다고 확신하고 있었다. 그러므로 로마인들에게 조국을 위해 죽는 것은 단순한 개인의 영광이 아니라 탄생에 따른 빚을 갚는 행위였다.

일단 패배한 적은 '주체적 지위'를 상실하고 단순한 '대상 또는 피지배자'로 전락했다. 로마는 포로들을 소유물로 간주했다. 포로의 인상이 좋지 않을 경우에는 그 자리에서 죽여버렸고, 그 반대의 경우에는 집에 데려와 노예로 삼았다. 때에 따라서는 죽이거나 팔아버렸으며, 노동을 시키기도 했다. 그리고 정복된 영토를 원하는 사람들에게 세를 주었다. 그 결과 대부분의 정복된 도시들은 파괴되고, 원주민들은 다른 곳으로 쫓겨났다.

이러한 방식을 통해서 로마는 서쪽으로 라틴족을, 동쪽으로 사비니족과 에쿠이족을, 그리고 북쪽으로는 에트루리아족을 정복했다. 하지만 가까운 거리에 있던 바다에서는 아무런 모험도 보여주지 못했다. 왜냐하면 로마는 배를 보유하고 있지 않았으며, 대부분이 농민들로 구성된 로마의 주민들은 본능적으로 해양 활동을 꺼렸기 때문이다. 로물루스, 티투스 타티우스, 툴루스 호스틸리우스 그리고 안쿠스 마르키우스의 지배하에서 로마인들은 '내륙 지향적'이었으며 이는 국가 정책에 그대로 반영되었다.

그러나 에트루리아 왕조가 성립되면서 이러한 로마의 전통적 정책은 급격한 변화를 겪게 된다.

제4장 상업 계층의 왕들

안쿠스 마르키우스가 언제 어떻게 사망했는지 정확히 알 수는 없지만 로마의 전설적인 건국 년도로부터 약 150년이 지난 기원전 600년경으로 추정된다. 당시 로마에는 루키우스 타르퀴니우스라는, 과거의 왕들이나 로마의 관리들과는 매우 다른 유형의 인물이 있었다.

타르퀴니우스는 로마 출신이 아니었다. 그는 타르퀴니아 출신으로 코린토스로 이주하여 에트루리아 여성과 결혼한 그리스인 데마라토스의 아들이었다. 국적이 다른 부부 사이에서 태어난 그는 총명하며 밝고 공정한 성격에 야심까지 갖춘 소년이었다. 로마에 정착했을 때 그는 주위로부터 부러움과 시기의 그리고 때로는 의도적인 무관심의 대상이 되었다. 부자였던 그는 로마의 가난뱅이들과 수전노들에게 낭비의 상징적인 인물로 보였지만 주변의 촌스러운 인물들과는 다르게 우아한 용모를 지니고 있었다. 그리고 무식한 로마 주민들 사이에서 철학과 지리, 그리고 수학을 이해하는 유일한 인물이기도 했다. 문화적으로 에트루리아보다는 그리스에 더 가까웠던 그는, 정치에 문외한이었던 로마 동료들에 비해 상당한 외교적 안목까지 갖추고 있었다. 로마의 역사가인 티투스 리비우스는 그가 '왕으로 선출되기 위해서 최초로 권모술수를 동원했으며, 평민들의 지지를 얻어내기 위해서 연설을 한 인물'이라고 했다.

그가 정치적 농간을 부린 최초의 인물이었는지는 의문이지만, 권모술수에 능했다는 것만큼은 거의 확실하다. 당시 상당한 재력과 막강한 영향력을 행사하면서도 수적인 열세를 면치 못하고 있던 에트루리아족은 타르퀴니우스를 자신들의 대표로 생각했다. 에트루리아족의 무역 활동과 팽창 성향은 대부분이 목동과 농민들이었던 사비니족과 라틴족의 심한 저항에 직면해 있었다. 또한 이들은 오래전부터 목축과 농업을 고집하던 왕들의 통치에 염증을 느끼고 있었기 때문에 점차 왕위를 찬탈하려는 야심을 가지게 되었다.

당시의 상황에 대한 더 이상의 구체적인 언급은 생략하기로 하자. 그러나 티투스 리비우스가 로마의 평민에 관하여 언급한 내용들을 통해서 몇 가지 구체적인 상황을 확인할 수 있다. 특히 평민들에 관한 것은 이전의 네 명의 왕이 통치하던 시기에는 전혀 알려지지 않았던, 즉 로마사에서는 전혀 새로운 사건이었다. 당시까지만 해도 왕을 선출하는 데는 평민들을 대상으로 한 그 어떤 연설도 필요하지 않았다. 어떤 측면에서는 평민이란 계층이 전혀 존재하지 않았다. 왕을 임명하는 정치 기구인 쿠리아회의 내부에도 계층이 존재하지 않았다. 이들은 모두 평범한 시민들로서 비록 소유의 정도에서는 차이가 있었지만 모두 토지 소유자들이었다. 그러므로 소수의 정치 전문가들이 안건을 의결하고 집행 명령을 내리는 관행이 있기는 했지만 로마 시민들은 적어도 공식적으로는 모두 동일한 법적 권한을 행사했다.

이는 일종의 완벽한 가족적 민주 정치였다. 이를 통해서 모든 일은 공개적으로 동등한 시민들 간의 토의를 거쳐 의결되었으며, 명성과 특권을 기준으로 직무가 분배되었다. 그러나 이러한 체제는 모든 사람들이 서로 알고 지내며, 심지어는 누가 누구의 자식이며 무엇을 하고, 아내를 어떤 식으로 다루고, 식비를 얼마나 쓰며, 신들에게 재물을 얼마나 바쳤는지까지도 서로 알 수 있었던 로마 초기의 소규모 공동체 하에서만 가능한 것이었다.

그러나 안쿠스 마르키우스가 사망하면서 상황은 급변했다. 전쟁은 산업의 활성화를 자극하여 목수, 대장장이, 무기 제작자, 그리고 상업 등의 직종에 종사하던 에트루리아족에게 더 많은 가능성을 제공했다. 이들은 타르퀴니아, 아레초, 베이오 같은 지역으로부터 옮겨왔으며, 젊은이들은 상점에서 점원이나 견습생으로 일하며 기술을 습득한 후 독립하여 자신의 상점을 열기도 했다(도제 체제인 셈이다). 봉급이 인상되면서 농촌의 노동력이 도시로 이동하는 현상이 발생했다. 전쟁터에서 돌아온 군인들은 더 이상 이전의 농지로 돌아가기를 거부했다. 오히려 이들은 여자와 술을 쉽게 접할 수 있을 뿐 아니라 전쟁의 승리로 노예의 수가 급증하기 시작한 로마에 남으려 했다. 이들은 유입 인구의 증가에 편승하여 플레눔plenum이란 계층을 형성했는데, 평민이라는 뜻의 플레브스plebs 또는 플레베스plebes라는 단어는 바로 플레눔으로부터 유래된 것이다.

루키우스 타르퀴니우스와 그의 에트루리아 동료들은 대부분이 쿠리아회에서 배제된 일반 대중을 자신들과 같은 외부 출신의 왕들만이 그들의 권리를 신장시킬 수 있다는 논리로 설득하여 성공할 경우, 기대 이상의 많은 이권을 차지할 수 있으리라 생각했다. 결국 타르퀴니우스는 연설을 통해서 많은 정책들—현재로서는 정확히 알 수 없지만 적어도 나중에 실행했을 것으로 생각되는—을 약속했다. 타르퀴니우스는 오늘날의 치니, 마르초토, 아넬리, 피렐리, 고대 로마의 팔크와 같은 일종의 상공업연맹체Confindustria를 자신의 권력 배경으로 하고 있었다. 이들은 선거 활동에 필요한 충분한 자금을 가지고 있었다. 그리고 자신들의 번영을 위한 전제 조건인 팽창 정책을 추진하고 자신들의 이권을 보장해줄 수 있는 정부의 권력을 차지하기로 결심했다.

루키우스 타르퀴니우스는 야심찬 계획을 성공시켜 타르퀴니우스 프리스쿠스라는 이름으로 왕위에 올라 35년간 로마를 통치했다. 파트리키움patricium, 즉 전통 토지 귀족들이 외부인의 통치로부터 벗어나기 위해서는 왕을 죽여야만 했지만 성공하지 못했다. 타르퀴니우스의 아들과 손자가 계속해서 왕위를 세습했다. 뿐만 아니라 타르퀴니우스 왕조가 등장하면서, 결과적으로 로마는 더 이상 과거의 통치 형태 및 정치 사회 제도로 돌아갈 수 없게 되었다.

상공업연맹체와 평민의 왕은 권위적인 왕이자 전사이며, 계획경제가이며 선동가였다. 그는 왕궁을 건축할 때 로마식보다 한층 세련된 에트루리아풍의 건축 양식을 도입했다. 왕들은 실내 중심부에 거대한 옥좌를 마련했다. 그리고 거기에 앉아 손에 왕권을 상징하는 지팡이를 들고 머리에는 깃털로 장식된 왕관을 쓰고 통치했다. 이러한 행동은 자신의 입지를 자랑하려는 허영심에서 비롯된 것이지만, 그 저변에는 자신을 지지하고 그 대가로 도움을 기대하는 평민들을 통치 파트너로 삼고 있는 왕으로서 강력한 힘을 과시해야 할 필요도 있었다. 따라서 왕은 호사스러움을 추구하거나 호위병들을 거느리면서 자신의 위용을 과시했다. 대부분의 시간을 예식과 점술로 보냈던 전임자들과는 다르게 타르퀴니우스 프리스쿠스는 세속 권력, 즉 정치와 전쟁에 관한 직무에 몰두했다. 그는 먼저 라티움 지방을 평정하고 이어서 사비니족과 전쟁을 벌여 그들의 영토를 일부 점령했다. 그것을 위한 무기를 제공해 고소득을 얻은 것은 로마의 중공업이었고, 군수물자를 공급해 엄청난 이윤을 챙긴 것은 로마의 상인이었다. 공화주의 역사가들과 반에트루리아 감정을 가지고 있던 역사가들은 후에 타르퀴니우스의 왕국을 일종의 암시장에 비유했다. 공금 횡령과 과도한 수고비 그리고 '뇌물'이 보편화되었고, 패배자들에게서 강탈한 보물은 로마가 아닌 에트루리아 도시들, 특히 왕들의 고향인 타르퀴니아를 꾸미는 데 사용했다고 기록했다.

이런 비난들에 의심의 여지가 없지는 않다. 그의 통치하에서 로마는 도시 건축 분야에서 빠르게 성장했다 더구나 에트루리아 출신의 왕은 로마에 하수도 시설Cloaca Massima을 건설하여 오래전부터 시민들에게 불편을 주고 있던 쓰레기 문제를 해결했다. 또한 도시 내부에는 구획 정리된 도로들과 도시계획에 따라 건설된 구역들, 초가집 수준에서 벗어난 진정한 의미의 건축물로서 비를 피할 수 있는 지붕과 창문과 정원을 갖춘 집들 그리고 모든 시민들을 수용할 수 있는 중앙 광장이 건설되었다.

타르퀴니우스 프리스쿠스 왕은 로마의 외관뿐 아니라 삶의 풍속까지 바꾸어 놓을 혁명을 준비하고 있었다. 그러나 이를 완수하려면 고대의 전통을 고집하고 왕에 대한 견제권을 끝까지 사수하고 있던 원로원의 강력한 저항을 극복해야만 했다. 원로원은 과거 같으면 왕을 파면하거나 사임시킬 수 있었지만, 이제는 정치적인 대표 기구도 없이 타르퀴니아 출신의 왕들을 강력하게 지지함으로써 자신들의 요구 사항을 관철시키고 있는 평민 세력을 견제해야 했다. 따라서 원로원은 문제를 해결하기 위한 보다 확실한 방법으로 왕을 살해했다. 하지만 원로원은 홀로 남은 왕비가 나약한 여성이고 그 자식들이 아직 어리기 때문에 왕권을 오랫동안 유지하지 못할 것이라고 생각하고 유족들을 살려주었다. 이는 결정적인 실수였다.

만약에 왕비인 타나퀼라가 복종을 미덕으로 여기는 평범한 로마 여성이었다면 원로원의 계산이 적중했을 것이다. 그러나 미망인은 충분한 교육을 받은 에트루리아 여성으로서 동등한 부부생활 이외에도 국가의 통치, 행정, 외교, 정치 그리고 개혁 문제까지 적극적으로 관여해 왔다. 따라서 어떤 면에서는 대부분이 문맹이던 원로원 의원들에 비해 국정에 대해 더 자세하게 알고 있었다.

타나퀼라는 남편의 장례식을 치른 뒤 아들 세르비우스 툴리우스가 성장하여 모든 선거 절차를 생략하고 곧바로 왕위를 상속한 최초의 인물이 될 때까지 막강한 왕권을 장악하고 있었다. 그러나 그 이름이 의미하듯이 세르비우스가 타나퀼라의 합법적인 아들인지 또는 남편과 어느 여성 노예 사이에서 태어난 아들인지는 분명하지 않다. 로마의 열렬한 공화주의파 역사가들은 세르비우스를 부정적인 인물로 묘사하려 했지만 성공적이지 못했다. 세르비우스의 통치 시대는 이들의 좋지 않은 평가에도 불구하고 전성기를 구가했으며, 당시의 중요한 과업들이 이루어졌다. 세르비우스는 도시 주위에 성벽을 쌓는 토목 사업을 벌여 자신을 지지하던 기술자, 벽돌공, 수공업자들에게 일자리를 제공했다. 그리고 대대적으로 정치 사회적인 개혁 작업에 착수하여 이후 모든 제도의 기초를 마련하는 원대한 개혁을 추진했다.

로마를 30개의 쿠리아로 구분하던 과거의 전통적인 제도를 통해서 당시 도시 주민의 수가 약 3~4만 명이었다는 사실을 알 수 있다. 이들은 대부분 동일한 칭호와 공적 그리고 재산을 소유하고 있었다. 그러나 이제 로마의 재산은 엄청나게 증가했고, 또 어떤 사람은 세르비우스 왕의 통치 시대에 로마 인구가 70~80만 명 정도로 늘었다고 주장하기도 했다. 물론 이러한 산출은 잘못된 것으로 보인다. 아마도 이 수치는 로마 도시의 인구가 아니라, 로마가 정복한 전 지역에 거주하는 주민들의 수를 의미할 것이다. 그런 점을 감안하더라도 로마의 인구는 분명히 10만을 넘었을 것이다. 따라서 타르퀴니우스와 세르비우스가 추진한 대규모 공공사업은 거주지 부족으로 인한 심각한 위기를 해결하려는 의도에서 시작되었던 게 틀림없다.

인구는 증가했지만 회의에 참석하여 투표권을 행사하는 시민은 오직 쿠리아회에 등록된 사람으로만 제한되어 있었다. 쿠리아회에 속하지 못한 사람들 중에는 전쟁이나 대규모의 토지 개간 사업에 필요한 막대한 자금을 공급하는 대산업가와 무역업자 그리고 금융업자들도 포함되어 있었다. 이들에 대한 보상이 우선적으로 고려된 것은 당연한 일이었다.

세르비우스는 먼저 해방 노예의 자식이나 해방 자유인에게 로마 시민권을 부여했다. 그리고 기존의 구역 구분 방식인 쿠리아 제도를 폐지하고 거주지보다는 재산을 기준으로 하는 새로운 제도를 마련하여 시민들을 다섯 개의 계층으로 나누었다. 첫 번째 계층은 적어도 10만 아스* 이상을 소유한 주민들로, 그리고 마지막 계층은 12,500아스 이하의 재산을 보유한 주민들로 구성되었다. 불행히도 당시의 화폐 단위인 아스가 오늘날 정확하게 어느 정도의 화폐 가치에 해당하는지는 알 수 없다. 대략 1아스가 100~130리라 정도였을 것으로 생각되지만 이 또한 분명하지는 않다. 어쨌든 경제력의 차이가 정치적인 입지의 강약을 결정하는 절대적인 변수로 작용했다는 점에는 의문의 여지가 없다.

모든 사람들은 쿠리아회 내에서 적어도 공식적으로는 동등한 지위와 평등한 투표권을 가지고 있었다. 그리고 각 계층은 켄투리아(즉 백인대)를 기본 단위로 하지만 실질적으로는 같은 수의 표를 행사하지 못했다. 왜냐하면 전체 표수가 193표였고, 그중에서 첫 번째 계층이 98표를 독점했기 때문이었다. 그러므로 첫 번째 계층은 자신들이 가지고 있는 98표로 충분히 과반수를 차지했지만 다른 계층은 연합 전선을 구축한다 해도 자신들의 의지를 실현하기에는 역부족이었다.

자본주의적이고 금권정치적인 상공업연맹체Confindustria가 중심이 된 정권은, 현금 동원력이 비교적 약한 원로원 의원들을 중심으로 형성된 토지연맹체Federterra를 배제하고 입법권을 독점했다. 원로원이 할 수 있는 일은 거의 없었다. 세르비우스

---

* Asse. 고대 로마에서 쓰였던 동으로 만든 주화. 1아스의 무게는 12온스였으며 가치는 시대에 따라서 변화했다.

는 부친으로부터 상속받은 왕권을 명분으로 원로원에 왕의 선출 권한을 부여하지 않았으며 부자들에게 새로운 권력을 부여하는 대가로 막대한 자금을 지원받았다. 뿐만 아니라 직책과 봉급 그리고 시민권을 대가로 민중의 절대적인 인기를 누렸다. 세르비우스는 이들의 절대적인 지지를 받으면서, 한편으로는 불평분자들의 공격으로부터 자신의 신변을 보호하기 위해 호위대를 대동하고 다녔다. 신하들을 접견할 때는 머리에 금관을 쓰고 왕권을 상징하는 독수리가 조각된 왕홀王笏을 손에 쥐고 상아 옥좌에서 근엄한 자세를 취했다. 왕을 접견하고자 하는 사람은, 귀족 신분의 원로원 의원에서 거리의 걸인에 이르기까지 신분의 고하를 막론하고 누구든지 먼저 약속을 잡고 차례가 올 때까지 대기실에서 기다려야 했다.

이런 상황에서 왕을 암살하는 것은 거의 불가능해 보였다. 따라서 왕을 암살하려는 적들은 왕궁에 자유롭게 출입할 수 있는 왕의 조카들이나 친척들에게 부탁해야만 했다.

왕의 조카인 타르퀴니우스는 암살을 시도하기 전에 권력 남용을 이유로 왕을 권좌에서 축출하려 했지만, 왕이 켄투리아회에 참석하여 만장일치로 왕권을 재확인받으면서 실패했다(공화주의파 역사가인 티투스 리비우스의 기록인 만큼 사실인 것으로 보인다).

결국 남아 있는 유일한 방법은 왕을 살해하는 일뿐이었다. 타르퀴니우스는 조금의 망설임도 없이 삼촌을 살해했다. 그러나 이 암살에 공조했던 원로원은 이 사건이 오히려 자신들의 숨통을 더욱 조르게 될 줄은 미처 모르고 있었다. 왕을 살해한 후 타르퀴니우스는 원로원의 동의를 얻는 형식적인 절차마저 무시하고 스스로 상아 옥좌에 앉아 왕이 되었음을 선포했다.

새로운 군주는 살해된 왕보다 더욱 독재적인 성향을 노골적으로 드러냈다. 이 때문에 후대의 역사가들은 그를 타르퀴니우스 왕조의 창업자와 구별하려는 의도에서 '거만한 자superbus'라고 불렀다. 만약 역사가들이 타르퀴니우스를 거만한 왕이라는 식으로 표현했다면 비록 그의 몰락에 대한 언급이 조금은 조작된 것이었다고 할지라도 거기에는 그만한 이유가 있었으리라 생각할 수 있다. 타르퀴니우스는 사람을 죽이는 것을 일종의 놀이에서 얻는 즐거움으로 생각했다고 한다. 그가 왕위에 있는 동안 대부분의 시간을 전쟁을 하는 데에 썼다는 사실도 그의 공격적인 성격에서 기인한 것이라고 볼 수 있다. 그가 전쟁에서 매번 승리할 수 있었던 것은 휘하에 수만 명의 강력한 군대가 있었기 때문이다. 타르퀴니우스 수페르부스는 이를 발판으로 별다른 어려움 없이 사비나와 에트루리아 그리고 가에타에 이르는 방대한 남부 지역을 정복할 수 있었다. 아르노 강의 하구로 진출하는 과정에서 로마는 수많은 승리와 패배를 반복해서 겪었다. 당시의 전쟁이 항상 치열했던 것은 아니다. 때로는 오늘날의 '냉전' 같은 대립 상황을 겪기도 했다. 하지만 타르퀴니우스는 경우에 따라서 군사력과 외교 수단을 적절하게 혼용함으로써 작은 제국의 왕이 되었다. 아직 로마의 영향력은 아드리아 해까지는 이르지 못했지만, 티레니아 해를 장악하기에는 충분했다.

아마도 타르퀴니우스는 민중에게 너그럽고 인기 있었던 왕을 죽이고 왕권을 탈취한 자신의 반역행위를 무마하는 데 보다 많은 노력을 기울였을 것이다. 대외적인 성공을 최대한 선전하여 정권의 내적인 취약함을 보완하는 데에 주력한 것이 그 증거이다. 그러나 타르퀴니우스의 몰락은 그의 지나친 정복욕이 불러왔다.

전설에 따르면, 어느 날 왕은 아들 섹스투스 타르퀴니우스와 조가 루키우스 타르퀴니우스 콜라티누스를 데리고 군대와 함께 전쟁터로 향했다. 이들은 군 막사에서 각각 자신의 부인의 정숙함에 대해서 이야기하다가 서로 자신이 훌륭한 남편이기 때문에 저마다의 말이 진실하다고 주장했다. 그러는 가운데 어쩌다 한 명이 다른 사람에게 '내 아내는 정직한 신부이지만 너의 아내는 부도덕한 바람둥이야'라는 식의 비난성 발언이 오갔다. 그리고 이들은 자신들의 주장이 사실이라는 것을 증명해 보이기로 결정하고 야밤을 틈타 말을 타고 집으로 돌아왔다.

로마에 도착한 이들은 섹스투스의 아내가 적적한 마음을 달래기 위해서 남자친구들을 초대하여 '유혹과 탐욕의 시간'을 즐기고 있는 장면을 목격했다. 반면에 콜라티누스의 아내인 루크레티아는 남편의 옷을 만들고 있었다. 내기에서 이긴 콜라티누스는 상금을 가지고 전선으로 돌아왔다. 그러나 자존심이 몹시 상한 섹스투스는 복수심에 불타서 루크레티아에게 접근하여 폭력과 술수를 동원해 끝까지 저항하는 루크레티아를 정복했다.

참담한 심정의 루크레티아는 남편과 원로원 의원인 부친에게 모든 것을 고백하고 그 자리에서 칼로 자신의 심장을 찔러 자결했다. 삼촌을 죽이고 왕위를 가로챈 타르퀴니우스의 또 다른 조카인 루키우스 유니우스 브루투스는 원로원 회의를 소집하여 모든 상황을 설명한 뒤에 타르퀴니우스 수페르부스를 폐위시키고 자신을 제외한 왕의 모든 가족을 로마에서 추방할 것을 제안했다. 이 소식을 전해들은 타르퀴니우스가 급히 로마로 돌아오는 동안 브루투스는 전선을 향해 달려가고 있었다. 이들은 아마도 길에서 마주쳤을지도 모른다. 어쨌든 왕이 로마의 질서를 회복하려고 급히 돌아오는 동안에 브루투스는 그의 군대를 설득하여 반란을 일으킨 다음 로마로 쳐들어가고 있었던 것이다.

타르퀴니우스는 북쪽으로 도망쳐 자신의 선조들이 살던 고향이자 로마에 정복된 후에는 복속도시로 전락한 에트루리아에 도착했다. 이곳에서 당시에 클루시움Clusium이라고 불리던 키우지Chiusi의 통치자인 포르센나에게 자신의 망명을 받아줄 것을 부탁했으나 큰 기대를 걸 수는 없었다. 하지만 포르센나는 통이 큰 인물이었기에 그의 요청을 받아들였다.

이제 로마는 공화정으로 새롭게 탄생하게 되었다 로마 군주정은 영국의 플랜태저넷 왕가와 프랑스의 부르봉 왕가처럼 일곱 명의 왕에 의한 통치를 마감했다. 이 사건은 기원전 509년, 즉 '로마의 성립Ab Urbe Condita'으로부터 246년이 지난 후의 일이었다.

제5장 포르센나

정권이 교체될 때마다 그렇듯이, 로마 민중 역시 새로운 정부를 열렬히 환영했다. 새로운 현실이 자유와 사회 정의의 구현을 포함한 자신들의 모든 희망을 충족시킬 것이라고 기대하고 있었다. 로마 공화정은 모든 시민들과 군인들이 참가하는 대규모의 켄투리아회를 소집하여, 군주정의 결정적인 붕괴를 주도한 인물들의 공적을 평가했다. 그리고 지난 250여 년 동안 공공 행정을 타락시켰던 과오와 부패의 책임을 군주정치 체제에 돌렸다. 이번에는 왕의 선출을 대신하여, 혁명의 주인공들 중에 홀아비인 콜라티누스와 고아가 된 루키우스 유니우스 브루투스를 집정관에 임명했다(후에 콜라티누스의 자리는 푸블리우스 발레리우스로 교체되었다).

푸블리우스 발레리우스는 역사적으로 '민중의 친구'를 의미하는 '푸블리콜라Publicola'라는 이름으로 널리 알려져 있다.

푸블리콜라는 민중에 대한 우정을 표현하기 위해서, 후에 공화정의 전 기간에 걸쳐 현행 법률로 남아 있게 될 법안을 제안하여 켄투리아회로 하여금 승인하도록 했다. 그 내용에 따르면, 민중의 승인 없이 관직을 강점하는 사람은 죽음으로 처벌하며, 사형선고를 받은 시민에게는 켄투리아회에 마지막으로 청원할 기회를 부여했다. 이로써 시민들은, 자신을 왕으로 선포하는 사람을 죽일 수 있는 권리를 가지게 되었다. 그러나 이들 법 조항은 어떤 근거로 혐의자를 고발하는가에 관해서는 구체적인 언급을 생략했다. 원로원은 이러한 법적 상황을 이용해서, 왕이 되려는 수많은 야심가들의 도전을 효율적으로 막아낼 수 있었다. 오늘날에도 이러한 방지책은 세계 도처에서 사용되고 있다. 왕위를 꿈꾸는 사람들은 종종 '이탈자', '조국의 적', '외국 제국주의의 첩자'라는 이름으로 멸시되어왔던 것이다. 그러나 시대의 진보에도 불구하고 정권 찬탈의 범죄는 줄어들지 않았으며, 다만 관련 법조항만이 변화되었을 뿐이다.

민주적인 제도를 보장하려는 민중의 열망에 부응하여 푸블리콜라는 집정관Consul으로 하여금 켄투리아회의 회의장에 들어갈 때에는 앞에서 걸어가는 의장관儀仗官들에게 권력의 상징인 휘장fasci*과 깃발을 낮추도록 하는 규정을 만들었다. 이러한 절차는 아이러니컬하게도 20세기에 이탈리아의 베니토 무솔리니에 의해서 부활되었다. 즉 휘장의 높이를 조절하는 행위는 권력이 민중에 기인한다는 것을 보여주기 위한 탄력적인 생각이었으며, 민중이 집정관을 임명한 후에도 그의 행위에 대한 심판자로서의 역할을 수행한다는 상징적인 의미를 가지고 있었다.

이러한 훌륭한 조처들은 점차 큰 효과를 보이기 시작했다. 그러나 한동안의 들뜬 분위기가 일단 수그러들자, 시민들은 과연 새로운 체제가 주는 이득이 실제로는 무엇으로 나타났는가를 생각하기 시작했다. 모든 시민은 투표권을 가지고 있었다.

---

* 파시즘fascism의 어원이기도 하다.

그러나 켄투리아회는 과거에 세르비우스가 고안한 방식에 따라서 시민을 여러 계층으로 구분하고 차등화된 투표권을 부여하는 것을 계속해서 고집하고 있었다. 첫 번째 계층에 속한 부자들은 98표를 행사함으로써, 실질적으로는 다른 모든 투표권자들의 의사와 상관없이 단독으로 모든 사항들을 결정할 수 있는 권한을 가지고 있었다. 실제로 이들이 취한 첫 번째 결정은 타르퀴니우스 가문이 전쟁을 통해서 정복한 다음 가난한 사람들에게 분배했던 토지를 다시 회수하는 것이었다. 그 결과 수많은 소규모의 자영농들이 농지를 빼앗기고, 살 길이 막막해지자 일거리를 찾아 로마로 몰려들었다.

그러나 로마는 이들에게 일자리를 제공하지 못했다. 왜냐하면 집정관들의 임기는 불과 1년에 지나지 않아서 군주정 시대의 초기 다섯 왕들과 상속으로 왕위를 계승한 두 명의 왕들이 즐겨 행하던 대규모 공공사업을 끝까지 추진할 만한 시간적인 여유를 가질 수 없었기 때문이다. 또한 사비니 및 라틴 출신의 토지 소유자들로 구성된 원로원 의원들은 공화정의 주동 세력이었다. 이들은 에트루리아와 그리스 출신의 상공인들이 통치권을 장악하고 투자를 주도하던 군주정과는 반대로, 자본 투자에 인색했다. 공화정은 오늘날의 표현처럼, '예산의 수지 균형'을 고려하여 극도의 긴축재정을 실시했는데, 그 배경에는 공적 公敵으로 간주되던 신흥 부유 계층의 중흥을 예방하려는 의도도 있었다.

결국 도시는 위기에 빠져들었고, 농촌의 기아와 실업을 피해 도시로 도망 나온 가련한 농민들은 이곳에서도 자신들과 거의 동일한 처지에 있는 실업자들의 무리를 만나게 되었다.

조선소의 작업은 중단되었고, 집과 도로의 건설 작업도 더 이상 추진되지 못했다. 한때 타르퀴니우스 가문의 열렬한 후원자로서 수많은 노동자들과 기술자들에게 노동 기회를 제공했던 기업가들은 추방되었거나, 축출을 두려워하여 적극적으로 일선에 나서지 못하고 있었다. 공공업소들은 경기 침체와, 당시 대중적으로 확산되고 있던 금욕주의 성향으로 인해서 손님이 줄어들자 앞을 다투어 문을 닫았다. 그리고 새로운 정권의 주역들은 과거의 왕들이 저지른 범죄들을 상기시킬 목적으로 군중을 선동하고 있었다. 청중은 주변을 돌아보다가, 과거의 '범죄들' 중에 '광장Forum'도 포함된다는 사실을 알게 되었다.

신정권의 선동가들은 에트루리아족이 로마를 식민지로 만들려고 했던 과오를 노골적으로 지적하면서, 이것이 바로 타르퀴니우스 왕조가 저지른 가장 심각한 죄악이라고 선동했다. 물론 선동가들의 주장 가운데에는 사실도 있었지만, 당시의 로마에는 경기장, 하수도 시설, 기술공학자, 수공업자, 무대배우, 권투선수, 인기를 독점하던 검투사, 성벽, 수로, 예언가 그리고 신들에 대한 숭배 의식 등과 같이 에트루리아에서 수입된 새로운 시설과 문화가 넘치고 있었다.

물론 대부분의 로마 사람들은 에트루리아에 가본 경험이 없었기 때문에, 이런 사실을 알고 있는 사람은 많지 않았다. 그러나 부친의 도움으로 타르퀴니아, 아레초, 키우지에 있는 에트루리아 학교에서 공부하면서 많은 것을 경험한 젊은 지식인들은 누구보다도 이런 사실을 잘 알고 있었다. 일반적으로 당시의 지식인들은, 박식한 인물보다는 개성 있는 로마인이 되기를 희망하던 귀족 가문의 사람들과는 달랐다. 오히려 지식인들은 상공업에 종사하는 가문 출신으로서 무역과 산업 그리고 자유 전문직에 자신들의 운명을 걸고 있었기 때문에, 새로운 정권의 등장과 새로운 정책으로 인해서 적지 않은 타격을 받았다.

이 모든 이유들을 배경으로 점차 표면화된 불만은 빠른 속도로 확산되기 시작했다. 그리고 불행히도 이러한 분위기는 타르퀴니우스의 사주로 포르센나가 선포한 전쟁 선언과 시기적으로 일치했다.

전쟁의 결과에 대해서 정확히 알려진 사실은 없다. 그러나 왕위에서 쫓겨난 타르퀴니우스 수페르부스가 권력 회복을 위해서 키우지의 통치자에게 어떤 연설을 했으리라는 것은 쉽게 짐작할 수 있다. 포르센나는 에트루리아 출신의 타르퀴니우스 가문이 과거에 에트루리아에 별로 호의적이지 않았으며, 오히려 전쟁과 징벌적 군사 원정을 통해서 고통을 주었고 심지어는 복속시키려고까지 했다는 사실을 주지시켰다. 그러나 타르퀴니우스 수페르부스는 자신과 자신의 전임자들이 에트루리아를 로마화하려고 했을 뿐만 아니라, 왕정 초기에 자신들을 지배했던 사비니족과 라틴족의 고유한 습성을 말살하고 로마자체의 에트루리아화를 추진했다고 답했을 것이다. 이처럼 투쟁과 대립은 로마와 다른 외국 세력들 간에 진행된 것이 아니라, 결국은 로마가 복속시킨 경쟁 관계의 도시들, 즉 같은 문명권에 속한 도시들 간에 벌어졌던 것이다. 비록 최후에 취한 정책이기는 하지만, 로마는 경쟁 관계에 있던 도시들을 파괴하는 대신 이탈리아의 패권을 차지하기 위한 단일지휘 체계 속에 편입시키려고 노력했다. 이러한 정책은 결과적으로 잘못된 판단이나 패전한 상대의 자치성을 별로 존중하지 않고 억눌러버리는 과오로 드러날 수도 있었다. 그러나 타르퀴니우스 가문은 가령 알바롱가, 라티움 그리고 사비나의 수많은 부락들과 마을들을 철저히 파괴하는 잔혹성을 유감없이 드러냄으로써 패배자의 운명을 끝까지 존중하지 않았다. 에트루리아 도시는 결코 심각한 파괴를 경험한 적이 없었다. 그리고 타르퀴니아, 키우지, 볼테라, 아레초의 상인과 수공업자, 기술공학자, 배우 그리고 권투선수들이 로마로 이주했을 때, 그들은 노예의 신분으로 격하된 것이 아니라 오히려 귀빈 대접을 받았으며 도시의 모든 경제, 문화, 산업, 무역 분야를 장악했다.

타르퀴니우스 가문이 왕권을 장악하고 동족의 이주민들을 보호하는 정책을 실시하는 동안에는 에트루리아족에 대한 특별대우도 보장되고 있었다. 그렇다면 공화정이 성립되면서 무슨 일이 일어났던 것인가? 공화정은 곧 촌스럽고 야비하며 사람을 불신하는 반동주의자이면서, 자유-진보적인 성향을 가진 에트루리아의 부르주아들에 대해서 뿌리 깊은 증오심을 가지고 있었다. 공화정의 등장은 곧 인종차별주의자들의 권력 장악을 의미했다. 새로운 권력자들이 에트루리아족을 어떻게 취급했을지는 쉽게 짐작할 수 있다. 에트루리아족을 로마에서 축출한 사실은 난폭하고 호전적인 라틴족과 사비니족이 권력을 장악했다는 것과 이들이 에트루리아의 다른 적들과 연합하여 강력한 세력을 구축한 후에 포르센나를 비롯한 에트루리아 전체를 파괴할 수도 있음을 의미하는 것이었다.

과연 포르센나는 세력 균형이 붕괴되는 것에 무관심했을까? 혹은 로마 군인들의 횡포로 사비나와 라티움의 주민들이 신음하고 있는 가운데 내부적으로 피폐해져 있는 로마를 공격하여 닥처올 재앙을 예방하는 것이 불필요하다고 생각했을까? 만약 키우지의 강력한 통치자가 원한다면, 모든 도시들은 봉기하여 수적으로 열세에 있는 로마 주둔군을 격파했을 것이다. 그리고 결국에는 로마도 고립되어 몰락의 운명을 맞이했을 것이다.

포르센나에 대해서는 알려진 것이 거의 없다. 그러나 그의 행적을 참고하면, 훌륭한 장군이며 동시에 뛰어난 정치가로서 지략도 갖추었던 것 같다. 그는 타르퀴니우스의 말 속에 진실이 담겨 있음을 간파했다. 그러나 행동을 취하기에 앞서 먼저 라티움과 사비나가 자신을 도울 것인지와 로마에서 봉기를 일으켜 공화정 타도를 지원할 '제5의 세력'이 준비되어 있는지를 확인하려고 했다.

실제로 로마에서는 봉기가 발생했다. 그리고 루키우스 유니우스 브루투스의 두 아들—타르퀴니우스 수페르부스가 자신들의 할아버지에게 무슨 짓을 했는지를 모르고 있었던—도 봉기에 가담했다. 그러나 이들은 무력으로 진압된 후에 체포되어 처형되었다. 전해오는 말에 의하면, 부친인 루키우스가 두 아들의 처형을 직접 지켜보았다고 한다.

전쟁은 로마에 상당히 불리하게 진행되었다. 라틴족과 사비니족의 여러 도시들은 로마 주둔군을 학살하고 세력을 규합한 후에, 에트루리아에서 파견된 군대까지 참여한 연합군을 이끌고 북쪽에서 도착한 포르센나의 군대에 합류했다. 이들의 침입에 대항하여 로마는, 역사가들의 표현을 빌리자면, 일종의 기적을 행했다고 한다. 로마 군대의 무키우스 스카이볼라는 적군의 진영에 홀로 잠입하여 포르센나를 암살하려다가 다른 사람을 죽이게 되자 불타는 화로에 실수한 손을 얹어 자신의 실패를 처벌했다. 호라티우스 코클레스는 자신의 동료들이 테베레 강의 한 다리를 파괴하고 있는 동안 그 위에서 홀로 수많은 적들을 상대했다. 그러나 당시 로마의 관련 전설들이 입증해주듯이 로마는 전쟁에서 패했다. 로마 군대를 찬양하는 많은 에피소드들은 '전쟁 프로파간다'의 전형적인 예를 보여주고 있다. 한 국가가 패전하게 되면 소위 '영광스러운 에피소드'를 꾸며내고 이를 높이 찬양하여, 당시나 그 이후 시대의 사람들에게 실제 결과를 위장한다. 바로 전쟁 영웅들이 특히 패전한 군대에서 등장하는 이유가 여기에 있다. 승리한 군대는 이런 에피소드를 필요로 하지 않는다. 예를 들면, 카이사르의 일기인 『갈리아 전기*Commentarii De Bello Gallico*』에서는 전쟁에 관한 영광의 에피소드를 전혀 찾아볼 수 없다.

결국 로마는 오늘날의 표현을 빌리자면 무조건적인 항복을 했다. 로마는 모든 에트루리아 영토를 포르센나에게 반환해야만 했다. 라틴인들은 이 틈을 이용하여 로마를 공격했지만, 디오스쿠리우스 가문과 유피테르 신의 자식들인 카스토르Castor와 폴룩스Pollux의 지원을 받은 로마 군대에 의해서 격퇴되었다. 어쨌든 전쟁에서의 패배로 인해서, 과거 왕정시대에 제국의 수도로 성장했던 로마는 오늘날과 같은 보잘것없는 행정구역으로 전락했다. 물론 오늘날의 '초라한 로마'라는 표현에 대한 반대도 적지 않을 것이다. 그 결과 로마는 북쪽으로는 프로시노네로, 그리고 남쪽으로는 안치오에 미치지 못하는 영토로 축소되었다. 로마로서는 실로 엄청난 재앙이었다. 당시의 피해를 원상 복구하는 데에 거의 한 세기가 소비되었다.

그러나 이 전쟁에서 가장 큰 피해를 입은 대상은 로마가 아닌, 바로 타르퀴니우스 자신이었다. 그는 서둘러 로마로 돌아가 권력을 되찾은 후에 복수할 생각을 하고 있었다. 그러나 포르센나는 그의 복권에 아무런 관심이 없음을 분명하게 언급함으로써, 군주정의 재건이 불가능함을 암시했다. 포르센나는, 일종의 가설이지만, 간교한 책략가인 타르퀴니우스 수페르부스가 동족과 군대의 우두머리로 원상 복귀할 경우 은혜를 저버리고 에트루리아를 다시 괴롭힐 것이라고 확신하지는 않았을까?

포르센나의 군주정 불가 방침에 대해서는 또 다른 해석도 찾아볼 수 있다. 에트루리아는 무정부 상태였다. 이곳의 모든 도시들은 독자적인 지위를 원하고 있었기 때문에 제한적인 자치를 인정하려고 들지 않았다. 타르퀴니우스는 로마를 에트루리아화된 도시로 그리고 에트루리아를 로마화된 도시로 바꾸어놓으려고 했을 것이 틀림없다. 에트루리아는 그것을 거절했고, 그 결과 값비싼 대가를 지불했다. 로마와의 전쟁을 계기로 포르센나가 어렵게 엮어놓은 동맹 관계는, 그의 연합군대가 반도의 남부 지역에 위치한 에트루리아 식민지들과 연락망을 재건하기도 전에 해체되고 말았다. 그리고 남부의 에트루리아 식민지들은 가까운 장래의 일이지만, 모두 그리스인들에 의해서 장식되었다. 포르센나가 키우지로 돌아와 이곳에 머물고 있는 동안, 그리스인들은 남쪽을 향해서 진군하고 있었다. 한편, 북부에서는 보다 심각한 위협이 닥쳐오고 있었다. 갈리아인들은 알프스로부터 남하해 파다나 계곡의 에트루리아 식민지들을 파괴했다. 그러나 에트루리아는 이러한 심각한 상황하에서도 과거 타르퀴니우스가 로마의 이름으로 실현시키려고 했던 통일과 단합된 힘을 보여주지 못했다. 타르퀴니우스는 음모를 계획했지만, 그 뜻을 이루지는 못했다. 베이오를 중심으로 전쟁에서 승리한 라티움 지역의 도시들은 타르퀴니우스의 귀환에 적극적으로 반대했다. 이들은 오히려 로마 공화정을 파트너로 선택했다. 왜냐하면 로마가 모든 내부적 어려움을 극복하고 재흥하는 것이 불가능하다고 판단했기 때문이다. 실제로 로마는 한 세기가 지나서야 비로소 재기할 수 있었다.

'해방'의 대가는 항상 비싸게 치르는 법이다. 로마는 왕들의 통치로부터 벗어나는 대가로 제국을 희생했다. 로마는 과거 왕정시대에 차지했던 이탈리아 중부를 재정복하는 데에 250년을 소비해야 했다. 결국 로마는 공화정 체제를 유지하는 대가로, 그동안 축적한 재산의 적지 않은 부분을 포기해야만 했다.

그렇다면 군주정 하에서 무엇이 잘못되었기에 로마인들은 지배 체제를 바꾸는 대가로 과거의 정복 유산을 포기했을까?

한마디로 융합 정책이 실패한 결과라고 볼 수 있다. 다시 말하면, 수많은 인종들 간의 그리고 각 계층들 간의 융화가 실현되지 않았던 것이다. 군주정 초기, 네 명의 왕들은 부르주아 계층과 부富, 진보, 기술, 산업 그리고 무역을 독점하고 있던 에트루리아족을 탄압하는 정책을 전개했다. 그러나 귀족정치와, 농업 정책, 전통과 군대를 장악한 나머지 세 명의 왕들은 원로원을 통해서 정치적인 영향력을 행사하고 있던 라틴족과 사비니족을 탄압했다. 이제 원로원은 자신의 노력으로 공화정을 수립하고 본격적인 복수를 시작했다.

이로부터 로마의 모든 분야, 특히 역사는 한결같이 공화주의적인 특색으로 묘사되었다. 그리고 군주정과 그 기간의 모든 업적들을 부정하는 불신 풍조가 확산되었다. 우리는 로마에 관한 역사책을 읽을 때마다 마치 마지막 왕인 타르퀴니우스가 축출된 시기가 로마의 위대한 역사가 시작된 시점과 일치한다는 듯한 견해를 발견한다.

그러나 이러한 역사관은 올바르지 않은 것이다. 로마는 군주정 시대에 이미 강력한 수도로서 자리 잡고 있었으며, 업적의 대부분이 이때에 이룩되었다. 자신의 자리를 지키면서 '민중의 이름으로' 권력을 행사하던 엄격한 관리들은 장래의 번영을 기약하고 있었다. 로마는 이때부터 이미 도시학적으로나 행정적으로 잘 계획되어 있었다. 뿐만 아니라 수많은 자원과 인구를 보유한 도시로서 최고 수준의 엘리트 기술자, 노련한 군대, 종교와 문자화된 언어, 주변의 모든 세력들과의 동맹관계를 통해서 노련한 외교 능력을 자랑하는 도시로 자리 잡고 있었다.

로마의 노련한 외교술은 큰 재앙을 만났을 때 유감없이 발휘되었다. 로마는 서둘러서 두 개의 조약을 체결했는데, 첫 번째 조약은 바다로부터의 안전을 고려하여 카르타고와 체결한 것이었고, 두 번째는 내륙의 위협으로부터 로마를 보호할 목적으로 라틴 동맹과 체결한 조약이었다. 두 조약의 내용에 따르면, 로마는 상당한 권리를 양보했다. 바다의 경우, 로마는 코르시카, 사르데냐 그리고 시칠리아에 대한 권리를 포기하는 것 이외에도 이 섬들에 자국의 배들을 이용해 침범하거나 상륙하지 않는다는 조건으로 물자만을 공급하겠다는 조약을 체결했다. 그러나 아직 로마는 자신의 이름에 걸맞은 함대를 가지고 있지 못했다. 그러므로 로마의 양보는 실질적으로 많은 희생을 의미하지는 않았다.

그러나 육지의 경우, 로마는 적지 않은 손실을 감수해야만 했다. 집정관 스푸리우스 카시우스는 베이오를 비롯한 동맹 세력들과의 대립을 종식하는 상황에서 불평등한 협상 내용을 승인했다. 로마는 500제곱킬로미터의 반경 안에서만 주권을 행사하는 평범한 도시로 전락했다. 그리고 참가 도시들과 동등한 입장에서 라틴 동맹에 참가했다. 기원전 493년에 체결된 협정의 서문에는 다음과 같은 내용이 담겨 있었다. '하늘과 땅이 그대로 남아 있는 동안 로마와 라틴 동맹의 모든 도시들 간에 평화가 유지될 것이다.'

그러나 로마 공화정은 불과 1세기가 지나기도 전에 과거 왕정시대의 왕들이 추진하던 대외정책을 재추진했다. 적들에게 자신들의 처지를 슬퍼할 시간적인 여유도 주지 않을 정도로 냉정하고 잔혹한 전쟁을 시작하여 적들을 제압했다. 물론 이때에도 하늘과 땅은 그대로 남아 있었다.

이때 이후로 나라들 간의 동맹조약에는 항상 하늘과 땅이 변하지 않는 동안 지속된다는 내용이 언급되었다. 그리고 조약 당사자들 중의 하나였던 베이오가 몰락한 후에도 이런 식의 표현은 계속해서 사용되었으며, 민중도 이를 믿고 있었다.

제6장 원로원과 로마의 민중(SPQR)

공화정이 성립된 기원전 508년 이후 로마인들이 각처에 건설한 건축물들의 유적에는 항상 SPQR이란 라틴 약어가 새겨져 있다. 이 약어는 '원로원과 로마의 민중Senatus Populus-Que Romanus'을 의미한다.

원로원Senatus에 관해서는 이미 설명했다. 그럼 이제 민중Populus에 대하여 언급해보기로 하자. 당시의 민중이란 표현은 지금 우리가 이해하고 있는 의미와 전혀 일치하지 않는다. 고대 로마 시대의 민중은 오늘날의 민중이라는 어휘에 해당하는 시민 전체를 의미하는 것이 아니라, '두 개의 사회 계층', 즉 전통 귀족patricium과 기사 계층(에퀴테스equites 또는 카발리에르cavalier)을 지칭하는 어휘로 사용되고 있었다.

전통 귀족들은 파트레스patres, 즉 로마를 건국한 주역들의 후예였다. 티투스 리비우스의 말에 따르면, 로물루스는 100여 명의 가부장들을 선발하여 이들로 하여금 로마 건설에 참여하도록 했다고 한다. 당연히 이들은 가장 비옥한 토지를 차지했고, 도시가 건설된 이후에 정착한 가부장들에 비해서 좀 더 많은 특권을 차지했다. 왕정시대의 초기 왕들은 별다른 사회적 문제에 직면하지 않았다. 모든 신하들은 서로 동등한 지위의 한 사람으로서, 특정한 종교 기능을 위해서 다른 사람들로부터 선택되었을 뿐이었다.

타르퀴니우스 프리스쿠스가 왕으로 등극하자, 로마에는 특히 에트루리아로부터 수많은 사람들이 몰려들기 시작했다. 이주민들의 수가 대폭 증가하자, 파트레스의 후손들은 새로운 이주자들에게 불신감을 가지고 일정한 거리를 유지했다. 자신들이 독점하고 있는 원로원을 수단으로 수많은 이권들을 독점했다. 로마의 전통 가문들은 만리우스, 율리우스, 발레리우스, 아이밀리우스, 코르넬리우스, 클라우디우스, 호라티우스, 파비우스 등 도시를 건설한 선조들의 성姓을 그대로 유지하고 있었다.

그러나 로마의 성내에는 개척인들과 이주민들이 함께 공존했으며 서로 다른 계층을 형성했다. 즉 한쪽은 전통 귀족으로, 다른 한쪽은 평민으로 자리잡았다.

얼마 지나지 않아 전통 귀족들은 북미 대륙의 경우를 비롯하여 범세계적인 사례들에서 보이듯이, 새로운 이주자들에 의해서 압도되어버렸다. 로마의 전통 귀족들은 미국의 필그림 파더스Pilgrim Fathers에 해당된다. 미국의 초기 개척민들은 지금으로부터 대략 300년 전에 메이플라워호를 타고 아메리카 신대륙으로 건너간 350명의 이주민들이었다. 지금까지도 그 후예들은 미국의 전통 귀족으로서 간주되고 있기는 하지만, 계속해서 밀려드는 수많은 후속 개척민들에 의해서 압도당함으로써 아무런 특권도 유지하지 못하고 있다. 그러므로 메이플라워호에 승선했던 개척민의 후예라는 사실은 많은 세월이 흐른 오늘날에 와서는 단지 명예뿐인 타이틀에 불과하다.

로마의 전통 귀족은 일부 평민들을 영입하여 이들에게 얼마간의 특권을 나누어주면서, 자신들의 권력을 방어하는 임무까지 함께 부여했다. 이러한 전략은 소수의 입장에 처한 모든 사회 계층이 자신들의 특권 방어를 위해서 취하는 행위일 것이다.

세르비우스 툴리우스의 통치하에서는 이상에서 언급한 두 개의 사회 계층이 이미 공존하고 있었다. 그리고 평민들 중에서 수와 재력에서 상당한 힘을 보유한 대부르주아 또는 중산 계층이 등장했다. 왕은 재산을 기준으로 새로운 켄투리아회를 구성하면서, 첫 번째 계층으로 부자들을 선택하고 이들에게 나머지 네 계층의 의지를 충분히 제압할 수 있는 투표권 수를 부여했다. 그러나 전통 귀족은 적지 않은 불만감을 토로했다. 정치 세력으로서의 전통 귀족들은 단지 재력을 이유로 '머리에 피도 마르지 않은 햇병아리', 즉 오늘날의 표현처럼, 조상도 없는 자들에게 압도당했다는 사실에 심한 모욕을 느꼈던 것이다. 그러나 타르퀴니우스 수페르부스가 추방되고 공화정이 성립되었을 때, 전통 귀족들은 단독으로 다른 모든 계층들을 상대할 수 없다는 사실을 인식하고 새로운 해결안을 모색했다. 모든 시대의 부르주아들이 그러하듯이, 전통 귀족은 원로원 의원이 되는 것만을 바라고 있는 부유한 계층을 포섭하여 동맹관계를 맺었다. 만약 18세기의 프랑스 귀족들이 이와 같은 정책을 전개했다면, 공포의 단두대 처형을 모면할 수도 있었을 것이다.

부유한 계층은 이미 앞에서 언급했듯이 기사라고 불렀다. 이들은 모두 상업과 산업 분야에 종사하는 사람들로서, 원로원 의원이 되는 것을 가장 큰 소원으로 생각하고 있었다. 이들은 켄투리아회에 참석해서도 원로원의 실질적인 권력을 장악하고 있는 전통 귀족들과의 협상하에 투표권을 행사했다. 뿐만 아니라 새로운 직책을 얻기 위해서 막대한 자금을 아끼지 않고 투자해야만 했다. 딸의 혼사를 통해서 전통 귀족들과 인척지간이 될 경우에도 실로 엄청난 지참금이 필요했다. 그리고 이들은 비록 원로원의 일원이 될지라도, 파테르pater, 즉 전통 귀족으로 등록되는 것이 아니라, 원로원의 구성원 중에 정회원 patres이 아닌 부회원conscriptus의 자격만을 획득했다.

민중이 단지 전통 귀족들과 기사들로 구성되었다고 한다면 ―지금과는 달리― 그 이외의 사람들은 평민으로 분류되어 별로 중요한 계층으로 주목받지 못했다. 평민에는 수공업자, 소상점 주인, 하급 관리, 해방 자유인 등과 같은 여러 부류의 사람들이 조금씩 포함되어 있었다. 물론 이들은 자신들의 처지에 만족하지 않았다. 이 때문에 로마 공화정의 첫 세기는 민중의 개념을 확대하려는 사람들과, 반대로 기존의 두 귀족 계층으로만 국한시키려는 사람들 간의 무력 충돌과 재력 경쟁으로 점철되었다.

당시의 로마는 주변 각지에서 닥쳐오는 위협에 굴복하여 과거 왕정시대에 정복했던 모든 것을 상실하고 단순한 행정구역으로 축소되어 라틴 동맹의 모든 도시들과 동등한 차원에서 평화 협상을 체결해야만 했다. 전통 귀족과 평민 간의 심각한 투쟁은 기원전 494년, 즉 공화정이 성립된 지 불과 14년 만에 대외적인 위기를 배경으로 발생했다. 로마의 평민들은 그동안 모든 것을 바쳐 전쟁을 지원했음에도 불구하고 패전하자 극심한 절망 상태에 빠지게 되었다. 많은 사람들이 농토를 적들에게 내주어야만 했다. 이들은 전쟁터에 나가 있는 동안 가족의 생계를 위해 많은 빚을 지게 되었다. 빌린 돈을 갚지 못할 경우에는 자동적으로 채권자의 노예가 되었다. 그리고 채권자는 이들을 자신의 창고에 가두거나 죽이거나 팔아버리기도 했다.

만약 채권자가 여러 사람일 경우에는, 채무자를 죽인 다음 그 육신을 여러 토막으로 나누어 가질 수도 있었다. 비록 상황이 극단적으로 발전하지는 않았지만, 채무자의 어려운 현실은 좀처럼 개선되지 않았다.

이러한 상황에서 과연 평민들은 정의를 위해서 무엇을 할 수 있었을까? 이들은 켄투리아회에서 자신들의 대표가 가장 낮은 위치에 있었기 때문에 아무런 주장도 할 수 없었다. 이들은 가장 적은 수의 켄투리아, 즉 자신들의 의사를 반영하기에는 턱없이 부족한 수의 투표권을 보유하고 있었기 때문에 아무런 개혁도 기대할 수 없었다. 결국 길거리와 광장으로 뛰쳐나와 언변 있는 사람들의 입을 빌려 채무의 무효화, 상실한 농토를 대신할 새로운 토지의 분배 그리고 자신들의 이익을 대변하는 사법관의 선출 등을 요구할 뿐이었다.

원로원을 포함한 지배 계층은 평민들의 요구에 무관심했다. 권력 계층의 무성의한 태도가 지속되자, 수적으로 절대 다수를 점하고 있던 평민들은 항의 시위를 벌이면서 로마에서 5킬로미터 정도 떨어진 몬테 사크로Monte Sacro 산으로 들어갔다. 그리고 요구가 관철되기 전에는 농사와 산업 그리고 군 복무를 거부한다고 선언했다.

당시 로마는 주변의 라틴족, 사비니족과 좀 더 유리한 조건으로 재협상을 체결한 직후였지만, 산악 주민들인 에쿠이족과 볼스키족의 위협에 직면해 있었다. 이들은 아펜니노 산맥으로부터 비옥한 토지를 찾아 계곡으로 내려오면서 로마의 동맹 도시들을 유린하고 있었다. 이러한 상황에서 평민들의 협조 거부는 심각한 사태를 야기할 수 있었다.

난처한 입장의 원로원은 평민들에게 다시 돌아와 도시를 방어하는 데에 동참해줄 것을 요청하기 위해서 사절단을 계속 파견했다. 메네니우스 아그리파를 중심으로 구성된 사절단은 신체의 여러 장기들 간의 상호 조화와 협조를 비유로 평민들을 회유하려고 노력했다. 사절단이 인용한 이야기의 내용은 다음과 같다.

하루는 몸의 여러 장기들이 위장을 미워하면서 마음을 합하여 음식 섭취를 거부하기로 결정했다. 그 결과 아무런 음식도 섭취하지 못한 위장이 죽자, 영양을 공급받지 못한 다른 기관들도 자동적으로 죽고 말았다.

그러나 사절단의 회유책에도 불구하고 평민들은 의지를 굽히지 않았다. 원로원이 채무를 무효화하고 빚을 갚지 못해 노예로 전락한 채무자들을 해방시키고, 자신들의 권리를 대변하는 관리를 선출할 수 있도록 해주는 것이 유일한 해결책이라는 사실을 다시 한번 강조했다. 평민들의 요구가 관철되지 않아서 몬테 사크로의 항의가 계속된다면 에쿠이족과 볼스키족이 로마를 파괴할 것이라는 사실에는 의심의 여지가 없었다.

결국 원로원은 굴복할 수밖에 없었다. 평민들의 요구를 받아들여 채무를 청산해주고, 노예로 전락한 평민들에게 자유를 주었으며, 두 명의 호민관tribunus[임기는 1년]과 세 명의 건축관 aedilis[임기는 1년]을 선출하도록 했다. 이는 로마의 무산자 계층이 획득한 최초의 위대한 성과로서, 다른 계층들에게도 사회

정의의 계기를 마련할 수 있는 수단을 제공한 의미 있는 변화였다. 기원전 494년은 로마의 민주 정치사에서 매우 중요한 해로 기록되었다.

평민들이 돌아오자, 로마는 볼스키족과 에쿠이족의 침략에 대비하여 군대를 조직했다. 60년 동안 계속된 이 전쟁에서 로마는 살아남았다. 로마는 혼자가 아니었다. 공동의 위협은 라틴-사비니 연합 세력을 로마의 긴밀한 협력자로 만들어주었을 뿐만 아니라, 인접 지역의 헤르니키족까지도 우방 세력으로 가담하게 했다.

당시의 기록에 따르면, 확실한 승패도 없는 지루한 소모전이 진행되는 가운데, 정복한 도시의 명칭을 자신의 이름으로 사용하던 전통 귀족 출신의 젊은 코리올라누스가 영웅으로 등장했다. 그러나 그는 비타협적인 보수주의자로서 기아에 허덕이는 민중에게 식량을 나눠주려는 정부의 결정에 반대했다. 이 때문에 그는 민중의 이권을 대변하는 호민관들에 의해서 추방되었다. 그 결과 적들에 가담한 코리올라누스는 지휘권을 장악하고 눈부신 전략을 구사하여 연승을 거두면서 로마의 성문 앞까지 진격했다.

이번에도 원로원은 코리올라누스의 반역 행위를 중지시키기 위해서 특사들을 파견했지만, 아무런 성과도 거두지 못했다. 그러나 코리올라누스는 모친과 부인이 자신을 설득하기 위해서 다가오고 있는 것을 보자 부하들에게 '후방으로의 철수'를 명령했다. 결국, 그는 부하들에 의해서 살해되었다. 그리고 로마의 적들은 지휘 체계를 상실하고, 패배하여 후퇴해야만 했다.

전쟁의 회오리가 거세게 몰아치는 가운데, 이번에는 이미 프라스카티Frascati를 정복한 에쿠이족이 또 다른 위협으로 등장했다. 이들은 로마와 그 동맹 세력들 간의 연락을 차단했다. 또 다른 생존의 위협 앞에서 원로원은 퀸티우스 킨킨나투스에게 독재권과 새로운 군대를 제공했다. 전쟁터로 나간 킨킨나투스는 포위되어 전멸의 위기에 놓여 있던 아군을 구출하고 전쟁을 승리로 이끌어 기원전 431년에 적을 완전히 굴복시켰다. 승리한 킨킨나투스는 단지 16일간의 독재권을 행사한 후 자신의 농장으로 복귀했다.

　그러나 로마는 최후의 승리에 앞서 북쪽 지역으로부터 남하하는 베이오인들의 위협을 극복해야만 했다. 이들은 에트루리아족의 일파로서, 당시의 불안정한 상황을 이용하여 로마를 완전히 굴복시키려고 했다. 과거에 이미 베이오인들은 에쿠이-볼스키족과 교전 중이던 로마를 공격하여 많은 고통을 안겨준 적이 있었다. 그러나 로마는 에쿠이-볼스키족과의 전쟁을 승리로 이끌어 여유를 가지게 되자, 곧바로 베이오인들을 상대로 최후의 결전을 준비했다. 그러나 이번에도 전황이 불리해지자, 로마는 독재관을 임명해야만 했다. 이때 등장한 마르쿠스 푸리우스 카밀루스는 위대한 군인이자 대담한 성격의 인물로서 군대에 스티펜디움Stipendium, 즉 '5일 급여 지급제'라는 새로운 제도를 도입했다. 사실 이전까지는 모든 군인들이 무상으로 군복무를 해야만 했다. 그러므로 전쟁이 장기화될 경우에는 이들의 부양가족들은 아무런 지원도 없는 상태에서 생존의 위협을 받을 수밖에 없었다. 카밀루스가 새로운 봉급 지불 제도를 결정한 의도는 바로 이러한 불합리를 개선하려는 것이었다. 이에 사기가 오른 군인들은 용기 충천하여 베이오를 정복하고, 적의 도시들을 철저하게 파괴했으며, 그 주민들을 노예로 잡아 로마에 보냈다. 압도적인 승리와 이를 확인하기 위한 본보기 처벌은 로마인들의 자부심을 드높여주었다. 이제 로마의 영토는 과거에 비해서 거의 네 배에 해당하는 2,000제곱킬로미터 이상으로 확대되었다. 그러나 영광의 이면에는 대역사를 창조한 주인공들에 대한 시기심과 불신감이 자라고 있었다. 카밀루스가 적의 도시들을 차례로 정복하면서 에트루리아로 진격하자, 로마인들은 그를 음해하기 시작했다. 이들은 카밀루스가 사적인 욕심에 패배자들로부터 빼앗은 수많은 전리품들을 정부에 반납하지 않고 혼자 착복했다고 비난했다. 자신에 대한 중상모략에 실망감을 느낀 카밀루스는 지휘권을 반납하고 귀국한 다음에는 아무런 변명도 없이 오명을 벗기 위해서 스스로 아르데아로의 유배를 자청했다.

카밀루스는 모략으로 인한 불명예를 마음속으로 삭이면서 귀향지에서 죽었을지도 모른다. 아니면 본격적인 세계 정복에 앞서 조국에 가장 커다란 시련을 안겨주었던 갈리인들의 또다른 공격이 시작되었을 때, 자신을 모략했던 로마인들로부터 다시 부름을 받았을지도 모른다. 갈리아인들은 오늘날의 프랑스 지역에서 남하한 켈트족의 일파로서, 이미 포 강 유역을 평정했다. 이들은 포 강 유역의 비옥한 토지를 인수브레스, 보이, 케노마니, 세노네스 등과 같은 여러 동족들에게 분배했다. 그러나 한 일파는 브렌누스의 지휘하에 남쪽으로 내려와 키우지를 정복하고 알리아Allia 강에서 로마 군단을 격파한 후에 로마를 향해서 진격했다.

역사가들은 당시의 역사를 전설의 형태로 기록했다. 아마도 로마의 불명예를 의도적으로 은폐하려는 의도였을 것이다. 기록에 의하면, 갈리아인들이 캄피돌리오를 공격하자, 유노 신전의 신성한 거위들이 하나같이 큰 소리로 시끄럽게 울어댔다. 이 바람에 잠을 깬 만리우스 카피톨리누스는 로마 군대를 지휘하여 야만족들의 공격을 격퇴했다고 한다. 정말 그랬을지도 모른다. 그러나 갈리아인들은 캄피돌리오에 입성하여 도시의 전 지역을 장악했고, 주민들은 약탈과 살인 행위를 피해 주변의 산악 지역으로 피신했다. 그러나 다른 기록에 의하면, 원로원 의원들은 로마를 떠나지 않고 근엄한 자세로 원로원에 남아 있었다고 한다. 이들 중의 한 사람인 파피리우스는 한 갈리아인이 자신의 수염을 가짜로 오인하고 조롱하려는 마음에 끌어당기려고 하자, 상아로 만든 지휘봉을 그의 얼굴에 집어던졌다고 한다. 그러나 갈리아의 브렌누스는 돌아가기 전에 로마를 불태우고 수많은 금괴와 그 무게를 잴 수 있는 저울을 요구했다고 한다. 원로원이 이에 항의하자, 브렌누스는 자신의 칼을 저울 위에 던지듯 올려놓으면서 다음과 같은 유명한 말을 했다고 한다. '패배자들에게 화가 있으라Vae victis!' 이와 같은 절체절명의 순간에 카밀루스의 재등장은 로마에는 큰 위안이 아닐 수 없었다. 기적적으로 역사의 무대에 재등장하여 독재권을 장악한 카밀루스는 이 말을 전해 듣고 '조국을 구원할 것은 금덩어리가 아니라 강철이다'라는 대답을 했다고 한다. 한편, 카밀루스가 그동안 어디에서 숨어 지냈으며, 돌아온 이후 어떻게 적들을 격퇴했는지에 관해서는 별로 알려지지 않았다.

사실은 어떨까. 로마를 정복한 갈리아인들이 약탈을 자행하다가 로마 군대의 반격을 받고 후퇴했지만, 이미 모든 전리품을 강탈한 다음이었다고 한다. 갈리아인들은 용맹하기는 하지만 정복 활동에서 일관된 정책이나 전략을 구사하지 않는 무식한 약탈자들이었다. 갈리아인들은 말 그대로 공격에 이어 약탈을 한 후에는 미래에 대한 아무런 대책도 없이 그 자리를 떠나버리는 종족이었다. 만약 굴욕적인 패배가 안겨준 수치심으로 로마인들이 복수를 시작할 수도 있으리라는 사실을 알고 있었다면, 갈리아인들은 로마 거리의 돌 하나도 남기지 않을 정도로 철저하게 파괴해버렸을 것이다. 그러나 갈리아인들은 로마를 무차별적으로 공격했지만, 파괴하지는 않았다. 갈리아인들은 로마를 떠나 에밀리아와 롬바르디아를 향하여 진군했다. 이 틈을 이용해서, 위기에 빠진 조국의 부름을 받고 아르데아로부터 달려온 카밀루스는 그동안의 피해를 만회할 수 있는 시간적인 여유를 가질 수 있게 되었다. 카밀루스는 아마도 갈리아인들과 아무런 접전도 치르지 않았던 것으로 생각된다. 왜냐하면 그가 로마에 도착했을 때 갈리아인들은 이미 모든 전리품을 챙겨 떠나버렸기 때문이었다. 그러나 카밀루스는 자신의 개인적인 서운함을 마음 한구석에 접어두고, 독재관의 자격으로 사재私財를 털어 로마와 군대를 재건했다. 과거에 카밀루스를 야심 많은 도둑이라고 비난했던 사람들은 이제 그를 '제2의 로마 건국자'로 칭송했다.

그러나 이러한 모든 작업이 주로 대외적인 측면에서 진행되고 있는 동안, 대내적으로는 12동판법Duodecim Tabulae의 제정을 둘러싸고 갈등이 빚어지고 있었다.

이 법의 제정은 평민들의 승리를 의미하는 것이었다. 몬테 사크로 산에서 돌아온 평민들은 종교계를 지배하고 있는 전통 귀족들이 더 이상 법률을 독점해서는 안 되며, 구체적인 의무 조항과 위법에 따른 벌칙들의 공개를 계속해서 주장했다. 이 당시까지만 해도 사법관들의 판결 과정에서 중요한 참고자료로 쓰였던 법규들은 기밀 사항이었고, 그 원문은 사제들의 철저한 보호와 독점하에 있었다. 또한 세부 조항들은 신들의 의지를 파악하기 위한 종교 의식의 내용들과 혼합되어 있었다. 신의 기분이 좋을 경우에는 비록 살인자라고 해도 처벌을 면할 수 있었으며, 반대로 신의 마음이 편치 못할 때에는 불쌍한 좀도둑도 교수형을 당해야만 했다. 신의 의지를 해석하는 관리들과 사제들이 전통 귀족 출신이었던 만큼, 평민들은 무방비 상태로 노출되어 있었다.

그동안 로마는 볼스키족, 에쿠이족, 베이엔스족, 갈리아인의 계속적인 공격과 평민들의 몬테 사크로 항의 농성에 직면해 많은 어려움을 겪고 있었다. 이런 상황에서 원로원은 오랫동안 고집하던 저항 의지를 포기하고, 솔론*의 업적에 대한 연구를 위해서 세 명의 원로원 의원을 그리스로 파견했다. 이들이 임무를 마치고 돌아오자, 10인 위원회가 구성되었다. 아피우스 클라우디우스를 위원장으로 하는 위원회는 기록 공문서의 형식으로 12동판법을 작성하여 미래 로마법의 탄탄한 기초를 마련했다. 이로써 평민들은 위대한 승리를 거두었다. 로마 건국

* 640?~560?BC. 아테네의 정치가, 입법가, 시인. 그리스 칠현[七賢] 중 한 사람으로서, 빈부의 차이를 없애기 위한 경제 개혁을 단행하여 민주정치의 기초를 세웠다.

후 대략 300년이 지난 기원전 451년의 일이었다.

그러나 예상과는 달리 상황은 그리 순조롭지 않았다. 원로원이 법안을 마련하기 위해서 부여했던 막강한 권력의 맛을 알게 된 위원들은 2년의 임기가 종료되었음에도 불구하고 계속해서 특권을 점유하려고 했다. 전해오는 말에 의하면, 모든 잘못은 평민 출신의 아름답고 매력적인 여성 비르기니아를 사랑하여 그녀의 저항 의지를 꺾고 노예로 만들려고 했던 아피우스 클라우디우스에게 있었다고 한다. 비르기니아의 부친, 루키우스 비르기니우스는 이러한 권력의 폭력에 항의했지만 아피우스가 진실을 은폐하려고 하자, 스스로 아피우스를 살해하여 여식의 운명이 악인에게 맡겨지는 것을 막았다. 과거 루크레티아 사건 때 콜라티누스의 행동과 마찬가지로, 부친은 군영으로 달려가 군인들에게 이번 일을 소상하게 설명하고 독재자의 횡포를 저지하는 데에 동조해달라고 설득했다. 진실을 알게 된, 게다가 과거와는 달리 어떻게 대처해야 하는가를 알고 있는 평민들은 또다시 몬테 사크로 산으로 들어갔다. 이번에는 군대까지 동참을 선언했다. 이번 사건을 내심 즐거운 마음으로 지켜보고 있었을 원로원은 비상회의를 소집하여 10인 위원회의 해체를 결정하고 이를 당사자들에게 통보했다. 결국 열 명의 위원들은 직무에서 해고되었다. 아피우스 클라우디우스는 추방되고, 행정 권력은 집정관들에게 반환되었다.

그러나 이번 승리로 민주정치가 보장된 것은 아니었다. 진정한 의미의 승리는 한 세기 후에 리키니우스-섹스티우스 법*으로 이룩될 것이었다. 그럼에도 불구하고 이번 사건은 상당한 제도적 진보를 보여주는 명백한 증거였으며, 그 결과로 SPQR

의 P는 오늘날의 의미와 같은 민중Populus으로서 확고히 자리를 잡게 되었다.

---

* Lex Licinia-Sextia : 고대 로마의 법령으로서, 평민도 집정관에 임명될 수 있도록 규정했다.

제7장 피로스

갈리아인들의 침입 그리고 로마의 전통 귀족과 평민 간의 내부 투쟁으로 야기된 굴욕적인 위기를 경험했음에도 불구하고, 로마는 다음 두 가지 측면에서 상당한 위로를 받을 수 있었다. 첫째, 로마는 카밀루스의 등장으로, 전쟁에서 가장 심각한 피해를 입었던 라틴족과 사비니족을 누르고 라틴 동맹의 맹주로 등장할 수 있었다. 둘째는 보다 확실한 사회적 균형이 실현됨으로써 각 계층들 간의 대립이 종식되었다는 것이다. 갈리아의 브렌누스가 북쪽으로 떠난 지 얼마 되지 않아서, 로마는 전보다 더 새롭고 근대적인 단장을 마치고 주변의 새로운 정복지를 획득하기 위한 노력을 시작했다.

주변 지역들 중에 캄파니아는 가장 비옥한 땅이었다. 이곳에는 삼니움족이라는 원주민들이 살고 있었으며, 그들의 일부는 아직도 아브루초의 산악 지역에 흩어져 있었다. 산악 지역의 삼니움족은 춥고 배고픈 계절에는 평야 지대로 내려와 동족으로부터 가축과 농산물을 약탈했다. 약탈자들의 위협에 직면한 카푸아 지역의 삼니움 주민들은 그동안 자신들과 우호 관계를 유지하고 있던 로마에 보호를 요청했다. 로마인들은 삼니움의 두 부족을 갈라놓음으로써 공식적으로 내정에 간섭할 수 있는 좋은 기회임을 포착하고 이들의 지원 요청을 기꺼이 수락했다. 이렇게 해서 아브루초에 사는 부족들과의 반세기에 걸친 전쟁을 필두로 세 차례에 걸친 삼니움 전쟁이 시작됐다.

　기원전 343~341년 사이에는 실질적으로 거의 아무런 충돌도 없었는데, 이것은 아브루초의 삼니움족이 카푸아에 거의 출현하지 않았고, 로마인들도 이들이 사는 산악 지역으로 원정가는 것을 꺼렸기 때문이다. 그러나 어쨌든 로마는 '보호'라는 명분으로 카푸아를 점령할 수 있었다. 한편 카푸아가 로마의 보호 아래로 들어오게 되자 자극을 받은 라틴족은 로마를 적으로 간주하는 것으로 급선회했다. 라틴인들이 개입하게 되자, 로마는 과거의 동맹자를 오늘의 적으로 상대해야만 했다. 이런 상황은 로마에게 매우 불리했으며, 이번에도 위기를 극복하기 위해서는 영웅들의 등장과 그 활약을 기대하는 수밖에 없었다. 집정관인 티투스 만리우스 토르콰투스는 군율의 중요성을 강조하고 명령에 복종할 것을 부하들에게 지시했다. 그러나 자신의 아들이 명령을 어기고 독단적으로 행동하자 명령 불복종죄로 처형했다. 그의 동료 푸블리우스 데키우스 무스는 자신의 목숨을 희생해야만 조국을 구할 수 있다는 점괘를 믿고 홀로 적들과 대적하다가 전사했다.

　에피소드의 진실성 여부를 떠나서 로마는 전쟁에서 승리하자 자신을 배신한 라틴 동맹을 해체했다. 이 결정으로 당시까지 지속되던 '동맹' 정치가 종식되고, 단일 블록의 '통합' 정책이 출범했다. 동맹에 가담했던 도시들에게 로마는 어느 정도의 자치권을 부여했는데 그 형태는 도시마다 달랐다. 이들 간의 이권이 일치하는 것을 예방할 목적이었고, 로마와의 관계를 제외하고는 도시 간의 모든 정치적인 관계는 금지했다. 이는 로마가 주도하는 '분할 통치'의 테크닉이었다. 로마는 캄파니아에 식민 관리인을 파견하여 점령지를 관리하게 함으로써 남부 지역 진출에 필요한 전진기지를 확보했다. 마침내 제국이 탄생하고 있었다.

제2차 삼니움 전쟁은 약 15년 후인 기원전 328년에 별다른 명분 없이 시작되었다. 제1차 삼니움 전쟁의 승리로, 로마는 나폴리 근처까지 진출해 있었다. 나폴리는 이 지역 그리스 식민지들의 중심으로서, 그리스 양식의 성벽, 체육관, 극장 그리고 활발한 무역 시장들을 갖추고 있었다. 이곳의 화려한 그리스 문화에 매료된 로마는 어느 화창한 날 무력을 동원하여 나폴리를 점령했다.

평야와 산악 지역에 흩어져 살고 있던 삼니움족은 로마의 행동을 방치할 경우, 결국에는 이탈리아 반도 전체가 위협에 빠질 것이라는 사실을 인식하게 되었다. 삼니움족은 동족 간에 상호 평화조약을 체결하고, 멀리 남부 지역에 진출해 있는 로마 군대를 뒤로부터 공격했다. 이들은 초기에 대대적인 전투보다 게릴라전과 같은 전략을 구사하다가 패배를 자초했다. 그러나 로마 군대의 장단점을 파악한 후에는 클라우디우스 장군이 이끄는 로마 군대를 베네벤토 근처의 카우디오 협곡으로 유인하여 궤멸시켰다. 두 명의 로마 집정관은 패전의 위험을 벗어나기 위한 수차례의 저항에도 불구하고 항복해야만 했다. 그리고 패배를 인정하는 의미에서 삼니움 군대의 창 밑을 무릎으로 기어가는 굴욕을 감수했다. 이것이 바로 그 유명한 '포르카이 카우디나이forcae caudinae의 굴욕'이었다.

과거와 마찬가지로 로마는 평화를 구걸하기보다는 차라리 패배를 인내하는 불굴의 의지를 선택했다. 그리고 치욕을 교훈

삼아 더 이상 패배를 반복하지 않고 좀 더 효율적인 대처 능력을 키우기 위해서 군단을 재편성하는 개혁을 단행했다. 기원전 316년 전쟁이 재개되었다. 로마 군단은 북쪽의 에트루리아족과 남동쪽의 헤르니키족의 기습공격으로 또 한 번의 패배에 직면했지만, 침착하게 군대를 나누어 양측면의 적군을 제압했다. 승리한 후에는 군대를 다시 하나로 합쳐 고립되어 있던 삼니움족을 공격함으로써 기원전 305년에는 이들의 수도인 보비아노Boviano를 함락시킬 수 있었다. 이 전투의 승리로 로마 군단은 처음으로 아펜니노 산맥을 넘어, 아드리아 해안의 풀리아에 진출했다.

로마의 승전 소식에 불안감을 감추지 못하고 있던 이탈리아 반도의 다른 종족들은 연합 전선을 구축하여 로마에 대항했다. 이리하여 삼니움족을 중심으로 에트루리아족 이외에도 루카니족, 움브리아족, 사비니족들이 자신들의 독립과 자치권을 방어하기 위해서 연합 전선에 가담했다. 이들은 자신들의 군대를 하나로 규합하여 움브리아의 아펜니노 산맥 근처에 위치한 센티노Sentino에서 로마 군대와 대치했다. 연합군은 비록 수적으로는 우세했지만, 각 부족의 장군들이 독자적인 작전을 전개함으로서 패배를 자초했다. 이전의 전투에서 조국을 위해서 자신을 희생했던 데키우스 무스는 집정관이었던 부친의 선례를 반복함으로써 가문의 이름을 역사에 길이 남겼다. 로마의 적들이 구축한 연합 전선은 붕괴되었다. 에트루리아족, 루카니족 그리고 움브리아족은 차례로 로마에 평화 협정을 요청했다. 삼니움족과 사비니족은 그 후로도 5년 동안 저항을 계속했지만, 결국 기원전 290년에 모두 항복했다.

근대 역사가들은 로마가 정확한 전략적 목표, 즉 아드리아 해로의 진출을 위한 목표하에서 이상의 모든 전쟁을 수행했다고 주장했다. 그러나 우리는 로마가 구체적인 지침이나 명분 없이 단지 도망가는 적들을 추적하는 과정에서 아드리아 해에 도달했다고 생각한다. 당시 로마인들에게는 지도가 없었다. 따라서 로마는 이탈리아가 오늘날 우리가 알고 있는 것처럼 장화 모양이라는 사실과 반도를 장악하기 위해서는 먼저 바다를 지배해야 한다는 사실을 알 수 없었다. 당시 로마에는 육지와 바다를 함께 고려한 전략 이론이 존재하지 않았다. 로마는 다만 새로운 거주지 확보를 위해서 인접 지역들을 점령하는 이른바 '생활공간Lebensraum'의 원칙을 순수하게 고집했다고 볼 수 있다. 로마인들은 나폴리의 안전을 확보하기 위한 전략으로 베네벤토를 정복했으며, 원정의 발걸음을 타란토에서 멈추었을 때 그들 앞에 놓인 것은 오직 바다뿐이었다.

당시 그리스풍의 대도시인 타란토는 고전시대의 가장 위대한 인물들 중의 한 사람으로서 철학자인 동시에 공학자였던 아르키타스의 영도하에 산업과 무역 그리고 예술 분야에서 상당한 발전을 이룩하고 있었다. 타란토는 전쟁을 좋아하지 않았다. 기원전 303년에 적들의 육로 접근이 불가능하다고 확신했던 타란토는 호마로부터 해로를 통해서는 봉Bon 곶에 접근하지 않겠다는 약속을 받아냈다. 그러나 전운戰雲은 바로 그 바다로부터 불어오고 있었다.

전쟁의 명분은, 늘 그렇듯이, 보호 요청에 의해서 시작되었다. 루카니족의 압박을 받고 있던 투리Turii의 주민들은 루카니족의 공격을 피하기 위해서 로마에 보호를 요청했다. 로마는 과거와 마찬가지로 이들의 요청을 적극 수용하고, 방어의 목적으로 해로를 통해서 군대를 파견했다. 이러한 결정이 싸움을 걸기 위한 로마의 인위적인 포석이었다는 사실에는 의심의 여지가 없다. 로마 함대가 투리에 도달하기 위해서는 봉 곶을 통과해야만 했다. 타란토의 주민들은 로마인들의 협정 위반을 처음에는 묵인해주었다. 그러나 3단계의 노를 갖춘 열 척의 로마 군함이 자신들의 항구에 정박하기를 요구하자, 이번에는 로마의 요구를 명백한 도발 행위로 간주하고 무력을 동원하여 네 척의 배를 침몰시켰다.

타란토 주민들은 자신들의 행동이 전쟁을 의미한다는 사실을 알고 있었다. 그리고 어떤 강력한 세력이 자신들을 도와주지 않을 경우에는 전쟁이 자신들에게 불리하게 전개될 것이라는 사실도 알고 있었다. 그러나 과연 누구의 도움을 기대할 수 있었을까? 이탈리아 반도에는 더 이상 로마에 대항할 수 있는 세력이 없었다. 타란토 주민들은 관습에 따라서 평화를 기원하는 의식을 거행하면서, 다른 지역에 사절들을 파견하여 적합한 인물을 물색했다. 결국 바다 저편의 세계에서 에페이로스Epeiros의 왕, 피로스를 발견했다.

만약 피로스가 산악 지역에 위치한 자신의 조그만 왕국에 만족했다면, 오랫동안 권력을 누리면서 편안하게 살 수도 있었을 것이다. 그러나 그는 지나치게 호기심이 많은 인물이었다. 그는 『일리아드Iliad』의 영웅 아킬레우스의 행적을 알고 있었으며, 자신에게 알렉산드로스 대왕의 정통성을 계승한 마케도니아인의 피가 흐르고 있다는 사실을 알고 있었다. 피로스는 15세기의 이탈리아 모험가들과 매우 유사한 인물이었다. 요즘 우리식 표현을 빌리자면, 그는 한마디로 '모험을 죽도록 좋아하는' 비범한 인물이었다고 할 수 있다. 타란토 주민들이 제안한 조건들은 그의 의향에 걸맞은 것이었고, 피로스는 아무런 망설임 없이 제안을 받아들였다. 그는 타란토의 배에 자신의 군대를 태우고 항해하여 에라클레아Eraclea에서 로마 군대와 대적했다.

로마인들은 금세기 초반인 1916년 네덜란드에서 영국군의 탱크를 처음 보고 놀라 어쩔 줄 모르던 독일군처럼, 난생처음 신무기인 코끼리를 보고 어찌할 바를 몰랐다. 이들은 처음부터 이 동물이 황소라고 생각했는지, 그 이름을 '루카니아 황소'라고 불렀다. 그리고 이 짐승이 자신들의 진영으로 질주해 오자, 로마 군인들은 적에게 적지 않은 피해를 입히기는 했지만 결국 전열이 붕괴되면서 패배를 당했다. 이후 피로스는 계속되는 전투에서 승리의 대가로 값비싼 희생을 치러야만 했다.

그 이듬해(기원전 279년)에 피로스는 아스콜리 사트리아노Ascoli satriano에서 또 한 번의 승리를 기록했다. 그러나 이 전투에서도 지난번과 마찬가지로 엄청난 희생을 감수해야만 했다. 들판에는 아군의 시체들이 즐비하게 널려 있어, 이를 바라본 사람들은 마치 약 2000년 후에 나폴레옹 3세가 솔페리노 전투에서 경험했던 것과 마찬가지의 참담함을 느끼지 않을 수 없었다고 한다. 피로스는 자신의 비서관인 키네아스를 2,000여 명의 포로와 함께 로마에 보내 평화조약을 제안하면서, 임무를 완수하지 못했을 경우에는 포로들을 다시 데리고 오라는 명령을 내렸다. 기록에 의하면 원로원은 적의 제안을 수락하려고 했다. 그러나 감찰관인 장님 아피우스 클라우디우스는 자리를 박차고 일어나, 외국 군대가 이탈리아 반도에서 활보하는 가운데 적과 협상을 벌인다는 것은 당당하지 못한 행동이라고 주장했다.

물론 모든 내용들이 믿을 만한 것은 아니다. 왜냐하면 당시의 로마인에게 이탈리아는 반도를 상징하는 것이 아니라, 단지 도시 로마만을 의미했다. 그러나 분명한 것은 원로원이 적들의 제안을 거부했고, 키네아스는 2,000여 명의 포로들을 명령에 따라서 처리하지 않았으며, 피로스가 로마를 구경하고 돌아온 비서관의 보고를 받은 후에 전쟁을 포기했다는 사실이다. 피로스는 카르타고인들의 위협에서 자신들을 구해줄 것을 요청하는 시라쿠사인들의 제안을 받아들여 시칠리아로 건너갔다. 그러나 이곳에서도 도움을 요청한 그리스 도시들 간에 협력이 이루어지지 않고 자신에게 약속한 군대를 제공받지 못한 상황에서 전황만 더욱 불리하게 전개되고 있었다. 깊은 실망감에 빠진 피로스는 해협을 건너 다시 타란토로 달려갔지만, 로마 군대의 집중적인 공격을 받아 함락 위기에 놓이게 되었다. 이번에는 코끼리 부대에 익숙해진 로마 군대가 전열을 끝까지 유지함으로써 승리를 쟁취한 것이다. 피로스는 기원전 275년, 후에 로마 군대에 의해서 베네벤토로 개칭된 말레벤토Maleven-to에서 또다시 패전했다. 이탈리아는 피로스에게 행운을 주지 않았다. 깊은 비탄감에 사로잡힌 피로스는 조국으로 돌아간 이후 그리스에서 재기를 노렸지만, 결국 뜻을 이루지 못하고 눈을 감았다.

이렇게 군주정의 몰락으로 인한 혼란과 생존 투쟁을 극복한 지 70년(기원전 343~기원전 273년)이 지났다. 로마는 토스카나-에밀리아에 인접한 아펜니노 산맥으로부터 메시나에 이르는 방대한 지역을 차지하게 되었다. 그리고 피로스가 떠난 후 무방비 상태에 놓여 있던 반도 내의 소규모의 세력들은 그리스 도시들과 함께 차례로 복속되었다. 타란토는 기원전 272년에 그리고 레지오는 기원전 270년에 각각 항복했다. 그러나 라틴 동맹 세력들과의 전쟁 이후에 로마는 '보호 세력'과 '무력 동맹 세력'이 결코 믿을 만한 상대가 아니라는 사실을 알게 되었다. 어느 정도는 내부의 이런 이유 때문에 그리고 또 어느 정도는 민주 세력들의 압력 때문에, 로마인들은 제1차 삼니움 전쟁 이후에 채택했던 식민지 정책을 통해서 진정한 의미의 '이탈리아 반도의 로마화'에 착수했다. 로마의 위정자들은 적들의 영토를 몰수하여, 전투에서의 공적 정도에 따라서 무산자 계층에 분배했다. 토지 분배의 대상자들은 대부분이 베테랑 군인들로서 자신을 방어하고 조국을 수호할 수 있는 확실한 사람들이었다. 물론 원주민들은 로마인들을 도둑으로 간주했다. 나중에 로마는 카이사르가 이끄는 군대의 분대장인 카포Cafo의 이름에서 유래된 '카포네cafone', 즉 천박하고 촌스럽다는 의미의 단어를 동전에 주조했다. 당시의 정복자인 로마와 피지배민족 간의 마찰로 빚어진 이러한 관습은 후자가 자신의 도시에 입성하는 전자의 군대를 환영한다는 명목하에 보여준 조롱과 조소를 표현하고 있다.

당시 로마가 영토를 500제곱킬로미터에서 2만 5,000제곱킬로미터로 확장할 수 있었던 이면에는 다른 누군가의 희생이 불가피한 것이었다. 그러나 그 대가로 이탈리아의 중부와 남부 지역은 단일 언어를 사용하게 되었고, 마을과 종족을 대신하여 민족과 정부라는 용어로 통합될 수 있었다.

　평민들은 길고 치열한 전쟁과 이에 동반되는 많은 위험들을 감수하고서 자신들의 목표를 달성했다. 당시 독재관의 이름으로 명명된 호르텐시우스 법Lex Hortensia이 그것이다. 이 법률은 원로원의 승인을 얻지 못했지만 평민의회의 결의만으로 성립되었다. 전통 귀족과 평민 간의 혼인 금지가 적어도 서류상으로는 기원전 445년의 카눌레우스 법Lex Canuleia에 의해서 폐지됨으로써 평민들은 법의 모든 혜택을 보장받게 되었고, 모든 사법 직위를 수행할 수 있는 자격을 가지게 되었다. 그러므로 평민들도 법무관으로 선출되어 원로원에 자유롭게 출입할 수 있게 되었으며, 실질적인 수많은 제약과 한계가 있었음에도 불구하고 의원의 자격으로 전통적인 원로원 의원들과 어깨를 나란히 할 수 있게 되었다.

　평민들은 종종 로마를 심각한 위기에 빠뜨렸던 수많은 대립과 역경을 통해서 이 모든 것을 획득했다. 그러나 이러한 업적이 어떠한 과정들을 거치면서 이룩되었는가에 관계없이, 보수주의를 표방하는 로마의 최고 계층은 자신들의 권력을 이용하여 방해 공작을 계속했다. 이들은 많은 군주들과 산업가들의 경우와 마찬가지로, 자신들의 이권을 공개적으로 방어하면서 '좌익 세력', 즉 평민 계층과의 타협을 거부했다. 그러나 로마의 최고 계층은 세금을 내고, 10년간의 힘든 군대 생활을 감수했으며, 최일선에서 자신들의 목숨을 희생하기도 했다. 이들은 특권과 조국의 이익 중 하나를 선택해야 할 경우에는 아무런 망설임 없이 후자를 선택했다. 때문에 이들은 평민들과의 완전한 법적 동등성을 인정하면서도, 오늘날 영국의 귀족들과 마찬가지로 권력을 장악하고 있었다.

피로스와의 전쟁에서 승리한 이후 얼마간 지속된 평화 기간 동안, 로마는 점령한 반도의 모든 지역을 상대로 제도적인 질서와 균형 체계를 확대하는 작업을 추진했다. 감찰관 아피우스 클라우디우스가 카푸아를 로마와 직접 연결하기 위해서 건설했던 아피아 도로Via Appia는 브린디시와 타란토까지 연장되었다. 이 도로를 통해서 군인들 이외에도 베네벤토, 이세르니아, 브린디시 그리고 다른 수많은 도시들의 로마화를 위해서 동원된 이주민들이 통행했다. 로마는 피정복민들에게 얼마간의 자치성을 부여했지만, 이를 엄격하게 보장하지는 않았다. 같은 이유로 해서, 이탈리아에서는 독일식의 활발한 자치 도시들과 스위스식 연방 체제의 자유가 발전되지 못했다. 그러나 '로마'라는 역사적인 사건은 정부의 개념을 최고의 의미로 발전시켰으며, 오늘날까지도 유지되고 있는 총독, 법관, 헌병, 법률 그리고 조세 관리의 기반을 형성했다.

로마는 바로 이러한 기반 위에서 세계를 정복했다. 그렇다면 이제 로마가 세계를 정복하게 된 이유들을 좀 더 자세하게 살펴보기로 하자.

제8장 교육

　당시 모든 로마인들은 '하루하루를 위험 속에서 살고 있었다.' 그들의 위험은 말 그대로 세상에 태어나는 날부터 시작되었다. 신생아의 부친은 만약 여자아이가 태어나거나 그 어떤 이유로 해서 장애아가 출생했을 경우, 이들을 문밖에 내다버리거나 죽일 수 있는 권리를 가지고 있었다.

　부모는 사내아이가 성장하여 노동으로 도움을 줄 것을 기대했다. 또한 이들은, 민간신앙에 따라서 사후에 자신들의 무덤을 관리하고 제사를 지내줄 사내아이를 세상에 남기지 않을 경우 영혼이 천국에 들어갈 수 없다고 믿었다. 로마에서는 건강한 사내아이가 출생하면 출생일로부터 3일 후에 엄숙한 의식을 거쳐 공식적으로 친족gens의 환영을 받았다. 친족은 시조의 이름을 공동으로 가지는 한 집단의 가문을 말한다. 일반적으로 사내아이는 세 개의 이름, 즉 개인적인 이름(예를 들면 마리우스, 안토니우스 등), 친족의 이름 그리고 가족의 이름이나 성姓을 가진다. 반면에 여자들은 단지 친족의 이름만을 가질 뿐이었다. 때문에 이들은 툴리아, 율리아, 코르넬리아 등으로 불렸으며, 남자 형제들은 예를 들자면 마르쿠스 툴리우스 아이밀리우스, 푸블리우스 율리우스 안토니우스, 가이우스 코르넬리우스 그라쿠스 등으로 지칭되었다.

　그러나 이와 같은 독특한 풍속은 수많은 혼란을 가져오기도 했다. 로마의 창건자들은 그 수가 100여 명에 불과했다. 그리고 친족들의 이름도 이에 비례하여 한정되어 있었다. 때문에 친족의 이름은 계속해서 반복적으로 사용되었으며, 제4, 제5의 별명이 의무적으로 도입되어야만 했다. 한 가지 실례로 카르타고를 파괴한 푸블리우스 코르넬리우스 스키피오*는 '아이밀리누스 아프리카누스 미노르'를 본래의 이름에 첨가했다. 이는 한니발을 격파하고 '아프리카누스 마요르'를 별칭으로 사용한 푸블리우스 코르넬리우스 스키피오와 구별하기 위한 것이었다.

이런 이름들은 너무 길고 거창해서 부르기 부담스러웠으며, 신생아에게 의무들을 지워주는 중요한 상징이기도 했다. 그 한 가지 예로 마르쿠스 툴라우스 코르넬리우스는 사치를 부리거나 요즘의 어린아이들이 좋아하는 상상의 즐거움을 누릴 수 없었다. 부모에게 응석을 부린다는 것은 더욱 상상할 수 없었다. 부모들은 어릴 때부터 아이들에게 가족이 진정한 군사적 단체라는 사실과, 모든 권력은 가족의 우두머리인 부친, 즉 '가부장'에게 있음을 교육시켰다. 가부장은 부인의 지참금을 포함한 모든 것을 소유하며, 사고파는 권력을 가진 유일한 인물이었다. 만약 부인이 남편을 배신하거나 포도주를 훔치면, 어떤 조사나 재판도 없이 죽임을 당할 수 있었다. 자식도 예외가 아니어서 노예로 팔아버릴 수 있었다. 그리고 가족들이 구매한

---

* 스키피오scipio의 정식 라틴어 이름은 스키피오니스scipionis이나, 현재 스키피오로 널리 쓰이고 있으며 각종 사전에도 스키피오로 등재되어 있으므로 스키피오로 적기로 한다.

것은 자동적으로 부친의 소유가 되었다. 딸들이 부친의 절대적인 지배로부터 벗어나는 유일한 방법은 '쿰 마누cum manu', 즉 자식에 대한 모든 권리를 포기한다고 선언하는 부친의 손에 이끌려 결혼하는 것뿐이었다. 그러나 이 경우에도 딸에 대한 부친의 권리는 사실상 남편에게 이전되는 것에 지나지 않았다. 이와 같이 여성의 운명은 평생 부친이나 남편, 또는 큰아들(과부의 경우)과 같이 보호자로 대표되는 남자에 의해서 결정되었다.

이러한 엄격한 규율은 세기가 지나면서 서서히 완화되어, 피에타스pietas, 즉 부부간의 애정이나 부모와 자식 간의 애정 관계에서 그 예를 찾아볼 수 있게 되었다. 그러나 가족 구성원들 간의 새로운 애정 관계에도 불구하고 손자와 증손자 그리고 단순한 물품으로 간주되던 노예들을 포함한 로마 가족의 단위는 그대로 유지되고 있었다. 모친은 도미나domina, 즉 지배하는 부인이라고 불렸지만, 그리스 여성들의 '부인의 방gynaeceum' 풍속의 영향을 받지는 않았다. 부인은 남편과 함께 식사를 하지만, 남편이 편안하게 옆으로 눕는 것과는 다르게 의자에 앉았다. 일반적으로 부인은 육체노동을 많이 하지 않았는데, 왜냐하면 이를 대신할 하인들이 전쟁을 통해서 지속적으로 공급되어 모든 가정이 보통 한 명 이상의 노예를 거느리고 있었기 때문이다. 안주인은 이들을 다스리고 통제하며, 옷감을 짜서 남편과 자식들의 옷을 직접 만들었다. 그러나 독서나 카드놀이를 하지도 않았으며, 극장이나 원형경기장 출입은 거의 하지 않았다. 다른 집을 방문하는 일도 없었으며, 가까운 사람들과만 왕래할 뿐이었다. 공식적인 예식에 참가하는 일은 부인들을 힘들고 고통스럽게 만들 뿐이었다. 그러나 도무스domus라고 부르는 로마인들의 집은 군막사 이상의 의미를 가지는 작은 요새에 비유되었다. 이 공간에서 엄격한 복종에 기초하여 아이들에 대한 엄격한 교육이 실시되었다.

부모들은 집안에서 아이들에게 생활의 여신인 베스타를 상징하는 '화덕의 불씨'를 꺼뜨리지 않도록 교육시켰다. 때문에 장작을 넣어주거나 식사 중에 때때로 빵 부스러기를 던져주어 불꽃이 꺼지지 않도록 했다. 진흙과 벽돌로 만든 벽에는 가정과 농사일이 잘되도록 지켜주는 집안의 정령들인 라르 또는 페나테스의 모습을 담은 작은 성화들이 걸려 있었다. 문 위에는 두 얼굴을 가지고 집 안팎으로 출입하는 사람들을 감시하는 야누스의 모습이 장식되어 있었다. 그리고 집의 운명을 보호해주는 정령인 마네스의 모습도 찾아볼 수 있는데, 이들은 죽은 후에도 집 주변에 머물러 있는 죽은 조상들의 영혼이었다. 그러므로 그 어느 누구도 가문의 일원으로 간주되고 있던 초자연적인 수호정령들 모르게 그 어떤 일도 할 수 없었다. 로마의 가족은 산 사람뿐만 아니라, 이미 살았던 사람과 앞으로 태어날 사람들까지도 포함하고 있었다. 이들 모두는 경제-사회-종교적인 소우주를 형성하고 있다. 가족의 절대적인 우두머리로 군림하는 가부장은 집 안에 설치된 제단에 제물을 바쳤으며, 정령들과 신들의 이름으로 명령을 내리고 벌칙을 부과했다.

로마의 종교 문화는 오늘날의 의미와는 다르게, 아이들을 훌륭한 로마인으로 성장시키는 것보다는 오히려 이들을 규율에 따라서 교육시키는 데에 더 많이 기여했다. 즉 로마의 종교 문화는 아이들에게 선이나 자비로움 같은 귀족적인 이념을 강조한 것이 아니라, 로마 생활의 모든 측면을 지배하는 규범을 수용하고 이에 복종할 것을 강조했다. 예를 들면, 아이들에게 예식에 참가하여 예식 절차들을 엄격하게 지킬 것을 요구했다. 기도할 때에는, 실질적이며 즉시 실현될 수 있는 목표들을 소원하도록 했다. 결국 로마의 아이들은 첫걸음을 배울 때에는 아베오나에게, 처음으로 말을 할 때에는 파불리나에게, 정원의 배나무가 잘 자라도록 하기 위해서는 포모나에게, 밭에 씨를 뿌릴 때에는 사투르누스에게, 수확할 때에는 케레스에게, 축사의 젖소들이 모유를 충분히 생산하기를 원할 때에는 스테르쿨루스에게 기원 의식을 거행했다.

이 모든 신들과 정령들은 로마인들의 윤리에 대해서는 별다른 관심을 보이지 않았으나, 예식의 형식에 대해서는 매우 엄격했다. 물론, 로마인들도 이러한 사실을 잘 알고 있었다. 신들은 인간의 마음이 개선될 수 있는 것으로 생각하지 않았기 때문에 그대로 방치했던 것이다. 신들의 관심은 로마인들의 의식과 의도에 있는 것이 아니라, 위대한 제도와 가족과 정부의 테두리 안에서 평화롭게 살기 위해서 노력하는 그들의 행위에 있었다. 이 때문에 부친에 대한 복종과 남편에 대한 순종, 다산, 법의 존중, 권위의 존중, 전쟁에서 희생을 감수하는 용기, 죽음을 각오하는 굳은 마음이 필요했다. 이것들은 마치 사제가 의식儀式을 치르는 태도를 방불케 했다.

아이들이 세심하고 계획된 교육을 거쳐 6~7세가 되면, 정신 수양을 위한 진정한 의미의 교육을 받는다. 그러나 이들에 대한 교육은 오늘날의 경우처럼 정부의 주도하에 공립학교들이 수행하는 것이 아니라, 가족과 부친에게 맡겨지거나 부유한 가문에서는 노예나 해방 자유인에게 위임되었다. 특히 로마가 최고의 전성기를 누릴 때에 등장한 후자의 교육 습관은 더 이상 금욕적인 성격을 띠지 않았다. 포에니 전쟁 당시까지만 해도 부친이 자식을 교육시키는 스승이었고, 오늘날에는 '교양'이라고 하지만 당시에는 '규율'이라고 부르던 것들을 가르쳤으며, 절대적인 복종의 의미를 강조했다.

교육은 강독, 글씨 쓰기, 문법, 산술 그리고 역사와 같은 단순한 과목으로 구성되었다. 로마인들은 몇 가지 과실즙을 잉크 대용으로 사용했다. 사람들은 펜촉을 이 과실즙에 담갔다가 넓고 평평한 나무판에 글씨를 썼다(많은 세월이 흐른 후에야 아마포와 양피지가 생산되었다). 로마의 언어는 엄격한 구문으로 구성되었으며 어휘의 수가 적고 뉘앙스가 없는 언어로서, 소설과 시보다는 법령과 법전에 더욱 적합했다. 로마인들은 소설과 시에는 별 관심을 두지 않았으며, 문학 작품을 읽기 원하는 사람들은 풍부한 뉘앙스와 어휘력 그리고 다양한 표현력을 가지고 있는 그리스어를 따로 배워야 했다. 이런 이유로 비록 한참 후인 기원전 202년이기는 하지만, 퀸투스 파비우스 픽토르는 최초의 역사서를 그리스어로 저술했다.

당시의 역사는 아이들의 환상을 자극하는 이야기 형태로 부친에 의해서 자식에게 구전되었다. 그 대표적인 것들로는 아이네이아스, 아물리우스, 누미토르, 호라티우스 코클레스, 쿠리아티우스, 루크레티아 그리고 콜라티누스의 이야기가 있다. 이들의 이야기들은 한결같이 독단적이지만, 역사 전설들로서 시적인 효과가 첨가된 성스럽고 기념비적인 내용을 구성하고 있었다. 이런 이야기들은 집정관 달력, 사법관 달력 그리고 대ㅅ연감과 같은 문서들에 기록되었다. 이 문서들은 선거, 승리, 축제, 기적과 같은 대행사들을 언급하고 있다.

로마의 교육 내용이 극히 실용적인 주제들로부터 벗어나는 데에 기여한 최초의 인물은 타란토에서 포로가 된 리비우스 안드로니쿠스였다. 그는 로마로 압송된 후 주인의 친구들 앞에서 『오디시아*Odyssia*』*를 낭독하여 듣는 사람들을 즐겁게 해주었다. 당시 고위 관직에 있던 손님들은 리비우스로 하여금 대규모의 루디**를 위한 공연을 기획하도록 했다. 그는 그리스 세계의 작품들을 라틴어로 번역하는 과정에서, 비록 리듬이 불규칙하고 세련되지는 않았지만 극히 유사한 형태의 비극 작품을 완성했다. 또한 무대 공연에도 직접 참가하여 연기와 노래를 했다. 이전까지 이와 유사한 것을 한 번도 경험한 적이 없었던 로마인들에게는 커다란 충격이었다. 정부는 시인들을 특정 부류의 시민으로 인정했으며, 이들로 하여금 조합을 만들도록 허용하고 아벤티노에 있는 미네르바 사원을 주된 활동지로 제공했다.

그러나 이러한 변화는 먼 미래의 일이었다. 당시 로마의 젊은이들에게는 읽을 만한 문학 작품이 없었다. 글을 읽는 법과 구전된 전설들을 암기하는 것 다음으로는 수학과 수사학을 공부했다. 전자는 손가락을 이용한 단순한 계산법으로서, 기록된

---

* 호메로스의 『오디세이아』를 번역한 것으로서, 라틴어로 쓰인 최초의 예술적 번역 작품으로 중요한 시이다.

** ludi. 에트루리아 기원의 대중적인 종교 행사.

숫자는 일종의 모방에 불과했다. 로마 숫자 I은 손가락 하나를 세운 모양을 나타내며, V는 활짝 편 손바닥을 그리고 X은 활짝 편 두 손이 교차하는 모양에서 유래된 것이다. 계속해서 이런 방법으로 VI과 XI을 계산했다. 그러나 시간이 가면서 손을 이용한 단순한 계산법은 십진법으로 발전했고 10, 즉 열 개의 손가락을 기본 단위로 하는 나누기와 곱하기 방식이 성립되었다. 로마의 수사학도 그리스의 수사학이 소개되기 전에는 건축에 필요한 최소한의 수준에 머물러 있었다.

체육은 전무했다. '체육 훈련장'과 '체조'는 많은 세월이 지난 후 그리스로부터 소개되었다. 로마의 아버지들은 자식들이 곡괭이와 쟁기를 가지고 농지에 나가 일을 하는 것이 자식들의 건강에 더 도움이 된다고 생각했다. 군대에서 힘든 기간을 보낸 젊은이들은 집에 다시 돌아와서도 육체적인 노동을 계속했다. 다행스럽게도 땅을 일구며 다져진 신체는 별다른 질병에 시달리지 않았다. 특별한 의학 교육도 실시되지 않았다. 로마인들은 질병을 일으키는 것은 세균이 아니라, 신들이라고 생각했다. 만약 신들이 '제거하겠다'는 징표를 보인다면 그 어떤 대책도 소용이 없으며, 신들이 일시적인 처벌을 원하는 경우에도 그저 기다리는 수밖에 없었다. 결국 모든 종류의 불행에는 이를 관장하는 신들을 향한 기도가 끊이지 않았다. 오늘날까지 로마 시민들 사이에서 찾아볼 수 있는 '열을 다스리는 성모 Madonna della Febbre'는 당시에 숭배되던 페브리스Febris와 메피티스Mephitis라는 여신들의 변형된 형태이다.

공부가 끝난 후에도 젊은이들은 오락에 열중할 수가 없었다. 공부나 힘든 노동을 마친 후에도 아이들은 원로원 의원인 부친을 따라서 원로원 모임이 열리는 회의 장소에 가야만 했다. 조용히 앉아서 정부의 대소사와 행정 사무, 동맹과 전쟁에 관한 토의를 지켜보며 로마인 특유의 엄숙하고 근엄한 삶의 스타일을 배웠다. 그러나 아이들에게는 따분한 시간이 아닐 수 없었다.

아이들을 성숙한 로마인으로 만들기 위한 최종 과정은 군대였다. 부자일수록 많은 세금을 지불했고, 군 복무 기간도 길었다. 공직을 원하는 사람에게 최소한의 군 복무 기간은 10년이었다. 이는 현실적으로 농지와 상점을 오랫동안 떠나 있을 수 있었던 부자들에게만 가능한 일이었다. 그러나 자신들의 정치적인 권리, 즉 투표권을 행사하려는 사람이라면, 누구나 먼저 군 복무를 해야만 했다. 이들은 신분에 따라서 정부의 최고 입법기관으로서, 내부적으로 다섯 개의 계층으로 구성된 켄투리아회의 기본 단위인 백인대에 소속되었다.

첫 번째 계층은 98개의 백인대로 구성되었는데, 그중의 18개는 기병대이고 나머지는 중무장 보병대였다. 구성원들은 각자 자신의 비용으로 두 개의 창, 하나의 단검과 장검, 청동 투구, 갑옷 그리고 방패를 마련해야 했다. 두 번째 계층은 방패를 제외한다면 첫 번째 계층과 동일했다. 세 번째와 네 번째 계층은 아무런 방어 수단(투구, 갑옷 그리고 방패)도 가지지 못했다. 반면에 다섯 번째 계층에 속한 군인들은 단지 막대기와 돌로만 무장했다. 군대의 기본 단위는 군단으로서 4,200명의 보병과 300명의 기병 그리고 여러 개의 보조 그룹으로 구성되었다. 집정관consul은 두 개의 군단, 즉 대략 1만 명의 부대를 지휘했다. 모든 군단은 고유한 군기軍旗를 가지고 있었으며, 이를 적군에게 탈취당하지 않도록 하는 것이 소속된 군인들의 명예로운 임무였다. 실제로 장교들은 전투 상황이 불리하다고 판단되면 군기를 앞세우고 진격하여 군인들의 사기를 재충전시킴으로써 종종 절망적인 전황을 뒤집고 승리를 쟁취하기도 했다.

초기에 군단은 500명씩 여섯 줄로 구성된 사각밀집대형*으로 편성되었으나, 후에는 기동력을 고려하여 두 개의 보병중대로 재편성되었다. 그러나 로마 군대를 강력하게 만든 것은 조직이 아니라 규율이었다. 겁쟁이는 죽을 때까지 채찍으로 두들겨 맞는 태형을 받았다. 그리고 장군은 장교와 사병을 불문하고 어떤 사소한 불복종도 엄단했다. 탈영병과 도둑에게는 오른손을 절단하는 형벌을 가했다. 식량은 빵과 채소가 전부였다. 카이사르의 군대는 이런 식사에 익숙해져 있었기 때문에, 밀의 부족으로 식량 위기가 닥쳤을 때에도 밀 대신 고기를 먹으라는 명령에 오히려 불만을 토로했다고 한다.

로마의 젊은이들은 오늘날 같으면 소녀들의 뒤를 쫓아다닐 나이인 16세에 군대에 입대했다. 16세의 로마 젊은이들은 자신이 소속된 부대를 최우선으로 생각하면서 어른으로 성장했다. 군대의 규율이 매우 엄격하고 그곳에서의 노동이 무척이나 힘들었기 때문에, 오히려 전쟁을 선호했다. 따라서 젊은 나이의 로마 군인에게 죽음은 커다란 희생만을 의미하지는 않았다. 또한 그렇기 때문에 죽음 앞에서도 당당할 수 있었다.

---

* Falange : 고대 그리스 시대의 진법으로, 창기병을 사각형으로 배치하던 밀집대형.

제9장 출세

10년의 군 복무를 마치고 건장한 어른이 되어 집에 돌아온 젊은이는 이때부터 비로소 단계적으로 선거와 모든 종류의 통제나 견제를 통해서 정치에 입문할 수 있었다.

켄투리아회는 모든 관직에 입후보한 인물들을 감시하는 임무를 수행했다. 로마의 모든 관직은 복수 구조로 이루어져 있었고, 그 말단의 관리는 재무와 법을 집행하는 최고 사법관들의 보조원인 재무관quaestor이었다. 재무관은 정부의 지출을 통제하고, 범죄 조사에도 협력했다. 재무관의 임기는 1년이었지만, 임무를 충실히 수행했다는 평가를 받게 되면 보다 높은 직위에 출마할 수 있었다.

만약 켄투리아회로부터 부정적인 평가를 받아서 실격을 당하면, 이후 10년 동안 어떤 관직 선거에도 나설 수 없었다. 그러나 긍정적인 평가를 받을 경우, 네 명으로 구성된 건축관ae-dilis으로 선출되어 1년 동안 건물, 극장, 수도 시설, 도로 등의 공공시설이나 유곽을 포함한 공익에 관련된 모든 대상을 감독할 수 있었다.

또한 감찰 임무를 잘 수행하면, 동일한 선거 방식에 따라서 1년 동안 민간과 군대의 최고 관직으로서 네 명으로 구성된 법무관praetor에 임명되었다. 한때 이들은 장군이었지만, 이제는 법원의 법관으로서 법률을 적용하는 임무를 수행했다. 그럼에도 전쟁이 발생할 경우에는 집정관들의 명령에 따라서 다시 군대를 지휘했다.

출세의 최고 정상, 즉 '명예 코스cursus honorum'에 오른 다음에는 5년마다 두 명이 선출되는 감찰관censor 직에 오르게 된다. 감찰관의 임기가 비교적 긴 5년인 까닭은, 5년마다 호구 조사—오늘날의 소득 신고에 해당하는—가 실시되기 때문이었다.

감찰관의 주된 임무는 임기 동안 '확인과 검증'을 기초로, 모든 시민들이 세금을 얼마나 지불하며 이들을 몇 년 동안 군인으로 복무시킬 수 있는지를 결정하는 것이었다.

감찰관의 임무는 사회적으로 민감한 사항에도 관련되었다. 이 때문에 장님 아피우스 클라우디우스와 대大 카토 같은 저명한 시민들이 이 직위를 수행했으며 후에는 집정관직에도 오를 수 있었다. 감찰관은 비밀리에 후보의 '경력'을 조사했다. 그리고 부인들의 명예와 자녀 교육 그리고 노예들에 대한 대우 문제를 감찰했다. 이러한 이유로 해서 각 개인들의 사생활에 간섭하고 이들의 지위를 낮추거나 높일 수 있는 권한을 행사했으며, 심지어는 권위를 실추시킨 의원들을 원로원으로부터 추방시키기까지 했다. 끝으로 감찰관은 국가의 예산을 편성하고, 집행을 승인했다. 따라서 이 직위의 사람은 그 권한에 따른 상당한 직감과 인식 능력을 가지고 있어야만 했다. 일반적으로 공화국 시대에 이 직위를 수행한 사람은 최고위층에 속해 있었다.

이러한 계급 질서의 최고 정상에는 집정관, 즉 집행부를 구성하는 두 명의 행정수반이 있었다. 이론적으로 두 명 중의 하나는 적어도 출신상 평민이어야만 했다. 그러나 평민들 스스로가, 높은 수준의 교육을 받고 오랜 실습 기간을 거친 사람들만이 항상 어렵고 복잡한 정부를 이끌어갈 수 있다는 확신을 가지고 있었기 때문에 항상 귀족들을 선호했다. 선거라는 방식이 있었지만, 귀족 계층은 모든 편법을 동원하여 자신들의 의지를 관철했다. 켄투리아회의 선거일에는 신관이 하늘의 별을 관찰하여 신들이 '기뻐하는 인물personae gratae'이 누구인가를 판단했다. 신관은 자신만이 하늘의 계시를 알 수 있다는 주장으로써 원하는 모든 것을 얻을 수 있었다. 초자연적인 계시를 두려워하는 켄투리아회는 신관의 결정을 수용하여, 원로원이 선호하는 인물들 중에서 선택을 해야만 했다.

후보자들은 자신들의 검소한 생활과 권위 있는 도덕성을 표현하기 위해서 아무런 장식이 없는 흰색의 토가 의상을 입었다. 그리고 자신의 용맹함을 과시하기 위해서 자주 의복의 가장자리를 들어올려 전쟁터에서 입은 상처를 유권자들에게 보여주었다. 관리로 선출되면 보통 3월 15일에 시작해서 1년간 임무를 수행했다. 그리고 퇴임한 후에는 원로원의 종신의원으로 임명되었다.

모든 사람들이 원로원 의원의 직함을 열망했다. 집정관까지도 공인으로서의 자신의 운명에 막강한 영향력을 행사하는 원로원의 심기를 불편하게 만들지 않으려고 노력했다. 원로원은 비록 법적으로는 큰 권력을 가지고 있지 않았지만, 실제로는 여러 제도적 장치들을 이용하여 모든 일에 결정적인 영향력을 행사했다. 집정관은 바로 이러한 원로원의 심복과 같은 기능을 수행했다.

집정관은 초기 군주정 시대의 로마 왕들처럼, 종교권의 우두머리로서 중요한 의식들을 직접 관장했다. 그러나 평상시에 이들은 원로원과 켄투리아회의 회의를 주재함으로써 이들의 결정을 모아 법령을 제정하고 집행했다.

전시에는 장군의 자격으로 명령권을 분담하여 군대를 지휘했다. 만약 두 명의 집정관 중 한 명이 사망하거나 포로가 되었을 경우에는 다른 한 명이 전권을 장악했다. 두 명 모두 죽거나 포로가 되었을 때에는 원로원이 5일간의 섭정 기간을 선포하고 전쟁을 계속 이끌어가기 위해서 '임시 사령관interrex'을 임명했고, 이어서 새로운 후임자를 선출하기 위한 선거를 준비했다. 이러한 사실은 집정관이 1년의 임기 동안, 타르퀴니우스 가문 이전의 고대 왕들이 누렸던 절대 권력을 행사하고 있었음을 보여준다.

집정관들은 매우 방대한 임무를 수행했던 만큼, 이에 따른 어려움도 많았다. 무엇보다도 자신들을 선출하고 질의를 던지는 원로원 및 민회 사이에서 조화로운 관계를 유지하기 위해서는 막강한 권력 이외에도 상당한 외교력을 필요로 했다.

민회는 쿠리아회comitia curiata, 켄투리아회comitia centuriata 그리고 트리부스회comitia tributa, 이 세 기관으로 구성되어 있었다.

쿠리아회는 부족장patres 체제의 로물루스 시대에도 있었던 가장 오래된 제도였다. 쿠리아회는 전통적으로 귀족들로 구성되어 있었고, 공화정 초기에는 집정관의 선출과 같은 중요한 임무를 수행했다. 그러나 시대가 바뀌면서 서서히 모든 권력을, 진정한 의미의 '로마 공화정의 하원' 역할을 했던 켄투리아회에 넘겨주어야만 했다. 그리고 점차 일종의 문장위원회*로 전환되어 가계家系 문제, 즉 시민이 어떤 친족gens에 속하는가를 조사하는 임무를 담당하게 되었다.

켄투리아회는 실질적으로 군 복무를 마친 시민들이 참여하는 일종의 무장 시민단체였다. 외국인 또는 노예라는 신분 그리고 가난을 이유로 군 복무와 세금을 면제받은 사람들은 제외되었다. 로마는 시민권을 부여하는 데 상당히 엄격했다. 시민권을 가진다는 것은 다른 관리의 고발에 대항하여 켄투리아회에 소원을 신청하고 고문을 면제받을 수 있는 특권이 있다는 것을 의미했다.

켄투리아회는 상설 기관은 아니었다. 한 명의 집정관이나 호민관의 요청으로 개회되었으나, 단독으로는 법령이나 조례 제정을 할 수 없었다. 단지 다수결의 원칙에 따라서 사법관이 제안한 안건에 대해서 찬반투표만을 할 수 있었다. 켄투리아회의 보수적인 성격은 다섯 개의 계층으로 구분된 내부 구조를 통해서도 알 수 있었다. 첫 번째 계층은 전통 귀족, 기사 계층 그리고 대부호들로 구성된 98개의 백인대로 조직되어 있었기 때문에, 전체 193개의 백인대 중에서 과반수를 차지하기에 충분했다. 이들이 제일 먼저 투표했고 선거 결과도 곧바로 발표되었기 때문에, 다른 사람들은 이들의 결정을 수용할 수밖에 없었다.

절차에 따른 정의의 기준은 있었다. 로마인들은 권리와 의

---

* Consulta Araldica : 가문의 인장[印章]이나 문장[紋章]을 연구하는 기관.

무가 동등한 차원에서 행사되어야 한다고 주장했다. 그러므로 부유할수록 많은 세금을 지불했고, 오랫동안 군에 복무했다. 그러나 그 대가는 정치적으로 보상되었다.

따라서 변함없는 사실은, 가난한 사람은 비록 적은 세금을 지불하고 불과 몇 달 동안 군대에 복무하지만, 정치적으로는 아무런 혜택을 받지 못하며 항상 중요한 인물들의 의지에 복종해야만 한다는 것이었다.

당시 빈민들은 세력을 규합하여 독자적으로 평민위원회Concilium Plebis를 결성했지만, 법적인 인정을 받지 못했다. 그러나 시간이 지나자 평민위원회는 트리부스회로 성장하여 무산 계층에게 좀 더 많은 정의를 획득하기 위한 투쟁 수단을 제공했다.

트리부스회는 '몬테 사크로의 고립' 직후에 결성되어, 무산 계층의 이익에 반하는 법령과 조례에 대한 거부권을 가진 호민관tribunus을 직속 관리로 선출할 수 있는 권한을 가지게 되었다. 후에 트리부스회는 다른 관리들, 즉 재무관, 건축관 그리고 집정관과 같은 권한을 보유한 군사호민관을 선출했다.

트리부스회는 켄투리아회와 마찬가지로, 회의를 소집한 사법관의 제안에 대해서 찬반투표만을 할 수 있었다. 그러나 투표권은 개인적으로 행사되었기 때문에 각 사람들이 행사하는 표는 재산의 유무에 상관없이 동등한 권리를 가졌다. 그런 의미에서 트리부스회는 상당히 민주적인 기관이었다. 트리부스회의 권한이 증대되자, 로마의 제도적인 발전은 무산 계층과 다른 계층들 간의 끝없는 투쟁으로 서서히 진행되었다. 이들의 결의 사항인 '평민 선거'의 결정은 이제 평민들에게만 해당되는 것이 아니라, 모든 시민들을 대상으로 한 진정한 법안으로 변화되었다.

켄투리아회와 쿠리아회는 성립 이후 각각 보수주의와 진보주의를 표방하며 상호간의 투쟁을 계속했다. 또한 평민들은 두 기관의 활동을 방해할 고의적인 목적으로 호민관들을 선출했다. 이러한 상황을 고려한다면, 당시의 두 집정관의 직무 수행이 얼마나 어려웠을까를 짐작할 수 있다.

두 명의 집정관은 공식적으로 임페리움imperium, 즉 '군통수권'을 가지고 있었으며, 어디를 가든지 항상 열두 명의 의장관을 동반했다. 이들은 각자 큰 도끼가 달린 막대기 한 묶음을 가지고 다녔다. 또한 이들은 직무를 수행하는 연도에 공동으로 이름을 올렸고, 그 이름들은 '집정관 달력fasti consolari'에 기록되었다. 이러한 사회적 조건은 사람들의 야심을 자극하기에 충분했다. 실질적인 권력을 행사하기 위해서는 우선 상호간의 타협이 선행되어야만 했다. 왜냐하면 이들은 서로의 결정에 대한 거부권을 가지고 있었기 때문이다. 이들의 경우, 권한 행사의 중요한 또 하나의 전제 조건은 켄투리아회와 쿠리아회의 동의를 얻는 것이었다.

원로원은 이 두 기구의 대립이 빚어내는 집행권의 마비 현상을 이용해서 자신의 권한을 마음껏 행사했다. 원로원은 300명의 의원으로 구성되었으며, 사망 등으로 인한 공석이 생겼을 경우에는 감찰관이 전직 집정관 또는 특별한 능력을 인정받았던 전임자들 중에서 임명했다. 감찰관 또는 원로원은 기구의 명예를 실추시키는 사건이 발생하면, 자체적으로 당사자를 직위 해제 시키기도 했다.

또한 원로원은 광장 앞에 위치한 쿠리아에서 모임을 주관하는 집정관의 발의에 따라서 회의를 개최했다. 토의를 거친 후에 다수결로 결정된 사항들은 공식적으로는 아무런 법적인 구속력을 가지지 못하고 단지 사법관에 대한 자문 수준에 머물렀다. 그러나 집정관은 안건이 원로원의 승인을 얻어내지 못했을 경우에는, 법안을 집행하는 위원회에 상정하지 않았다. 그럼으로써 실제로 원로원의 견해는 전쟁, 평화 회담, 식민지 그리고 속주 등과 같은 정부의 모든 주요 문제들에 결정적으로 반영되었다. 국가가 위기의 순간에 직면하게 되면, 원로원은 특별법senatus consul turn ultimum을 제정하여 취소 불가의 원칙에 따라서 모든 사항들을 결정했다.

그러나 원로원의 권력은 법에 기초한다기보다는, 오히려 특권적인 지위로부터 유래했다. 호민관도 선거에 의해서 선출된 만큼 원로원에 호의적인 태도를 보일 수밖에 없었다. 호민관은 일정한 권한에 따라서 원로원 회의에 참석해 조용히 회의를 지켜보았다. 그리고 방청을 마치고 회의장을 빠져나올 때에는 입장 때와는 다르게 훨씬 더 타협적인 생각을 가지게 되었다. 실제로도, 시간이 흐르면서 많은 호민관들은 적으로 간주할 수도 있었던 원로원 의원들과 임기 동안 우호적인 관계를 유지한 덕분에 퇴임 후에는 원로원의 구성원이 되기도 했다. 원로원은 중요한 순간에, 해결의 실마리가 풀리지 않거나 사법관들 간의 불화에 대한 해결책 또는 시민들과의 타협이 찾아지지 않을 경우에는 절대독재관dictator을 임명하기도 했다. 절대독재관은 6개월 또는 1년 임기로 원로원에 의해서 임명되며, 임기 동안 전권을 행사했다. 절대독재관의 임명에 관한 안건은 두 명의 집정관 중 한 명이 동료의 찬성을 전제로 상정했다. 후보자들은 과거에 집정관을 지냈으며 계속해서 원로원 의원으로 활동 중인 인물들 중에서 선택되었다. 로마 공화정의 역대 절대독재관들은 한 명을 제외하고는 모두 귀족이었으며, 두 명을 제외하고는 모두 자신들에게 부여된 임기와 권력의 한계를 분명하게 알고 있었다. 절대독재관들 중의 한 사람인 킨킨나투스는 불과 16일 동안 절대독재관의 임무를 수행하고 아무런 미련 없이 스스로 자연으로 돌아가 소와 함께 농토를 일굼으로써, 전설의 한 파편으로 역사 속에 편입되었다.

실제로, 원로원은 이러한 권한을 거의 사용하지 않았다. 다시 말하면 항상 자신의 명예를 지켜온 것은 아니었지만, 권한을 남용하지도 않았다. 가끔은 특히 정복된 지역들을 접수하는 과정에서 욕심을 드러냈으며, 또 가끔은 정의의 실현을 저버리고 자신들이 속한 계층의 이권과 특권을 우선할 목적으로 귀머거리 장님 행세를 하기도 했다. 원로원의 의원들은 모두 완벽한 사람들이라기보다는, 실수를 범하기도 하고 가끔은 나약함을 보이거나 모순된 행동을 보여주기도 하는 사람들이었다. 그러나 집단으로서의 원로원은, 모든 시대와 모든 민족의 역사에서 그 비교 대상을 찾을 수 없을 만큼 현명한 정치의 표본이었다. 이들은 모두 정치 가문의 후손들로서 각자 군대와 사법 그리고 행정 분야에 대한 폭넓은 경험을 가지고 있었다. 이들은 긍지와 약탈이 공존하는 승리의 경우에는 빛을 보지 못했지만, 용기와 과감성을 필요로 하는 위기의 순간에는 그 진가를 유감없이 발휘했다. 피로스의 사신으로 로마에 파견된 키네아스는 원로원의 행동과 대화를 보고들은 후에 돌아와서 자신의 군주에게 "감히 말하건대, 로마에는 우리와는 다르게 왕이 없습니다. 300명의 원로원 의원 모두가 왕이었습니다"라고 보고했다.

제10장 로마의 신들

이러한 로마의 지배 구조는 오직 법에 의해서만, 즉 12동판법에 의해서만 가능할 수 있었다. 그러므로 이 법은 지배 구조의 동기와 결과 그리고 수단으로 쓰였다.

이 당시까지 로마는 신정정치 체제를 유지하고 있었다. 왕이 곧 제사장이었다. 다른 경우들과 마찬가지로 왕은 인간관계를 성문법이 아닌 신들의 의지에 따라서 규정하는 권한을 가지고 있었으며, 종교 의식을 통해서 자신에게만 드러내는 신들의 의지를 대변했다. 초기에는 제사장이 모든 것을 혼자서 처리했다. 그러나 시민권이 확대되고 각종 문제들이 증가하여 복잡해지자 자신을 보좌하는 사제들을 거느리게 되었다. 이들 사제들이 로마 최초의 변호사들이었다.

가난한 주민들은 실수나 죄를 범했다고 생각될 때에는 이들 중의 한 사람을 찾아가 충고를 구했다. 변호사는 자신과 사제들만이 열람할 수 있는 비밀 문헌들을 기초로 의뢰인에게 적합한 충고를 해주었다. 그러므로 아무도 변호사들의 권리와 의무를 정확하게 알 수 없었다. 예식의 절차는 사제들만이 알고 있는 방식에 따라서 진행되었다. 사제는 출신상 모두 귀족이거나 또는 그 계층과 관련이 있는 인물이었기 때문에, 귀족과 평민 간에 분쟁이 벌어질 때는 중립을 지키기가 사실상 불가능했다.

12동판법의 등장으로 인한 최초의 결과는 민법民法과 신법神法을 분리하는 것, 즉 신들의 변덕스러운 의지와 신들을 대변하는 인물 그리고 시민 간의 관계를 구분해낸 것이었다. 이 순간부터 로마는 신정정치를 포기했다. 장님 아피우스 클라우디우스는 '행사달력dies fasti'을 출간하여, 어떤 절차로 어떤 날짜에 회의를 진행할 수 있는지를 표시했다. 당시까지만 해도 이 모든 것에 대해서 알고 있는 유일한 사람들은 사제들이었다. 그러나 후에는 코룬카니우스가 변호사들을 위한 진정한 의미의 학교collegium를 설립함으로써, 이들이 사제들을 제치고 기술적인 법 전문가로 등장했다. 12동판법은 후대에 로마와 다른 세계에서 법률 제정을 위한 주요 참고 법안으로 쓰였고, 이에 관한 연구는 학교 교육의 필수과목으로 등장했다. 그리고 학생들은 종종 법조항들을 암기해야 했다. 12동판법은 특히 로마적이고 체계적이며 엄격하고 합법적이며 논쟁적인 특성을 창출하는 데에 크게 기여했다.

　이제부터 사제들의 활동 범위는 종교 분야로 국한되었지만, 12동판법에 체계성을 부여하려는 이들의 노력은 계속되었다. 그러나 완성되지는 못했다. 사제들은 학교를 통해서 배출되었으며, 켄투리아회가 선출한 제사장suprema pontefex을 보필하는 역할을 수행했다. 입학하기 위해서 특별한 수습 기간이 필요하지는 않았다. 구성원들은 자신들만의 고유한 계층을 형성하지 않았으며, 그 어떤 정치적 권한도 가지고 있지 않았다. 이들은 단지 정부 관리로서, 재정적인 지원을 제공하는 정부에 협력해야 했다.

　당시 로마에는 아홉 명의 점복관들이 가장 유명했는데, 이들은 정부가 의결한 사항에 대해서 신들의 의지를 조사했다. 신성한 미사복을 입고 열다섯 명의 단신사제單神司祭*를 거느린 제사장은 초기에는 로물루스가 로마를 세울 때 했던 것처럼 새들의 비행을 관찰했으며, 그 이후에는 제물로 제공된 짐승들의 내장을 연구했다(두 가지 모두 에트루리아족으로부터 유래된 점술이었다). 위기가 닥쳤을 경우에는 아폴로의 여사제인 시빌Sibyl에게 자문을 구하기 위해서 쿠마이Cumae에 대표단을 파견했으며, 이보다 더 심각한 위기에 봉착했을 때에는 그 명성이 이탈리아에까지 알려진 델포이 신전의 신의神意를 구하기도 했다. 이제 사제들은 국가에 대한 의무만을 가지고 있었기 때문에, 승진이나 봉급 인상과 같은 조건들을 대가로 신속한 일처리를 요구하는 로마 정부의 독촉에 민감할 수밖에 없었다.

의식儀式은 신들에게 보호를 구하거나 신의 분노를 가라앉히기 위해서 예물을 기증하거나 제물을 바치는 것으로 이루어져 있었다. 의식의 절차는 매우 세심하게 짜여져 있었다. 그러므로 조그만 실수가 발생하여도 의식은 다시 치러졌고, 경우에 따라서는 무려 서른 번이나 반복되기도 했다. 라틴어에서 '종교religio'는 모두 외적이고 절차적인 의미를 가지고 있으며, '제물sacrificium'은 신에게 신성한 것을 드린다는 뜻이다. 물론 제물은 이를 제공하는 사람과 소원하는 축복의 중요성 정

---

* flamines. 신전에서 봉사하는 사제들을 지칭한다. 이들은 귀족이나 때로는 평민 중에서 선택되었으며, 사제의 주변에서 필요한 모든 일들을 보필했다. 이들의 이름은 최고 사제가 예식을 위해서 손수 나르던 양모실 flamen에서 유래되었다.

도에 따라서 다양했다. 집안에서 절대적인 권위를 가지는 아버지—어떤 의미에서는 가련한 처지에 놓인—는 풍년을 기원하며 벽난로 위에 빵과 치즈 조각 또는 한 잔의 포도주를 제물로 바쳤다. 만약 가뭄이 길어지면 닭을, 홍수의 위협에는 돼지나 양을 제물로 사용했다. 조국의 중대사를 위해서 신의 도움을 요청할 때에는 국가 차원에서 제물을 바치기도 했는데, 이때 의식이 거행되는 광장은 참혹한 도살장으로 전락하여 사제들이 주문을 외우는 동안에 한 무리의 양떼가 한꺼번에 무참하게 도살되었다. 입맛이 민감한 신들에게는 주로 닭의 내장과 간을 헌물로 사용했다. 나머지 고기는 둥글게 제단을 에워싼 주민들이 소비했다. 그러므로 의식은 항상 기도를 동반한 대규모 만찬으로 바뀌었다. 로마는 기원전 97년에 법안을 제정하여, 인간을 제물로 바치는 관습을 폐지했다. 그러나 특별한 위기가 발생하게 되면 여전히 인간을 제물로 바쳤는데, 이때에는 노예나 전쟁 포로가 희생되었다. 때에 따라서는 자발적으로 자신을 희생하여 국가를 구하려는 시민이 제물이 되었다. 그 한 예로 마르쿠스 쿠르티우스는 지진이 발생하자, '지옥 또는 지하의 신들'의 분노를 진정시킬 목적으로 스스로 지표의 갈라진 틈 사이로 투신했는데, 이때 땅이 다시 닫혔다고 한다.

정화 의식과 군사 원정 그리고 한 집단이나 도시 전체를 대상으로 하는 종교 의식들은 비교적 덜 잔인하고 조용하게 진행되었다. 이때에는 마술 주문과 함께 노래carmina를 부르고 원을 그리면서 행진했다. 이외에도 신들의 도움을 얻어내기 위해서 의식vota을 거행하기도 했는데, 절차는 정화 의식과 매우 흡사했다.

로마의 신들은 과연 어떤 신들이었을까?

신들의 천국인 로마는 여러 신들 간의 체계적인 질서를 세운 적이 없었으며, 어떤 의미에서는 아예 시도하지도 않았다. 유피테르 신은 올림푸스의 신들 중에서 가장 중요한 신으로 간주되었지만, 고대 그리스의 제우스 신과는 다르게 결코 다른 신들의 제왕으로 군림하지 않았다. 또한 유피테르 신은 구체적이거나 명확한 개념도 없이, 그때그때에 따라서 하늘, 태양, 달 그리고 번개와 동일시되기도 했다. 초기에 유피테르 신은 달, 문門들의 신인 야누스와 동일하게 간주되었지만, 그 이후에는 구별되기 시작했다. 로마의 상류층 부인들은 건조기에 비를 기원하기 위해서 맨발로 캄피돌리오에 위치한 유피테르 신전으로 행진했다. 전쟁 시에는 야누스 신이 로마 군대가 주둔한 장소로 옮겨가서 군인들을 지휘할 수 있도록 사원의 문을 열기도 했다.

야누스 신과 같은 등급으로 숭배된 신들은, 3월martius의 이름으로 쓰였으며 로물루스의 친아버지로서 로마와 가족 관계였던 마르스 신, 파종의 신으로서 전설에 따르면 선사시대의 왕이자 농업 전문가 그리고 추상적으로는 공산주의자로 묘사되고 있던 사투르누스 신 등이 있었다.

이상 네 명의 남성신들 이외에 여성신들도 있었다. 유노 여신은 농토와 나무, 짐승 그리고 인간들을 위한 풍요와 다산의 여신이었으며, 후에는 결혼을 장려하는 신으로 알려짐에 따라서 1년 중 6월iunius의 이름으로 쓰였다. 아이네이아스에 의해서 그리스로부터 건너온 미네르바는 현명함과 지혜를 보호하는 여신이었다. 또한 베누스는 미美와 사랑을 관장하는 여신이었다. 디아나는 달의 여신으로서 사냥과 숲을 주관했으며, 이곳에서 최초의 숲의 왕, 베르비우스와 결혼했다는 전설에 따라서 이 여신을 숭배하는 사원이 숲속에 세워졌다.

신들 중에는 등급이 낮은 신들도 있었다. 술과 기쁨의 신인 헤라클레스는 궁녀를 내기에 걸고 사원의 문지기와 노름을 했다고 전해진다.

상인과 웅변가 그리고 도둑을 지켜주는 메르쿠리우스라는 신도 있었다. 그리고 벨로나 신은 전쟁의 신으로서 특별한 능력을 가졌다고 믿어졌다.

이 기회에 로마의 신들을 모두 언급하는 것은 불가능할 것 같다. 도시가 빠르게 성장하고 지배 영토가 확장되면서, 신들의 수도 상당히 증가했기 때문이다. 로마 병사들은 다른 도시 국가나 영토를 점령할 때마다 패배자들에게 신들이 없다면 다시 일어서지 못할 것이라는 확신에 따라서 가장 먼저 그 지역의 신들을 약탈했을 뿐만 아니라, 수많은 이국의 신들을 로마로 옮겨왔다.

때때로 이국의 신들은 특별 대접을 받기도 했다. 하지만 이러한 신들은 주로 포로 신세에 지나지 않았거나, 로마로 이주한 이방인들이 향수를 달랠 목적으로 이후에도 계속해서 숭배했다. 이러한 신들은 개인이 만든 사당에 모셔졌다. 로마인들은 이국의 신들에게 로마의 전통을 과도하게 강요하지 않았을 뿐만 아니라, 오히려 이들을 특별한 손님으로 대접했다. 어떤 의미에서는, 로마 정부와 사제들이 이국인들의 신을 무보수의 감시원으로 활용하여 이들을 통제하는 데에 활용했을지도 모른다. 로마는 이국의 많은 신들에게 올림푸스 신전의 자리를 마련해주기도 했다. 기원전 496년에는 데메테르 신과 디오니소스 신이, 케레스 신과 리베르 신의 동료이자 협력자로서 선택되기도 했다. 또한 몇 년 후에는 카스토르와 폴룩스가, 레질로Regillo 호수의 전투에서 로마인들이 계속 저항하도록 돕기 위해서 하늘로부터 내려온 로마의 신들로 새로이 숭배되었다.

기원전 300년경에 아이스쿨라피우스라는 이방신이 의술을 가르치기 위해서 에피다우로스로부터 로마로 옮겨졌던 것처럼, 시간이 지나면서 과거에 손님의 자격으로 이주했던 신들이 이제는 로마의 주인으로 자리를 잡아갔다. 이들 중에 특히 그리스의 신들은 로마의 신들에 비해서 보다 친근하고 인간적이며 예의 바르고 믿음직스러웠다. 로마의 신들 간에는 헬레니즘의 영향으로 서서히 계급적인 질서가 만들어졌고, 이들의 최정상에는 아테네의 제우스가 행사하던 영향력과 동일한 권위를 가지고 있던 유피테르가 위치했다. 이러한 종교적 양상은 일신교를 향한 첫걸음이었다. 그리고 이들은 궁극적으로 그리스도교의 승리로 귀결되었다.

그러나 이러한 흐름이 구체적인 형태를 갖추는 데에는 아직도 많은 시간이 필요했다. 공화정 시대의 로마인들은 수많은 신들과 함께 생활하고 있었는데, 페트로니우스는 이런 상황을 빗대어 몇몇 도시에서는 숭배되는 신들의 수가 주민들의 수보다 많다고 지적했다. 한편 바로는 신들의 수가 무려 3만에 육박했다고 진술했다. 신들의 존재와 영향력은 투쟁과 경쟁의 반복 속에서 살아야만 하는 주민들의 삶을 더욱 어렵게 만들었다. 그 어디에서나 쉽게 숭배의 대상인 신들을 발견할 수 있었다. 신들은 분노하면 밤에 날아다니는 마녀로 둔갑하여, 뱀을 잡아먹고 어린아이를 살해하며 시체를 도둑질했다고 한다. 호라티우스와 티불루스 그리고 베르길리우스와 루카누스도 이런 비슷한 내용을 언급했다. 로마인들은 다른 종교와는 다르게, 이런 신들을 매우 위험한 대상으로 여겼다고 한다. 그 이유는 신들이 하늘에서 저주를 내리는 것이 아니라, 지상을 돌아다니면서 배고픔, 사치, 탐욕, 야망, 시기, 인색함과 같은 속세의 번뇌들을 찾아다닌다고 생각했기 때문이었다.

당시 로마에는 인간들을 죄악의 수렁으로부터 구하기 위한 학교나 종교 단체가 증가했다. 이중에는 여성 단체도 포함되어 있었는데, 6~10세의 소녀들이 30년 동안 순결을 유지하면서 신전에서 봉사하는 베스타Vesta회가 대표적이었다. 이들은 오늘날 수녀회의 선구자들이었다. 이들은 흰색의 옷과 베일을 착용하면서, 요정 에게리아의 성스러운 우물의 물로 땅을 정화시키는 임무를 수행했다. 만약 처녀성을 상징하는 베일이 벗겨질 경우에는, 몽둥이로 얻어맞은 후에 생매장되는 신세가 되었다. 로마의 역사가들은 이러한 고통과 인내의 삶에 대해서 열두 건의 기록을 남겼다. 30년간의 봉사 기간을 마친 수녀들은 많은 명예와 특권을 누리면서 사회로 복귀했으며, 결혼을 할 수도 있었다. 그러나 그 나이에 남편을 찾는다는 것은 거의 불가능한 일이었을 것이다.

종교는 일요일과 주말이 따로 없었던 로마인들에게 축제와 휴식의 날들을 제공했다. 당시에는 1년에 대략 100일 정도의 휴일이 있었는데, 이는 오늘날의 휴일 수와 비슷했다. 그러나 종교 의식은 좀 더 엄격했으며, 5월의 '사자死者들'과 같은 축제는 금욕적이고 추도적인 성격을 강하게 표출했다. 축제일이 되면 아버지들은 입 안에 흰콩을 가득 넣은 다음 다시 뱉어 내면서 "이 콩들을 통해서 나는 나 자신과 나의 가족들을 자유롭게 하노라. 가거라, 나의 조상들의 영혼들이여!"라고 외쳤다. 2월에는 파렌탈리아 축제parentalis 또는 휴일 축제feriae와 루페르칼리아 축제lupercalia가 있었으며, 이때에는 인간 제물을 원하는 신을 속이기 위해서 테베레 강에 나무로 만든 어린아이 인형을 던졌다. 이외에도 비슷한 축제로는 플로라 축제flora, 바쿠스 축제bacchus, 풍년 축제ambarvalis, 사투르누스 축제saturnus* 등이 있었다.

축일을 전후해서는 일종의 무정부 상태가 발생했다. 로마인들이 달력을 고안한 최초의 이유는 이러한 축제들의 목록을 기록해야 할 필요성 때문이었다. 초기의 사제들은 매달 의식을 거행해야 하는 날들과 의식의 절차와 방식을 기록할 책임을 지고 있었다. 전해오는 이야기에 따르면, 누마 폼필리우스가 카이사르의 시대까지 사용되었던 고정 달력을 만들어 모든 종교 행사에 체계성을 부여했다고 한다. 폼필리우스는 자신이 직접 1년을 열두 달로 나누었고, 사제들에게 매달 초에 일수를 더하거나 줄이는 방식을 이용하여 열두 번째 달의 마지막 날에 이르러 총 일수가 365일이 되도록 조정할 수 있는 권한을 부여했다. 사제들은 이러한 권한을 이용하여 사법관들을 도와주거나 방해하기도 했다. 그러나 공화정 말기에 이르면, 폼필리우스의 고정 달력은 그동안 발생한 수많은 문제점들로 인해

---

* 사투르누스 신을 기념하여 묵은해를 보내고 새로운 해를 맞이한다는 의미에서 12월에 거행했다.

서 더 이상 사용되지 않았다.

로마인들은 하늘에 떠 있는 해의 위치를 눈으로 관찰하여 낮의 시간을 측정했다. 첫 번째 해시계는 그리스에서 제작되었으며, 기원전 263년에 카타니아Catania를 통해서 수입되어 광장에 설치되었다. 그러나 카타니아의 위치가 로마에서 동쪽으로 3도 정도 떨어진 곳에 위치해 있었기 때문에 로마에서 측정되는 시간은 정확하지 않았고, 로마인들은 이에 분노했다고 한다. 이후에 누구도 시계를 고치지 못하게 되자, 한 세기 동안은 시간 측정을 둘러싼 혼란이 계속되었다.

각 달은 서로 동일하지 않은 수의 세 부분으로 구성되었다. 칼렌데kalende는 각 달의 첫날에, 노네none는 5일에 그리고 이디idi는 13일에 시작되었다(그러나 3, 5, 7, 10월에는 노네가 7일에, 이디가 15일에 시작되었다). 라틴명으로 안누스annus라고 부른 1년은 '반지annulus'를 의미하기도 하며, 3월martius에 시작되었다. 그리고 계속해서 4월aprilis, 5월maius, 6월iunius, 7월(quintilis 또는 iulius), 8월sextilis, 9월septembris, 10월october, 11월november, 12월december 1월ianuarius 그리고 2월februarius이 이어졌다. 9일 간격으로 휴일이 반복되는 것을 눈디나이nundinae라고 했는데, 이 방식은 오늘날에도 작은 마을에서 장이 서는 날로 이용되고 있다. 농민들은 자신들이 생산한 달걀과 과일을 팔기 위해서 장날에는 농사일을 하지 않았다. 그러나 이는 진정한 의미의 축일을 의미하지는 않았다.

로마인들은 진정한 즐거움을 위해서 휴일 축제나 사투르누스 축제를 학수고대했다. 플루타르코스의 저서에 등장하는 한 인물의 입을 빌리면, 당시의 '모든 사람들은 부인, 과부, 소년,

소녀들을 못살게 굴지만 않는다면, 원하는 것을 먹거나 가고 싶은 곳에 가거나 마음에 맞는 사람과 자유롭게 연애할 수 있었다'고 한다.

제11장 도시들

　포에니 전쟁 직전에 로마의 주민이 얼마였는지는 정확하게
알 수 없다. 역사가들조차도 불확실한 인구 조사에 기초하여
주민 수를 계산했기 때문에 서로 많은 차이를 보이고 있었다.
인구 조사의 수치가 차이를 보이는 이유는 토지대장에 등록된
주민들 대부분이 '포메리움pomerium'이라고 부르는 도시의 성
곽 내부가 아니라, 바로 그 주변 마을에 살고 있었기 때문이다.
당시 로마의 거주 인구는 10만을 넘지 않았다. 이는 우리의 관
점에서 볼 때 얼마 되지 않겠지만, 당시로서는 상당히 많은 인
구였다. 로마는 수많은 인종들이 거주하는 국제적인 중심지였
으나, 비록 쉽게 융화되지는 못했어도 무역과 바다에 대한 열
정으로 가득 찬 에트루리아인을 포함해서 외지의 수많은 사람
들이 몰려들었던 타르퀴니우스 가문의 지배 시대와 비교한다
면 그 규모는 크지 않았다. 로마에 공화정이 성립되면서 원주
민들과 라틴족 그리고 사비니족이 전체 인구의 대다수를 차지
하게 되자, 로마는 폐쇄 정책을 앞세워 밀려드는 이주민의 수
를 조절하기 시작했다. 이주민들은 상당수가 인접 지역 사람들
로서 로마인들과 어렵지 않게 동화되었다.

　도시 계획적인 측면에서 볼 때, 로마는 탐욕스럽고 촌스러
우며 결코 세련되지 못한 데다가 추진력도 없던 관리들 밑에
서 큰 발전을 이루지 못했다. 서로 엇갈리면서 로마를 관통하

는 두 개의 도로는 도시를 네 개의 구역으로 구분했다. 각 구역은 수호신들lares compitalis을 각각 숭배했으며, 각 구역의 모퉁이에는 신들의 상像이 세워져 있었다. 도로들은 넓지 않았고 땅을 단단하게 고르는 방식으로 만들어졌지만, 나중에는 강에서 채취한 자갈로 표면을 포장했다. 클로아카 마시마Cloaca Massima라고 부르는 하수도 시설은 추측건대 타르퀴니우스 가문의 통치 시대에 이미 존재하고 있었다. 그러나 이 시설은 로마의 모든 쓰레기들을 테베레 강에 그대로 방출하여 식수로 사용되던 강물을 오염시켰다. 기원전 312년, 장님 아피우스 클라우디우스는 우물에서 직접 끌어올린 신선하고 깨끗한 식수를 로마에 공급할 수 있는 상수도 시설을 건설함으로써 심각했던 식수 오염 문제를 해결했다. 로마인들 중에 비록 특정한 부류에 속한 사람들에게 국한된 것이었지만, 처음으로 충분한 식수를 공급받을 수 있게 되었다. 그러나 최초의 온천이나 공중목욕탕은 카르타고의 한니발에 승리한 후에 건설되었다.

대부분의 주택들은 에트루리아 출신의 건축가들에 의해서 건설되었다. 이 건물들은 굵은 선과 여러 색을 이용한 바깥벽의 화려한 장식으로 꾸며졌다. 위기의 순간들을 넘길 때마다 로마인들은 신들의 동정을 얻기 위해서 사원들을 건축하는 데에 각별한 관심을 기울였다. 이런 이유를 배경으로 캄피돌리오 언덕에는 유피테르, 야누스 그리고 미네르바를 위해서 벽돌과 거대한 나무 기둥으로 사원들이 지어졌다.

당시까지만 해도 로마는 아직 소규모 자영농에 기초한 농업 사회였다. 시내 거주자를 포함한 상당수의 주민들이 무리를 지어 짚더미 위에서 잠을 자고, 새벽에는 황소가 끄는 마차에 곡

괭이와 삽을 신고서 2헥타르를 넘지 않는 토지를 일구기 위해서 길을 재촉했다. 이들은 짐승의 배설물을 퇴비로 사용하면서 밀과 콩과科 식물을 교대로 경작하는, 성실하지만 비교적 원시적인 수준의 농부들이었다. 많은 귀족들의 성姓은 당시에 그들이 경작하던 작물의 이름에서 유래되었다. 렌툴루스Lentulus 가문은 제비콩lens을 전문적으로 경작했으며, 카이피오Caepio 가문은 양파caepa를, 파비우스Fabius 가문은 잠두콩fava을 경작했다. 이 이외의 경작물로는 무화과와 포도 그리고 올리브가 있었다. 모든 가문은 닭과 돼지 그리고 특히 집안에서 옷을 만드는 데에 필요한 양모를 제공하는 양을 기르고 있었다.

그러나 이러한 목가적인 농촌 생활의 모습은 포에니 전쟁 직전부터 변하기 시작했다. 접경 지역의 원주민들에 대한 군사 원정으로 농촌의 인구는 줄어들었다. 버려진 농가들은 허물어져가고, 농토는 숲과 잡초만이 무성했다. 그리고 불쌍한 농민들은 살길을 찾아 도시로 몰려들었다. 패배자들로부터 강탈한 토지는 '국영지'로서 국가에 예속되었다가 전쟁 경매인을 통해서 결국에는 자본가들의 재산으로 돌아갔다. 이런 식으로 대농장 체제가 성립되면서 유산 계층은 수많은 노예들의 값싼 노동을 착취했으며, 농부들로 구성된 무산 계층은 일거리를 찾아 도시로 몰려들었다.

그러나 타르퀴니우스 가문의 통치가 종식된 이후에는 오히려 산업이 쇠퇴했기 때문에, 무산 계층이 일자리를 찾는 것은 거의 불가능했다. 지하 자원이 바닥나고 있었던 광산업은 그나마 국가의 소유로서 사업에 대한 충분한 지식과 능력을 갖추지 못한 사람들에게 위탁되었다. 제련업은 초보적인 수준에 머물고 있었으며, 철보다는 동이 더 많이 사용되고 있었다. 땔감용 연료로는 단지 나무만이 사용되고 있었고, 이로 인하여 라티움 지역의 울창한 산림은 심하게 훼손되었다. 그러나 제직산업은 상당히 발전되어, 여러 종류의 직물이 생산되었다.

당시 산업과 무역의 발전을 저해하던 요인들은 다음 네 가지로 압축될 수 있다. 무엇보다 먼저 지적되는 것은 로마 지도계층의 불신감이었다. 모두 농업제일주의자들이었던 이들은 중간 부르주아 계층의 형성에 도움이 되는 산업 분야들을 중요하게 생각하지 않았다. 두 번째 요인은 원료와 생산품의 수송을 위한 도로의 부족이었다. 당시에 건설된 최초의 도로는 기원전 370년의 라티나 도로Via Latina로서 로마와 알바니 언덕을 연결하고 있었다. 상수도를 건설한 장님 아피우스 클라우디우스는 도로의 필요성을 제일 먼저 인식하고, 이로부터 50년 후에 완성되어 자신의 이름으로 불리게 될 도로[아피아 도로]를 건설하여 로마와 카푸아를 연결했다. 그러나 원로원 의원들은, 군대의 장군들이 도로를 건설하려는 클라우디우스의 원대한 계획을 지지하자 마지못해 찬성했다. 세 번째 요인은 로마에서 에트루리아족의 지배권이 몰락한 이후에 함께 자취를 감춰버린 해군 함대였다. 소규모 무기 제작인들은 배를 계속 건조했지만, 장비들은 조잡하고 비전문적이었다. 오스티아 항구의 배들은 11월부터 3월까지는 테베레 강 바닥에 쌓인 진흙 때문에 항해를 할 수 없었다. 한번은 홍수가 발생하여 200여 척의 배들이 침몰되기도 했다. 뿐만 아니라 그나마 얼마간의 배들도, 동쪽의 그리스 해적과 서쪽의 카르타고 해적이 자주 출몰하자 연안 항해만을 고집했다. 이러한 현실은 로마가 포에니 전쟁 당시에 급조한 함대를 가지고 한노와 한니발의 거대한 함대에 승리한 것이 얼마나 놀라운 기적이었는가를 짐작케 한다.

네 번째 요인은, 초기에는 통화 제도가 없었다는 사실이다. 당시의 교환 수단은 가축이었다. 닭, 돼지, 양, 노새, 암소를 단위로 거래가 이루어졌다. 이 때문에 초기의 통화에는 동물들의 모습이 주조되어 있었고, 따라서 통화는 '가축'을 의미하는 페쿠스pecus에서 유래된 페쿠니아pecunia라고 불렀다. 당시에 사용되던 최초의 통화 단위는 아스, 즉 1리브라의 구리 덩어리였다. 이 통화가 통용된 지 얼마 되지 않아서 정부는 포에니 전쟁의 비용을 마련할 목적으로 무려 6분의 5까지 평가 절하했다. 이와 같이 인플레이션 조작은 항상 존재해왔으며, 지금도 동일한 방식으로 세계의 모든 지역에서 반복되고 있다. 당시 로마 정부가 전쟁 비용을 대기 위해서 국채를 발행하자, 시민들은 1리브라의 구리로 제작한 화폐인 아스를 지불했다. 정부는 이를 거두어들인 다음 각 아스를 6등분했다. 그리고 한 아스당 6분의 1을 채권자에게 돌려주었다.

오랜 기간 동안, 평가 절하된 아스는 로마의 유일한 통화로 남아 있었다. 이 통화의 가치는 1957년의 50리라에 해당하는 것으로 추측된다(이 연도는 이탈리아 정부가, 로마 정부가 아스를 평가 절하했던 것과 동일한 방식을 리라에도 적용했기 때문에 정확하다고 할 수 있다). 계속해서 보다 복잡한 통화 체제가 등장했다. 2.5온스에 해당하는 은화 세스테르티우스sestertius와 또 다른 은화 데나리우스denarius[4세스테르티우스에 해당]가 새로이 사용되었다. 그 이외에도 금화인 탈렌트talent가 있었는데, 로마인의 거의 90퍼센트는 이 금화를 한 번도 보지 못했을 것이다.

교회를 일종의 은행으로 보는 우리들과는 반대로, 고대 로마인들은 은행을 교회로 생각했다. 그리고 교회에 정부의 재정을 보관했는데, 이는 이곳이 도둑들로부터 가장 안전하다고 확신하고 있었기 때문이었다. 또한 아직 정부 산하의 신용 기관들이 존재하지 않았기 때문에, 자금을 대출해주는 일은 광장 근처의 골목에서 조그만 가게를 차려놓고 영업을 하고 있던 개인 환전업자들의 몫이었다. 12동판법은 고리대금업을 금지하고 이자율을 최대 8퍼센트로 고정시켜놓았다. 당시의 산업은 경쟁에서 살아남기 위해서 노예들의 임금을 낮추고, 조합으로부터 아무런 보호도 받지 못하던 탓에 자신들의 상품 가격을 낮춰야만 했던 소규모 수공업자들의 집단으로 이루어져 있었다. 고리대금업은 비참한 상태에 빠져 있던 수많은 가난뱅이들의 불행을 등에 업고 계속해서 번창했다. 조직적이지도 못했고, 지도자도 없었던 노동자들은 주인들의 횡포에 대항해서 파업을 일으킨다는 것은 감히 생각할 수 없었다. 그러나 노동자들은 종종 '노예 전쟁'이라고 불리는 심각한 혼란 상황을 연출하여 정부를 위험에 빠뜨리기도 했다. 그 결과로 노동자들은 누마 폼필리우스 시대에 시작되었을 것으로 추측되는 '콜레기움collegium'이란 이름으로 공인된 '직인職人 조합'을 조직하게 되었다. 이들 조합은 도공 조합, 대장장이 조합, 제화 기술자 조합, 목수 조합, 악사 조합, 가죽 가공업자 조합, 요리사 조합, 벽돌공 조합, 그물 제조인 조합, 동銅 가공인 조합, 직공織工 조합 그리고 배우들의 '디오니소스의 예술가 조합'으로 구성되어 있었다. 이 사실로부터 우리는 로마인들의 직업에 관한 정보를 얻을 수 있다. 그러나 정부의 관리들은 조합들을 통제했으며, 급여에 관한 공공연한 토의를 금지했다. 또한 이들의 불만이 위험 수위를 넘어설 때에는 무상으로 밀을 공급했다. 조합원들은 직업 문제에 관한 토의 이외에도, 노름이나 음주 그리고 상부상조를 위한 목적으로 회의를 개최했다. 이들은 가난한 사람들이었지만, 신분상 자유인으로서 정치적인 권력을 가지고 있었다. 이들은 세금을 내지 않았기 때문에 평화시에는 군 복무를 하지 않았지만, 전쟁이 일어나면 다른 사람들과 마찬가지로 조국을 위해서 희생을 아끼지 않았다.

오늘날 남아 있는 작품들을 살펴볼 때 로마의 작가들은 금욕주의 시대의 로마를 미화하는 데 상당한 노력을 기울였다는 것을 알 수 있다. 이들은 자신들이 살고 있는 시대의 현실을 비판하고 논쟁의 우위를 차지할 목적에서 고대의 미덕들을 강조했다. 공화정 시대 역시 이러한 심각한 결점들이 없었던 것은 아니었다. 또한 만약 이러한 시대에 로마법이 성립되었다면, 정의가 승리했을 것이라고는 결코 말할 수 없을 것이다.

시민들은 불편과 희생 속에서 살아가고 있었지만, 제국 시대의 시민들과 비교할 때 좀 더 질서 있고 건전한 삶을 살아가고 있었다. 이 시대에도 도덕관념은 엄격하지 않았지만, 저속한 풍속은 잘 통제되고 있어서 소녀의 순결과 부인의 순종에 기초한 가정생활을 오염시키지는 않다. 남자들은 매춘부와 어울리며 방탕한 생활을 하기도 했지만, 20세 전후의 어린 나이에 결혼을 하고 가정을 꾸민 후에는 부인과 자식들을 부양하는 일에 열중했기 때문에 무질서한 과거의 생활을 계속할 여유가 없었다.

결혼식에 앞서 거행되는 약혼식은 일반적으로 당사자들의

의견보다는 양가 부친들에 의해서 결정되었다. 약혼식은 재산과 지참금 문제를 다루는 정식 계약이었다. 그리고 이 의식은, 무명지의 신경계가 심장에 연결되어 있다는 믿음 때문에 남자가 여자의 무명지에 반지를 끼우는 절차로 이루어져 있었다.

결혼식은 크게 정식 결혼cum manu과 종교 의식 결혼sine manu 두 가지로 구분되었다. 첫 번째 혼인 방식은 가장 보편적이고 완전한 방식으로서, 신부의 부친이 딸에 대한 자신의 모든 권리를 포기한다는 의미에서 딸을 사위에게 넘겨주고, 사위는 장인으로부터 넘겨받은 신부의 실질적인 주인이 되었다. 두 번째의 혼인 방식은 종교 의식을 생략하여 부친이 딸에 대한 모든 권리를 계속해서 소유하고 있음을 보여주었다. 고대 로마인들의 결혼에는 세 가지 방식이 있었다. 첫째는 1년간의 동거 후에 결혼하는 관습적인 방식이며, 둘째는 구매 혼인coemptio, 즉 신부를 신랑에게 판매하는 방식이었다. 반면에 셋째는 콘파레아티오confarreatio, 즉 함께 케이크를 먹는 절차로 결혼하는 방식이었다. 특히 마지막 결혼 방식은 전통 귀족이 선호했으며, 이때에는 노래와 행렬을 동반한 엄숙한 종교 의식이 거행되었다. 신랑 신부 두 가문의 친구, 노예 그리고 손님들은 먼저 신부의 집으로 갔다가, 이곳에서 피리 연주와 사랑의 노래 그리고 촌스럽기는 하지만 상당히 암시적인 대화를 나누면서 다시 신랑의 집으로 갔다. 신부의 일행이 목적지에 도착하면 신랑은 문 뒤에 서서 신부에게 다음과 같이 질문했다. "당신은 누구지?" 이에 신부는 "만약 당신이 티티우스라면, 저는 티티아예요"라고 답했다. 그러면 신랑은 팔로 신부를 들어올린 다음 집의 열쇠를 신부에게 주었다. 이때 신랑과 신부가 함께 머리를 숙이고 멍에 밑을 통과하는 의식은 이들이 공동의 유대 관계로 맺어짐을 상징했다.

당시에도 공식적으로는 이혼이 존재했다. 우리가 알고 있는 최초의 이혼 사례는 로마의 공화정이 성립된 지 250년이 지난 다음이었다. 부인이 간통했을 때, 남편은 명예 규정에 따라서 의무적으로 이혼을 해야만 했다(그러나 실질적으로 남편은 이혼에 앞서 자신이 원하는 모든 행동을 취할 수 있었다). 이 시대 여성들의 외모는 촌스럽고 추했다고 한다. 짧은 다리와 무거운 '엉덩이'를 가지고 있었다. 금발의 여성은 드물었는데, 그들은 갈색 머리의 여성보다 더 많은 인기를 누렸다. 로마의 여성들은 집 안에 있을 때에는 가슴 부분을 핀으로 고정시키고 바닥에까지 끌리는 흰색 양모로 만든 에티오피아풍의 긴 스톨라stola를 입었다. 외출할 때에는 주로 팔라falla, 즉 일종의 망토를 입었다.

아름답다기보다는, 태양에 그을린 얼굴과 오똑한 코를 가진 건강한 체격의 남자들은 소년 시절부터 진홍색 천으로 가장자리를 장식한 토가toga를 입고 다녔다. 군 복무를 마친 후에는, 단의 모서리 부분이 왼쪽 어깨를 지나 오른팔 밑으로 내려온 다음(오른팔의 움직임은 자유로웠다) 다시 왼쪽 어깨 위로 되돌아오게 제작된 흰색의 남성복을 입었다. 옷의 주름 부분은 주머니의 기능을 했다. 기원전 300년까지는 남자들이 턱수염과 콧수염을 길렀으나, 대부분의 경우 턱수염이나 콧수염이 강렬하고 근엄하지 못한 인상을 준다고 생각했기 때문에 —오늘날의 이탈리아인들은 조금 건방져 보인다고 생각하는 것과는 다르게— 면도를 하는 것이 더 유행했다.

스파르타식의 근엄함은 큰 가문들 사이에서 확산되었다. 원로원 의원들은 겨울에도 난방이 되지 않는 회의장 내에서 투박한 나무 의자에 앉아 회의에 임했다. 제1차 포에니 전쟁 이후에 평화조약을 제안하기 위해서 로마에 온 카르타고의 대사들은 고국으로 돌아간 후에, 원로원이 자신들을 위해서 마련한 만찬에서 하나의 은접시를 돌려가며 함께 사용했다는 사실을 이야기하면서 낭비와 사치가 습관화된 고국의 동료들에게 웃음거리를 제공했다.

제2차 포에니 전쟁을 통해서 시민들의 사치가 여러 측면에서 나타났다. 전쟁 이후 보석들과 화려한 의상 그리고 지나치게 사치스러운 점심 만찬을 금지하는 법안이 제정되었다. 정부는 빵, 꿀, 올리브 그리고 치즈로 차려진 아침과 채소, 빵 그리고 과일로 마련된 점심을 권장했다. 그리고 부자들에게는 고기나 생선이 오르는 비교적 간소하고 건전한 저녁 식단을 장려했다. 로마인들은 항상 포도주를 마셨지만, 물을 탄 것이 대부분이었다.

로마의 젊은이들은 노인을 존경했고, 가족이나 친구들에게는 사랑과 애정이 담긴 표현들을 자주 사용했다. 그러나 일반적으로 남자들 간의 관계는 거친 편이었다. 전시가 아닌 경우에도 살인사건이 빈번히 발생했다. 포로와 노예에 대한 대우는 잔혹했다. 정부는 시민에게 엄격했으며, 포로로 잡힌 적들을 잔혹하게 다루었다. 그럼에도 가끔은 이들에게 관대함을 베풀기도 했다. 그 몇 가지 실례로서 원로원은 로마를 위협했던 적군의 지휘관인 피로스를 독살하겠다는 한 암살자의 제안을 거절하고 오히려 정보를 상대방에게 미리 알려주었다. 그리고 칸나이Cannae 전투에서 로마를 격파한 한니발은 포로 중에 열 명을 선택하여 다시 돌아오겠다는 조건으로 로마에 보내 나머지 포로들에 대한 배상금 문제를 상의하려고 했다. 그러나 이들 중에 한 명이 약속을 어기고 한니발에게 돌아가는 것을 거부하자, 원로원은 쇠사슬로 그의 몸과 손을 묶어 카르타고의 장군에게 보내버렸다. 폴리비오스의 기록에 따르면, 이러한 로마의 결단력은 그동안 승리의 기쁨을 만끽하고 있던 카르타고 군대의 사기를 떨어뜨리는 역할을 했다고 한다.

요약하면, 이 시대의 로마인들은 타키투스와 플루타르코스 같은 역사가들이 정의한 이상적인 유형의 인물에 상당히 접근해 있었다. 그럼에도 로마인들은 개인의 자유에 대한 감각, 예술과 과학 정신, 대화술, 로마인들이 불신의 대상으로 생각하고 있던 철학적 사색 그리고 특히 유머가 부족했다. 그러나 반대로 현실 감각, 침착성, 열성적인 태도, 복종, 이론보다는 실천을 중시하는 태도에 있어서는 누구보다도 뛰어난 사람들이었다.

로마인은 세계를 이해하고 이를 즐기기 위해서 태어났다기보다는, 오히려 정복하고 지배하기 위해서 태어난 민족이었다.

종교 축제 이외에 다른 종류의 사회적인 오락은 별로 없었다. 기원전 221년 플라미니우스 경기장이 건설되기 전에는 타르퀴니우스 프리스쿠스가 노예들이 벌이는 사투 장면을 구경하기 위해서 만든 거대한 원형경기장Circum Massima이 있었다. 여성들도 출입했으며, 입장은 무료였다. 처음에는 정부가 경기장의 유지 비용을 부담했지만, 후에는 건축관들이 자신들의 선거 전략을 위해서 자금을 지원했다. 어떤 건축관들은 이곳에서 수준 있는 공연을 지원함으로써 집정관의 자리에 오르기도 했다. 이들의 전략은, 오늘날 이탈리아 프로축구의 명문인 AC 밀란의 구단주이며 포르차 이탈리아Forza Italia 당의 당수 자격으로 수상을 역임했던 기업가 실비오 베를루스코니처럼 유명 축구 클럽의 회장들이 팀의 승리를 이용하여 시장市長 직이나 하원下院에 진출하는 것과 일맥상통했다.

이상의 일반적인 오락들 이외에도, 전쟁에서 적어도 5,000여 명의 적군을 죽이고 승리를 쟁취한 장군에게 베풀어지는 승리의 축제는 로마인들의 엄격하고 힘든 생활을 위로해 주었다. 그러나 만약 사망한 적군의 수가 기준에서 모자랄 때에는 오바티오ovatio 축제가 거행되었다. 이 명칭은 승리한 장군의 명예를 위해서 제물로 사용된 양ovis에서 유래되었다.

승리의 축제는 도시 밖에서 대규모의 행렬로 시작되었다. 장군들과 군대는 입성하기에 앞서, 성문 근처에 마련된 특정한 장소에 모든 무기를 내려놓고, 잎이 무성한 가지로 만든 아치 형태의 기둥들을 통과하며 행진했다. 그리고 이들의 앞에서는 나팔 연주자들이 길을 열었다. 군인들의 뒤로는 전리품을 가득 실은 마차들과 만찬에서 사용될 양과 다른 가축들 그리고 포로로 잡힌 적군의 장교들이 따랐다. 이날의 주인공인 로마의 장군은 의장관들과 피리 연주자들을 앞세우고, 어깨에는 화려한 색의 토가를 두르고 머리에는 월계수와 금관을 쓰고 상아로 된 지휘봉을 손에 들고서 밝고 화려하게 장식된 사두마차에 탄 채 손을 흔들어 환호하는 군중에 화답했다. 장군의 주변에는 자식과 친척, 비서와 자문위원 그리고 친구들이 말을 타고 모여들었다. 장군은 캄피돌리오에 위치한 유피테르, 유노 그리고 미네르바를 모신 신전들에 들러 신들의 발 앞에 전리품과 제물로 사용될 가축들을 모아놓은 다음, 포로로 잡힌 장교들에 대한 참수형을 명령했다.

민중은 환호와 찬사를 보냈다. 그러나 군인들은 관행에 따라서 자신들의 장군에게 농담과 독설적인 재담을 퍼부었다. 장군의 약점과 단점 그리고 웃기는 행동들을 폭로했는데, 그 목적은 장군이 교만에 빠지지 않고 로마의 위대한 신들을 진실하게 섬기도록 하려는 것이었다. 그 한 가지 예로 카이사르에게 그의 부하들은 "털 난 호박머리야, 귀부인들은 그만 훔쳐보고 이제 창녀들에게나 달려가보아라" 하고 놀렸다.

만약 이와 같은 풍속을 우리 시대의 독재자들에게도 적용할 수 있었다면, 오늘날의 민주주의는 보다 밝은 미래를 맞이했을 것이다.

제12장 카르타고

카르타고는 동시대의 다른 도시들과 마찬가지로 기적을 통해서 건설된 도시로서, 그 역사는 한편의 소설에 비유될 수 있었다. 건국 신화의 내용에 따르면, 카르타고를 세운 인물은 티루스Tyrus의 왕녀로서, 후에 여신으로 숭배된 디도였다고 한다. 남동생이 남편을 살해하자 과부가 된 디도는 자신을 추종하는 무리와 함께 배를 타고, 지중해의 극동 지역을 떠나 서부 지역을 향해서 모험을 시작했다. 아프리카의 북부 해안을 따라서 항해하여 이집트, 키레나이카, 리비아를 통과한 다음, 다시 서쪽으로 수천 킬로미터를 항해한 끝에 지금의 튀니지에 상륙했다. 그녀는 그곳에서 동료들에게 "자, 여러분 이곳에 새로운 도시를 건설합시다" 하고 연설했다. 이들은 이탈리아의 나폴리*와 미국의 뉴욕처럼 자신들이 건설한 도시를 '새로운 도시'라고 명명하여, 그들의 언어로 카르트 하다슈트Kart-hadasht라고 불렀다. 후에 그리스인들은 이 도시를 카르케돈Karchedon으로, 로마인들은 카르타고Carthago라고 불렀다.

물론 이상의 내용이 모두 정확한 것은 아니며, 실제로 이 도시가 어떤 비극적인 운명을 겪었는지도 알 수 없다. 로마인들

---

* 나폴리의 고대 이름은 네아폴리스Neapolis로서, 새로운 도시라는 뜻이다.

은 이전의 대對 에트루리아 정책을 카르타고에도 동일하게 적용했다. 그 결과 카르타고는 오늘날 도저히 알아볼 수 없을 정도로 철저하게 파괴되었으며, 더구나 참고자료의 부족으로 이 도시의 역사와 문명을 재구성하는 일은 거의 불가능하게 되었다.

물론 카르타고는, 히브리인들과 마찬가지로 셈족 계통의 언어를 사용하는 종족으로서 해상무역에 종사하던 페니키아인들에 의해서 건설되었다. 이들은 악마조차도 두려워하지 않았다. 페니키아인들은 프레툼 헤르쿨레움, 즉 오늘날의 지브롤터 해협을 건너 대서양으로 진출하여 아프리카 해안을 탐험하고 다시 거꾸로 올라가서 히스파니아 루시타니아의 해안을 따라 항해했던 최초의 해양민족이었다. 카르타고인들은 로마가 성립될 당시에 이러한 여정을 거듭하면서 처음부터 선박 건조장과 시장으로 활용하기 위하여 여러 도시들을 건설했다. 렙티스 마그나, 우티카, 반자르트, 보나와 같은 도시들이 바로 이러한 목적으로 건설되었다. 하지만 카르타고는 역사적인 상황이 급변하기 이전에는 주변의 도시들과 마찬가지로 평범한, 아니 어쩌면 가장 후진적인 도시였을 것이다.

주변 상황의 변화는 티루스와 시돈의 군사-무역 활동의 쇠퇴로부터 시작되었다. 두 도시의 몰락은, 세계 정복을 꿈꾸는 마케도니아의 알렉산드로스 대왕의 원정길에 위치했기에 피할 수 없는 운명이었다. 알렉산드로스 대왕의 정복 위협이 임박하자 두 도시의 부자들은, 시대를 초월해 모든 부자들의 심리와 마찬가지로 공포를 느끼게 되었고 재산과 자신들의 이념을 구하기 위해서 백방으로 노력했다. 오늘날에는 탕헤르

Tánger로의 피신*이 유행하듯이, 이들은 카르타고로 피신했다.

카르타고는 새로운 주민들과 이들의 재산이 유입되면서 발전했다. 이들은 대부분이 노예와 하인의 신분으로 살고 있던 가련한 흑인 원주민들을 더욱더 내륙으로 내몰았다. 그리고 이들은 바다와 무역 활동에 만족하지 않고, 토지의 경영에도 적극적으로 참여했다. 특별히 흥미로운 사실은 유대인들이 당시까지만 해도 토지에는 별다른 관심을 가지고 있지 않았다고 생각되었는데, 카르타고의 유대인들은 그렇지 않았다는 것이다. 이들은 농작물, 특히 포도, 올리브 그리고 기타 과실들의 경작에 대해서는 이미 상당한 전문가였다. 고대 농업의 가장 위대한 인물이었던 마고는 바로 카르타고의 시민이었다.

카르타고의 경제는 완벽한 균형 속에서 날로 번창했다. 도시의 제련업이 발전함에 따라서 토지를 일구거나, 운하를 파거나, 밭과 정원을 가꾸는 데에 필요한 최신 장비들이 공급되었다. 생산품의 대부분은 당시까지만 해도 최대 규모를 자랑하던 배들에 선적되어 히스파니아와 그리스로 수출되었다. 무기 제작자들은 탐험가들의 활동을 지원하여 새로운 시장 개척을 주도했다. 이들 중의 하나인 한노는 한 척의 배를 이끌고 고향으로부터 수천 킬로미터 떨어진 아프리카의 대서양 해안을 탐험했다.

다른 여행가들은 노새, 낙타 그리고 코끼리를 이용하여 금

---

* 저자는, 이탈리아 사회당 당수였던 크락시가 '깨끗한 손Mani pulite' 운동을 통해서 밝혀진 부정부패 사건들에 연루되어 체포되기 직전에 모로코의 탕헤르로 피신한 사건을 풍자적으로 언급하고 있다.

과 상아를 찾기 위해서 내륙을 탐험하면서 노획물들을 고국으로 운반했다. 그리고 때로는 사하라 사막을 횡단하기도 했다. 정부 차원에서도 비록 작은 규모지만 함대와 군대를 파견하여 전략적인 요충지를 확보하려고 노력했는데, 후에 베네치아가 이러한 전략을 그대로 답습했다.

당시 카르타고의 경제와 재정은 최고 수준에 도달해 있었다. 로마가 통화를 주조했을 때 카르타고는 이미 은행권 지폐를 발행하고 있었다. 이는 가죽끈 형태의 지폐를 가치의 대소에 따라서 다양하게 제작한 것이었다. 카르타고의 화폐는 지중해의 전 지역에서 통용되었으며, 근대의 스털링*이나 오늘날의 달러와 같은 역할을 했다. 이들의 통화 가치는 정부의 금고에 보관 중인 금의 양에 의해서 보장되었다. 카르타고 정부는 정복 활동을 계속하면서, 점령된 지역들에 우선적으로 막대한 돈을 요구했다. 예를 들면, 렙티스는 보호의 대가로 매년 365탈렌트, 즉 오늘날의 가치로 130억 리라에 해당하는 막대한 돈을 카르타고에 지불해야만 했다.

식민지에 대한 카르타고의 극심한 착취는 로마와의 전쟁에서 카르타고가 패배한 이유들 중의 하나로 작용했다. 그러나 적어도 전쟁 전까지 카르타고를 전대미문의 가장 활력적인 페니키아계 도시로 만드는 데에 결정적인 역할을 한 것은 바로 식민지에 대한 착취였다. 당시에 20만~30만 정도였던 카르타고인들은 로마인들과는 다르게, 가장 가난한 사람들의 경우에

---

* sterling : 금 또는 은의 순도純度 표준으로, 순도 1,000분의 925를 가리킨다.

는 최고 12층짜리 아파트에, 부자들의 경우에는 정원과 수영장이 딸린 저택에서 살았다. 사원과 공중목욕탕도 즐비했다. 항구는 220여 개의 대건축물과 그 두 배에 달하는 대리석 기둥을 갖추고 있었다. 주택들이 밀집된 도심에는 영국의 런던과 마찬가지로 재무부가 위치하고 있었다. 그 주변에는 탑을 갖춘 세 겹의 나무울타리 벽이 제1차 세계대전 당시 프랑스가 자랑하던 마지노선처럼 세워져 있었으며, 그 내부에는 모든 장비를 구비한 2만 명의 정예 군대와 4,000마리의 말 그리고 300마리의 코끼리가 주둔하고 있었다.

카르타고의 민중과 풍속에 관한 이야기는 이 도시에 대한 사실 묘사에 유난히도 인색했던 로마 역사가들의 기록에서만 찾아볼 수 있다. 카르타고의 언어는 유대인들의 그것과 비슷했는데, 관리들을 쇼페팀shofetim이라고 불렀다. 외모도 셈족에 가까웠다. 올리브색의 얼굴에 수염을 길렀으나 콧수염은 없었고, 터번 형태의 모자도 쓰지 않았다. 원주민들과의 혼혈로 피부색이 검었던 가장 가난한 사람들은 오늘날 이집트에서 갈라베야galabeya라고 부르는 발목까지 늘어지는 기다란 셔츠를 입고, 발에는 샌들을 신고 있었다. 반면에 부자들은 그리스나 오늘날의 영국 의상과 마찬가지로 진홍색 천으로 테두리를 장식한 우아한 복장에 코걸이를 했다. 카르타고의 여성들은 아테네의 여성들에 비해서 아름답지는 않았으나, 로마의 여성들보다는 훨씬 세련되었다. 이들은 항상 베일을 쓰고 주로 집 안에서 생활했지만, 때로는 종교적인 지위를 보장받음으로써 높은 직위에 오르기도 했으며, 오늘날의 일본과 마찬가지로 당시에 특별한 직업으로 인정받아 번창하고 있었던 매춘업에 종사할 수도 있었다.

폴리비오스와 플루타르코스는 모두 카르타고인들의 도덕 수준이 낮았다고 지적했다. 그러나 이러한 사실은 카르타고인들을 포함한 셈족의 풍속이 엄격하고 금욕적이었다는 것과는 상충되고 있다. 로마의 역사가들은 이들이 폭음폭식을 즐기는 사람들로서, 클럽이나 선술집 등에서 자주 파티를 벌였다고 적고 있다. 카르타고어로 '피데스 푸니카fides punica'는 라틴어로 '반역'을 의미했다. 그러나 중요한 것은 카르타고인들의 반역에 관한 역사는 로마 역사가들에 의해서 편견의 시선으로 기록되었다는 사실이다. 플루타르코스는 로마의 가장 무서운 적인 카르타고가 '열등한 사람들에게는 오만했으며, 패배했을 때에는 비겁함을 보였고, 승리했을 때에는 잔인한 행동을 보였다'고 기술했다. 또 폴리비오스는 이들이 이익을 기준으로 모든 것을 판단한다고 했다. 그러나 알다시피, 폴리비오스는 후에 카르타고에 불을 질러 도시 전체를 완전히 파괴해버린 스키피오의 절친한 친구였다.

카르타고인들도 신을 숭배하고 있었다. 이들은 신들을 모국이나 페니키아로부터 그대로 옮겨왔지만, 다른 이름으로 불렀다. 티루스와 시돈에서는 바알-몰로크Baal-Moloch와 아스타르테Astarte가 바알-하만Baal-Haman과 타니트Tanit라는 이름으로 불렀다. 이외의 신들 가운데는 '도시의 열쇠들'을 의미하는 멜카르트Melkart, 부와 건강의 신 에시문Eshimun, 정복된 후에도 로마의 퀴리노에 옮겨져 와 계속해서 숭배된 카르타고의 건국여신 디도가 있었다.

모든 신들에게는, 필요하다고 판단될 때마다 적지 않은 제물이 제공되었다. 그리 중요하지 않은 신들을 위해서는 산양과 암소가 제물로 사용된 반면에, 최고의 신인 바알-하만 신에게 감사를 표하거나 노여움을 달래기 위해서는 어린아이를 제물로 바쳤다. 산 제물은 거대한 신상의 팔 위에 올려놓은 후에 이곳에서 원을 그리며 돌다가 불구덩이 속으로 미끄러져 들어가는 방식으로 희생되었다. 나팔과 탬버린의 연주 소리가 비명 소리를 중화시키는 가운데 하루에 300여 명의 제물이 불에 태워졌다. 자식을 산 제물로 바친 모친은 눈물이나 비통한 표정도 없이 잔인한 광경을 그대로 바라보기만 했다고 한다. 부유한 가문의 경우에는 제물을 가난한 가정으로부터 돈을 주고 구하는 것이 아마도 관행이었을 것으로 생각된다. 그러나 시라쿠사의 아가토클레스가 카르타고를 포위했을 때, 카르타고인들은 신들에게 특별한 소원을 갈구하는 경우 외에는 지배 계층과 피지배 계층의 증오심을 고려하여 사회 각 계층과 타협을 통해서 산 제물을 동원하던 관행을 금지했다고 한다.

권력층의 구조는 로마의 그것과 크게 다르지 않았다. 평소에 독재자를 증오하던 아리스토텔레스는 카르타고의 정치 구조를 높이 평가했다. 로마의 경우처럼 최고의 권력 기관은 300명으로 구성된 원로원이었으며, 이들의 대부분은 초기에는 토지 귀족 출신이었지만 이후에는 금융 귀족, 즉 금권정치가들로 교체되었다. 원로원은 중요한 사항들에 관한 의결권을 행사했지만, 그 집행권은 로마의 집정관에 해당하는 두 명의 사정관(司正官, shofetes)에게 있었다. 이들 사정관은 완전한 합의가 이루어지지 않을 경우에는, 제안권 없이 찬반에 관한 결정권만을 행사하던 하원에 자문을 요청했다.

원로원의 의원들은 이론적으로는 선거를 통해서 선출되었지만, 실제로는 원로원이 모든 명령권을 장악하고 있었기 때문에 원하는 입후보자를 별 어려움 없이 당선시킬 수 있었다. 원로원의 유일한 상급기관으로는, 법과 행정상의 문제에 영향력을 행사하는 104명의 법관으로 구성된 헌법위원회가 있었다. 로마와의 전쟁 기간 동안 헌법위원회는 점차 실질적인 정부의 역할을 획득했다.

카르타고는 아프리카의 주변 민족들이 별다른 분쟁의 소지를 일으키지 않았기 때문에, 군대의 조직과 구성에 크게 신경 쓰지 않았다. 카르타고인들은 군대의 막사 생활을 좋아하지 않았다. 반면에 막사에서는 원주민들과 리비아인들로 구성된 용병들이 생활했다. 그러므로 로마와의 세기의 대결을 통해서 경험했던 대규모 전쟁의 공적은 전적으로, 고대 세계의 가장 훌륭한 장군들이었던 한니발 가문의 하밀카르와 하스드루발의 타고난 천재성에 기인했다고 볼 수 있다.

카르타고는 당대 최고의 해상 세력으로 군림하고 있었다. 카르타고의 함대는 평화 시에도 500여 척의 대함대로 구성되어 있었다. 중무장을 하고도 빠르고 가볍게 움직였으며, 붉은색의 깃발을 사용했다. 함대의 장군들은 오랜 항해 경험을 통해서 컴퍼스와 나침반 없이도 지중해의 전 지역을 정원의 분수대처럼 잘 알고 있었다. 히스파니아와 갈리아의 해안 동굴에는 조선소와 보급품 창고 그리고 정보 제공자들이 있었다. 이들의 지도 제작 기술은 당대 최고 수준을 자랑했다. 로마가 이탈리아 반도의 내부 상황을 통제하는 데에 모든 노력을 기울이면서 함대 건조에 별다른 관심을 기울이지 못하고 있던 당시에, 카르타고의 함대는 이미 사르데냐와 지브롤터 사이의 지역들을 강력하게 장악하고 있었다. 외국 국적의 배가 사정거리 내로 들어오면, 소속과 항해 이유를 묻지도 않고 가차 없이 공격하여 선원들을 수장시키고 배의 깃발을 부러뜨려버렸다.

이상의 설명은, 로마인들이 이탈리아의 여러 경쟁자들을 차례로 격파하면서 반도를 장악하고 서서히 바다에 대한 관심을 고조시키고 있던 당시에 카르타고가 바다에서 누리던 전성기의 모습을 보여주고 있다.

그러나 지금까지의 모든 내용이 매우 빈약한 자료들을 기초로 재구성되었다는 사실에 주의할 필요가 있다. 거리에 돌 하나 남지 않을 정도로 카르타고를 파괴한 로마의 스키피오는 이곳에서 수많은 도서관을 발견했다. 그러나 그는 책들을 로마로 가져오지 않고 아프리카의 연합 세력들에게 분배했기 때문에(박식한 로마 장군의 그와 같은 비상식적인 행동에 우리는 놀라지 않을 수 없다), 책의 가치를 알지 못하고 좋아하지도 않던 사람들로 하여금 카르타고 문명의 모든 기록을 담고 있던 서적들을 하루아침에 모두 훼손시켜버릴 수도 있는 위험에 방치했다. 이로써 카르타고에 관한 책이 한 권도 남아 있지 않은 이유가 분명해졌다. 우리는 이런 상황에서 살루스티우스와 유바가 재구성한 사실에 만족해야만 한다. 마고의 단편적인 설명과 성 아우구스티누스의 증언에 따르면, 카르타고인들에게는 수준 높은 문화가 있었음을 알 수 있다.

아테네의 그리스인들은 카르타고가 세상에서 가장 아름다운 도시 중의 하나라고 말했다. 그러나 카르타고에 관해서 남아 있는 것은 이를 입증하기에 너무나 부족하다. 고고학자들이 발견한 중요하고 유일한 유적들은 누군가가 대학살의 위험을 피해서 예술 작품들을 가지고 피신했을 장소로 추측되는 카르타고의 식민지, 발레아레스Baleares 제도에서 찾아낸 것들이었다. 그 이외의 다른 유물들은 튀니지의 박물관에 소장되어 있다. 계속해서 고고학자들은 카르타고에서 서쪽으로 10여 킬로미터 떨어진 지역을 발굴하면서 찾아낸 유물들을 이곳에 보관했다.

석관들로 구성된 유물들은 우리의 찬사를 받기에 충분하다. 그 양식들은 그리스-페니키아의 혼합이었다. 석관에 이어서 가장 많이 수집된 유물은 도자기로서, 가치가 다소 떨어지는 것들이다. 카르타고의 번영을 입증할 수 있는 수공예 제품들은 아직 발견되지 않고 있다. 사실, 카르타고인들은 금세공 분야의 대가들이었다. 그러나 불행히도 어느 시대를 막론하고 금세공품은 약탈자들이 가장 선호하는 전리품이었다.

제13장 레굴루스

기원전 508년, 안으로는 혁명에, 밖으로는 에트루리아족, 라틴족 그리고 사비니족과의 전쟁에 직면해 있던 로마는 카르타고와 평화조약을 체결했다. 그 조약에서 로마는 무조건적으로 자국의 선박이 시칠리아 해협을 넘지 못하게 할 것과, 보급품 조달이나 선박 수리의 경우에 한에서만 사르데냐와 코르시카에 상륙할 것을 약속했다.

어떤 면에서는 이런 조약의 내용들은 로마에게 상당히 불리했던 것으로 보인다. 그러나 공화정의 성립으로 재력과 정치력을 상실하고 권좌에서 밀려난 에트루리아 출신의 무기 제작자들이 아직도 걸음마 단계에 머물고 있었던 로마의 선박 시설과 제작 기술을 독점하고 있었기 때문에, 실질적으로 로마는 심각한 타격을 받지 않았다. 게다가 라틴-사비니 출신의 원로원 의원들과 토지 귀족들은 바다의 전략적 가치를 알지 못했고, 알려고 하지도 않았다. 무엇보다도 아직 강력한 도시국가를 형성하지 못한 당시의 로마는 소유하지 못할 것에 대해서는 처음부터 미련을 두지 않는 과감한 결단력을 스스로 보여주었다. 이런 상황을 고려한다면, 로마는 지중해의 '해양 강대국들 간의 균형'으로 드러나고 있던 대변화들마저 무시했을지도 모른다. 그럼 이제 그 변화들을 살펴보기로 하자.

지난 수세기 동안 지중해의 동부 해안, 즉 시칠리아 해협의 동부 지역에서는 페니키아와 그리스의 함대들이 대립하고 있었으며, 승세는 조금씩 그리스 쪽으로 기울고 있었다. 에게 해에 이어서 이오니아 해까지 장악한 그리스 진영은 이탈리아 반도의 남부 해안과 시칠리아 연안에 상륙하여 그들의 제국을 만들기 위한 식민지들을 건설하기 시작했다. 이러한 과정에서 등장한 마그나 그라이키아Magna Graecia, 카타니아Catania, 시라쿠사Siracusa, 에라클레아Eraclea, 크로토네Crotone, 메시나Messina, 시바리스Sybaris, 레기움Regium, 낙소스Naxos 등이 대도시로 성장했다. 불행하게도 이 도시들은 모국으로부터 신들과 철학, 극장과 조각 등의 유산 외에도 당쟁이라는 악습까지 수입했다. 그럼에도 이들은 가까운 장래에 내부 분열로 인해서 로마에 패배하기 전까지 이 지역의 확실한 주인으로 군림하고 있었다. 반면에 지중해의 서부 해안에서는 신생 식민지 카르타고를 건설한 페니키아인들이 패권을 장악하고 있었다. 특히 카르타고는 아프리카 북부뿐만 아니라, 루시타니아, 히스파니아, 갈리아, 코르시카, 사르데냐의 연안에 식민지를 건설함으로써 지중해의 서부 지역을 마치 자신의 호수인 양 가꾸어가고 있었다.

초기 로마 왕정은 에트루리아를 정복하고 이들의 함대를 탈취함으로써 카르타고와 접촉할 수차례의 기회가 있었겠지만, 그 만남이 반드시 호의적이지는 않았을 것이다. 당시 많은 사람들이 '해적 활동'을 하고 있었기 때문이다. 때때로 이들은 동족의 선박을 공격하여 화물을 약탈하고, 선원들을 바다에 산 채로 수장시켜버리기도 했다. 이들 간에 통용되는 예의란 그 어떤 것도 없었다.

나중에 로마가 지중해의 강자로 등장했을 때, 그 경쟁 상대는 마그나 그라이키아의 그리스인들과 카르타고의 페니키아인들로 압축되었다. 전자는 동부 지역에서 그리고 후자는 시칠리아의 서부 지역에서 각각 해상권을 장악하고 있었다. 그리스와 페니키아는 냉전과 휴전을 반복하면서 무력 대결을 전개했으며, 서로 자신이 먼저 승리할 것이라고 확신하고 있었다. 그러나 이들은 대립의 결과가 뜻하지 않던 제삼자에게 유리하게 전개될 수도 있다는 사실을 모르고 있었다.

로마는 마메르티니Mamertini의 지원 요청을 수락했다. 그러나 로마 역시 그런 사실이 무엇을 의미하며 그 결과가 어떤 것인지에 대해서 얼마나 예상하고 있었는지는 알 수 없는 일이다.

시라쿠사의 아가토클레스는 카르타고와의 전쟁을 준비하기 위해서 이탈리아 전역에서 군인을 모집했는데, 이때 모여든 용병들이 마메르티니였다. 기원전 289년, 아가토클레스는 고국으로부터 열렬한 환영이 아닌 체포영장을 받게 되자, 집으로 돌아가는 것을 거부하고 자신의 용병 부대와 함께 메시나를 약탈하고 그 주민들을 모두 살해하는 잔인한 만행을 저질렀다. 아가토클레스는 도시를 점령한 후에 자신과 자신의 병사들을 '마메르티니'라는 거만하고 우스운 이름으로 불렀는데, 이는 로마 신화에서 계절의 신이며 동시에 전쟁신인 마르스의 아들들을 의미했다.

20여 년 전부터 이들은 이탈리아의 전역을 활개치고 다녔다. 칼라브리아의 해안을 따라 마을들을 불 지르고 파괴한 후에 다시 해협을 횡단함으로써 피로스와 로마의 미움을 사게 되었다. 결국 기원전 270년 말, 이들은 한 번의 대대적인 공격으로 모든 것을 섬멸하려고 덤벼든 시라쿠사의 히에론 2세에 의해서 포위되고 말았다.

그러나 로마인들에게 시칠리아는 욕망을 자극하는 황금향 Eldorado였다. 이곳을 방문한 사람은 섬의 아름다움과 잠재력에 놀라지 않을 수 없었다. 따라서 로마인들도 마메르티니의 지원 요청을 거절할 수가 없었다.

원로원은 이들의 요청을 수락할 경우에 어떤 방식으로 개입해야 할지 잘 알고 있었지만, 단독으로는 그 어떤 결정도 할 수 없었다. 오히려 결정권은 전쟁 때마다 희생을 감수하며 그 대가로 민족주의자 또는 애국주의자라는 칭호를 얻어낸, 부르주아 산업가들과 상업 계층이 지배하고 있던 켄투리아회에 있었다. 당시 가난을 벗어나지 못하고 있던 사람들에게는 로마의 개입이 식민지를 정복하고 그 공로의 대가로 작은 농장이라도 얻을 수 있는 좋은 기회였다. 이들은 자신들의 소망을 전능한 신의 이름으로 피력했다. 잘 알다시피 오늘날에도, 신의 이름으로 말하는 사람이나 말하기를 원하는 사람에게 반대 의사를 전하는 것은 쉬운 일이 아니다.

켄투리아회는 용병들의 제안을 수락하고 그 집행권을 집정관 아피우스 클라우디우스에게 위임했다. 기원전 264년 봄, 몇 차례의 승산 없는 전투 뒤에 호민관 가이우스 클라우디우스는 마메르티니의 지원하에 소규모의 로마 함대를 이끌고 해협을 건너가 기습 작전을 감행하여 한노를 생포했다. 그리고 로마는 포로가 된 한노에게 감옥이나 본국으로의 후퇴 중에 한 가지를 선택하도록 강요했다.

한노는 영리한 인물이었다. 포로가 되기 몇 달 전만 해도 그는 폭풍을 만나 시칠리아 해안을 표류하던 로마인들에게 "꺼져라, 어리석은 짓은 하지 말고!"라고 당당한 위세로 꾸짖으며 아피우스 클라우디우스에게 돌려보낸 적이 있었다. 그러나 이제는 로마의 위협적인 제안에 굴복하여 자신의 소부대를 이끌고 주저 없이 본국으로 돌아갔다. 그러나 고향에서 그를 기다리고 있는 것은 십자가 처형이었다. 카르타고는 곧바로 다른 한노를 지휘관으로 임명하여 군대를 파견했다.

시칠리아에 상륙한 한노는 그리스인들과 선린 관계를 유지하려고 노력했다. 그 결과 아그리젠토와 평화 협정을 체결했으며, 셀리눈테Selinunte에서는 시라쿠사의 히에론 2세가 파견한 사절을 접견하고 이들과 연합 전선을 결성했다. 그리스인들은 과거의 적을 오늘의 우방으로 선택했다.

아피우스 클라우디우스는 그리스와 페니키아 사이에 이권 문제를 둘러싼 오랜 대립 관계가 형성되어 있다는 사실을 간파하고 있었다. 그는 자신의 대부대가 아직 칼라브리아에 주둔하고 있는 상태에서 적들의 기습 공격을 받게 되자 패전의 위기에서 벗어나기 위해서 계략을 꾸몄다. 아피우스는 고국에 비상사태가 발생하여 질서를 바로잡기 위해서 급히 귀국해야 한다는 유언비어를 퍼뜨렸다. 그리고 신빙성을 더할 목적으로 몇 척의 배들을 로마를 향해서 북쪽으로 항해하도록 했다. 카르타고인들은 정보의 진위성을 확인하기 위해서 해협에 대한 경계를 강화했다. 아피우스는 자신의 계략에 넘어간 적 진영의 변화를 이용하여 자신의 2만 군대를, 메시나의 남부 해안 근처에 주둔한 시라쿠사인들의 진영이 보이는 곳에 상륙시켜 적들을 공격했다.

시라쿠사의 히에론 2세는 끝까지 저항했으며, 로마 군대의 급작스러운 출현을 카르타고의 한노가 배신한 결과라고 생각했다. 한노는 급히 서둘러 시라쿠사로 후퇴했다. 아피우스는 고립된 카르타고인들을 공격했지만, 승리하지는 못했다. 전선이 교착 상태에 빠지자, 로마군은 메시나에 대한 포위 공세를 늦추면서 뒤로 우회하여 비교적 약하다고 판단된 다른 적들을 공격했다. 그러나 히에론 2세는 탁월한 장군으로서 로마군에게 심각한 패배를 안겨주었다. 기적적으로 목숨을 구한 아피우스는 이번 전쟁이 로마가 생각하는 것보다 훨씬 어렵다고 판단하고, 한노의 움직임을 감시하기 위한 소부대를 남겨둔 채 지원 요청을 하기 위해서 서둘러 로마로 귀환했다.

로마의 지원은 물리적인 것이 아니라 외교적인 것이었다. 로마는 시라쿠사의 히에론 2세와의 관계를 개선하여 로마 진영으로 끌어들이는 데에 성공했다. 이것은 상당한 전략적 성과였다. 시라쿠사와의 문제가 해결되자, 이번에는 아그리젠토를 정복할 필요성이 대두되었다. 그러나 이곳에는 카르타고의 군대가 주둔하고 있었기 때문에, 외교적인 노력만으로는 해결될 수 없었다. 결국 로마인들은 아그리젠토를 일곱 달 동안 포위한 끝에 점령했다.

아그리젠토가 함락되자, 카르타고는 하밀카르(한니발의 아버지와는 동명이인) 장군을 파견했다. 하밀카르는 육상 전투가 승산이 없다는 사실을 깨닫고 함대로 해안 요새들을 공격하여 연승을 거두었다.

이런 상황은 당시 로마의 실상을 올바르게 파악하는 데에 중요한 단서를 제공한다. 로마는 배도 선원도 갖추고 있지 않

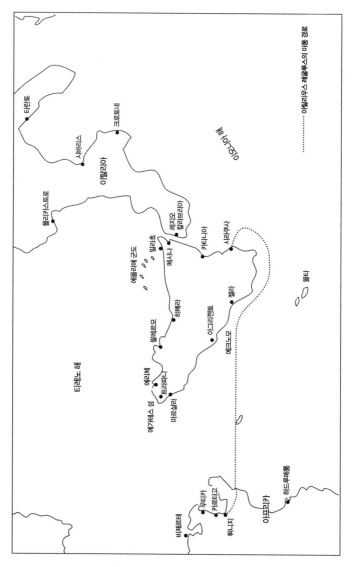

제1차 포에니 전쟁(264~241 BC)

았으나, 몇 달 안에 모든 시민들의 열렬한 지원을 받아 120여 척의 배를 마련했다. 반면에 하밀카르는 130여 척의 전함으로 별다른 준비 없이 안이하게 로마 함대와 대적했다. 로마 해군은 배의 앞부분에 설치한 이상하게 생긴 기구들을 이용하여 적함의 진로를 방해함으로써 적 함대의 3분의 1을 파괴하는 대승을 거두었고, 패전한 하밀카르는 도주했다.

바다에서는 다른 적들보다 한수 위에 있다고 확신하고 있던 카르타고는 패전 소식을 듣자 커다란 충격에 휩싸였다. 처음으로 자신감을 가지게 된 로마는 지중해를 가로질러 적 진영에서 전쟁을 수행하기로 결정했다. 로마는 아틸리우스 레굴루스 장군의 지휘하에 모두 330여 척의 군함과 15만 명의 원정군을 파견했다. 카르타고는 하밀카르의 지휘하에 로마와 동일한 규모의 함대를 파견하여 대적했다. 양측의 함대는 마르살라Marsala에서 격돌했다. 로마인들은 승리의 대가로 25척의 배를 잃었지만, 카르타고는 패배의 대가로 30여 척의 손실을 입었다. 이 전쟁의 결과로 아틸리우스 레굴루스는 아프리카의 봉Bon 곶에 상륙할 수 있었다.

결국 카르타고는 무엇인가를 결심해야 할 순간에 봉착했다. 그리고 심사숙고한 끝에 자신의 결정을 행동으로 옮겨야 했다. 카르타고는 로마 군대가 누미디아Numidia의 반란을 등에 업고 자신의 도시로부터 30여 킬로미터 떨어진 지역에까지 진격해오자 동요하기 시작했다. 먼저 카르타고가 강화를 신청했지만, 레굴루스 장군이 협상 과정에서 도저히 수용할 수 없는 조건을 제시하자 최후의 일전을 각오하고 준비에 착수했다. 그러나 카르타고는 더 이상 자신의 지휘관을 신임할 수 없다고 판단하고, 스파르타 출신의 그리스인이었던 크산티포스에게 지휘권을 위임했다. 신임 지휘관은 흩어진 전열을 정비하고 사형과 같은 극단적인 규율과 새로운 전략을 수립했다. 그리고 계속해서, 후에 한니발이 전술적으로 훌륭하게 사용했던 기병과 코끼리 부대를 중심으로 군대를 개편했다.

기원전 255년, 튀니지 근처에서 벌어진 대대적인 전투에서 로마 군대는 참패를 당했다. 겨우 2,000여 명만이 살아서 도망쳐 봉 곳으로 피신했으며, 레굴루스는 포로가 되었다.

로마가 시칠리아에서의 패배로 인한 정신적, 물질적 충격에서 벗어나는 데에는 무려 5년의 시간을 소비해야만 했다. 그동안 여러 번 상황이 바뀌었지만, 전세는 카르타고에 유리하게 전개되고 있었다. 그러나 카르타고의 새로운 장군인 하스드루발은 팔레르모를 공략했다가 패배하여 2만여 명의 인명 손실을 초래했다. 전쟁에 지친 카르타고는 같은 상황에 있을 적들에게 협상을 제안했다. 그리고 포로로 잡혔던 레굴루스 장군을 사절단과 함께 로마에 파견해 협상이 성립되도록 노력하라고 명하고 평화 협상이 결렬될 경우 다시 포로의 몸으로 돌아온다는 조건하에 석방했다. 원로원은 카르타고의 제안을 수락하고 협상을 진행하는 과정에서 레굴루스에게 공개적으로 연설할 기회를 주었다. 그러나 레굴루스는 전쟁을 계속하는 것만이 유일한 해결책이라고 단호하게 주장했다. 결국 로마가 그의 주장을 받아들여 평화 회담은 결렬되고, 그는 울면서 붙잡는 부인의 만류를 뿌리치고 다시 카르타고로 돌아갔다. 적들은 레굴루스에게 죽을 때까지 잠을 못 자게 하는 혹독한 고문을 가했다고 한다. 반면에 그의 두 아들은 당시의 관습에 따라서 포로로 잡힌 카르타고의 고관 두 명에게 동일한 고문을 가해 죽여서 부친의 고통을 갚았다.

다시 전쟁이 시작되었다. 카르타고 진영에서는 우리에게 잘 알려진 한니발의 부친 하밀카르 바르카스가 육해군의 총사령관으로 등장했다. 그는 오늘날의 특수전투부대commandos에 해당하는 새로운 부대를 창설해서 이탈리아 반도의 해안 지역을 공격하여 엄청난 피해를 주었다. 이에 로마인들은 적들이 다시 이탈리아 반도에 직접 상륙할지도 모른다는 불안감을 가지게 되었다.

그럼에도 다급해진 원로원은 새로운 함대를 파견할 것인가 말 것인가를 결정하는 데에 주저했다. 군대 징집은 부진했으며, 전비 마련을 위한 국고도 바닥이 난 상태였다. 이때 로마의 부유한 시민들은 자신들의 비용으로 200여 척의 배를 마련하여 집정관 루타티우스 카툴루스로 하여금 드레파노 항구와 릴리베오 항구를 봉쇄하도록 했다. 이에 맞서 카르타고 진영도 보급함을 포함한 400여 척의 무장 함대를 파견했다. 카르타고인들이 상륙할 경우 시칠리아의 로마 군대는 전멸을 면하기 어려운 상황이었다. 그러나 카툴루스는 적의 함대와의 교전을 피하라는 원로원의 명령에도 불구하고 중상을 입은 상태에서 공격을 감행했다. 보급품을 가득 싣고 있어 상대적으로 민첩함을 상실한 카르타고의 함대는 결국 120여 척의 손실을 입게 되었다. 카르타고의 남은 함대는 저항을 계속했다. 하밀카르 바르카스는 조국으로부터 고립된 상태에서 때로는 승리를 거두면서 외로운 투쟁을 벌였으나, 결국 항복해야만 했다.

루타티우스 카툴루스는 레굴루스의 전철을 밟지 않기 위해서 화의 신청을 받아들여 하밀카르에게 적장에 대한 예우로서 무장한 상태로 부하들과 함께 고국으로 돌아갈 수 있도록 허락했다. 그리고 원로원의 요구 조건을 보류시켰다.

로마는 카툴루스의 관용적인 태도를 비난하면서, 오늘날 말하는 '무조건적인 항복'을 받을 때까지 전쟁을 계속하도록 종용했다. 그러나 '무조건적인 항복'은 늘 어리석고 지나친 요구에 불과하다. 원로원은 세련된 방법으로 극단적인 요구를 물리치면서, 카르타고에게 조건 없는 포로 석방과 10년간 3,200탈렌트의 배상금을 분할 지불할 것과 시칠리아의 양도를 제안했다. 이는 합리적인 조건들이었고, 카르타고는 수락했다.

이런 과정을 통해서 로마와 카르타고는 기원전 265~241년까지 거의 4반세기 동안 지속된 제1차 포에니 전쟁의 종식에 합의했다. 그러나 로마와 카르타고 간의 평화 협정이 영구적인 평화 정착을 의미한다고 믿는 사람은 아무도 없었다.

제14장 한니발

　　로마와 카르타고 양측은 4반세기 동안의 혼란에서 벗어났지만, 전쟁은 로마보다는 카르타고에 더욱 심각한 타격을 안겨주었다. 카르타고는 시칠리아 전체를 넘겨주고 막대한 배상금을 지불해야만 했다. 뿐만 아니라 지중해 전역에서 강력한 로마와 무역 경쟁까지 감수해야만 했다. 더구나 당시 카르타고는 내분으로 인해서 무정부 상태에 빠져 있었다.

　　카르타고 정부가 하밀카르 바르카스의 깃발 아래 전투에 참가했던 용병들에게 그동안 밀렸던 봉급의 지불을 거절하자, 용병들은 교활한 성격의 마토 장교를 중심으로 봉기했다. 이들은 봉기에 가담한 다른 민족들 특히 나폴리 출신의 노예인 스펜디우스를 우두머리로 군대를 조직한 리비아인들의 지원을 받고 있었다. 두 군대는 연합하여 카르타고를 포위했다.

　　카르타고의 부유한 상인 계층은 불안에 떨면서 하밀카르에게 도움을 요청했다. 하밀카르는 반란군이 과거에 자신의 부하들이었다는 점을 의식하여 결단을 내리지 못하고 있었다. 그러나 반란 세력이 자신의 동료인 카이스쿠스의 손을 자르고 다리를 부러뜨린 다음, 700여 명의 무고한 카르타고 시민을 생매장시키는 잔인한 행위를 저지르자 진압 작전을 결심했다. 하밀카르는 반란군과의 전쟁을 위해서 포위된 도시에 남아 있던 젊은이들에게 혹독한 훈련을 시켰다. 그리고 이들을 주축으로 구성된 1만여 명의 군대를 이끌고 수적으로 네 배에 달하던 반란 세력을 공격하여 가파른 계곡 안으로 밀어넣고 두 개의 출구를 모두 막아 굶어죽기를 기다렸다.

식량이 바닥나자 반란자들은 먼저 말을 잡아먹고, 나중에는 포로들과 노예들까지도 식량으로 사용했다고 한다. 결국 절망에 빠진 반란군은 스펜디우스를 보내어 평화 협상을 요청했다. 하밀카르는 이에 대한 대답으로 스펜디우스를 십자가형에 처했다. 적들은 최후의 공격을 시도했지만 모두 살해되었다. 하밀카르는 포로로 잡힌 마토에게 서서히 때려죽이는 형벌을 가했다. 이 전투에 대해서 폴리비오스는 '이는 역사상 가장 처절하고 잔혹한 전쟁이었다'고 증언했다. 전쟁은 3년간 지속되었다. 전쟁이 끝났을 때 카르타고는 사르데냐 섬이 로마에 의해서 점령되었다는 사실을 알게 되었다. 즉시 이에 대해서 항의를 했지만, 카르타고의 처지를 잘 파악하고 있던 로마는 선전포고로 자신의 입장 표명을 대신했다. 전쟁을 피하기 위해서 카르타고는 로마의 사르데냐 점령을 인정하고, 코르시카의 양도 이외에도 1,200탈렌트의 돈을 지불하라는 항복 조건을 수락해야만 했다. 다시 말해서 전쟁을 회피할 목적으로 서둘러 모든 저항을 포기하고 스스로 패배를 인정했던 것이다.

당시 로마도 내부적으로 적지 않은 시련을 겪고 있었다. 군인의 수는 줄어들고, 통화는 83퍼센트가 평가 절하되었다. 그러나 반도 전체로 확대된 로마의 정치력은 상당한 영향력을 발휘했다. 복속민들은 로마의 위기를 반란의 기회로 이용할 엄두조차 내지 못하고 있었다. 그러나 북부 지역의 국경은 여전히 안전하지 못했다. 티레니아 해를 오랫동안 항해해왔던 리구르족은 비록 국가를 세울 능력을 가지고 있지는 못했지만, 로마의 무역 활동을 방해하면서 해안 지역, 특히 토스카나 해안에 대한 약탈을 계속하고 있었다. 한편 아드리아 해의 북부 지역에서도 일리리아인들이 달마티아 해안을 본거지로 주변 지역에 대한 약탈 행위를 일삼고 있었다. 그리고 볼로냐로부터 알프스에 이르는 포 강 유역에서는 갈리아인들이 갈리아로부터 내려온 동족들과 합세하여 세력을 확장하면서 그동안 단 한 번의 접촉도 없었던 로마의 강력한 도전 세력으로 성장하고 있었다. 로마가 이들의 세력 팽창을 방관한다면, 과거 브렌누스가 이끌던 갈리아의 경우처럼 심각한 위험을 초래할 수도 있었다.

로마는 먼저 시칠리아에 남아 있던 카르타고의 잔당을 모두 소탕하고 군대를 주둔시켜 식민지로 만들었다. 그리고 친로마 성향의 히에론 2세가 위임통치권을 행사하고 있던 시라쿠사를 제외한 다른 모든 지역을 속주(屬州, provincia)로 선포했다. 이 속주는 로마 제국의 영토를 구성하게 될 수많은 속주들 중에서 가장 먼저 형성된 것이었고, 사르데냐와 코르시카가 두 번째 속주였다. 로마는 후에 체계적인 행정 체계를 마련하여, 북부 국경에 위치한 아펜니노 산맥 주변의 토스카나 지역에까지 확대했다.

그동안 가장 철저하게 고립되어 있었으며 별로 위험한 존재로 느껴지지 않았던 리구르족과의 본격적인 접촉이 시작되었다. 이들과의 만남은 어떤 측면에서는 전쟁이라기보다는 일련의 '수륙양면' 작전, 즉 땅과 바다에서 동시에 벌이는 투쟁이었다. 이 싸움은 별다른 전쟁 영웅의 등장 없이 기원전

238~233년까지 5년간 지속되었다. 전쟁이 종식되었을 때 리구르족은 로마의 복속민으로 전락했으며, 모든 배를 압수당해서 더 이상 로마와 사르데냐 그리고 코르시카의 무역을 방해할 수 없게 되었다.

이번에는 갈리아인들의 차례였다. 이들은 동족의 지원하에 5만 명의 보병과 2만 명의 기병을 조직하여 먼저 전쟁을 걸어왔다. 폴리비오스의 기록에 따르면, 갈리아인들은 '키가 크고 잘 생긴 용모에, 목걸이와 부적을 제외하고는 거의 벌거벗은 채로 싸움을 하는 전쟁광들'이었다. 로마는 이들을 좋아하지 않았다. 원로원은 이들의 새로운 공격에 당황하여 포로로 잡힌 갈리아인들 중에서 선택된 두 명의 인간 제물을 산 채로 땅에 묻어 신들의 도움을 요청했다. 인신공양의 옛 관습이 부활한 것인데, 제물이 갈리아인이었지만 신들은 충분히 만족했던 모양이다. 로마는 탈라모네Talamone 전투에서 적들을 포위하여 결정적인 패배를 안겨주었다. 갈리아인들은 4만 명을 잃고 1만 명이 포로로 잡히는 이른바 재기 불능의 결정적인 타격을 입었다. 이제 알프스 산맥에 이르는 이탈리아 반도의 전 지역은 로마의 지배하에 들어갔다. 로마는 새로 정복한 속주를 갈리아 키살피나Gallia Cisalpina라고 칭하고, 메디올라눔, 즉 오늘날의 밀라노를 행정수도로 결정했다. 그리고 이 지역에 크레모나와 피아첸차라는 두 개의 식민지 요새를 함께 건설했다.

이제 로마의 관심은 동쪽으로 향했다. 불과 몇 년 사이에, 리구르족과의 전쟁에서 보여주었던 것과 유사한 군사 원정을 통해서 테우타 여왕의 일리리아Illyria를 조공국으로 만드는 데에 성공했다. 그 결과 로마는 처음으로 아드리아 해의 극단까지 진출하게 되어 미래의 동방 정복을 위한 교두보를 확보했다.

이로써 로마는 반도의 정복 사업을 완수하고 동부에서 북부에 이르는 방대한 지역의 안전을 확보했다. 한편 카르타고의 하밀카르는 조국의 재흥을 위한 힘겨운 준비에 착수했다. 용병들의 반란을 진압한 직후 그는 히스파니아에 대한 지배권을 강화하고 그곳에 대해 이탈리아 전쟁에 필요한 지휘 본부를 마련할 목적으로 정부에 군대를 요청했다. 그러나 자신들의 운명이 걸려 있는 지중해 무역의 독점에만 관심을 기울이고 있던 중간 계층과, 위험하고 무리한 전쟁으로 자신들의 특권이 상실될 것을 두려워하고 있던 토지 귀족들의 반대에 봉착했다. 그러나 어렵게 실현된 타협 덕분에 하밀카르는 군단 규모는 아니지만 소규모 부대라도 제공받을 수 있었다. 그리고 하밀카르는 위대한 장군으로서의 면모를 발휘하여 보잘것없는 지원으로 자신의 원대한 계획을 실현시켜나갔다. 페니키아어로 '천둥'을 의미하는 그의 별명 '바르카스'는 거저 얻은 것이 아니었다. 소부대를 이끌고 원정을 떠나기에 앞서서 그는 자신이 평소에 '사자들'이라고 불렀던 사위 하스드루발과 세 명의 아들—한니발과 하스드루발과 그리고 마고—을 대동하고 신전의 종교 의식에 참석했다. 이곳에서 그는 동행자들에게 언젠가는 카르타고의 원수를 패배시킬 것을 맹세하도록 요구했다고한다. 의식이 끝나자, 곧바로 군대를 이끌고 목적지를 향해서 출발했다.

히스파니아에 도착한 지 몇 달 만에 하밀카르는 여러 도시들의 반란을 진압하고 원주민들을 군인으로 모병하여 강력한 군대를 조직했다. 본국으로부터 아무런 지원도 없는 상태에서,

하밀카르는 혼자서 모든 것을 준비했다. 광산에서 채굴한 철로 무기를 생산했으며, 필요한 재원을 마련하기 위해서 독자적으로 무역 활동을 전개했다. 그러나 그 능력이 빛을 발하던 장년의 하밀카르는 반란을 일으킨 한 부족과의 전투 중에 전사했다. 하밀카르는 죽음 직전에 남긴 유언에서 사위 하스드루발을 후계자로 지목했다. 사위는 장인의 유언에 따라서 8년 동안 훌륭한 지도력을 발휘하여 활력이 넘치는 새로운 도시를 건설했다. 그러나 그가 살인자의 칼에 암살되자, 군인들은 하밀카르의 큰아들인 한니발을 자신들의 지도자로 추대했다. 이때 한니발은 스물여섯 살의 청년이었지만, 신전에서 부친에게 했던 맹세를 결코 잊지 않은 채, 이미 17년 전부터 군인으로 생활하고 있었다.

한니발은, 역사상 가장 위대한 장군은 아니었다고 하더라도 적어도 고대에서는 가장 천재적인 군인이었다. 많은 사람들은 그를 나폴레옹과 동등한 차원으로 비교하기도 한다. 그는 히스파니아로 떠나기 전에 부친으로부터 이미 많은 교육을 받았는데, 당시의 사정을 고려할 때 거의 완벽한 수준이라고 할 수 있었다. 한니발은 역사와 언어(그리스어와 라틴어)에 정통했으며, 부친과의 대화를 통해서 로마의 실체와 저력 그리고 약점들을 잘 알고 있었다. 예를 들면, 한니발은 로마가 전쟁에서 패하면 모든 동맹 세력도 상실할 것이라고 확신했다. 그러나 그는 로마의 동맹 정책을 과소평가하고 있었다. 한니발은 건장한 체격의 소식가로서 지략과 무한한 용기를 지닌 인물이었다. 티투스 리비우스에 따르면, 한니발은 항상 제일 앞서서 적들의 진영으로 들어갔으며 빠져나오는 것도 제일 마지막이었다고 한다. 그러나 그는 아마도 자신의 신속한 대처 능력을 지나치게 과신하고 있었을지도 모른다. 리비우스를 포함한 로마의 다른 역사가들은 한니발이 매우 탐욕스럽고, 잔인했으며, 신중하지 못한 인물이라고 증언했다. 전투에서 로마 군인들을 괴롭혔던 그의 지략과 함정술은 무한했으며, 전술의 대부분은 잔인한 것이었다. 그러나 오히려 휘하의 군인들은 한니발을 숭배하고 맹목적으로 신임했다. 그는 자신의 특권에 걸맞은 화려한 의상을 착용하지 않고, 부하들과 같이 평범한 군복을 입고 모든 역경을 함께했다. 또한 한니발은 전략 외에도 외교와 첩보전에서도 천재적인 능력을 발휘했다.

한니발은 아홉 살 이후 한 번도 고국에서 살지 않았기 때문에, 카르타고의 동포들에게는 잘 알려지지 않은 인물이었다. 그러므로 조국의 전쟁 승인을 얻어내는 것은 불가능했고, 선전포고를 하기보다는 상대방이 먼저 시작하도록 유도할 필요가 있었다. 이런 방식으로 기원전 218년, 한니발은 사군토Sagunto를 공격했다.

당시 사군토는 로마의 동맹도시였지만, 이전에는 카르타고가 하스드루발의 시대부터 에브로Ebro 강의 남부를 포함한 모든 지역에 대해서 지배권을 행사하고 있었다. 사군토가 바로 이 지역 안에 위치하고 있었기 때문에 한니발은 로마의 최후통첩의 항의를 쉽게 물리칠 수가 있었다. 아직도 로마는 카르타고의 군대가 비겁하고 무질서한 용병들의 집단이라고 생각하고 있었다. 결국 모든 준비를 끝낸 한쪽과 적을 가벼운 상대로 과소평가하고 있던 다른 한쪽이 제2차 포에니 전쟁을 시작했다.

한니발은 여덟 달 동안 사군토를 포위한 끝에 점령할 수 있었다. 그는 진영에 남아 있던 동생 하스드루발에게 로마 함대가 자유롭게 드나들던 항구에 대한 감시와 지원 임무 등의 사전 조치들을 강구한 후에, 30여 마리의 코끼리와 5만 명의 보병 그리고 9,000명의 기병을 이끌고 에브로 강을 건너 원정을 시작했다. 이들은 모두 히스파니아와 리비아 원주민들로서 용병은 한 사람도 없었다.

피레네 산맥을 횡단하면서 본격적인 어려움이 시작되었다. 과거에는 카르타고의 동맹 세력이었지만 이제는 로마의 동맹 세력이 된 마르세유의 갈리아인들이 한니발의 앞길을 가로막았다. 이는 로마가 파다나Padana의 형제들에게 저질렀던 것과 동일한 운명을 겪을 수도 있다는 사실을 무시하고 위험을 자초한 행위였다. 한니발이 알프스를 횡단하려는 계획을 발표하자 3,000여 명의 군인들이 군영에서 이탈했다. 그러나 한니발은 전진을 강요하기보다는, 오히려 동요하고 있던 나머지 7,000여 명도 고향으로 돌려보냈다. 소심하고 우유부단한 군인들을 모두 배제한 후에 빈을 향하여 북쪽으로 전진하여 이탈리아로 들어가기 위한 본격적인 등반을 시작했다.

한니발의 원정군이 어느 곳을 통과했는지는 정확하게 알려지지 않았다. 생 베르나르Saint Bernard 고개라고 말하는 사람도 있지만, 보다 설득력 있는 이야기에 따르면 몽주네브르Mont-genèvre 고개를 지났을 것이라고 한다. 어쨌든 기원전 218년 9월 초에 도착한 알프스의 정상은 눈으로 덮여 있었다. 한니발은 부하들에게 이틀간의 휴식을 주었다. 그는 추위와 과로, 추락 그리고 매복해 있던 켈트족 전사들의 습격으로 이미 수천 명의 군인을 잃었다. 휴식을 마치고 산을 내려오는 길은 특히 코끼리들에게 힘들었다. 군인들 사이에서는 위기와 절망의 분위기가 팽배해 있었다. 한니발은 이 힘든 순간을 아름다운 파다나 평원과 수많은 전리품에 대한 약속으로 위로했다. 알프스를 횡단했을 때 남은 수는 출발 당시의 절반에도 미치지 못하는 불과 2만 7,000명 정도였다. 다행스럽게도 보이족과 갈리아인들은 카르타고의 원정군을 친구로 환대하여 식량을 제공하고 이들과 연합하여 크레모나와 피아첸차에 주둔중인 로마 군대를 공격하여 모두 죽여버렸다.

적군의 용맹함에 놀란 원로원은 이제 시작된 제2차 포에니 전쟁이 이전과는 달리 로마에 매우 불리하게 전개될 것이라는 사실을 직감하게 되었다. 30만의 보병과 1만 4,000의 기병을 소집한 후에, 그 일부를 장래에 명성을 드높이게 될 스키피오 가문의 첫 주자인 푸블리우스 코르넬리우스 스키피오 1세에게 위임했다. 로마의 장군은 티치노Ticino 강에서 한니발의 군대와 대적했지만, 한니발이 이끄는 기병들의 공격으로 전열이 무너지면서 패배했다. 스키피오는 중상을 입었으나, 후에 자마Zama 전투에서 부친의 패배를 복수하게 될 16세의 아들에 의해서 극적으로 구출되었다. 이때가 바로 기원전 218년 10월이었다.

두 달 후에 다시 로마는 트레비아Trebbia 강에서 한니발과 대적했으나 패배했다. 이미 갈리아 키살피나를 점령한 한니발은 여덟 달 후 가이우스 플라미니우스의 3만 대군과 대치했다. 로마 군대는 승리를 확신하고 포로들을 묶는 데에 필요한 쇠사슬을 미리 준비하는 등 만용에 도취되어 있었다. 한니발은

칸나이 전투의 초기 대치 상황

칸나이 전투. 중반과 후반의 대치 상황

먼저 평원에서의 대규모 전투를 피하고 정찰 활동과 소규모 전투를 전개하는 위장전략을 구사하면서 언덕과 숲속에 기병들을 매복시켜놓은 트라시메노Trasimeno 호수 근처의 평야로 로마의 주력 부대를 유인했다. 적들이 함정에 빠진 것을 확인한 한니발은 본격적인 포위 작전을 개시하고 총공격을 감행했다. 로마 군대는 거의 전멸했으며, 플라미니우스도 전사했다.

역사가 티투스 리비우스는, 패전의 소식이 전해지면서 로마는 울음바다가 되었다고 말한다. 그러나 원로원은 절망적인 상황에서도 의연한 태도를 유지하려고 노력했다. 법무관 마르쿠스 폼포니우스는 불행의 여파를 극소화하려는 인위적인 노력을 포기하고 패전의 소식을 공개하도록 했다. "우리는 전투에서 크게 패배했으며, 닥쳐올 위험은 심각합니다."

한니발의 진영도 상황이 좋은 것은 아니었다. 한니발은 적의 중심부로 접근해가면서 로마와 그 동맹 세력을 분리하는 것이 불가능함을 알게 되었다. 토스카나와 움브리아의 도시들은 한니발의 군대에 적대적인 태도를 보임으로써 한니발로 하여금 보급품을 조달하는 데에 어려움을 겪게 만들었다. 아펜니노 산맥에서 산니오Sannio에 이르는 지역의 주민들은 로마와 동맹 관계를 유지하고 있었다. 이러한 상황에서 한니발은 자신에게 우호적인 세력들이 위치한 아드리아 해를 향해서 진군의 방향을 바꿀 수밖에 없었다. 그러나 카르타고 군대는 계속되는 전투로 과로에 시달리고 있었으며, 한니발도 개인적으로 심한 만성결막염으로 고생하고 있었다. 그동안 주변의 상황 변화에 소극적으로 대처하고 있던 카르타고 군대 내의 갈리아인들은 자신들의 고향으로부터 멀어지면서 서서히 부대를 이탈하기 시작했다. 한니발은 본국에 전령을 파견하여 지원을 요청했지만 거절당했다. 그리고 하스드루발에게도 도움을 요청했지만, 동생 역시 얼마 전에 히스파니아에 상륙한 로마 군대와 대치하고 있었다. 결국 한니발은 이탈리아 남부를 향해서 진군해야 했고, 이곳에서는 로마의 새로운 전략가가 모든 준비를 끝내고 한니발의 도착을 기다리고 있었다.

'로마에서는 무위도식 사법관'이라는 별명 이외에도 역사적으로 '지구전의 귀재'로 알려진 퀸투스 파비우스 막시무스가 절대독재관으로 임명되었다. 파비우스는 소규모의 전투와 매복 기습작전을 병행하면서 대규모의 전면전을 피하고, 적들이 피로와 배고픔에 지쳐 전의를 상실할 때까지 기다리는 전략을 구사했다. 그러나 적들에 앞서 자신의 군대가 먼저 인내의 한계를 드러내고 있었다. 게다가 승리를 애타게 갈망하던 로마 군인들은 파비우스의 부관이며 중상모략을 일삼던 미누키우스 루푸스의 감언이설에 속아 넘어갔다. 그 결과 파비우스는 직위에서 해임되고, 지휘권은 새로운 두 명의 집정관, 테렌티우스 바로와 아이밀리우스 파울루스에게 주어졌다. 파울루스는 전통 귀족으로서 로마 군대가 한니발의 전략에 대해 충분한 대비책을 가지고 있지 못하다는 사실을 잘 알고 있었다. 그러나 평민 출신의 바로는 장군이라기보다는 민족주의자에 더 가까운 인물로서 자신을 선출해준 사람들에 대한 보답으로 신속한 승리를 열망하고 있었다. 그는 조국에 대한 긍지와 애국의 이름으로 연설하여 대중의 절대적인 지지를 받고 있었다. 그는 8만의 보병과 6,000의 기병을 이끌고 2만의 노병老兵과 1만 5,000의 갈리아인 그리고 1만의 기병으로 무장한 한니발의 군대와 대적했다. 그러나 한니발의 유일한 적수는 오직 파비우스 막시무스 한 사람이었다.

고대의 수많은 전쟁들 중 최대 규모의 전투가 오판토Ofanto 강 근처의 칸나이Cannae에서 전개되었다. 한니발은 과거와 마찬가지로, 기병이 아무런 제약 없이 자유롭게 작전을 전개할 수 있는 평야 지대로 적들을 유인했다. 그리고 진영의 중앙에는 전투가 시작되면 도망갈 것이라고 생각되는 갈리아인들을 배치했다. 실제로 전투가 벌어지자 갈리아인들은 도망쳤다. 바로가 이끄는 로마 군대가 도주하는 갈리아인들을 공격하기 위해서 추격을 시작하자, 카르타고 진영의 양 날개 부분에 포진하고 있던 한니발의 직속 부대는 이들을 뒤로부터 포위했다. 정면충돌을 피하려고 했던 파울루스는 용감하게 싸웠으나 역부족으로 4,000여 명의 부하들과 함께 전사했고, 희생자들 중에는 80여 명의 원로원 의원들이 포함되어 있었다. 바로는 이미 티치노 강 부근으로 피신해 있던 스키피오의 개입으로 간신히 목숨을 구한 후에 곧바로 키우지를 거쳐 로마로 귀환했다.

비탄에 빠진 로마 민중은 성문 앞에서 바로의 일행을 기다렸다. 패전한 군인들의 처참한 모습이 시야에 들어오자 원로원은 관리들을 앞세우고 정중히 마중했다. 로마 민중은 조국을 배신하지 않았다는 사실에 대하여 바로에게 감사를 표했다. 이와 같이 의연한 자세로 로마는 위기에 대처하고 있었다.

제15장 스키피오

군사 전문가들에게 칸나이 전투는 전략의 역사에서 가장 위대한 사건이었다. 로마 군대에게 네 번의 연속적인 패배를 안겨준 유일한 장군인 한니발은 이 전투에서 4,000명의 갈리아인을 포함하여 겨우 6,000명의 인명 손실을 입었을 뿐이었다. 그러나 그동안 승리의 열쇠였던 '절대 우위의 기병 전략'이 결정적으로 로마 군대에게 노출되었다.

칸나이 전투 후 로마 군대가 완전히 패퇴한 것으로 보이자 삼니움족, 아브루초인, 루카니족은 연쇄적으로 반란을 일으켰다. 크로토네, 로크리, 카푸아 그리고 메타폰티온에서는 민중이 봉기하여 로마 주둔군을 학살했다. 마케도니아의 필리포스 5세는 한니발과 동맹을 체결했고, 승리에 도취된 카르타고는 지원 부대를 파견하겠다고 선언했다. 이때, 헬레니즘 문화에 심취해 있던 로마의 젊은이들은 이상 속의 조국인 그리스로 도망칠 것을 생각했다고 한다.

그러나 실제로 젊은이들의 이탈 현상은 극히 제한된 것이었다. 젊은 스키피오는 비록 티치노와 칸나이에서 두 번의 연속적인 패배를 당하기는 했으나, 여전히 불타는 투혼으로 용기 없는 자들을 비난했다. 로마 민중은 새로운 세금과 징집에 따른 적지 않은 희생을 감수했다. 귀족들은 자신들의 귀금속을 국가에 헌납하고 신전에 나아가 국난을 극복할 수 있는 용기를 얻으려고 노력했다. 이번에도 로마 정부는 새로운 인간 제물을 준비했는데, 이번에는 과거와 다르게 각각 두 명의 그리스인과 갈리아인을 산 채로 매장했다. 군인들은 자발적으로 봉급을 국가에 반납했고, 13~14세의 어린 로마 시민들은 입대를 자원하여 한니발과의 최후 일전에서 조국을 지키고자 했다.

그러나 한니발은 로마 정복을 위한 본격적인 작전을 전개하지는 않았다. 당시 한니발이 어떤 생각을 하고 있었는지는 오늘날까지도 풀리지 않는 미스터리로 남아 있다. 당시의 한니발은 제2차 세계대전 초기에 덩케르크 해안에 몰린 연합군이 비참한 모습으로 후퇴를 하고 있을 때의 히틀러에 비유될 수 있다. 위대한 군인으로서 전투에서는 결코 물러서지 않던 한니발이 적들이 거의 무방비 상태에 빠져 있다는 사실을 잘 알고 있었음에도 불구하고 최후의 일격을 주저한 것은 무엇 때문이었을까? 과연 대모험을 앞두고 자신의 지원 부대가 시간 내에 도착할 것이라는 엄청난 착각에 빠진 것은 아니었을까? 혹은 적들이 평화 회담을 요청해 올 것이라고 생각한 것은 아니었을까? 아니면, 연이은 네 번의 승리 후에도 한니발은 여전히 로마에 대한 존경심을 가지고 있었던 것일까? 어쨌든, 한니발은 칸나이 전투의 대승리를 최대한 활용하기보다는 단순히 휴식을 위한 기회로 선택했다. 한니발은 로마인이 아닌 포로들은 집으로 돌려보냈으나, 로마인 포로들에 대해서는 얼마간의 보상을 대가로 받고 석방해주려고 했다. 그러나 원로원은 한니발의 제안을 당당하게 거절했다. 한니발은 일부 포로들을 카르타고에 노예로 보냈으며, 나머지는 휴식을 취하고 있는 부하들의 즐거움을 위해서 경기장의 검투사로 활용했다. 얼마 후, 한니발은 로마로부터 불과 수 킬로미터 떨어진 지점까지 접근하여 로마 주민들을 최악의 공포 분위기로 몰아넣었다. 그러나 이유는 알 수 없지만, 갑자기 방향을 동쪽으로 선회하여 카푸아로 진군했다.

얼마 동안 로마인들은 한니발의 뒤를 추적하지 않고 20만의 새로운 군대를 모으는 데에 열중했다. 로마는 군대가 구성되자 그 일부를 시칠리아에서 얼마 전에 발생한 반란을 진압하기 위해서 집정관 클라우디우스 마르켈루스에게 일임하고, 다른 일부는 로마를 방어할 목적으로 남겨두었다. 나머지는 한니발의 동생인 하스드루발을 히스파니아에 묶어두기 위한 군사 원정을 위해서 스키피오 가문의 두 늙은 장군에게 주었다.

이듬해 클라우디우스 마르켈루스는, 히에론 2세가 죽은 후에 로마와의 동맹 관계를 파기하고 고대 최고의 수학자이며 기술자였던 아르키메데스의 지략에 힘입어 저항을 계속하고 있던 시라쿠사를 점령했다. 정확하지는 않지만 역사가들이 남긴 기록에 따르면, 아르키메데스는 기중기로 추정되는 일종의 '무쇠 팔'을 고안하여 로마의 군함들을 들어올렸으며 발화용 렌즈를 발명하여 군함들에 불을 질렀다고 한다. 어쩌면 이런 기록은 이론적인 것일 뿐, 실제 상황은 아니었을지도 모른다. 그러나 결국 시라쿠사는 함락되어 철저하게 파괴되었으며, 그 와중에서 아르키메데스도 목숨을 잃었다.

시칠리아에서의 승리로 로마는 남부에 대한 지배권을 회복했고, 히스파니아에서 하스드루발을 연파한 두 스키피오 장군들의 명성도 높아졌다. 기원전 211년, 로마 군대는 한니발이 로마를 향해서 진격하는 것처럼 보였지만 실제로는 멀어지고 있던 바로 그때 카푸아를 재정복했다. 한니발에게 협조했던 도시들에 대한 로마의 처벌은 혹독했다. 모든 지도자들은 살해되었고, 주민들은 강제로 이주되었다. 이탈리아 반도 전체에 공포가 확산되면서 '해방자' 한니발에 대한 믿음도 약화되었다.

바로 이러한 상황에서 로마가 그동안 카르타고에 당했던 모든 패배를 설욕해줄 위대한 장군이 등장했다. 하스드루발과 대결했던 두 명의 스키피오는 승리를 대가로 모두 사망했다. 이들을 대신해서 본국에서 파견된 인물은 사망한 두 스키피오의 아들이자 조카로서, 티치노와 칸나이에서 카르타고에게 패배했던 스물네 살의 청년 푸블리우스 코르넬리우스 스키피오였다. 그는 로마 군대의 최고사령관 직을 수행하기에는 아직 어린 나이였지만, 원로원과 켄투리아회는 조국의 심각한 위기를 고려하여 관련법을 수정하면서까지 의지를 관철시켰다. 스키피오는 용맹한 군인이며, 동시에 밀집대형과 보병 작전의 전문가였다. 로마가 칸나이 전투의 패배로 가장 비극적인 순간을 겪는 동안 젊은 스키피오는 바로와 함께 로마로 귀환한 후 저항의 화신으로 활약했다. 그는 출중한 외모와 달변으로 명성을 얻었다. 스키피오는 예의 바르고, 정의로우며, 강한 믿음을 가진 사람이었다. 먼저 신전에서 신들의 의지를 자문하기 위한 기도식을 거행하지 않고는 공사公私를 막론하고 결코 어떤 일도 시작하지 않았다. 또한 동료들로부터는 운 좋은 친구, 즉 '신들이 특별히 사랑하는 인물'이라는 평판을 얻고 있었다.

스키피오가 히스파니아에 도착했을 때, 로마 군대는 카르타헤나Cartagena를 포위하고 있었다. 그는 곧바로 자신의 행운을 시험했다. 그는 바다와 연결되어 있던 호수를 직접 가로질러 적의 도시를 함락시키려고 했다. 호수의 수심이 깊어 수영을 해야만 건너갈 수 있었는데, 갑옷과 투구 그리고 무기로 중무장한 병사들이 호수를 건너는 것은 불가능했다. 어느 화창한 아침에 푸블리우스 코르넬리우스는 자신의 부하들을 소집하고 꿈속에서 바다의 신 넵투누스가 나타나 자신에게 호수의 수심을 얕아지게 하여 도움을 주겠다는 약속을 했다는 연설을 했다. 병사들은 지휘관의 말을 반신반의했다. 그러나 장군이 갑자기 물속으로 뛰어들어 빠른 속도로 호수를 가로지르는 것을 보고 용기를 내서 그 뒤를 따랐다. 자신들이 인간보다는 오히려 신의 비호 아래에 있다는 생각에 사기충천한 군인들은 도시를 공격하여 함락시켰다.

그러나 이 사건은 기적이 아니었다. 스키피오는 단지 타라고나의 한 어부와 대화를 나누면서 병사들과 농민들이 미처 관찰하지 못했던 밀물과 썰물의 반복 현상을 알게 되었던 것이다. 그리고 넵투누스 신이 보호하는 장군과 함께한다는 병사들의 확신은 스키피오의 속임수를 더욱 신빙성 있게 만들어주었다. 벌써부터 병사들 사이에서는 푸블리우스 코르넬리우스의 부친은 스키피오가 아니라, 괴물 뱀이며 그 몸속에서 유피테르가 사람으로 둔갑했다는 소문이 확산되고 있었다. 코르넬리우스 자신도 이 사실을 말하고는 했다. 이 시기에 로마 군인들은 승리를 위해서라면 자신들의 모친들에 대해서도 좋지 못한 이야기를 만들어내기도 했다. 어쨌든 이번만큼은 고약한 장난이 장난으로 끝나지 않고, 기대 이상의 효력을 발휘했다.

스키피오의 기발한 계략으로 히스파니아의 거의 모든 지역이 로마의 수중에 들어갔다. 하스드루발은 더 이상 히스파니아에 머물러 있을 이유가 없다고 판단하자, 자신의 군대를 이끌고 갈리아와 알프스를 통과하여 한니발이 있는 곳으로 향했다. 스키피오도 모진 고생 끝에 알프스를 횡단하는 데에 성공했다. 그리고 로마 군대는 도착 시기와 장소를 한니발에게 알리기 위해서 파견된 선발대를 생포하는 전과에 힘입어 적들의 일거수일투족을 모두 알게 됨으로써 절대적인 전략적 우위를 차지하게 되었다. 로마는 서둘러 두 편의 원정군을 조직했다. 하나는 클라우디우스 네로의 지휘하에 한니발을 아풀리아Apulia에 묶어놓기 위해서 투입되었다. 다른 군대는 리비우스 살리나토르의 지휘하에 세니갈리아 근교의 메타우로Metauro 강변에 매복하고 있다가, 아무것도 모르고 그곳을 통과하고 있던 하스드루발의 지원군을 괴멸시켰다. 전해오는 말에 의하면, 로마군은 전사한 적장의 목을 베어 아브루초로 가져가, 한니발이 머물고 있던 성 안으로 던져 넣었다고 한다. 한니발은 만성결막염으로 인해서 이미 한쪽 눈의 시력을 상실한 상태였지만, 아들처럼 사랑했던 동생의 잘린 머리를 바라보는 고통을 당해야만 했다.

한니발은 더 이상 아무런 희망도 가질 수 없게 되었다. 마케도니아의 필리포스 5세는 로마에 선전포고했다가, 로마의 외교술에 휘말려 평화 협정을 체결했다. 이탈리아의 반로마 세력들은 카푸아에 대한 로마의 준엄한 보복에 겁을 먹고, 한니발의 진영에 호의를 갖고 있었지만 원조를 보내지는 않았다. 카르타고가 보급품을 실어 보낸 100척의 군함들 중 80여 척은 사르데냐 섬의 해안에서 침몰되었다. 호기를 카푸아 공략에 헛되이 쓰면서 위대한 칸나이 전투의 승리자인 한니발의 사기와 전력은 결정적으로 약화되었다. 한니발이 로마로 진격할 것을 거부했을 때, 그의 부관은 다음과 같은 말을 했다. "신들은 한 인물에게 자신의 모든 선물을 주지는 않는군요. 당신은 승리하는 방법을 알고 있지만, 이를 이용할 줄은 모릅니다." 우리 가운데 대부분은 그의 말에 공감할 것으로 생각한다.

히스파니아 공략에 성공한 스키피오는 기원전 204년에 새로운 군대를 이끌고 아프리카 해안을 향하여 항해를 시작했다. 이제, 카르타고에게 전쟁은 공세에서 수세로 전환되었다. 카르타고는 공포심을 느끼고 도시의 방어를 위해서 한니발을 급히 본국으로 소환했다. 36년간 떠나 있던 고국에 돌아온 한니발은 거의 앞을 못 보는 상태에서 과로와 절망으로 쇠약해져 있었지만, 아직은 위대한 장군으로서의 품위를 유지하고 있었다. 그러나 그는 더 이상 스물여덟 살의 당당한 청년이 아니었다. 군대의 절반은 그를 따라서 카르타고로 가는 것을 거부했다. 로마 역사가들에 따르면, 그는 명령에 복종하지 않는 2만여 명의 군인들을 즉결 처형했다고 한다. 기원전 202년, 한니발은 나머지 부대를 이끌고 아프리카에 상륙하여 자신이 아홉 살 때 떠났던 카르타고를 향하여 진군했다. 그리고 모국에서 불과 40여 킬로미터 떨어진 자마Zama 평야에 도착하여 그곳에 최후의 일전을 위한 교두보를 마련했다.

양측의 군세는 거의 대등한 전력을 지니고 있었다. 그들은 오랫동안 서로 감시 활동을 하면서 좀 더 우세한 전략적 위치를 차지하려고 노력했다. 그동안 로마는 기대하지 않던 지원부대를 얻게 되었다. 누미디아의 왕 마시니사는 카르타고인들의 보호자이자 친구였던 시팍스에게 권력을 빼앗기자, 자신의 기병부대를 이끌고 로마 군대에 가세했다. 기병부대는 한니발에게 승리의 유일한 희망이었다.

마시니사의 개입으로 전력 균형에 변수가 발생하자, 한니발은 전투에 앞서 대화 카드를 이용했다. 드디어 두 장군은 얼굴을 맞대고 마주 앉았다. 대화는 서로에게 예의를 지키는 방식으로 짧게 진행되었다. 두 장군은 협상이 불가능하다는 사실을 확인했지만, 그동안의 경험을 통해서 서로에 대한 친근감을 가지게 되었다(서로의 명성이 재확인되는 순간이었다). 그리고 아무런 유감이나 불만 없이 각자의 진영으로 돌아온 두 장군은 곧바로 전투를 개시했다.

한니발은 자신과 마찬가지로 집게발 전법을 구사하는 적에게 난생 처음이자 마지막으로 선제공격의 기회를 넘겨주었다. 마흔네 살의 한니발은 참패의 와중에서 과거 20여 년 전에 자신이 보여주었던 활력을 로마 장군을 통해서 목격했다. 한니발은 스키피오와 개인적으로 대결하여 상대에게 부상을 입히고, 계속해서 마시니사를 공격했다. 한니발은 반격을 시도할 목적으로 자신의 사각밀집대형을 다섯 차례, 여섯 차례, 심지어 열 차례에 걸쳐서 재편성하려고 필사적으로 노력했으나, 아무 소용이 없었다. 2만의 부하들이 전사하고, 패배한 한니발은 말을 타고 카르타고를 향해서 도주했다. 그는 원로원을 소집하여 자신이 일개 전투에서 패한 것이 아니라 대전쟁에서 패했다고 선언하면서, 로마에 휴전을 위한 사절단을 파견하도록 권고했다. 로마와의 협상은 성사되었다.

스키피오는 협상 과정에서 상당한 탄력성과 융통성을 보여주었다. 그는 카르타고에 열 척의 3단식 배를 제외한 모든 함대와 유럽의 모든 정복지를 요구했으며, 그 이외에도 마시니사를 독립된 누미디아 왕국의 왕으로 인정할 것과 1만 탈렌트의 전쟁배상금을 요구했다. 그 대가로 카르타고는 계속해서 오늘날의 튀니지와 알제리 지역을 차지할 수 있었다. 그러나 스키피오는 로마 민중이 승리의 날에 로마 장군의 마차 뒤에 매달린 모습을 보기 원하던 한니발의 인도를 요구하지 않았다.

평화 협상은 아직 정식으로 승인되지 않았다. 한 무리의 간사한 카르타고인들은 한니발이 재기를 위해서 노력하고 있다고 로마에 고자질했다. 그러나 한니발은 단지 민중 세력을 이끌면서 혼란에 빠진 조국의 질서를 바로잡고, 이번 불행의 진정한 원인이었던 부패한 원로원의 과두-상인정치 체제의 특권들을 타파하려고 했을 뿐이었다.

스피키오는 위대한 적장의 목을 요구하는 동포들을 설득하려고 노력했지만, 아무런 소용이 없었다. 로마로 압송되는 것을 피하여, 한니발은 야음을 틈타 말을 타고 도망쳤다. 거의 200킬로미터를 달려 타프소스에 도착한 한니발은 이곳에서 다시 배를 타고 안티오크Antioch로 건너갔다. 안티오크의 왕은 처음에는 로마와의 평화와 전쟁 사이에서 주저했지만, 결국에는 한니발의 충고를 받아들여 전쟁을 선택하고 그를 전쟁 고문으로 영입했다. 그러나 한니발의 전략에도 불구하고, 안티오크는 마그네시아Magnesia에서 패퇴했다. 그리고 로마인들은 여러 항복 조건들 중에 한니발의 인도를 포함시켰다. 다시금 한니발은 이곳으로부터 피신하여 크레타를 거쳐 비티니아로 도주했다. 로마인들은 그의 뒤를 추적하여, 결국에는 은거지를 포위했다. 카르타고의 노장은 체포보다는 자살을 선택했다. 리비우스는, 한니발이 입에 독약을 가까이 가져가면서 반어법적인 표현으로 "로마인들은 나같이 보잘것없는 늙은이의 종말조차 기다리지 못할 만큼 인내심이 없으니, 이제 그들을 안심시켜주기로 합시다"라는 말을 남겼다고 기록했다.

제2차 포에니 전쟁이 앞으로 수세기 동안 유지될 지중해와 서유럽의 운명을 결정했다면, 앞으로 벌어질 제3차 포에니 전쟁은 어떤 의미에서는 로마가 자신의 월등한 무력을 과시한 단순한 사건에 지나지 않았다. 어쨌든 로마는 제2차 포에니 전쟁에서의 승리로 히스파니아와 북아프리카 그리고 해상권과 막대한 부를 획득했다.

로마는 카르타고와의 전쟁을 통해서 생활의 부정적인 변화를 겪기도 했다. 전쟁 기간 동안 무려 30만 명의 로마인들이 사망했고, 400여 개의 도시들이 파괴되었다. 그리고 남부 이탈리아의 경우 절반 정도의 농장들이 약탈과 파괴를 당했다. 이로 인한 남부 이탈리아의 피해는 오늘날까지도 완전히 회복되지 않았다.

200여 년 전의 로마인들이었다면, 지금의 피해를 몇십 년 안에 완전히 복구했을지도 모른다. 그러나 과거의 강건한 로마 정신은 더 이상 찾아볼 수 없었다. 이들이 원하는 것은 힘들지만 정직한 대가를 보장하는 노동이 아니라, 화려한 국제 무역이었다. 참을성 있고 성실하며 검소하고 알뜰한 생활을 통해서 부를 얻기보다는, 철과 금이 지천으로 깔려 있는 히스파니아로 가서 이미 쌓여 있는 수많은 보물을 차지하려는 보다 손쉬운 방법을 선택했다. 패배한 민중에 대한 수탈이 심할수록 로마의 국고는 과포화 상태가 되어가고 있었다. 복속 지역이 매년 조공으로 바치는 엄청난 세금은 모든 로마인들을 노동으로부터 멀어지게 하는 '촉진제' 역할을 했다.

　미국인들의 말처럼, 수탈과 착취에 기초한 경제 붐은 당시까지만 해도 비교적 건전한 수준을 유지하고 있던 사회를 그 기본 골격부터 흔들어 놓았다. 무역과 전매업에 전문적으로 종사하는 새로운 부르주아 계층이 등장했다. 풍속은 느슨해지고 유약해졌다. 지성인들과 진보주의자들이 출입하는, 오늘날로 말하면 사교 클럽이라고 부르는 살롱Salon의 문화가 이때부터 형성되고 있었다. 신들에 대한 믿음은, 민주주의에 대한 믿음이 그랬듯이, 약화되었다. 조국이 위험에 처할 때마다 로마인들은 절대독재관들과 그들의 '과도한 권력'에 전적으로 의지해야만 했다.

　물론 위기의 현상들은 곧바로 나타나지 않았다. 그러나 카르타고의 몰락을 계기로 로마에도 위기의 조짐들이 서서히 나타나고 있었다.

제16장

정복된 그리스가 정복자 로마를 정복하다

로마가 그리스와의 전쟁에서 최초로 획득한 수많은 전리품들 중의 하나는 로마의 침략에 저항했던 1,000여 명의 지성인들이었다. 이들 중에는 폴리비오스도 포함되어 있었다. 그는 역사에 대한 열정으로 로마인들에게 역사를 기록하는 방식을 가르쳐 주었다. 폴리비오스는 로마에 도착했을 때 '과연 로마는 어떤 정치 체제하에서 53년이라는 짧은 기간 안에 세계를 복속시킬 수 있었는가? 이것이야말로 지금까지 그 어느 누구도 이룩하지 못했던 위대한 업적이 아닌가?'라고 자문했다.

실제로 로마는 정복 사업에 53년 이상의 세월을 소비했다. 그러나 그리스인 폴리비오스에게 '세계'는 곧 그리스를 의미했다. 따라서 로마가 그리스를 정복하는 데에 결과적으로 반세기도 걸리지 않았다는 것을 강조했던 것이다. 물론 정복의 이면에는 원로원의 정치적인 지략과 로마 장군들의 눈부신 활약이 있었다. 그러나 그리스는 정복되기에 앞서 이미 스스로 붕괴되고 있었다. 즉 그리스 세계의 해체는 내부로부터 이미 시작되고 있었다. 그러므로 로마의 정복은 붕괴의 결과에 대한 단순한 이삭줍기에 지나지 않았다.

그리스와 로마의 첫 접촉은 기원전 281년, 피로스 장군이 로마의 공격으로부터 이탈리아 내의 그리스 도시들과 타란토를 방어하기 위해서 병사들과 코끼리들을 동반하고 반도에 상륙했던 시기로 거슬러 올라간다. 그러나 이 시기에 그리스는 더 이상 도시국가가 아니었는데, 보다 정확하게 말하자면 도시국가가 되기 위한 모든 희망을 포기한 상태에 있었다. 그리스의 여러 도시들은 서로 대립과 반목을 계속하고 있었으며, 이들을 하나로 통일하고 공동의 이익을 수호할 능력을 가진 주체 세력이 전무한 상황이었다.

그리스 세계를 재건할 수 있는 최후의 기회는 아테네와 코린토스 그리고 테베의 그리스인들이 야만족으로 간주하고 있던 마케도니아에 있었다. 실제로 마케도니아는 그리스에 관해서 아는 것이 없었다. 마케도니아와 그리스 남부 지역의 교류를 차단하고 있는 험준한 산들은 남부 지역의 해안들을 중심으로 건설된 위대한 도시 문명의 문화와 풍속이 확산될 기회를 차단하고 있었다. 한편 그리스 지역의 문명은, 고립되고 원시적인 데다가 여기저기에 흩어져 양을 치며 살고 있던 계곡의 원시적인 마을들에 영향을 주기에는 지나치게 도시적이고 상업 중심적이었다. 마케도니아의 주민들은 건전하고 강인한 성격을 가지고 있었다. 대도시의 주민들은 문법과 철학은 알지 못했지만, 자기네 신들을 두려워하고 부모에게 복종하고 있었다. 또한 이들은 대토지를 소유한 귀족들로서 토지 관리에 관한 행정을 담당하고 있었으며, 무술 시합과 사냥을 유일한 오락으로 즐겼다. 그러나 이들은 행정수도인 펠라Pella에는 거의 머물지 않았다. 당시 여행이 쉽지 않았을 뿐만 아니라, 수도에 거주하는 왕으로부터 가능한 한 독립적인 지위를 유지하기를 원했기 때문이다. 단지 마케도니아의 필리포스 2세와 그의 아들 알렉산드로스 대왕만이 유일하게 이들의 불신을 극복하고 위대한 정복 사업에 동참시킬 수 있었다. 대도시 주민들 모두가 원정 군대에 동참했지만, 동족의 장군이 내리는 명령에만 복종했다(동족의 장군이 사망했을 경우에는 그의 아들이 지휘권을 계승했다). 원정군은 그리스를 정복하여 새로운 질서를 부여했으며, 세계 정복을 꿈꾸는 알렉산드로스 대왕의 휘하로 통합되었다.

그리스 세계의 통합은 번번이 헛된 시도에 그쳤으나, 결국 두 명의 정복자에 의해서 이루어졌다. 기원전 323년, 알렉산드로스 대왕은 이집트를 정복하고 소아시아, 메소포타미아, 페르시아를 건너 인도까지 원정한 후에 불과 서른세 살의 아까운 나이에 바빌로니아에서 사망했다. 그의 죽음과 더불어, 원대한 제국도 분열되었다. 그의 임종을 앞두고 주변에 모여들어 과연 누구를 후계자로 삼을 것인지를 묻는 장군들에게 알렉산드로스 대왕은 '가장 강한 자에게 나의 제국을 주어라'라고 답했다. 알렉산드로스는 어느 한 사람을 구체적으로 지명하지 않았는데, 어쩌면 이것은 최후의 순간까지도 제국을 누구에게 물려줄 것인가를 결정하지 못한 심리 상태를 반영하는 것인지도 모른다. 결국 제국은 다섯 개의 지역으로 분할되었다. 안티파트로스는 마케도니아와 그리스를, 리시마코스는 트라키아를, 안티고노스 1세는 소아시아를, 셀레우코스 1세는 바빌로니아를 그리고 프톨레마이오스 1세는 이집트를 각각 통치했다. 그리고 장군들은 프랑크 제국의 샤를마뉴 황제가 사망한 직후와 마찬가지로, 서로 간의 투쟁을 시작했다.

후에 모두 로마에 정복당하게 될 이들의 이야기는 적어도

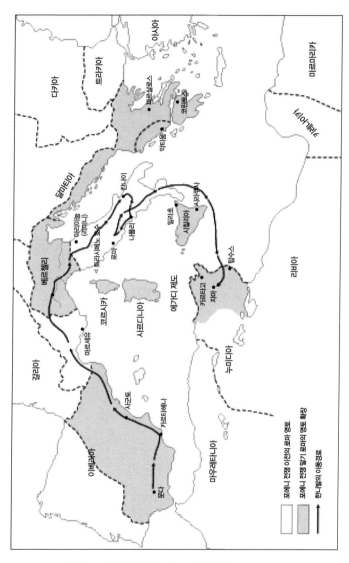

제1차 포에니 전쟁에서 그리스 정복까지(BC264~146)

지금은 이들만의 문제로 덮어두기로 하자. 그리고 안티파트로스의 지배하에 있던 마케도니아와 그리스에서 발생한 반란들에 관하여 살펴보기로 하자. 만약 이 지역이 통합되어 있었다면 로마로서는 다루기 벅찬 상대가 되었을 것이다. 그러나 그리스인들은 독립적인 지위를 갈망하며 반란을 모색했다. 플루타르코스의 기록에 따르면, 알렉산드로스가 사망하자, 아테네의 민중은 길거리로 뛰쳐나와 마치 자신들이 독재자를 물리친 것처럼 기쁨과 승리의 노래를 부르며 행진했다고 한다. 비록 구체적인 행동이 결여된 말뿐인 저항의 지도자였지만 여전히 저항의 상징이었던 데모스테네스는 때가 되었다는 판단하에, 시민들에게 안티파트로스에 저항할 새로운 군대를 조직하자고 역설했다. 군대는 조직되었지만, 패배를 피할 수는 없었다. 그 결과 무식한 마케도니아의 왕은 문명의 중심지인 아테네를 소중하게 생각했던 알렉산드로스와는 다르게, 복종을 거부하는 아테네와 그 반란 세력들을 철저하게 탄압했다.

안티파트로스가 사망하고 아들 카산드로스가 왕위를 계승하자 그리스는 또다시 반란을 시도했다. 그러나 이번에도 패배하여 가혹한 처벌을 감수해야만 했다. 10여 년 동안 반란과 탄압의 악순환이 계속되었다. 후에 안티고노스 1세의 아들, 디미트리오스 1세 폴리오르케테스('도시의 정복자'를 뜻한다)가 그리스로부터 마케도니아인들을 몰아내기 위해서 소아시아로부터 내려오자, 아테네인들은 그를 열렬하게 환영하면서 파르테논 신전에 그의 거처를 마련했다. 후에 폴리오르케테스는 자신의 침실에 수많은 창녀들과 창남들을 끌어들였다. 그리고 쾌락에 싫증을 느끼자 스스로를 마케도니아의 왕으로 선포하고, 전에 자신이 회복시켰던 아테네의 독립을 무효화하면서 마케도니아의 주둔군에게 지배권을 양도했다.

한 세기 동안 무정부 상태에 빠져 있으면서 갈리아인들의 침략으로 더욱 심각한 고통을 받고 있던 그리스는 정치적으로 이미 사망 선고를 받은 것이나 다름없었다. 무역 함대의 활동과 필리포스 2세, 알렉산드로스 대왕 그리고 그의 장군들의 군사 원정 덕분에 그리스의 문명은 에페이로스, 소아시아, 팔레스타인, 이집트, 페르시아 그리고 심지어는 인도에까지 전파되었다. 어디에서든지 지도층과 지식인들은 그리스인들이거나 그리스화된 사람들이었다. 정복된 지역들로 전파된 그리스의 철학, 조각, 문학 그리고 과학은 새로운 문화를 만들어냈다. 그러나 그리스는 정치적으로는 이미 죽은 것이나 다름없었으며, 이러한 상태는 향후 2,000년 동안이나 지속되었다.

카르타고의 위협으로부터 벗어난 로마는 이제 그리스 도시들을 관심 있게 바라볼 여유를 가지게 되었다. 그러나 그리스 세계의 중심인 라테아 거리Via Lattea에서는 여러 파벌로 분열된 시민들이 서로의 논리를 고집하며 소모적인 논쟁에 몰두하고 있었다. 폴리비오스는 자신의 역사서에서, 로마가 이 도시들을 정복하는 데에 별다른 어려움을 겪지 않았다는 사실을 오히려 당연하게 받아들였다. 실제로 로마는 보다 적은 군사력으로도 그리스를 정복할 수 있었을 것이다.

모든 것은 마케도니아의 왕 필리포스 5세의 잘못으로부터 시작되었다. 그의 왕국은 알렉산드로스에 의해서 파괴된 이후 더 이상 옛 영광을 회복하지는 못했지만, 그럼에도 당시 그리스 세계의 가장 강력한 세력으로 남아 있었다. 그리스 도시들은 두 개의 동맹—아카이아Achaea 동맹과 아이톨리아Aetolia 동맹—으로 분리되어 있었으며 필리포스 5세에 대항할 때에만 연합 전선을 구축했다.

기원전 216년, 필리포스 5세는 한니발이 칸나이에서 로마인들을 상대로 크게 승리했다는 소식을 듣자, 한니발과 동맹을 체결하고 그리스인들에게 도움을 요청하면서 언젠가는 모두에게 위험한 존재가 될 로마를 격파하는 과업에 참여할 것을 제안했다. 나프팍토스Navpaktos에서 개최된 회의에서 아겔라오스는 아이톨리아 동맹에 참가한 도시들을 대표하여 필리포스 5세에게 이번 원정에서 모든 그리스인들을 통솔해줄 것을 요청했다. 이로부터 얼마 지나지 않아 아테네와 다른 그리스 도시들 간에 한니발이 지원을 대가로 마케도니아의 왕에게 이들 도시들에 대한 지배권을 주었다는 소문이 퍼지기 시작했다. 그리고 이로 인해서 그동안 진정되었던 불신 풍조가 재발했다. 아이톨리아 동맹은 필리포스 5세에 대항하여 로마에 사신을 파견하여 지원을 요청했다. 이에 필리포스 5세는 그리스와의 전쟁을 위해서 이탈리아 원정을 포기하고, 시작되지도 않은 제1차 마케도니아 전쟁을 조속히 종식함과 동시에 로마와는 평화 협정을 체결해야만 했다.

자마 전투 이후, 페르가몬과 이집트 심지어는 로도스까지 자신들의 지역을 위협하는 필리포스 5세에 대항하여 로마에 도움을 요청했다. 그간의 기나긴 사연과 칸나이 전투 당시의 마케도니아 왕의 태도를 분명하게 기억하고 있던 로마는 티투스 퀸투스 플라미니우스를 군대와 함께 파견했다. 로마 군대는 기원전 197년, 키노스세팔라이Cynoscephalae에서 적을 격파하여 그리스로의 진출을 위한 교두보를 확보했다.

플라미니우스는 다소 독특한 성격의 인물이었다. 귀족 출신인 그는 타란토에서 라틴어를 공부하면서 헬레니즘 문명에 심취하게 되었다. 그리고 그는 더 나아가 급진주의적인 사상으로 무장하고 있었다. 그는 사로잡힌 필리포스 5세를 죽이지 않고, 오늘날 일부 프랑스 사람들이 독일을 패배시킨 주역이 자신들이었다고 주장하는 것처럼 그리스 동맹군이 스스로 키노스세팔라이 전투의 승리자임을 자처했음에도 불구하고 그를 왕으로 임명했다. 이 로마의 장군은 코린토스에서 개최된 대규모 축제에 참석한 그리스 대표들에게 그리스의 모든 민중은 이제 자유인이며 더 이상 주둔군이나 세금에 예속되지 않게 되었다고 선포했다. 뿐만 아니라 이후로는 모든 사람들이 각자 자신들의 법에 따라서 통치될 것이라고 말했다. 마케도니아의 지배가 로마의 지배로 교체될 것이라고 예상하고 있던 청중은 놀라움에 사로잡혔다. 플루타르코스는 이러한 환호의 순간에 한 무리의 까마귀들이 사람들의 머리 위를 날다가 서로 충돌하여 떨어져 죽었다고 기술했다. 그러나 이에 관한 플루타르코스의 언급에는 신빙성이 결여되어 있다.

로마의 장군은 아테네와 다른 도시들에게 의심할 시간적인 여유를 주지 않기 위해서 군대를 신속하게 철수시킴으로써 자신의 약속을 이행했다. 그러나 그동안 '구원자 또는 해방자'로 불리던 플라미니우스 장군이 떠난 후에, 이들은 그가 수많은 예술품들을 전리품 명목으로 가져갔으며 아이톨리아 동맹의 몇몇 도시들을 해방시켜주었다고 불평했다. 그리고 바빌로니아의 왕인 셀레우코스 1세의 마지막 상속인 안티오코스 1세를 불러 자신들을 다시 해방시켜줄 것을 요청했다. 이들이 플라미니우스로부터 이미 해방된 상태에서 또다시 무엇으로부터 해방되기를 원했는지 참으로 모를 일이다.

통치 지역에 가장 가깝게 위치한 페르가몬과 람프사코스는 안티오코스 1세의 계산을 미리 눈치채고 로마에 도움을 요청했다. 한편 로마의 원로원은 플라미니우스의 자유주의적이고 급진주의적인 행동을 쉽사리 수용할 수 없었기 때문에 이번에는 자마 전투의 영웅을 파견했다. 로마의 장군은 소규모 군대와 함께 마그네시아에서 안티오코스 1세를 공격하여 한니발의 전략적 충고에 따라서 무장한 적들을 패퇴시키고, 소아시아의 모든 지중해 지역을 장악했다. 그리고 계속해서 북쪽으로 진격하여 이곳에 주둔하고 있던 갈리아인들을 격파했다. 그럼에도 승자는 그리스 도시들을 파괴하지 않고 곧바로 로마로 귀환했다.

몇 년 동안 로마는 인내심을 가지고 그리스 도시들을 존중하는 관용 정책을 전개했다. 이는 제2차 세계대전 이후 미국의 대對 유럽 정책과 상당히 유사한 것이었다. 로마는 무엇보다도 기존질서를 유지시키는 데에 더 많은 관심을 가지고 있었기 때문에, 요청이 있을 경우에만 내정에 간섭했다. 이러한 수동적인 정책으로 인해서 로마는 불만 세력들로부터 반동주의자라는 비난을 뒤집어썼다.

기원전 179년, 필리포스 5세의 왕위를 계승한 마케도니아의 페르세우스는 당시의 대세를 이용하여 로마와의 성전聖戰을 준비했다. 페르세우스는 안티오코스 1세의 상속자로서 자신과 동맹 관계에 있던 셀레우코스 1세의 딸과 혼인했다. 그리고 일

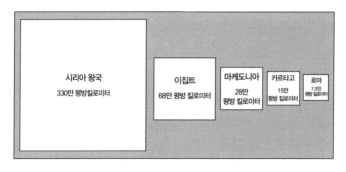

포에니 전쟁 초기 거대 지중해 왕국들의 영토 넓이(단위: 평방킬로미터)

리리아와 에페이로스를 같은 편으로 끌어들였다. 새로 가담한
두 왕국은 실질적으로 많은 지원을 제공했지만, 칸나이에서 전
사한 집정관의 아들인 루키우스 아이밀리우스 파울루스(일명
파울루스 마케도니쿠스)가 지휘하는 로마 군대와의 피드나Pidna
전투에서 패했다. 결국 기원전 168년, 페르세우스는 승리자의
마차에 묶여 로마로 압송되었다.

아이밀리우스 장군이 정복한 것들 중에는 패배자의 비밀 문
서 보관소도 포함되어 있었다. 이곳에서 여러 인물들이 관련된
음모를 입증하는 문서들이 발견되었다. 그 결과 70여 개의 도
시들이 불태워졌다. 에페이로스와 일리리아는 철저하게 파괴
되었다. 적극적으로 전쟁에 가담하지는 않았지만 음모에 연루
되었던 로도스는 소아시아의 모든 소유지를 박탈당했다. 그리
고 페르세우스를 지지하던 수천 명의 그리스인들은 인질로 잡
혀 로마로 압송되었다. 인질들 중에는 폴리비오스도 포함되어

있었다.

아이밀리우스 장군의 원정은 원로원이 플라미니우스의 환상과 친헬레니즘적인 노선(이를 지지하는 이들 중에는 스키피오 가문의 장군들이 포함되어 있었다)을 포기했으며, 그리스에 대한 열등의식을 극복하고 전통적인 방식으로 패배자를 다루려는 새로운 의지를 보여주는 사건이었다. 그러나 봉기를 일으킨 그리스인들은 이번에도 새로운 변화의 흐름을 거부하려고 했다. 이로부터 몇 년 후, 여러 도시들에서 새로운 지도 계층으로 등장한 무산 계층은 한결같이 사회주의와 민족주의를 표방했다. 이들은 로마가 제3차 포에니 전쟁을 시작했다는 소식에 접하자, 아카이아 동맹을 재결성하고 모든 그리스 세력들을 끌어들여 자유를 위한 투쟁을 시작했다.

그러나 로마는 두 개의 전선에서 비교적 편안하게 전쟁을 수행할 수 있었다. 스키피오 아이밀리아누스가 아프리카에 상륙하는 동안, 집정관 루키우스 뭄미우스는 반란을 주동한 도시들 중의 하나였던 코린토스에 접근하고 있었다. 집정관은 코린토스를 공격하여 정복했다. 그리고 남자들은 죽이고 여자들은 노예로 삼아 다른 전리품과 함께 로마로 보낸 다음, 도시를 불질러버렸다. 한편 그리스와 마케도니아는 로마 총독이 지배하는 하나의 속주로 합병되었지만, 아테네와 스파르타는 예외적으로 얼마간의 자치권을 부여받았다.

드디어 그리스는 침묵의 평화, 즉 공동묘지의 평화를 찾게 되었다.

제3차 포에니 전쟁은 감찰관 대★카토의 소망과 마시니사의 도발로 시작되었다. 이들은 전쟁의 시작을 주도했지만, 그 결과를 눈으로 보지는 못했다.

마시니사는 고대의 가장 이상한 인물 중의 한 사람이었다. 그는 90세까지 살면서 88세의 고령에 아들을 얻었다. 전투에서는 말을 타고 자신의 군대를 직접 지휘하기도 했다. 마시니사는 자마 전투에서 로마가 승리한 덕분에 누미디아의 왕위를 되찾았다. 그러나 카르타고와 더 이상 전쟁을 않기로 로마와 약속을 했음에도 도적질과 약탈 행위를 계속했다. 카르타고는 로마에게 마시니사의 행위를 비난했으나, 오히려 로마의 탄압을 받았다. 카르타고는 로마에 매년 지불하는 배상금 50탈렌트의 마지막 몫을 지불하고 난 뒤 행동을 재개하여 마시니사를 공격했다.

당시 로마에는 마르쿠스 포르키우스 카토의 세력들이 득세하고 있었다. 카토는 연설을 할 때마다 그 주제와 상관없이 항상 '결론적으로 나는 카르타고가 파괴되야만 한다고 생각한다 Delanda est Carthago'는 표현을 마지막 말로 사용했다. 카토의 열렬한 지지 속에서 원로원은 카르타고와 마시니사의 분쟁을 기화로 전자에게 먼저 도발하지 말 것과 300명의 귀족 자제를 인질로 로마에 보내도록 요구했다. 어머니들의 비통한 울부짖음에도 불구하고, 아이들은 로마로 보내졌다. 어떤 어머니는 아들을 싣고 출항하는 배를 쫓아가려고 바다에 뛰어들었다가 익사하기도 했다. 그러나 로마는 도발적인 요구로 위장한 전쟁 욕구에도 불구하고 자신들의 의도가 관철되지 않자, 이번에는 카르타고에 모든 무기와 함대 그리고 상당량의 밀을 요구했다. 이번에도 카르타고가 로마의 요구를 들어주는 인내심을 보여주자, 원로원은 카르타고를 파괴하려는 의사를 노골적으로 드러내면서 모든 주민들에게 도시로부터 10킬로미터 정도 물러날 것을 명령했다. 카르타고의 사신들은 역사상 유래를 찾아볼 수 없는 잔혹한 요구에 항의를 했지만 아무런 소용이 없자, 울분에 못 이겨 머리를 땅에 부딪치면서 자신들의 목숨을 대가로 요구를 철회해주도록 애걸했다.

그러나 아무런 소용이 없었다. 로마는 오직 전쟁만을 원하고 있었다. 그리고 전쟁은 어떤 대가로든 치러져야만 했다.

로마의 숨은 의도를 분명히 알게 되자, 분노에 가득 찬 카르타고의 시민들은 아이들을 인질로 넘겨준 지도자들과 사신들, 장관들 그리고 눈에 보이는 모든 이탈리아인들에게 폭행을 가했다. 분노와 증오의 화신으로 돌변한 시민들은 노예들과 합세하여 무장을 갖추고 모든 가옥들을 요새화하기 시작하여, 불과 두 달간의 노력으로 8,000개의 방패와 1만 8,000개의 칼, 3만 개의 창 그리고 120척의 배를 건조했다.

바다와 육지의 양면 작전을 통한 로마의 포위는 3년 동안 지속되었다. 자마 전투의 영웅 대大 스키피오 장군의 양손자養孫子인 스키피오 아이밀리아누스는 결국 카르타고를 정복하는 데 성공했다. 그러나 이로 인한 불명예를 후대에까지 길이 남기게 되었다. 도시가 함락된 후에도 시가지 전투는 곳곳에 숨어서 창과 화살을 날리는 카르타고의 저격병들과 로마 병사들 사이에서 무려 6일 동안이나 모든 집과 거리에서 처절하게 계속되었다. 그럼에도 스키피오 아이밀리아누스는 지붕과 창문 뒤에 숨어서 로마군과 대치하는 카르타고인들의 끈질긴 저항을 물리치고, 도시의 모든 건물들을 파괴했다.

마지막까지 살아남은 사람은 50만의 시민 중에 불과 5만

5,000명뿐이었다. 다른 사람들은 모두 전사했다. 카르타고의 장군 하스드루발은 스키피오 아이밀리아누스에게 자비를 구걸하며 목숨을 건질 수 있었다. 그러나 그의 부인은 부끄러움을 이기지 못하고 아들들과 함께 불 속으로 투신했다.

스피키오 아이밀리아누스는 대량 학살의 현장을 떠나기 위해서 원로원에 허가를 요청했으나, 원로원은 카르타고뿐 아니라 영토 전체를 남김없이 파괴하라고 명령했다. 파괴의 불꽃은 17일 동안이나 계속되었다. 소수의 생존자들은 모두 노예로 팔렸다. 카르타고의 영토는 그 이후 아프리카의 한 속주로 전락했다.

평화 협상은 조약 당사자가 없어진 관계로 더 이상 필요하지 않았다. 카르타고 사신들의 표현처럼, 로마인들의 행위는 역사상 그 유례를 찾아 볼 수 없을 만큼 잔혹한 것이었다.

한편, 카토와 마시니사는 카르타고의 대비극이 종식되기 전에 사망하는 행운(?) 덕분에 영혼의 고통스러운 죄책감을 피할 수 있었다.

제17장 카토

기원전 195년, 제1차 포에니 전쟁이 종식된 직후, 로마의 여성들은 광장을 행진하면서 카르타고의 한니발에 대한 공포가 팽배해 있던 시절에 자신들에게 금 장신구와 화려한 색의 의상 그리고 사륜마차의 사용을 금지했던 오피우스 법Lex Oppia의 철폐를 요구했다.

로마 역사상 처음으로 여성들은 길거리로 뛰쳐나와 자신들의 요구를 정치권에 호소함으로써 보다 많은 권리를 획득하고자 했다. 이전에는 결코 생각조차 할 수 없었던 현상이었다. 5세기 반 동안, 즉 건국 이후 로마의 역사는 예외 없이 남자들의 역사였으며 여성들은 이에 절대적으로 복종하고 있었다. 우리의 기억 속에 남아 있는 타르페이아, 루크레티아, 비르기니아와 같은 인물들은, 오늘날 그들의 존재에 대한 신빙성과는 상관없이 당시에는 '배신' 또는 '미덕'의 기념비적인 여성들로 기억되고 있었다. 로마의 공공 생활은 오로지 남성들의 전유물이었다. 여성들의 활동 범위는 사생활 부문, 즉 주로 어머니, 신부, 딸 또는 여자 형제로서의 역할을 수행하고 있던 집과 그 주변의 친족으로 제한되어 있었다.

마르쿠스 포르키우스 카토(대 카토)는 당시의 풍속 실태를 감찰하는 감찰관의 자격으로 원로원에 의견을 제시했다. 역사가 리비우스를 통해서 남겨진 그의 연설문에서, 카토는 당시 로마의 가족생활과 사회생활에서 일어나던 변화들을 집중적으로 언급하고 있다.

"여러분, 만약 우리들 각자가 집안에서 남편으로서의 권위와 권리를 확실하게 유지했다면, 오늘날 이 지경에는 이르지 않았을 것입니다. 이제는 여성들이 득세하고 있으며, 반대로 우리 남성들은 행동의 자유를 상실해가고 있습니다. 광장과 같은 공공장소에서 여성들이 자리를 차지하고 있는 이 현실에서 우리가 어떤 처지에 있는지를 둘러보십시오. 여러분 기억해보십시오. 법률의 테두리 안에서도 여성들을 누르고 통제하는 데에 얼마나 많은 고통이 따랐던가를. 그리고 상상해보십시오. 풍기 단속법이 폐지되고 그 결과 여성들이 법적으로 우리와 동등한 지위를 가지게 될 경우, 무슨 일이 벌어질 것인가를. 여러분은 여성의 본질을 잘 알고 있습니다. 여성에게 여러분과 동등한 지위를 부여해보십시오. 그러면, 여러분의 등에 올라타고 주인 행세를 할 것입니다. 결국에 남성이 여성을 지배하는 세계에서, 로마의 남성들은 여성들의 지배를 받는 유일한 종족으로 전락할 것입니다."

그러나 원로원 의원들은 항상 진실만을 말해왔다고 자부하는 카토를 크게 비웃었다. 어느 시대이든 진실을 말하는 자는 이와 같은 대접을 받는다. 결국 오피우스 법은 폐지되었다. 카토는 사치품에 대한 세금을 열 배로 올림으로써 조금이나마 자신의 의지를 관철하려고 했지만 이것마저 실패했다. 여성들이 일단 결심하고 덤벼들면 그 어느 누구도 막을 수 없듯이, 로마의 경우에도 사치에 관한 여성들의 욕구는 심지어 감찰관의 권한으로도 어쩔 수가 없었다. 특히 참정권을 주장하는 여성들은 일단 일에 착수한 후에는 결코 포기하지 않는 억척스러운 면모를 유감없이 발휘했다. 여성들은 점차 자신의 지참금을 스스로 관리할 수 있는 권리를 획득했으며, 이로써 경제적인 독립과 오늘날의 표현으로 '자신만의 독립적인 삶을 영위할 수 있는' 자유를 획득했다. 더구나 남편과 이혼할 수 있는 권리를 갖게 되었으며, 가끔 이혼이 여의치 않을 경우에는 남편을 독살할 수 있는 '권리 아닌 권리'를 과감히 행사하게 되었다. 심지어 여성들은 자식으로 인한 구속으로부터 해방되기 위해서, 피임 기술에 크게 의지하게 되었다.

카토는 지금까지 알려지고 묘사된 것과는 다른 인물이었다. 비록 그리스 세계를 통해서 유입된 새로운 유행을 저지하려고 했지만, 그렇게 지독하고 고지식한 도덕주의자는 아니었다. 오히려 실제로는 전혀 그렇지 않았다. 건강하고 활달한 성격의 마르쿠스 포르키우스 카토는 리에티 근교에서 평범한 농부의 아들로 태어났다. 많은 정적政敵들을 만드는 것을 포함해서 개인적으로 만족스러운 모든 경험을 한 후, 당시로서는 전설적인 나이였던 85세에 사망했다.

이런 카토가 어쩌면 당대의 가장 흥미 있는 또는 비중 있는 정치가로 등장하게 된 계기는 실로 우연이었다. 그는 자신의 농토에서 직접 농사를 지으며 엄격한 금욕 생활을 하고 있었다. 어느 날 그의 집 근처에 발레리우스 플라쿠스라는 한 원로원 의원이 부패한 로마 사회에 염증을 느끼고 한가로운 농촌 생활을 하기 위해서 이주해 왔다. 전통 귀족이면서도 귀족 사회의 세련됨을 거부했던 플라쿠스는 붉은 머리, 고르지 못한 치열, 거친 손을 가졌지만 검소하고 열심히 사는 이웃집 청년에게 친근감을 느끼게 되었다. 이 청년은 고전들을 숨어서 읽었는데, 왜냐하면 당시의 세태는 독서를 촌스러운 것으로 간주하고 있었기 때문이었다. 그는 책을 통해서 절제되고 세련된 방식으로 글을 쓰는 법과 말하는 기술을 습득했다. 두 사람은 공통된 습관과 비슷한 이념으로 인해서 친구가 되었다. 그리고 발레리우스는 가족들이 돼지를 사육했다는 것과 약아빠진 조상들을 두었다는 이유로 각각 포르키우스와 카토라는 별명을 가지게 된 청년에게 변호사avvocatus가 될 수 있도록 배움의 기회를 마련해주었다. 후에 카토는 변호사라는 직업을 통해서 정치에 입문했다. 어쩌면 발레리우스는 카토를 통해서 고령의 나이로 더 이상 지속할 수 없었던 자신의 반反 근대화 투쟁을 계속하기 위한 의도로 그에게 정치 활동을 권고했을지도 모른다.

카토는 지방법원에서 근무하면서 10여 개의 사건들을 다루어 모두 승소했다. 그 후 확실한 후원자의 보호하에, 오늘날의 표현처럼, 로마에서 본격적인 유학 생활을 시작했다. 그는 선거에 출마하여 위엄과 총명한 눈빛으로 소위 '명예 코스'라는 일련의 모든 난관을 극복하고 당선되는 기쁨을 누렸다. 기원전 199년에는 서른 살의 젊은 나이에 건축관이 되었으며, 기원전 198년에는 법무관에 그리고 3년 후에는 집정관에 각각 선출되었다. 계속해서 기원전 191년에는 호민관으로, 기원전 184년에는 감찰관으로 정치 활동을 재개했으며, 전쟁 발발로 인하여 군인으로 복무하던 시기를 제외하고는 노년까지 관리로서 공화정에 봉사했다. 카토는 도덕적 가치들을 유지하는 필수 조건으로 확신하고 있던 규율을 좀 더 잘 수호할 목적으로, 광장에서의 정치 토론보다는 현장 근무를 선호했다. 카토는 군인들과 마찬가지로 도보로 행진하고 침착한 태도와 용기로 전투에 임했다. 승리자의 입장에서 약탈 행위를 할 때에는 모든 군인들에게 전리품의 명목으로 1리브라의 은화를 나누어주었으며, 남은 전리품은 개인적으로 치부하지 않고 모두 원로원에 기증했다. 군인들은 이런 카토를 존경했다.

카토의 행동은 적어도 포에니 전쟁 이전까지 로마 장군들 사이에서 거의 예외 없이 지켜져오던 전통적인 관습이었다. 그러나 언제부터인가 이러한 전통이 변질되고 있었다. 로마 정부는 전리품이 상당한 경우에는 장군들의 심하지 않은 횡령을 눈감아주고 있었다. 퀸투스 미누키우스는 히스파니아에서 35만 리브라의 은과 3만 5,000데나리우스를 횡령했다. 만리우스 불소는 아시아에서 4,500리브라의 금을 착복했으며 안티오코스 1세와 페르세우스로부터는 220억 리라 상당의 40만 세스테르티우스를 착취했다. 청빈성과 근검 절약 정신 그리고 근면성이 습관화되어 있던 로마 장군들과 관리들의 마음이 엄청난 금의 유입으로 흔들리게 된 것은 어쩌면 당연한 결과였다. 카토는 로마인들의 허영심을 근절시키기 위해서 적극적인 투쟁을 전개하여 별다른 성과를 거두지는 못했지만, 자신의 임무를 계속 수행했다.

기원전 187년 호민관으로 있던 카토는 아시아에서 승리하고 돌아온 스키피오와 그의 형제 루키우스에게 안티오코스 1세로부터 받은 전리품을 원로원에 양도하라고 요구했다. 호민관의 주장은 정당한 것이었지만, 로마는 자마에서 한니발을 격파한 영웅의 정직성을 의심하게 만든 이번 사태에 놀라지 않을 수가 없었다. 실제로 스키피오의 정직함은 예상과는 달리

적지 않게 과장되어 있었다. 무엇이 카토로 하여금 이토록 대담한 행동을 취하게 만들었는지에 대해서는 잘 알려지지 않았다. 물론 카토는 행동에 앞서 스키피오의 인기와 그의 엄청난 유명세를 고려하지 않을 수 없었을 것이다. 그러나 아마도 카토는 로마의 장군들에 의해서, 인기와 공적에 관계없이 지켜져야 할 대원칙들이 존중되기를 희망했을 것이다. 아니면, 혹시라도 심미적이고 헬레니즘적인 세계에 심취하여 친그리스적인 근대화 경향을 추구하고 있던 스키피오 가문에 지독한 적대감을 가지고 있었던 것은 아니었을까?

아마도 두 가지 가설 모두가 어느 정도는 사실일지도 모른다. 어쨌든 카토의 원칙주의에 대한 항의가 원로원의 실질적인 권력을 독점하고 있던 소수의 전통 가문들을 중심으로 일어났다. 로마의 역사는 술라의 시대까지 소수 권력 가문들의 역사였다. 이 때문에 동일한 성을 가진 인물들이 계속 등장했다. 공화국 말기 200여 명에 이르는 집정관들의 이름을 살펴보면, 거의 절반이 10여 개의 가문에서 배출되었으며 나머지 절반은 불과 16개의 다른 가문들로 구성되어 있음을 알 수 있다. 이들 중에 스키피오 가문은 트레비아 전투에서 전사한 스키피오로부터, 자마 전투에서 승리한 스키피오와 카르타고를 완전히 파괴한 스키피오에 이르기까지 로마 공화정의 최고 명문가로 기록되어 있다.

자존심이 몹시 상한 자마 전투의 위대한 승리자 스키피오 아프리카누스는 방어를 위한 반격을 준비했으나, 동생 루키우스의 만류로 포기했다. 그러나 스키피오는 전리품 착복과 징수에 관하여 제출한 문서들을 원로원 의원들 앞에서 찢어버림으로써 스스로 심각한 위기를 자초했다. 그 결과 스키피오는 사기죄로 고발되었다. 그러나 피고인의 딸 코르넬리아와 혼인하여 스키피오 가문과 인척 관계에 있었던 호민관 티베리우스 셈프로니우스 그라쿠스가 평소 유력 가문들을 대상으로 하는 정치 규정을 확립하고자 노력했음에도 불구하고 스키피오를 도와줌으로써 결정적으로 사법적 심판만은 피할 수 있었다. 자마의 영웅은 켄투리아회의 최종 판결에 소환되었지만, 공교롭게도 같은 날 유피테르 사원에서 거행된 자마 전투의 승리 축제에 심판관들과 함께 참석하게 되었다. 그러나 의식을 마치고 의회로 돌아온 심판관들은 그를 다시 소환했다. 깊은 고독감에 빠져든 스키피오는 출두를 거부하고, 리테르노에 있는 자신의 별장으로 내려가 그곳에 머물면서 죽을 때까지 나오지 않았다. 그의 정직성을 비난하던 사람들도 더 이상의 공격을 포기했다. 그러나 카토는 사상 최초로, 로마를 구한 장군이 로마의 정의 실현을 방해한 사건을 주제로 연설을 함으로써 처음으로 가까운 장래에 민주 정치를 파괴하고 영웅 숭배로 로마 사회를 부패하게 만들 개인주의를 경고했다. 이 사건을 통해서 카토의 행동은 올바르고 정직한 그의 신념에서 비롯된 것이라는 사실이 확인되었다. 당시 누군가는 여성들과 귀족 가문들의 '마피아'가 여전히 강력한 저항을 계속하고 있으며, 관리 선출을 위한 선거가 실시될 때마다 매번 자신들의 후보를 당선시키고 있는 상황에서, 과연 어떻게 이들과 대적하여 승리할 수 있을까를 의심하는 사람들도 적지 않았을 것이다. 실제로 카토를 좋아한 사람은 극소수에 불과했다. 당시 부패와 과소비가 만연하던 시대에 카토가 지키려고 했던 정직성과 금욕주의는 오히려 모든 사람들에게 고통의 원인이 되었다. 그는 모든 사람들이 준수해야 했음에도 불구하고 더 이상의 존재 의미를 상실한 덕목들을 고수하려고 했던 것이다. 그리고 이러한 사실 때문에 그는 많은 비난을 받기도 했지만, 동시에 존경의 대상으로서 관리로 출마할 때마다 많은 지지를 받았다. 그는 위대한 웅변가였다. 이상한 것은, 편지 형식의 글로 웅변가들을 신랄하게 비난했음에도 불구하고, 베를렌의 그 유명한 말을 앞서 실천이나 하듯이 '웅변 장소를 지날 때마다' 관심 있는 표정으로 '항상 기웃거리곤 했다'는 것이다. 그러나 그는 '다른 사람에게 피해야 할 대화법'을 가르치는 과정에서 스스로 말을 잘하는 비법을 터득했다. 오늘날 그다지 많은 연설문들이 남아 있지는 않지만, 카토는 연설문에서 직선적이지 않고 수사적이며 어휘적으로 보다 완벽한 표현을 구사했다. 그리고 연설의 진실성과 효율성의 차원에서는 키케로를 능가하는 위대한 웅변가였다. 카토와 키케로라는 두 명의 웅변가를 통해서 알 수 있는 사실은, 도덕적인 힘과 확고부동한 확신 없이는 어떤 수사술이나 문학성도 그리고 음악이나 회화도 소용이 없다는 사실이다.

카토는 매우 준열한 논고에도 유머를 가미하는 것을 잊지 않았다. 감찰관으로 있을 때, 대중 앞에서 아내한테 키스한 만리우스를 원로원으로부터 제명한 일이 있었다. 그러면 당신은 대중 앞에서 아내한테 키스한 적이 한 번도 없느냐는 질문을 받자, "있고말고. 단 천둥이 치고 있을 때만 그랬지. 그래서 하늘이 심상치 않으면 마음이 싱숭생숭해지지"하고 답했다. 그리고 고발을 당할 때마다(통산 44번을 당했다), 카토는 활달한 성격을 잃지 않았으며 내적인 고통의 무게에 비례하여 그만큼 웃음도 잃지 않았다고 한다. 그의 마치 준비된 듯한 풍자 심리와 대중적인 유머는 얼굴의 상처, 붉은 머리카락 그리고 틈이 벌어진 치아를 가진 그의 흉한 외모와는 전혀 어울리지 않았다. 카토는 싸움을 위한 싸움에 싫증을 느끼고 스스로 관직에서 물러나 평소 탐탁지 않게 생각했던 집필 작업에 몰두하기까지, 자신을 공직에서 몰아내려는 모든 음모와 방해 공작에 대한 저항과 투쟁으로 일관된 삶을 살았다.

그가 책을 저술하기로 결심한 배경에는 당시 대부분의 작가들이 그리스어를 로마 문화의 대표적인 언어로 간주하여 글을 쓰고 있는 현실을 막아보려는 의도가 숨어 있었다. 현재까지 남아 있는 유일한 그의 저서인 『농업론 *De agricultura*』은 로마에서 지어진 진정한 산문 형식의 작품이었다. 이 저술은 많은 흥미로운 내용들을 담고 있는데, 추상적인 철학 이념을 가지고 류머티즘과 설사 치료에 관한 내용도 언급하고 있다. 카토에 따르면, 토지를 활용하는 방식들 중에는 '많은 소득이 보장되는 가축 사육이 우선이며, 소득이 신통치 않을 경우에는…… 그리고 마지막으로는 경작과 씨뿌리기'라고 했다. 카토는 농업보다는 목축을 더욱 중요하게 생각했다.

카토만큼 로마의 몰락을 심각하게 걱정한 사람은 없었다. 또한 카토만큼 그리스 문화의 유입으로 인한 로마 사회의 위기를 심각하게 경고한 사람도 없었다. 물론 카토는 그리스어를 공부한 박식한 인물로서, 로마의 촌스러운 모습을 되돌아보면서 헬레니즘 문화가 로마 문화에 비해서 비교가 되지 않을 정도로 세련되고 수준 높은 문화라는 사실을 누구보다 잘 알고 있었다. 그는 소크라테스를 '수다쟁이 계집 같은 인물'이라고 욕했으며, 법률을 위반한 죄로 소크라테스를 죽이려고 했던 아테네 사람들을 옹호했다. 그러나 실제로는 자신의 증오심만큼이나 소크라테스를 높이 평가하고 있었으며, 그리스 이념들이 로마를 정복하리라는 것을 기정사실로 인정하고 있었다. 그는 아들에게 다음과 같은 말을 했다고 한다. "아들아, 내 말을 믿어야 한다. 만약 그리스인들의 문화에 우리가 오염된다면, 우리들의 고유한 전통들은 모두 사라질 것이다. 그리스인들은 벌써부터 의사들을 동원하여 환자를 치유한다는 명목으로 이곳에 와서 '야만인들(로마인들)'을 오염시키고 있다. 너는 그들과 어떤 일도 함께 해서는 안 된다." 카토는 그리스인들의 아스피린과 비타민으로 치료받기보다는 차라리 죽음을 선호했던 것이다.

그가 지독한 고집쟁이로 알려지게 된 원인은 바로 문화적인 불안감 때문이었을 것으로 생각된다. 그리고 이러한 상황에서 카토는 카르타고의 파괴를 주장한 대표적인 인물로 유명해졌다. 카토의 진정한 의도는 카르타고의 재건을 막는 것이 아니라, 로마로 하여금 그리스를 정복하려는 야심을 포기시키는 것이었다. 카토는 조국 로마가 악습과 사악한 정신이 존재하지 않으리라 생각되는 서유럽 세계에 관심을 가지도록 노력했다. 그는 스키피오가 지휘하는 로마 군대의 정복 사업이 신속하게 이루어진 것에 대하여 어쩌면 생각보다 더 크게 실망했을지도 모른다. 그는 그리스에 대한 한 번의 공격보다는 열 명의 한니발의 공격에 대한 방어를 선호했을 것이다. 만약 카토가 로마의 집정관들인 마르쿠스 클라우디우스 마르켈루스, 풀비우스 그리고 아이밀리우스 파울루스가 그리스로부터 전리품의 명목으로 동상, 그림, 금속, 거울, 멋진 가구 그리고 세련된 옷감들을 가득 싣고 돌아오는 것을 보고 로마 민중이 감탄하면서 유행, 스타일, 머리치장, 샌들, 은제품과 화장품에 관하여 대화하는 것을 목격했다면, 매우 고통스러워했을 것이다.

카토는 원로원이 카르타고를 완전히 파괴할 목적으로 스키피오 아이밀리아누스의 파견을 결정한 기원전 149년에 사망했다. 로마가 카르타고를 파괴하기로 결정한 것은 카토에게 얼마간의 위안을 제공했을지도 모른다. 적어도 이와 같은 추측은 타당한 것으로 생각된다. 만약 카토가 조금 더 살았다면, 카르타고를 파괴하는 것이 자신에게는 아무런 의미가 없다는 사실을 알게 되었을 것이다. 그러나 로마인들은 카르타고가 아프리카와 지중해로부터 영원히 사라진 직후부터 페이디아스, 프락시텔레스, 아리스토텔레스, 플라톤, 그리스 음식과 여성용 루즈 그리고 아테네의 창부娼婦에게 빠져들었다.

제18장 로마의 그리스 문화

많은 세월이 지난 후, 호라티우스는, 카토가 앞서 '정복된 그리스가 정복자 로마를 정복했다'라는 유명한 말로써 표현했던 불안감을 재확인했다. 당시 로마의 평민들은 그리스의 종교와 무대극에 그리고 물론 당장은 아니지만 장차 유식하게 될 ―불행히도(무식은 행복, 유식은 죄?)― 상류 계층은 그리스 철학과 예술 분야에 심취해 있었다.

폴리비오스는 자신이 포로가 되었을 당시 로마의 종교는 강건했다고 말했다. 그는 계속해서 '나의 판단에 따르면, 로마 제국의 종교는 아직 다른 민족들의 그것에 비해서 우월함을 유지하고 있다. 다른 민족들 사이에서는 비난받을 미신에 불과한 것이 로마 제국에서는 중요한 초석이 된다. 종교 의식은 로마의 모든 것들에 연관되어 있기 때문에 공공 생활과 개인 생활에 절대적인 영향력을 행사하고 있다. 로마 정부는 대중을 지배하기 위해서 이러한 경향을 의도적으로 이용하는 것 같다. 만약 민중이 모두 지성인이었다면 이러한 정책이 필요하지 않겠지만, 맹신에 쉽게 빠져드는 대중을 통제하는 데에는 어느 정도의 공포심을 유발시키는 것이 필수적'이라고 말했다.

회의와 불신이 만연해 있던 그리스에서 로마에 온 지 얼마 되지 않았던 폴리비오스는, 믿음이 약한 로마인들에게 필요한 것은 좀 더 확고한 신앙심이라고 생각했다. 그러나 '폼파pompa'라고 표현되던 몇 가지 의식 절차들이 존중되고 있는 상황에도 불구하고 문제가 되는 것은 로마인들의 허약한 마음 상태였다. 카토는 옛 풍속과 신앙심을 고양시키기 위해서 대중을 상대로 연설했다. 그리고 길거리에서 사람들과 마주치게 될 경우에는 상대의 얼굴에 대고 웃지 말 것과 인사할 것을 충고했다. 그러나 무대극에서 플라우투스는 알크메네를 유혹하는 유피테르 신을 웃음거리로 만들었으며, 메르쿠리우스 신을 촌놈으로 분장시켰다.

경건하지 못한 희극을 관람하면서 박수를 보내는 민중은 몇 년 전까지만 해도 칸나이 전투에서의 패배 소식을 듣고 광장으로 뛰어나와 "어느 신에게 로마의 구원을 기도 드려야 하는가"라고 울부짖었던 사람들이었다. 로마인들은 위험한 순간에는 언제나 자신들의 신에게 매달렸지만, 과연 어느 신이 축복을 주는지조차 알려고 하지 않았다. 로마 정부의 태도에서 흥미를 끄는 것은, 로마 정부가 조국의 구원을 자국의 전통적인 신보다는 그리스의 여신 키벨레Kybele에게 기원했다는 것이다. 이에 따라서 여신의 동상이 페르가몬의 왕인 아탈로스 1세의 허락으로 소아시아로부터 로마로 옮겨졌다. 이렇게 해서 그리스의 여신은 로마의 대모신Magna Mater으로 재탄생했으며, 어느 화창한 날 스키피오 아프리카누스와 다른 수많은 상류 귀족들이 마중 나와 있던 오스티아 항구에 도착했다. 이 소식을 전후하여 로마에는 테베레 강 유역에 좌초되었던 배가 비르기니아 클라우디아의 순결에 이끌려 강을 따라 도시의 심장부에 도착했다는 뜬소문이 확산되었다. 이리하여 로마인들은 귀족들의 행렬을 따라 승리의 사원으로 가고 있던 여신에게 숭배의 의미를 담아 향을 피웠다. 원로원은 내시 사제들만이 여신을 섬길 수 있다는 사실과 로마의 사제원에는 적합한 인물이 없다는 사실에 적지 않게 당황했다. 그러나 우여곡절 끝에 전쟁 포로들 중에 적합한 인물들을 찾아내어 이들로 하여금 여신 숭배에 따른 예식 절차를 주관하도록 했다.

이때 이후로 로마에는 그리스 예식이 확산되어, 그리스 신들뿐만 아니라 로마 신들에게도 적용되기 시작했다. 그 결과 당시까지 지켜져왔던 엄숙한 예식 분위기는 즐거운 축제 분위기로 전환되었다. 기원전 186년, 원로원은 로마 민중이 디오니소스에 집착하여 성인으로 숭배하면서 그의 사원을 넘치는 예물로 장식하고 있다는 사실에 적지 않은 경각심을 가지게 되었다. 그 원인을 찾아내는 것은 어려운 일이 아니었다. 제단에 예물을 바치는 의식은 폭음과 폭식 그리고 무질서한 남녀관계로 변질되어 있었기 때문이었다. 감찰관은 축제에 참가하는 사람들을 단속하여 7,000여 명을 체포하고, 이중에 상당수를 감옥형에 그리고 수백 명을 죽음의 형벌로 다스리기도 했다. 그러나 정부가 민중의 풍속을 바로잡기 위해서 본격적으로 개입했을 때에는 이미 손을 쓸 수 없는 상황이었다.

이러한 현상은 로마의 실질적인 사원으로 변질되고 있던 무대극장에서도 찾아볼 수 있었다. 처음으로 무대에 오른 작품은 그리스 출신으로서 타란토Taranto 전투에서 포로로 끌려온 리비우스 안드로니쿠스의 작품이었다. 리비우스는 기원전 240년에 촌스럽기는 하지만 노래와 대사가 있는 무대극 『오디세아Odissea』를 공연했다. 앞에서 언급했듯이, 로마와 그 민중은 무대극을 좋아하여 배우들에게 조합을 결성하도록 허가했으며, 매년 열리는 대규모 축제들을 위해서 '종교적 성격을 띤 대중오락물'을 계획하도록 했다.

5년 후, 나폴리 출신의 전쟁 포로였던 그나이우스 나이비우스는 로마 사회의 위선과 부패를 주제로 재치가 넘치는 희곡을 공연하여 로마 민중에게 즐거움을 선사했다. 그러나 이로 인해서 충격을 받은 로마의 권문세가들은 강한 불만을 표출했다. 권력자들은 수준 높은 시민들을 대상으로 하는 풍자극을 이해하려는 생각이 전혀 없었다. 이들의 탄압으로 체포된 나이비우스는 나중에 자신의 풍자극 대본을 수정하도록 강요받았다. 그는 다른 희곡을 계획했지만, 이번에는 그 누구에게도 피해를 주지 않으려고 지나치게 의식함으로써 자신의 높은 정신세계를 자유롭게 표현하지 못했다. 결국 그는 풍자 의식을 숨기지 못하고 추방당했다. 이를 계기로 로마에서는 외국 작품의 모방 수준에서 벗어나 독창적인 작품을 만들어 고지식한 로마인들에게 웃음을 선사하는 희극 작가가 더 이상 등장하지 않았다. 한편, 나이비우스는 유배지에서도 계속 작품 활동에 전념했지만, 로마 역사를 주제로 관념적인 애국주의를 표현한 수준 낮은 서사극을 남겼을 뿐이다.

이후 로마의 예술 무대는 다른 인물이 등장하여 조금이나마 독창적인 작품 세계를 보여주기 전까지, 그리스의 작품들을 표절하는 수준에 머물러 있었다. 새로 등장한 희곡 작가는 풀리아 출신으로서 이탈리아인 아버지와 그리스인 어머니 사이에서 출생한 퀸투스 엔니우스였다. 그는 에우리피데스의 희곡 작품들이 소개되어 있는 타란토에서 공부했고, 그 작가를 좋아했다. 군 복무를 마친 후 사르데냐에서 재무관으로 있던 카토에게 발탁되어 로마에 왔다. 그는 로마에서 아이네이아스부터 포에니 전쟁에 이르는 로마의 역사를 서사시의 형식으로 『연대기Annali』에 실었는데, 이는 베르길리우스가 등장하기 이전까지 로마의 민족 서사시를 대표했다. 하지만 엔니우스는 무대극에 열정을 쏟았다. 그리고 그는 거의 맹신가적인 열정으로 30여 편의 비극 작품을 창작했다. 그는 한 작품의 주인공을 통해서 자신의 종교적인 확신을 다음과 같이 표현했다. "친구들이여, 신들은 존재하지만 우리 인간들이 하는 일에 무관심하다는 것을 확신합니다. 그렇지 않다면, 항상 선이 선으로, 악이 악으로 그 대가를 치르지 않는다는 사실을 어떻게 설명할 수 있겠습니까?" 키케로는 에피쿠로스의 이론들을 묵시적으로 암시하는 이 문장을 인용했다. 그러나 주변으로부터 비난을 받게 되자 다시 반어법적인 표현으로, 엔니우스의 이 표현이야말로 무대에서 오랫동안 관중들의 환호를 받게 될 것이라고 주장했다.

엔니우스는 자신의 추종자들에게 일정한 한계를 넘지 않는 선에서 희곡에 철학을 가미하도록 충고했다. 그러나 불행히도 그 자신이 가장 먼저 이를 어기고, 소위 오늘날 말하는 이념극을 쓰고 있었다. 결국 그의 작품들에 싫증을 느낀 관중들은 진정한 로마의 희곡 작가로 평가되는 플라우투스의 작품들에 관심을 돌리기 시작했다.

플라우투스는 기원전 254년에 움브리아에서 출생한 희곡 작가로서 이미 사람들의 관심을 모으고 있었다. 티투스 마키우스 플라우투스라는 그의 이름은 '티투스, 평발의 촌놈'이라는 뜻이다. 그는 초기에 돈을 저축하여 성공했지만 투자에 실패하여 저축한 돈을 모두 탕진하고 생활이 궁핍해지자, 생활을 위해서 글을 쓰기 시작했다. 그는 초기부터 그리스 희곡에 당시의 로마에서 벌어지는 일들에 대한 논쟁들을 가미시키는 방식으로 로마인들의 취향을 만족시켰다. 그러나 관중이 로마의 현실을 반영하는 표현들에 즐거워한다는 사실을 알게 되자, 외국 모델을 버리고 로마의 연대기를 줄거리로 하여 독창적인 작품들을 집필하는 데에 열중함으로써 진정한 의미의 '풍속적인' 무대극 분야를 개척했다. 얼마 있지 않아 그는 로마의 우상으로 등장했으며, 민중은 그의 품위 있는 유머와 폭소를 자아내는 감각을 좋아했다. 그의 작품 『영광의 군대Miles Gloriosus』는 대성공을 기록했다. 모든 사람들이 그를 사랑했으며, 특히 여주인공 알크메네를 유혹하기 위해서 그녀의 남편 행세를 하다가 큰 망신을 당하는 저속한 돈 후안을 유피테르 신으로 묘사한 희곡, 『암피트리온Amphitrion』에 열광했다.

플라우투스가 사망한 기원전 184년, 테렌티우스라는 이름의 한 카르타고인 노예가 로마에 도착했다. 그는 친절하면서도 덕망 있는 원로원 의원 테렌티우스 루카누스의 노예로 있다가 주인으로부터 재능을 인정받아 노예의 신분에서 해방되었다. 그는 푸블리우스 아페르라는 이름을 가지고 있었지만, 주인에 대한 감사의 표현으로서 테렌티우스라는 이름을 사용하기도 했다. 테렌티우스는 최초의 희곡으로 『안드리아Andria』를 집필하여 당대의 가장 유명한 작가로 등장했다. 그는 완성된 작품을, 오늘날 우리에게는 별로 알려지지 않은 인물인 카이킬리우스 스타티우스에게 보여주었다. 수에토니우스의 말에 따르면, 스타티우스가 그의 작품에 감탄하여 누더기 차림의 테렌티우스를 점심에 초대했다고 한다. 테렌티우스는 살롱에 출입하면서 상류층과도 친분을 나누었지만 플라우투스의 명성에는 이르지 못했다. 그의 두 번째 희곡, 『헤키라Hecyra』는 흥행에 실패했다. 왜냐하면 대부분의 로마 민중이 곰과 검투사가 사투를 벌이는 것을 보기 위해서 원형경기장으로 몰려갔기 때문이었다. 그러나 그의 세 번째 작품 『환관Eunuchus』은 대성공을 기록하여 1일 2회 공연으로 오늘날의 5,000만 리라라는 상당한 금액에 해당하는 8,000세스테르티우스를 벌어들였다. 당시 로마에는 이 작품의 진정한 작가가 테렌티우스의 친구이자 보호자였던 '자마의 영웅'의 부친인 스키피오의 동생 렐리우스일 것이라는 소문이 돌고 있었다. 테렌티우스는 이러한 소문에 담담한 마음으로 부정도, 긍정도 하지 않았다. 자신의 작품을 둘러싼 입방아를 피할 목적이었는지도 모르지만, 어쨌든 테렌티우스는 그리스로 돌아간 후에 다시는 로마에 돌아올 수 없었다. 그는 고향으로 가는 도중에 병으로 아르카디아에서 사망했다. 당시 로마에 확산되어 있던 소피스트적이고 지성적인 분위기는 오늘날의 프랑스인들이 앙드레 지드에 대해서 가지는 열정과 동일한 것이었다. 키케로는 그를 '공화국에서 가장 세련된 시인'이었다고 극찬했다. 또한 문학에도 조예가 깊었던 카이사르는 테렌티우스가 가장 완벽한 문체를 구사하지만, 무대극 분야에서는 메난드로스*가 보여준 능력의 절반에도 미치지 못하는 인물이었다고 평가했다. 테렌티우스의 희곡들은 플라우투

---

* BC342~292. 고대 아테네의 유명한 극작가.

스가 보여주었던 조잡함을 드러내지는 않았다. 테렌티우스의 작품들에 등장하는 인물들의 특성은 보다 복잡하여 분명하게 드러나지는 않았지만, 그들의 대화는 가장 함축적이고 풍부한 의미들을 암시하고 있었다. 그러나 불행히도 플라우투스와 테렌티우스가 사용한 언어는 민중의 언어가 아니었기 때문에, 민중은 인위적인 분위기에 식상하여 야유를 보내기도 했다.

극장에 무료로 출입할 수 있게 됨에 따라서 더욱 많은 관객이 무대극을 관람했다. 무대는 축제 때마다 일시적으로 제작되었다가 곧바로 철거되는 가설무대였다. 극장의 무대는 나무로 건축되었으며, 무대 앞에는 무대극에 따르는 춤의 반주를 위해서 원형의 오케스트라가 자리 잡고 있었다. 관객 중 일부는 서서, 일부는 땅에 드러누워서 그리고 일부는 집에서 가져온 조그만 의자에 앉아서 관람했다. 기원전 145년경부터 극장은 그리스 양식을 모방하여 목재로 건축되었다. 또한 극장의 좌석들은 무대를 중심으로 원형으로 배치되었으며, 지붕이 없는 극장도 있었다. 입장은 모든 사람에게 무료였지만, 노예들과 여성들은 서서 구경해야 했다.

막이 오르기 전에 배우들이 연출하는 서막에서는 공연에 앞서 어머니들에게 아이들을 조용히 시키거나 또는 우는 아이들을 집으로 데려가도록 권고했다. 무대는 무질서하고 매우 혼란스러웠으며, 종종 박수 소리와 촌스러운 농담으로 공연이 중단되기도 했다. 그리고 공연이 끝났는데도 이를 알아차리지 못하는 경우가 발생하기도 했는데, 이 때문에 무대 공연은 '박수를 부탁드립니다nunc plaudite omnes'라는 말을 마지막으로 막을 내렸다고 한다.

일반적으로 배우들은 주인공 역을 독점한 로마 시민 배우들을 제외하고는 그리스 출신의 노예들이었다. 그러나 주인공은, 프랑스에서 17세기까지 이어져오던 전통과 마찬가지로, 연기자로서의 삶을 사는 대가로 정치적인 권리를 상실했다. 남자 배우들은 때에 따라서는 여성으로 분장하기도 했다. 관중의 수에 한계가 있었던 만큼, 배우들의 분장은 대략적으로 이루어졌다. 그러나 기원전 1세기, 관중의 수가 증가하자 배우들을 구별할 목적으로 에트루리아 어원의 페르수phersu에서 유래된 페르소나persona라는 이름의 가면이 사용되기 시작했는데, 드람마티스 페르소나drammatis persona는 '드라마의 가면'을 의미했다. 가면을 쓴 배우들은 비극일 경우에는 코투르누스cothurnus라는 밑창이 높은 신발을, 희극을 연출할 때에는 목이 짧은 소쿠스soccus라는 신발을 신고 연기했다.

오늘날과 마찬가지로, 당시에도 배우와 온갖 종류의 대중공연을 감찰하는 검열관들 간에 마찰이 빚어지기도 했다. 검열은, 정치 풍자를 금지하고 위반시에는 사형이라는 무거운 형벌로 처벌하도록 명시하고 있는 12동판법의 관련 법조항에 기초하여 실시되었다. 실제로 이와 관련하여 나이비우스가 추방되었다. 그의 후배 작가들은 처벌의 위험을 피하기 위해서 모든 것을 그리스의 작품들로부터 도용했는데, 심지어는 장면, 배우들의 성격, 상황 설정, 복장 그리고 동전 이름까지 모방했다. 검열의 기준은, 요즘도 그러하듯이, 주로 형식적이고 타성적인 것들이었다. 그러나 정부와 생존해 있는 시민들을 직접적인 비판의 대상으로 삼지 않을 경우에는 외설적인 내용도 묵인해주었다.

다행히도, 공연을 준비하는 건축관은 관중에게 즐거움을 제공하고 정치적인 지지를 얻기 위해서 배우들을 위협으로부터 보호해주었다. 플라우투스의 경우에는 자신의 작품 활동을 뒤에서 돌봐준 세력가들의 후원이 있었던 것으로 생각된다. 만약 플라우투스에게 후원자가 없었다면, 로마의 무대극은 태어나지도 못했을 것이다. 설사 그가 혼자 해냈다고 해도, 오늘날 우리가 알고 있는 로마 사회에 대한 여러 정보들은 빛을 보지 못했을 것이다.

검열이 느슨해진 배경에는 그리스인들의 '자유로운 사고'를 추구하는 경향이 확산되고 있었기 때문이다. 로마인들은 그리스인들을 조롱하는 의미에서 '그리스놈들'이라고 부르면서도 스승으로 받아들였다. 초기의 문법학자, 수사학자 그리고 철학자들은 전쟁 포로 출신의 인질이나 노예의 신분으로 로마에 도착했다. 이들은 로마에서 교육 분야에 종사했다. 기원전 172년, 원로원은 에피쿠로스를 추종하는 그리스인 두 명을 적발하여 추방하기도 했다. 이로부터 몇 년 후, 페르가몬에 위치한 도서관의 관장이면서 스토아학파의 선봉이었던 크라테스가 사절의 자격으로 로마에 왔다가 사고로 부러진 다리를 치료하는 동안 가르침을 베풀기도 했다. 그리고 기원전 155년, 아테네는 플라톤 철학의 카르네아데스, 아리스토텔레스 철학의 크리톨라오스 그리고 스토아 철학의 디오게네스에게 외교 임무를 부여하여 로마에 파견했다. 이들도 로마에서 가르침을 베풀었는데, 카토는 카르네아데스가 강연을 통해서 신들은 존재하지 않으며, 정의와 불의는 단지 관습적인 것에 불과하다고 했다는 말을 전해듣고 원로원으로 달려가 이 아테네인들을 추방할 것을 요구했다.

결국 카르네아데스는 추방되었지만, 이미 수많은 로마인들이 그리스 사상과 문화를 옹호하고 있었다. 영향력 있는 로마인들은 그리스의 추종자가 되어 있었으므로 그리스 문화와 사상에 억압을 가하려는 의도는 큰 성과를 거두지 못했다. 플라미니우스는 자신의 집에 폴리클레이토스, 페이디아스, 스코파스 그리고 프락시텔레스의 조각이 가득한 화랑을 소유하고 있었다. 아이밀리우스 파울루스는 페르세우스 왕의 도서관에 소장되어 있던 수많은 장서들을 전리품으로 가져와 자식들을 교육시키는 데에 사용했다. 파울루스가 사망하자, 그의 막내아들은 스키피오 아프리카누스의 아들인 코르넬리우스 스키피오의 양자가 되었다. 양자가 된 후 푸블리우스 코르넬리우스 스키피오는 할아버지의 패배를 설욕하고 카르타고를 파괴했으며, 스키피오 가문의 우두머리로서 헬레니즘 문화를 적극적으로 수용했다. 부자인 그는 수려한 용모와 인격과 정직성(죽을 때 은화 33리브라와 금화 2리브라만을 남겼다)을 갖춘 인물이었으며, 당시에 유행하고 있던 살롱 문화에 심취해 있었다. 여러 해 동안 그의 집에 손님으로 머물고 있던 폴리비오스는 로도스의 그리스 귀족 가문 출신이자 스토아주의자인 파나이티오스와 거의 매일 만났다. 폴리비오스는 스키피오의 암묵적인 지지와 후원하에서 작성되었을 것으로 추측되는 『의무에 관하여De Doveri』라는 저서를 기초로 다시 로마의 '황금의 청년기'*에 관

---

* 총 40권에 걸친 그의 대저 『역사Historiae』를 가리키는 것으로 보인다.

하여 저술했다. 과거의 스토아주의자들과는 다르게, 새로운 스토아주의자들은 더 이상 절대 덕목을 설교하지 않았으며, 조금은 행운과 불운에 관한 관심을 피력했다. 이들은 로마의 풍속을 바로 세우는 데에 별다른 도움을 제공하지 못하는 신앙을 버리고, 타협적이지만 온건한 덕목을 선택했다. 즉 다시 말하면 이들은 엄격한 청교도주의적인 신앙심을 버리고, 관용을 주장했던 것이다.

스키피오의 살롱은 상당한 영향력을 가지고 있었다. 이곳에는 플라미니우스 이외에도, 가이우스 루킬리우스와 가이우스 라엘리우스(라엘리우스와 스키피오의 우정은 키케로가 『우정에 관하여 De Amicitia』를 저술하는 데에 많은 영향을 주었다)가 출입했으며 관심을 갖고 있던 이념들에 대해 토론했다. 이들은 멋을 추구하여 세련된 방식과 독창적이고 매력적인 이념들, 특히 귀에 거슬리는 어색한 악센트가 별로 없는 깨끗한 언어를 선호했다. 이들이 추구한 언어는 살롱 문화에 빠져 있던 카툴루스와 테렌티우스의 희곡 작품에 등장하는 배우들의 입을 통해서 로마 지식층의 언어로 발전했다. 그러나 관중은 자신들의 언어와는 다르게 인위적이라는 이유로 야유를 보냈다.

제19장 그라쿠스 형제

　로마의 '살롱'을 중심으로 혁명의 기운이 모여들고 있었다. 혁명은, 우리가 생각하는 것과는 달리 결코 프롤레타리아 계층을 중심으로 시작되지 않는다. 이들의 역할은 다만 무력을 빌려주는 것에 지나지 않으며, 귀족 계층과 부르주아가 그 결과를 누리게 된다. 혁명은 항상 일종의 자살과 같다. 계급은 스스로 붕괴되기 전에는 결코 제거되지 않는다.

　일명 아프리카누스라고 불리던 스키피오의 딸 코르넬리아는 자마 전투에서 승리한 장군의 동생인 루키우스를 처벌하자는 안건에 거부권을 행사했던 호민관 티베리우스 셈프로니우스 그라쿠스와 혼인했다. 이 혼사는 독재가 몰락하고 있다는 명백한 증거였는데, 그 이유는 근본적으로 그라쿠스가 부인의 삼촌인 루키우스를 구원했기 때문이었다. 그러나 이러한 약점에도 불구하고, 셈프로니우스는 자신의 노력에 합당한 명성을 얻게 되었다. 그는 감찰관에 선출된 이후 두 번의 집정관직을 거치면서, 자유주의적인 기준과 계몽주의적인 방식으로 히스파니아를 통치하고 있었다. 코르넬리아로부터 열두 명의 자식을 얻었으나, 이중에 아홉 명이 어린 나이에 사망했기 때문에, 남편이 죽었을 때 코르넬리아에게는 두 명의 아들과 한 명의 딸만이 남아 있었다. 한편 어머니와 같은 이름의 딸은 장애인이었는데, 선천적인 것인지 혹은 어린 시절의 성장 과정에서 사고로 그렇게 되었는지는 알려지지 않았다.

모든 여성들의 모범적인 과부였던 코르넬리아는 자식들의 교육에 상당한 열정을 가지고 있었다. 플루타르코스의 말에 의하면, 미모가 출중하여 이집트의 왕이 청혼했을 때 그녀는 차라리 스키피오의 딸로서, 스키피오 아이밀리아누스의 장모로서 그리고 그라쿠스 형제의 어머니로서 자신의 운명을 선택하겠다고 회답했다고 한다. 이 당시에 그녀의 딸 코르넬리아는 이미 카르타고의 파괴자와 혼인한 상태였다. 이들의 결합은 사랑의 승리라기보다는 사회적으로 명문 가문들이 서로간의 동맹을 강화하기 위한 방책의 일환으로 이루어진 정략적인 것이었다.

코르넬리아는 당시 로마에서는 비교 대상이 없을 만큼 상당한 지성미를 갖춘 여성이자 주부였다. 18세기 프랑스 귀부인들의 살롱과 기능면에서 거의 유사했던 그녀의 살롱에는 정치와 예술 그리고 철학 분야의 저명인사들이 자주 출입했다. 이곳에서는 렐리우스, 플라미니우스, 폴리비오스, 가이우스 루킬리우스, 푸블리우스 무키우스 스카이볼라, 메텔루스 마케도니쿠스를 중심으로 '스키피오 서클'이 주류를 이루고 있었다. 당시 로마에는 혈연, 지성, 경험을 통해서 다양하게 결성된 훌륭한 그룹들이 존재하고 있었을 것이다. 그러나 새로운 리더들은 자신들의 아버지나 할아버지와 많은 면에서 차이를 보였다. 어쨌든 사람들은 코르넬리아의 주변에 모여들었다. 이들은 매일같이 끝없는 대화를 주고받았으며, 로마가 세계를 이끌어가야만 한다는 의견보다는 오히려 그 반대적인 생각, 즉 그리스 학문을 배워야 한다는 확신을 공통적으로 가지고 있었다.

이들의 대화는 혁명적이라기보다는 급진주의적인 것에 가까웠다. 이들은 모두 의식 있는 사람들로서 자신들의 대화의 의미를 잘 알고 있었다. 또한 자신들이 말하는 것이 정부와 원로원에 영향을 주리라는 사실도 인식하고 있었다.

실제로 로마의 상황은 그리 긍정적이지 않았으며, 그만큼 보다 광범위한 비판과 보다 비관적인 전망이 확산되고 있었다. 로마는 짧은 시간에 건설된 대제국을 부실하게 운영하고 있었다. 시칠리아, 사르데냐, 히스파니아 그리고 아프리카에서 노예들의 무임 노동으로 생산된 밀이 저렴한 가격으로 공급되자, 중소 규모의 토지 소유자들로서 한니발과의 전쟁에서 용감히 싸워 조국에 승리를 안겨주는 데에 결정적인 역할을 수행했던 농민들이 몰락하게 되었다. 농민들이 가격 경쟁을 극복하지 못하고 팔 수밖에 없었던 토지들은 나중에 대농장으로 흡수되었다. 기원전 220년 원로원 의원들의 무역 활동을 금지하기 위하여 제정되었던 법에 전쟁으로 축적된 자본을 농업에 투자하도록 의무화하는 규정을 삽입했다. 적으로부터 강탈한 토지의 대부분은 정부에 자본을 대부한 대가로 토지에 대한 권리를 획득한 투자가speculatore들에게 위임되었다. 이들은 원로원 의원들과 같이 더 이상 과거의 성실한 시골 사람들이 아니었다. 농촌을 떠나 도시의 편리하고 아늑한 생활과 정치 생활에 길들여진 이들은 과거 선조들의 단순하고 금욕적인 생활로 돌아가는 것을 포기했다. 그리하여 오늘날 이탈리아 남부 귀족들의 관행에서도 찾아볼 수 있듯이, 일단 대농장을 구매하면 이를 관리인에게 위탁했다. 그리고 관리인은 미래를 위한 아무런 계획도 없이 농지의 지력과 노예들의 노동력을 최대로 착취하여 주인과 자신을 위해서 가능한 최대의 대가를 얻어내려고 했다.

농업 위기는 사회-도덕 분야의 위기와 거의 동시에 발생했다. 소규모 자영농들을 중심으로 형성되었던 로마 사회의 경제는 시간이 지날수록 더욱더 대외적인 약탈과 대내적인 노예 노동에 의존하게 되었다. 노예들의 로마 유입은 끝없이 계속되었다. 기원전 177년 한 해에 4만 명의 사르데냐 노예들이 유입되었으며, 10년 후에는 15만 명의 에페이로스인들이 로마로 끌려왔다. 노예 상인들은 노예 공급을 위해서 군사 작전에 동행했으며, 그리스와 마케도니아 제국이 붕괴된 이후에는 아시아, 도나우 강 그리고 심지어는 러시아의 국경 지역에까지 진출했다. 델로스에 위치한 국제적인 노예 시장에서는 하루에 보통 1만여 명의 노예들이 거래되었다. 이 점을 고려할 때 노예들의 수는 실로 엄청나게 많았을 것이며, 때로는 노예 한 명의 가격이 6,000리라로 폭락하기도 했다.

여러 도시에서도, 노예들이 수공업 상점과 사무실 그리고 은행과 공장 등의 거의 모든 노동을 점유하자 시민들은 일자리를 잃고 실업자로 전락하게 되었다. 기업주와의 인간관계는 전적으로 고용주들의 성품에 따라서 결정되었다. 물론 노예들에 대한 아무런 의무도 없는 상황에서 이들을 인간적으로 대우하려는 사람들이 없지는 않았다. 그러나 가격과 경쟁에 관한 경제 원칙이 최대의 수익과 최소의 비용을 추구하는 것인 만큼, 경제 분야에서의 인간적인 측면은 반비례적으로 상당히 제한되었다.

농촌에서는 단순한 상품으로 간주되고 있던 노예들의 비참한 생활환경이 오래 전부터 계속되고 있었다. 이들은 설사 가족의 일원이 되었을 때에도 가난한 친척쯤으로 간주되었다. 농민과 지주 간의 관계는 전자의 빈약한 재산과 후자의 노동력 부족을 매개로 그나마 어느 정도는 인간적이고 직접적이었다. 그러나 노예 노동을 중심으로 운영되는 대농장의 경우에는 주로 악질적인 인물이 거의 모습을 드러내지 않는 주인을 대신하여 비참한 노동자들에게 유일한 위로로 제공되는 음식과 콩까지도 아끼는 지독한 행동도 서슴지 않았다. 명령을 거역하거나 불평을 하는 노예들은 쇠사슬에 묶여 가차 없이 지하감옥으로 보내졌다.

기원전 196년 에트루리아에서 노예들의 반란이 발생했다. 반란 노예들은 전부 로마 군인들에게 죽임을 당했는데, 노예를 처형하는 수많은 십자가가 길가에 즐비했다. 10년 후, 아풀리아에서 또 다른 반란이 발생했을 때 로마 군인들의 잔인한 진압으로 극소수의 사람들만이 살아남았으며, 이 생존자들은 광산의 힘든 육체노동을 감수해야만 했다. 기원전 139년, 에우누스가 주동한 대규모의 노예 봉기가 발생하여 엔나 지역의 주민들이 대량으로 학살당하는 끔찍한 사건이 발생했다. 반란에 참가한 노예들은 아그리젠토를 점령하고 급조한 7만의 노예 군대를 이끌고 로마 군대를 패배시킨 후 시칠리아 섬의 대부분을 장악했다. 로마 정부가 이를 진압하는 데는 무려 6년의 세월이 걸렸다. 그러나 반란이 종식된 후 이들에 대한 처벌은 전과 마찬가지로, 진압의 노고에 비례하여 가혹하게 실시되었다.

노예들의 반란이 진압된 해인 기원전 133년, 셈프로니우스와 코르넬리아 사이에서 출생한 티베리우스 그라쿠스가 호민관으로 선출되었다.

티베리우스는 쿠마이 출신의 그리스 노예였던 가정교사 볼로시오스의 도움으로 당대의 지식 계층이 출입하던 모친의 응접실에서 흘러나오는 급진적인 이념을 어렵지 않게 습득할 수 있었다. 같은 또래의 소녀들에게 흥미를 가질 나이임에도 불구하고 티베리우스는 정치에 몰두했다. 당시의 그는 소위 이상주의자라고 할 수 있었다. 그러나 그는 자신의 훌륭한 이상들이 원대한 야망을 실현하는 데에 기여할 결정적인 순간을 포착하기 전까지는, 거의 모든 이상주의자들이 그러하듯이, 이상의 가치를 무시하고 있었다. 그는 응접실에 모인 고위층 인사들의 대화와 동생 가이우스의 말을 귀담아 들으면서 조국의 상황을 조금씩 이해하게 되었다. 그는 개인적으로 이를 확인하기 위해서 에트루리아를 여행하면서 처참한 현실을 목격했다. 그는 농업이 투자가들과 노예들의 노동에 의해서 유지될 경우 이탈리아가 붕괴될 위험에 처할 것이란 사실과, 보조금으로 생계를 유지하는 게으른 무산 계층이 존재하는 한 로마에는 그 어떤 건전한 민주 정치도 성립될 수 없다는 현실 감각을 가지게 되었다.

티베리우스는 노예의 증가와 도시의 확장 그리고 군사력의 약화에 대처하는 유일한 수단은 적극적인 '농지 개혁안'이라고 확신하고, 호민관으로 재출마하는 자리에서 그와 관련된 안을 켄투리아회에 제출했다. 제안의 내용은 다음의 세 가지였다. 첫째, 모든 시민은 125헥타르 이상의 공공 토지를 소유할 수 없으며, 다만 자식이 두 명 이상일 경우에는 최고 250헥타르의 농지를 가질 수 있다. 둘째, 정부가 분배하거나 세금을 대가로 제공한 모든 토지는 계약 당시와 동일한 가격으로 반환되어야 한다. 그러나 토지의 비옥도가 개선된 경우 얼마간의 보조금이 지급된다. 셋째, 가난한 시민들에게는 1인당 6헥타르를 기준으로 토지를 재분배한다. 이 경우 약간의 세금을 내야 한다. 그러나 분할받은 토지를 판매하는 행위는 금지한다.

티베리우스의 제안은 합리적이었으며, 이미 2세기 전에 승인된 리키니우스-섹스티우스 법과 상당히 유사한 내용이었다. 그러나 그는 개혁 의지를 선동 정치와 혁신적인 웅변을 통해서 민중에게 직접 표출함으로써 자신의 사회적인 신분을 망각하는 과오를 범했다. 오늘날의 경우와 마찬가지로, 티베리우스의 급진적인 신념은 그의 귀족적이고 부르주아적인 입장과, 그것과는 상관없이 세련되고 소피스트적인 당시의 생활 관습과, 웅변을 수단으로 민중을 선동하는 광장 정치 사이에서 발생하는 심각한 반목을 피할 수는 없었다. 티베리우스는 광장에서의 연설을 통해서 "로마의 장군들은 여러분들의 사원과 조상의 무덤을 위해서 투쟁할 것을 촉구하고 있지만, 이는 사기이며 기만적인 선동에 불과합니다. 여러분이 가지고 있는 것은 조상의 제단이 아닙니다. 조상의 무덤을 가지고 있는 것도 아닙니다. 여러분이 가지고 있는 것은 아무것도 없습니다. 다만 여러분은 다른 사람들의 사치와 부를 위해서 싸우며 죽어가고 있는 것입니다"라고 민중을 선동했다.

진정으로 훌륭한 연설이었다. 불행하게도 그는 최고의 웅변가였다. 그만큼 그를 방해하려는 극단주의자들의 방해 공작도 만만치 않았다. 원로원은 티베리우스의 제안이 불법적인 것이며 그가 독재를 꿈꾸고 있다고 고발했다. 그리고 다른 호민관인 옥타비우스로 하여금 거부권을 행사하도록 설득했다. 이에 대항하여 티베리우스는 호민관이 켄투리아회의 결정에 불복하는 행동을 했을 경우에는 즉시 직위에서 해임된다는 내용을 골자로 하는 법안을 제출했다. 켄투리아회가 이 법안을 승인하자, 티베리우스의 의장관들은 무력으로 옥타비우스를 자리에서 쫓아버렸다. 그리고 자신의 법안이 투표로 승인되자, 티베리우스는 자신의 안전을 염려하는 지지자들의 호위를 받으면서 귀가했다.

우리들은 티베리우스의 제안이 그의 기대와는 달리 만장일치로 승인되지는 않았을 것으로 생각한다. 과거에 그라쿠스 형제를 '나의 보석들'이라고 정의했던 코르넬리아는 티베리우스를 적극적으로 후원했다. 그러나 주변 사람들은 티베리우스가 제안한 법안이 살롱의 사회-정치적인 견해와 여러 측면에서 일치하지만, 비합법적인 수단들을 동원하여 옥타비우스를 추방했다는 사실과 민중 선동적인 방식에 불만을 토로했다. 그리고 티베리우스가 명백히 법을 무시하고 호민관에 재출마하자 이들의 반발은 결정적이 되었고 자신들의 지지를 철회했다. 살롱의 단결은 와해되었다.

한편, 티베리우스의 재출마 선언은 원로원이 임기 만료와 동시에 호민관을 재판에 회부하겠다는 협박을 공공연히 해왔기 때문에 다른 선택의 여지가 없는 상황에서 이에 대처하기 위해서 내린 결정이었다. 그러나 티베리우스의 행동은 시각에 따라서 반역으로 해석될 수도 있었다. 결국 그의 집안 동료들로부터 버림을 받게 된 티베리우스는 평민들의 지지를 확보하기 위해서 급진적인 성향을 더욱 노골적으로 드러냈다. 티베리우스는 호민관 재출마를 위한 공약으로 군 복무 기간을 단축할 것과 원로원이 법원의 배심원을 독점하고 있는 관례를 철폐하고, 페르가몬의 아탈로스 3세가 죽으면서 로마에 기증한 재산을 처분한 돈으로 농민들에게 농기구를 마련해줄 것을 약속했다. 이렇게 해서 그는 선동 정치가로 전락하고, 적에게 절호의 구실을 제공하게 되고 말았다.

선거일, 티베리우스는 무장한 호위대를 이끌고, 낙선할 경우 자신에게는 죽음만이 기다리고 있을 뿐이라는 사실을 시민들에게 알리기 위해서 남루한 옷차림으로 광장에 나타났다. 그러나 선거가 실시되고 있는 동안 스키피오 나시카를 중심으로 곤봉으로 무장한 한 무리의 원로원 의원들이 입후보자에 대한 암살을 기도했다. 당시 원로원 의원들은 어디든지 통행할 수 있는 특권을 가지고 있었다. 티베리우스는 이 점을 간과하고 있었다. 티베리우스의 동료들은 토가 의상을 걸친 한 무리의 전통 귀족들이 지나가자 존중의 의미에서 길을 비켜줌으로써, 결과적으로 호민관을 홀로 내버려두는 결정적인 실수를 범했다. 티베리우스는 정수리에 일격을 맞고 즉사했다. 그리고 그의 시신은 수백 명의 지지자들과 함께 테베레 강에 버려졌다.

그의 동생 가이우스 그라쿠스는 형의 시신을 강에서 건져내어 무덤에 묻을 수 있도록 허가를 요청했지만 거절당했다.

이 사건은 기원전 132년의 일이었다. 9년 후인 기원전 123년, 코르넬리아의 두 번째 '보석'인 가이우스가 형의 뒤를 이어서 호민관으로 선출되었다. 오늘날 우리는 티베리우스보다는 동생에 대하여 더 잘 알고 있으며, 보다 높이 평가하고 있다. 가이우스는 형과 비교할 때, 훨씬 현실적인 지성과 강직한 성품을 갖춘 인물이었다. 동생도 훌륭한 웅변가였다. 키케로가 가장 위대한(하지만 물론 자신보다는 못한) 웅변가라고 평가했던 가이우스는 매형인 스키피오 아이밀리아누스의 휘하에서 용감한 군인으로 복무하기도 했다. 그는 강인한 인내심을 가지고 있었다. 가이우스는 로마 전통에 따라서 밑으로부터 단계적으로 별다른 무리 없이 정상을 향해서 나아가고 있었다.

지난 9년 동안 원로원은 자신들이 살해한 티베리우스의 농지 법안을 감히 폐지할 용기를 내지 못하고 있었다. 티베리우스의 농지 법안은 수많은 역경에도 불구하고 그 결실을 맺고 있었다. 그 결과로 농업 호적부에는 8만 명의 새로운 농민들의 명단이 기록되었으며, 모두 농지법에 따라서 정해진 규모의 토지를 가지게 되었다. 그러나 전통 토지 귀족들은 자신들의 토지가 감소되거나 몰수되는 것에 심하게 항의했다. 전통 세력은 저항의 중책을 스키피오 아이밀리아누스에게 일임했다. 무슨 이유 때문에 그가 자신의 신념과 배치되는 전통 토지 귀족들의 이권을 옹호했는지는 잘 알려져 있지 않다. 추측에 따르면, 아이밀리아누스가 전통 토지 귀족들의 보호자로 등장하게 된 배경에는 가문에 얽힌 이유가 있었을 것이라고 한다. 어쨌든 그는 부인 코르넬리아와 심한 갈등을 겪고 있던 기원전 129년 어느 날 아침 자신의 침대에서 시체로 발견되었다. 누가 그를 살해했는지는 지금까지도 알려져 있지 않다. 다만 당시 귀족들의 입방아에 따르면, 부인과 장모가 범인이라고 한다. 수많은 음모에 고통받고, 가까운 친구들까지도 떠나버린 몰락한 가문에서 성장한 가이우스는 조심스럽게 티베리우스의 농지 법안을 실행에 옮기려고 노력했다. 이와 동시에 이탈리아 남부와 아프리카에서 새로운 농업 식민지들을 조직했으며, 정부의 자금 지원으로 농업 장비를 제공한다는 전략으로 전직 군인들의 지지를 획득했다. 뿐만 아니라 시장 가격의 절반에 해당하는 '정치 가격'으로 밀의 가격을 동결하는 물가 안정책을 마련했다. 밀의 가격을 정치적으로 이용하는 정책은 로마 민중의 지지를 얻기 위한 수단으로서 장래에 마리우스와 카이사르에 의해서 활용된다.

일련의 성공에 용기를 얻은 가이우스는 형의 비극적인 죽음을 초래한 심각한 위험 없이 이듬해 호민관에 재선되었다. 그러나 승리의 기쁨에 도취된 가이우스는 좀 더 야심찬 모험을 시도하려고 했다. 그리고 이것이 운명의 화근으로 작용했다. 그는 300명의 회원으로 구성된 원로원에 켄투리아회에서 선출된 다른 300명의 피선 의원들을 추가하고 그리고 시민권을 노예들을 제외한 라티움의 주민들과 (이탈리아 반도의) 대부분의 주민들에게 확대하려고 했다.

그러나 로마의 무산자 계층은 이탈리아의 다른 지역에 사는 동포들의 운명에 무관심했다. 이들의 이기주의적인 생각을 가이우스는 미처 계산하지 못했다. 그 결과 라티움 지방을 비롯한 이탈리아 반도의 지지자들로부터 야유를 받게 되었다. 이 틈을 노려 원로원은 가이우스의 정략적 실수를 발판으로 일사불란하게 반격에 나섰다. 원로원은 또 다른 호민관 마르쿠스 리비우스 드루수스를 내세워 좀 더 파격적인 법안을 제안했다. 티베리우스의 법에 따라서 새로운 소토지 소유주들에게 부과되던 세금을 철폐하고, 열두 개의 새로운 식민지들의 토지를 4만 2,000명의 로마 무산자들에게 분배한다는 내용이었다.

켄투리아회는 이를 즉시 승인했다. 가이우스가 소식을 들었을 때에는 이미 자신을 지지하던 모든 세력이 드루수스의 편으로 돌아섰다.

가이우스는 세 번째로 호민관에 출마했으나 낙선했다. 그를 지지하던 사람들은 부정이 개입되었다고 주장했다. 그러나 가이우스는 이들에게 자제를 당부하고 은둔했다.

원로원은 가이우스를 제거하기 위한 계획을 모의하는 과정에서 반대 세력의 심한 저항에 봉착했지만, 결국 자신의 의지를 관철시켰다. 형제 개혁가들에게 평소 지원을 아끼지 않았던 켄투리아회는 이것이 그라쿠스 형제의 입법안을 철폐하려는 첫 번째 움직임이라는 것을 감지하고, 제2차 회의에서 무력을 동원하여 저항 의지를 분명히 했다. 그리고 회의 중에 가이우스에 대한 위협적인 연설을 하고 있던 한 보수주의자를 살해했다.

그날 이후, 원로원 의원들은 각각 두 명의 강건한 노예를 동반하고 등원하면서 전투 체제를 취했고, 그라쿠스 형제를 추종하던 사람들은 아벤티노 언덕에서 농성에 들어갔다. 가이우스는 양자 간의 화해를 위해서 노력하던 어느 날 자신에 가해진 테러로부터 벗어나기 위해서 테베레 강으로 뛰어들었다. 무사히 강을 건너 반대편 강독에 도달했지만, 이미 적들에게 완전히 포위되었다는 사실을 알게 되었다. 그는 종자에게 자신을 죽이라고 명령했다. 종자는 주인의 명령에 충실히 따랐고, 주인의 가슴에서 칼을 뽑아 이번에는 자신의 가슴에 꽂아 넣었다. 가이우스의 한 추종자는 그의 머리를 잘라서 그 속에 납을 넣은 다음 원로원에 가져다주었다. 그리고 적지 않은 보상금을 받은 후 자신의 정치적인 새출발을 다짐했다. 가이우스에게 박수를 보냈던 민중은 자신들의 영웅의 죽음에 대하여 복수하지 않았다. 이들은 오히려 가이우스의 집을 약탈하는 데에 더욱 열중했다.

　살해당한 두 자식의 어머니이자 사위 살인 의혹을 받고 있던 코르넬리아는 상복을 입었다. 그러나 원로원은 그 상복마저 벗어버리라고 명령했다.

제20장 마리우스

가이우스 그라쿠스는 250명의 지지자들과 함께 살해되고, 3,000여 명이 체포되었다. 이로써 보수주의자들은 확실한 승리를 쟁취했으며, 대대적인 탄압이 임박한 것처럼 보였다. 그러나 예상했던 잔혹한 탄압은 없었다. 원로원은 농지 개혁안을 철회하고, 밀의 고정 가격 정책과 귀족들이 법원의 배심원을 독점하는 전통을 그대로 유지했다. 원로원은 잠정적인 승리를 획득했음에도 불구하고, 지금 당장 과거로의 본격적인 복귀를 결정할 상황은 아니라는 것을 알고 있었다.

몇 년 동안, 로마는 그라쿠스 형제가 시기상조의 수많은 전략적 과오를 범하면서도 끝까지 실시하려고 노력했던 정책들에 대한 대안을 마련하지 못한 상태에서 하루하루를 보내고 있었다. 한편 농지 법안들의 실시로 형성된 새로운 토지 소유주들에게 좀 더 유리하도록, 과거에 분배받은 토지의 매각을 허용해주었다. 그 결과 그동안 아무런 지원을 받지 못하고 있던 소토지 소유자들은 토지를 매각하고 다시 무산자로 전락했다. 그리고 대농장주들은 이전과 마찬가지로 노예 노동에 기초한 개혁을 단행하여 자신들의 소유권을 확대했다. 중도적인 인물로서 민주 정치를 주장하던 아피아노스는, 당시 로마에 대략 2,000여 명의 토지 소유주들이 있었으며 나머지는 모두 무산자들로서 하루하루 악화일로의 삶을 살아가고 있었다고 증언했다.

기원전 112년, 일명 '아프리카의 스캔들'이라고 부르는 대규모 반란이 발생하여 엄청난 피해를 가져왔다. 그 전에 마시니사의 뒤를 이어 누미디아의 왕위를 계승했던 미킵사는 6년 전에 사망하면서 서자인 유구르타에게 자신의 적자嫡子인 미성년 상속자들에 대한 보호와 섭정권을 위임했다. 유구르타는 이들 중 하나를 죽이고 다른 한 명의 상속자와 전쟁을 시작했다. 왕국의 나이 어린 상속자는 누미디아 왕조의 보호자인 로마에 지원을 요청했다. 로마는 조사위원들을 파견했지만, 유구르타는 이들을 매수했다. 로마가 유구르타를 소환했을 때에도 이번에는 자신을 심문하는 원로원 의원들을 매수했다. 그러나 퀸투스 카이킬리우스 메텔루스(메텔루스 누미디쿠스)라는 인물이 집정관으로 선출되자, 유구르타의 뇌물을 거부하고 악질적인 찬탈자를 징벌하기 위해 나섰다. 이른바 유구르타 전쟁이다.

비록 당시에 신문은 없었지만, 사람들은 대규모 반란의 경위와 내막을 알고 있었다. 그라쿠스 형제가 살해된 날부터 증폭되어온 귀족 정치에 대한 증오심은, 훌륭한 인물이라고 믿고 있던 메텔루스가, 귀족이 아니라는 이유를 내세워 부관인 가이우스 마리우스의 집정관 출마에 반대했다는 소식이 전해지는 순간 폭력을 동반한 봉기로 폭발되었다. 어떤 인물인지도 모르는 상태에서, 켄투리아회는 가이우스 마리우스에게 목표를 주어 군단의 사령관으로 추대했다. 당시 로마에는, 장소와 시대를 초월하여 민주 정치가 위기에 빠질 때마다 '인물이 필요해'라는 속담이 유행하고 있었다.

이렇게 해서 로마는 우연하게 필요한 인물을 발견했다.

마리우스는 지방에서나 겨우 찾아볼 수 있는 고리타분하고 시대에 뒤떨어진 유형의 인물이었다. 그는 키케로의 출생지이기도 한, 로마에서 멀리 떨어진 아르피노에서 가난한 육체노동자의 아들로 출생했다. 어릴 때부터 복무했던 군대에서 인생에 필요한 모든 것을 습득했다. 승진을 거듭하다가 누만티아Numantia의 포위 전투에서 몸에 부상을 입고 공로 훈장을 받았다. 그리고 그는, 비록 당시에는 평범한 소토지 귀족 출신의 평범한 가문이었지만 장차 수천 년 동안 그 이름을 날리게 될 카이사르가 자라고 있던 가이우스 율리우스 카이사르 집안의 딸 율리아를 신부로 맞이했다. 자신의 훌륭한 군 경력 덕분에 마리우스는 호민관으로 선출되었다. 그러나 그는 이 직위를 이용하여 결국에는 자신의 무능함을 폭로하게 될 정치에 입문하기보다는, 메텔루스의 휘하에서 막강한 권력을 휘두르면서 자신의 부하 군인들과 함께 지내는 것을 선택했다. 메텔루스는 당시 유구르타와의 전쟁에서 별다른 열의를 보이지 않았다. 메텔루스는 자신의 부관인 마리우스가 로마로 돌아가 집정관 선거에 출마하려고 한다는 사실을 알게 되자, 마리우스와 같은 촌스러운 농부에게는 자격이 없음을 주장하기 위해서 스캔들을 조작했다. 당시 집정관 직은 평민에게도 법적으로 보장되어 있었지만, 그것은 이론에 불과했다.

민감하고 내성적인 마리우스의 자존심은 크게 상했다. 그러나 일단 집정관으로 선출되자, 자신의 자리를 이용하여 메텔루스에게 직위 사퇴를 강요했다. 한편, 마리우스가 집정관에 오르면서 전쟁은 지금까지와는 다른 방향으로 전개되었다. 불과 몇 달 만에 유구르타는 항복하여 승자의 마차에 묶인 채로 로마에 압송되었으며, 마리우스는 자신을 영웅으로 간주하는 민중의 열렬한 환영을 받았다. 그러나 로마 민중은 누미디아의 왕위 찬탈자에게 결정적인 패배를 안겨준 사람이 사실은 술라라는 이름의 법무관이었다는 사실을 모르고 있었다. 마리우스를 의식하여 술라가 당시 보여준 겸손한 태도는 마리우스가 한때 메텔루스에게 보여주었던 것과 같은 맥락이었을 것이라고 생각된다.

얼마 동안 마리우스는 영웅으로 군림했으며, 로마는 영웅에 대한 특별대우로서 헌법 조항을 무시하고 자신들이 품고 있던 '필요한 인물'이라는 이미지를 존중하여 향후 6년 동안 계속해서 집정관으로 추대했다. 그러나 유구르타의 처형으로 외부로부터의 위협이 종식된 것은 아니었다. 오히려 갈리아인들이 대규모 공세를 벌임으로써 더 심각한 사태가 발생했다. 이들은 킴브리족과 테우토네스족으로서 과거의 어떤 적들보다 수적으로나 공격 성향으로나 강력한 세력을 구축하고 있었다. 그리고 이들은 갈리아로부터 게르마니아에 이르는 광활한 지역에서 남부를 향해서 진격해오고 있었다. 이들과 케른텐*에서 대적한 한 로마 군대는 전멸했으며, 또 다른 로마 군대도 레노 강변에서 참패했다. 계속된 로마 군대의 패전은 원로원이 세르빌리우스 카이피오와 만리우스 막시무스를 지휘관으로 하는 다섯 번째 로마 군대를 파견할 때까지 두 번의 군사적인 패배를 더 감수해야만 했다. 두 지휘관은 서로에 대한 질투심으로 사

---

* Kärnten. 현재의 오스트리아 남부에 있는 주.

사건건 충돌했으며, 상대를 방해하는 일에만 열중했다. 결국 오랑주*에서 수준 이하의 두 장군은 8만의 군대를 지휘하여 적들과 대결했지만 대패하여 4만의 희생을 감수해야만 했다. 이제 로마는 적들의 질풍 같은 공격의 위협하에 숨을 죽이고 있었다. 로마로서는 천만다행으로, 적군은 히스파니아를 약탈하기 위해 알프스가 아닌 피레네 산맥을 횡단하고 있었다. 적들이 히스파니아에 이어서 이탈리아를 침공할 태세를 갖추고 있었을 때에는, 4년 전부터 집정관직을 수행하고 있던 마리우스가 반격을 위한 만반의 준비를 이미 완료한 상태였다.

마리우스는 새로운 군대를 조직하면서, 진정한 의미의 혁명을 준비하고 있었다. 그리고 이러한 조치들은 후에 조카인 카이사르에게 막강한 권력 배경을 공급하게 될 것이었다. 그는 로마의 다섯 계층 모두에게 군 복무 의무가 있음에도 불구하고, 의무를 회피하고 있다는 사실을 발견하고는 더 이상 시민들의 군 복무 의무에 희망을 걸 수 없다는 것을 알게 되었다. 따라서 마리우스는 무산자들과 부랑자들에게 많은 급료 그리고 승리를 거두면 전리품과 토지를 나누어줄 것을 약속하고, 군대에 복무할 것을 설득했다. 이는 시민 군대를 용병 군대로 대체하는 것을 의미했다. 이것은 상당히 위험한 계획으로서 그리 멀지 않은 장래에 엄청난 재앙의 불씨가 되었지만, 몰락의 조짐이 보이는 당시의 로마로서는 선택의 여지가 없었다.

마리우스는 모집한 프롤레타리아들을 경험 많은 부관들의

---

* Orange. 프랑스 남동부에 있는 도시.

휘하에 편입시킨 다음, 알프스 산맥을 향하여 진격했다. 그리고 꿀과 채찍을 함께 구사하면서 별로 중요하지 않은 전략 목표에 이들을 투입함으로써, 소규모 전투를 통하여 실전 감각을 익히도록 유도했다. 결국 이들에게 테우토네스인들이 필연적으로 통과해야만 하는 길목인 엑상프로방스에 참호를 파도록 했다. 로마 군대는 6일 동안 적군과 대치했다. 테우토네스인들은 대치하고 있는 로마 군대가 수적으로 열세에 있음을 알고 지나친 자만심에 빠졌다. 테우토네스인들의 용모는 3세기 전과 변함이 없었다. 키가 크고 강인하며 용맹했지만, 반대로 지략은 전무한 상태였다. 그렇지 않았다면 이들은 등 뒤에 적을 남기는 실수를 범하지 않았을 것이다. 결국 테우토네스인들은 전략적인 실수 때문에 엄청난 대가를 지불해야만 했다. 불과 몇 시간 만에 마리우스는 적의 뒤를 공격하여 단숨에 10만의 적군을 쓰러뜨렸다. 플루타르코스에 따르면, 마르세유 주민들의 농토는 죽은 시체들로 가득 덮여 있었으며, 그 썩는 냄새가 지독하여 그해에는 아무런 수확도 거두지 못했다고 한다.

승리를 거두고 이탈리아 반도로 돌아온 마리우스는 과거 한니발이 최초의 승리를 거두었던 베르켈라이Vercellae에서 킴브리족의 공격에 대비했다. 그들의 형제들과 마찬가지로 킴브리족도 머리보다는 용기를 앞세우는 종족이었다. 그들은 눈길을 맨발로 행진했으며, 방패를 미끄럼판으로 이용하여 얼어붙은 경사면을 타고 내려와 로마 군대가 주둔하고 있는 지역에까지 접근했다. 이들의 모습은 마치 스포츠 경기를 하고 있는 선수들과 같았다. 베르켈라이에서도 엑상프로방스에서와 마찬가지로 전투라기보다는 차라리 일종의 살육이라고 할 만한 행위가 자행되었다.

로마로 돌아온 마리우스는 '제2의 카밀루스'로 환대를 받았다. 로마는 감사의 표시로 승리한 장군에게 적군의 모든 전리품을 선물했다. 마리우스는 부자가 되었으며, 특히 전리품으로 '왕조의 영지'처럼 거대한 토지를 보유하게 되었다. 그리고 그는 생애 여섯 번째로 집정관에 선출되었다.

다른 모든 영웅들의 정치 활동과 마찬가지로, 마리우스는 군단 사령관으로서의 재능에 훨씬 못 미치는 정치 능력을 보여주었다. 이제 그는 자신의 군인들에게 약속한 것을 이행해야만 했다. 약속을 지키기 위해서 그는 민중 세력의 지도자들인 평민 호민관 루키우스 사투르니누스와 법무관 가이우스 글라우키아와 연합해야만 했다. 그러나 이들은 사악한 인물들로서 마리우스의 대중적인 인기를 이용하여 자신들의 이익만을 챙기는 데에 몰두할 뿐이었다. 토지는 그라쿠스 형제의 농지 개혁안에 입각하여 분배되었다. 그러나 이들은 동시에 자신들의 인기를 위해서 이미 낮게 책정되어 있던 밀의 가격을 10분의 1의 가격으로 재차 인하했다. 이러한 결정은 정부 예산의 균형을 위험에 빠뜨릴 수 있는 어리석은 조치였다. 온건중도파의 민중 세력은 동조를 꺼렸으며, 원로원은 호민관에게 거부권을 행사하도록 요청했다. 그러나 사투르니누스는 헌법을 위반하면서까지 법안을 켄투리아회에 상정하려고 했고, 결국 사고가 발생했다. 기원전 99년의 집정관 선거에는 글라우키아가 민중 세력의 대표로 그리고 소수의 존경받는 귀족들 중의 한 사람인 가이우스 멤미우스가 보수 세력의 대표로 출마했다. 그러나 멤미우스는 사투르니누스에 의해서 살해되었다. 원로원은 정부를 구하기 위해서 비상사태를 선포하고 마리우스에게 정의와 질서의 회복을 명령했다. 마리우스는 행동으로 옮기기를 주저하고 있었다. 정치에 입문한 후 그는 아무 일도 하지 않고 있었다. 그는 늙고 비대해졌으며 과음에 찌들어 있었다. 이제 공개적인 반란과 옛 친구들을 제거하는 것 중에 하나를 선택해야만 했다. 결국 그는 후자를 선택했다. 마리우스는 자신을 지도자로 추대한 보수주의자들이 사투르니누스와 글라우키아 그리고 그들의 추종자들을 모두 체포하여 살해하는 것을 묵인했다. 결국 마리우스는 자신을 믿을 수 없는 동맹자로 간주하는 귀족들과 자신을 배신자로 간주하는 평민들 모두로부터 증오와 미움을 피할 수 없게 되자, 고독한 삶에 빠져들어 결국 동방으로 여행을 떠났다.

그러나 2년이 채 지나지 않았을 때, 로마는 다시 그에게 '제2의 카밀루스'로서 당당하게 돌아와 줄 것을 요청했다. 이때 만약 마리우스가 로마의 제안을 받아들이기에 앞서 자신의 운명에 대해서 좀 더 깊이 생각하는 철학적 사고를 가지고 있었더라면, 그의 이름은 역사에 길이 남게 되었을 것이다. 그러나 그는 촌스럽고 열정적이며 지나친 야심으로 가득 찬 인물이었으며, 무엇보다도 자기 스스로를 '필요한 인물'이라고 확신하고 있었다. 따라서 그는 로마가 자신을 원한다고 손짓하자, 아무런 망설임 없이 매우 모호한 역할을 수행하기 위해서 로마 역사의 무대에 재등장했다.

기원전 91년, 마르쿠스 리비우스 드루수스는 호민관으로 재선출되었다. 그는 티베리우스 그라쿠스에 대항했던 인물의 아들이자, 후에 카이사르 아우구스투스로 불리게 될 옥타비우스와 결혼한 여인의 아버지였다. 드루수스는 켄투리아회에 세 가지 근본적인 개혁안을 제출했다. 그 내용은 가난한 사람들에게 토지를 재분배할 것, 다른 300여 명의 새로운 의원을 추가한 후 원로원에 대해서 법원의 배심원 독점을 재인정할 것 그리고 로마의 시민권을 이탈리아의 모든 자유인들에게 확대할 것 등이었다. 켄투리아회는 첫 번째와 두 번째 안건을 승인한 반면에 세 번째 안건은 토의 안건으로 상정하지도 않았는데, 그 이유는 안건의 제안자가 미지의 살인자에 의해서 죽음을 당했기 때문이었다.

이 사건으로 인해서 이탈리아 반도 전체가 무장 봉기[이른바 동맹시 전쟁Social War]에 휘말리게 되었다. 이탈리아 반도는 로마에 병합된 이후 수세기 동안, 정복된 지방 속주 취급을 받고 있었다. 로마는 속주에 무거운 세금과 군인 징집으로 많은 고통을 주고 있었으며, 이들 대표의 참석이 제한되어 있던 켄투리아회에서 승인된 법률로 속주를 통치하고 있었다. 여러 지방의 수도에 파견된 로마 총독들의 핵심 임무는 부자들과 빈자들의 사이를 지속적으로 갈라놓는 것이었다. 때때로 지방 속주의 백만장자들은 뇌물의 대가로 로마 시민권을 획득하기도 했다. 기원전 126년, 켄투리아회는 이탈리아인들이 로마로 이주하는 것을 금지했으며, 기원전 95년에는 이미 상주해 있던 이탈리아인들마저 로마에서 추방했다.

반란은 로마에 충성을 맹세한 에트루리아와 움브리아를 제외한 반도 전체로 급속하게 확산되었다. 반란 세력은 군대를 모집했지만, 창과 방패보다는 오히려 깊은 절망감으로 무장하고 있었다. 반란군 중에는 반란 세력에 자발적으로 동조한 노예들이 포함되어 있었다. 반란군은 코르피니움Corfinium을 수도로 공화국을 선포하면서 '노예 전쟁'과 '사회 전쟁'을 동시에 추진하고 있었다. 혼란이 극에 달하자, 로마는 수세기 동안 자신들에 의해서 철저하게 약탈과 탄압을 당해온 반란군의 처절한 복수를 명백한 사실로서 받아들여야 했다. 이때 로마에는 역사적으로 '필요한 인물', 즉 마리우스의 신화가 다시 등장했다. 마리우스는 과거와 같은 방식으로 신속하게 군대를 구성하여 반란군을 격파하면서 연전연승했다. 그러나 전쟁에 따른 엄청난 비용과 양측 모두 합쳐 30만 이상의 군인들이 희생되는 비극이 연출되자, 원로원은 에트루리아와 움브리아의 주민들로부터 충성의 맹세를 재확인하고, 무기를 버리고 투항하는 모든 사람들에게는 로마 시민권을 부여하기로 결정했다.

잠정적으로 회복된 평화는 말 그대로 싸늘한 침묵의 평화였으며, 평화 회복에 기여한 마리우스는 빛 좋은 개살구에 비유되었다. 더구나 로마는 자신의 약속을 이행한다는 의미에서 새로운 로마 시민들을 열 개의 부족으로 편성하고, 이들에게 기존의 36개의 로마인 트리부스회 다음으로 많은 투표권을 부여했다. 그러나 새로운 로마 시민들의 정치적 권리는 기존 질서에 아무런 변화도 줄 수 없었다. 이들이 충분한 민주적 권리를 가지게 된 것은 카이사르의 공로 덕분이었다. 그러나 아이러니하게도 이들은 자신들에게 민주적 권리를 보장해준 카이사르가 민주 정치를 종식시킬 인물이라는 사실을 모르고 있었다.

1년 후 전쟁이 재개되었다. 그러나 이제는 더 이상 과거와 같은 '노예' 전쟁도, '사회' 전쟁도 아닌 시민전쟁이 발발했다. 이제 마리우스는 이전의 태도와는 달리 상황을 이용해 이득을 보는 것에 자족하지 않고, 한걸음 더 나아가 자신이 '필요한 인물'임을 확신하면서 전쟁을 본격적으로 부채질했다.

불행히도 인간의 욕망은 끝이 없는 것이다. 그러나 이번에 등장한 주인공은 마리우스가 아니었다. 새로운 인물은 보수주의자들이 민중의 이름으로 찾아낸 사람으로, 누미디아 전투에서 마리우스의 법무관인 동시에 휘하의 장군으로 활약했던 술라였다.

제21장 술라

기원전 88년, 루키우스 코르넬리우스 술라는 마리우스의 무력 진압으로 사회 전쟁과 노예 전쟁이 종식된 해에 집정관으로 선출되었다. 사실 보수주의자들의 결정은 법과 관례적인 측면에서 볼 때, 선택된 인물이 정상적인 '명예 코스'를 거치지 않았던 만큼 어느 정도는 비합법적이라고 할 수 있었다.

가난한 귀족 출신의 술라는 동시대 사람들이 가지고 있던 두 가지의 야심, 즉 군대 경력과 관리직에 대해서 항상 무관심했다. 그는 젊은 시절을 방탕한 생활로 보냈다. 자신보다 연상인 한 그리스 매춘부의 도움으로 생활했지만, 결국에는 자신의 후원자인 그녀를 배신하고 학대했다. 그는 정치나 신중함을 필요로 하는 일에는 흥미를 보이지 않았으며, 정규 교육도 받지 못했다. 그러나 많은 독서를 통해서 그리스어와 문학에 정통할 수 있었으며, 다양한 예술 분야에 세련된 감각을 보였다.

그는 무한한 잠재력을 지닌 인물이었다. 확실하지는 않지만 술라는 누미디아에 원정한 마리우스의 군대에서 부대장 혹은 법무관으로 근무하면서 유구르타를 제거하는 작전에 직접 참여했고, 여기에서 자신의 모든 능력을 발휘할 수 있는 절호의 기회를 가지게 되었다고 한다. 실제로 왕위 찬탈자인 유구르타의 신변을 인도하도록 모리타니Moritani의 왕 보쿠스 1세를 설득한 사람은 다름 아닌 술라였다. 술라의 결정적인 역할로 작전이 성공함으로써, 이 전쟁의 승리는 보장된 것이나 다름없었다. 술라는 냉철하고, 예리하며, 용기 있는 훌륭한 장군으로서의 능력을 유감없이 발휘했다. 그는 전쟁에 관심을 가지면서 남성다운 모험에 몰두했다. 이 때문에 술라는 테우토네스족과 킴브리족에 대한 군사 원정에서도 마리우스를 수행하여 적지 않은 공을 세웠다.

기원전 99년, 결정적인 공적을 세우고 로마로 돌아온 술라는 보다 높은 관직에 출마할 수도 있었지만, 아무런 행동도 취하지 않았다. 모든 것에 싫증을 느꼈기 때문이었다. 이후 4년여 동안 과거와 마찬가지로 매춘부, 검투사, 염세적인 시인 그리고 배우들과의 난잡한 생활을 계속했다. 이후 갑작스럽게 법무관 선거에 출마했지만 낙선했다. 그는 자존심이 강한 인물이었던 만큼 적지 않은 마음의 상처를 받았겠지만 인내하면서 건축관 선거에 출마하여 당선되었다. 그리고 최초로 경기장에 사자들의 결투를 소개하여 로마인들을 열광시켰다. 이듬해 법무관에 선출되어 미트라다테스 6세에 의해서 왕위에서 쫓겨난 아리오바르자네스를 돕기 위해서 카파도키아에 파견된 로마 원정군을 지휘하게 되었다. 그리고 승리와 더불어서 막대한 전리품을 로마에 가져왔지만, 음성적으로는 이보다 더 많은 전리품을 개인적으로 착복했다. 술라는 자금을 빌리는 데에 싫증을 느꼈기 때문에, 지원 세력의 후원에 의존하기보다는 스스로 선거 비용을 마련하려고 했다. 이러한 배경이 암시하듯이, 그는 그 어떤 정파에도 가담하지 않았다. 그는 귀족 출신이었지만 가난했고, 자신을 무시하는 다른 귀족들 그리고 자신을 같은 편으로 생각하지 않는 평민들 모두에게 무관심한 태도로 일관했다. 그는 소외된 사람들과 함께하면서 항상 자신만을 위해서 생활했다. 술라가 마리우스와 대립하게 된 계기는 정치적인 문제가 아니라, 유구르타의 신변을 인도한 모리타니의 왕이 자신의 모습이 새겨진 금 부조淨彫를 마리우스가 아닌 술라에게 선물했기 때문이었다. 알다시피 이는 불행한 사건이었다.

기원전 88년 술라는 집정관 선거에 출마했는데, 이것은 정치적인 야심에서라기보다는 소아시아 지역에서 소요가 계속되자 소요의 주범인 미트라다테스 6세를 제거하기 위한 원정군의 사령관 직을 맡으려는 속셈에서였다. 그의 당선에는 특히 여자들의 역할이 결정적이었다. 결국 그는 수많은 선물을 대가로 세 번째 부인인 클렐리아와 이혼하고, 원로원의 최고 의장인 메텔루스 달마티쿠스의 딸이자 마르쿠스 아이밀리우스 스카우루스의 미망인이었던 카이킬리아 메텔라를 네 번째 부인으로 맞이했다. 술라가 당시 로마에서 가장 강력한 권력을 행사하는 가문들 중의 하나와 인척 관계를 맺게 되자 귀족들은 그를 중심으로 모여들었다. 결과적으로 이러한 변화는 선거에 영향을 주었으며 당선된 후에는 곧바로 사령관 직에 임명되었다.

호민관 술피키우스 루푸스는 술라를 원정군의 사령관에 임명하는 것을 저지하려고 했다. 대신에 사령관 직을 칠십대의 고령에도 불구하고 왕성한 활동으로 명예를 지키고 있던 마리우스에게 위임할 것을 켄투리아회에 제안했다. 그러나 술라는 자신에게 주어진 것을 쉽게 양보하는 인물이 아니었다. 그는 놀라Nola로 달려가 그곳에 주둔 중이던 군대를 이끌고 원정지인 소아시아가 아닌 로마로 진격했다. 이미 로마에서는 마리우스가 새로운 군대를 조직하여 술라의 행동에 대비하고 있었다. 그러나 마리우스는 술라의 군대에 크게 패하게 되자 아프리카로 도망갔으며, 술피키우스는 자신의 노예에 의해서 살해되었다. 술라는 참수된 호민관의 머리를 로스트룸*에 내걸고, 주인을 살해한 노예를 노예 신분에서 해방시켜주고 많은 포상을 내렸다. 그러나 곧바로 배신에 대한 책임을 물어 그 노예를 처형했다.

이들을 처단한 후에는 더 이상의 대대적인 보복은 하지 않았다. 술라는 3만 5,000의 군대를 광장에 주둔시키고 무력시위를 하면서, 이제부터는 원로원의 예비적인 검토 절차를 거치지 않고는 그 누구도 켄투리아회에 법안을 제출할 수 없으며, 민회에서의 투표는 과거의 세르비우스 법**에 의거하여 켄투리아회를 중심으로 실시되어야 한다는 사실을 선포했다. 이어서 술라는 속주총독***의 칭호로 군지휘권을 장악하고, 업무를 신속하게 처리할 의도로 귀족인 그나이우스 옥타비우스와 평민인 코르넬리우스 킨나를 집정관으로 선출하게 했다. 그리고 자신은 좋아하는 모험을 찾아서 로마를 떠났다.

술라가 그리스 해안에 도착하기도 전에 로마에서는 옥타비우스와 킨나의 권력 투쟁이 시작되었다. 그리고 이들의 불화를

---

* Rostrum. 고대 로마에서 공공 광장의 한 모퉁이에 설치했던 커다란 연단.
** Lex Servia. 전설적인 로마 7왕 중 제6대 왕인 세르비우스 툴리우스가 제정한 법으로서, 시민을 재산에 따라서 5등급으로 나누었다.
*** proconsul : 고대 로마의 공화정시대에 집정관을 거친 후(또는 거치지 않고 곧바로) 민-군의 전권을 행사하며 속주를 통치하던 관리.

등에 업고 한편에서는 보수주의자들이, 다른 한편에서는 민주주의자들이 서로의 주장을 들고 나와 광장에 모여들었다. 2년 전의 사회 전쟁과 노예 전쟁은 이제 시민전쟁으로 치닫고 있었다. 옥타비우스가 승리하고, 킨나는 도주했다. 단 하루 만에 로마의 포장도로 위에는 1만 명이 넘는 사람들의 시신들이 쌓였다.

마리우스는 급히 아프리카로부터 돌아와 한 속주에서 봉기를 계획하고 있던 킨나와 합류했다. 한편의 멜로드라마처럼 당시 마리우스는 누더기 망토에 낡아빠진 샌들을 신고 긴 수염과 상처투성이의 얼굴로 등장했다. 잠시 만에 그는 대부분이 노예인 6,000의 군대를 조직하여 무방비 상태에 놓여 있던 로마를 향해서 진격했다. 로마에서는 살육전이나 다름없는 비극이 발생했다. 옥타비우스는 집정관의 자리에 조용히 앉아 침착한 모습으로 죽음을 기다리고 있었다. 참수된 원로원 의원들의 머리는 긴 창대에 꽂혀 길을 따라 천천히 옮겨졌다. 혁명재판소는 수천의 전통 귀족들을 참수형으로 처벌했다. 술라는 사령관 직위에서 파면되고 모든 재산을 압수당했다. 그의 모든 친구들도 죽음을 당했다. 단지 부인 카이킬리아만이 남편이 있는 그리스로 도망하여 목숨을 구할 수 있었다. 새로운 집정관에 임명된 마리우스와 킨나의 지배하에 로마에서는 1년 내내 공포정치가 계속되었다. 개들과 독수리들이 무덤에 묻히지 못한 채 길거리에 버려진 시체들을 처리했다. 해방된 노예들은 후에 갈리아인들로 구성된 킨나의 군대에 의해서 전멸되기 전까지 약탈과 방화를 일삼았다. 이는 로마 역사상 최초로 외국 군대가 로마의 질서를 바로잡기 위해서 투입된 사건이었다.

이것이 마리우스의 마지막 행동이었다. 그는 살육이 한창이던 어느 날 오후, 술에 만취한 상태에서 고독과 열등감 그리고 이제까지 자신을 지배해오던 야심의 노예로서 죽음을 맞이했다. 시민전쟁 중에 생을 마감하기 전까지 조국을 수없이 구원했던 위대한 장군으로서는 유감스러운 종말이었다.

이제 킨나는 홀로 남았다. 그리고 마리우스의 후임으로 집정관에 선출된 발레리우스 플라쿠스가 술라를 제거하기 위해서 1만 2,000의 군대를 이끌고 동방 원정을 떠나자 실질적인 독재자로 군림하게 되었다.

조국으로부터 버림을 받은 술라는 자신의 군대보다 다섯 배나 우세한 군대를 이끌고 접근해오는 미트라다테스 6세와 동맹 조약을 체결한 아테네를 포위하고 있었다. 술라에게 상황은 거의 절망적이었다. 만약 도시의 성벽 밖에서 미트라다테스 6세와 플라쿠스의 협공을 받았다면, 패배를 피할 수 없었을 것이다. 그러나 술라는 그를 잘 알고 있는 사람들의 말에 따르면, 여우와 사자의 성격을 고루 갖춘 인물이었다. 알다시피, 여우는 사자보다 훨씬 위험하다. 그가 이룩한 수많은 기적적인 사례들은 그의 부하들로 하여금 그가 신이며 결코 실패하지 않을 것이라는 믿음을 가지게 했다. 그러나 술라는 단지 냉철하고 정확한 계산을 통해서 사람들과 자신이 이용할 수 있는 수단들을 누구보다도 잘 파악하고 있는 훌륭한 장군일 뿐이었다. 그는 아무런 지원도 받지 못했기 때문에, 병사들로 하여금 올림피아, 에피다우로스 그리고 델포이를 약탈하도록 방치하여 전리품으로 봉급을 대신했다. 그리고 약탈 행위가 벌어진 뒤에는 항상 군대의 질서를 엄격하게 재확립하는 것을 잊지 않았다. 난공불락의 요새처럼 보이던 아테네를 기습 작전으로 함락시킨 술라는 병사들에게 도시를 약탈하도록 허가했다. 플루타르코스는 '얼마나 많은 사람들이 살해되었는지 아무도 모를 것이다. 피가 강처럼 흘러내려, 거리를 따라 도시 밖까지 흘러갔다'고 증언했다.

며칠간의 살육과 약탈이 벌어진 뒤 술라는 그리스 문화와 예술에 대한 자신의 애착심을 표현하면서, 죽은 사람들의 이름으로 살아 있는 사람들을 용서하자고 연설했다. 그리고 전열을 재정비하여 카이로네이아와 오르코메노스로 진격하고 있던 미트라다테스 6세의 대군과 최후의 일전을 준비했다. 전투에서 술라는 적군에게 결정적인 일격을 가했으며, 잔당을 추적하여 아시아의 심장부인 헬레스폰트 해협까지 진격했다. 술라가 잔당을 섬멸시킬 준비를 하고 있을 때, 집정관 플라쿠스의 군대가 접근하고 있었다.

두 장군은 서로 얼굴을 마주했다. 플라쿠스는 술라와 대화를 나눈 후, 자진해서 술라의 군대에 가담하기로 결정했다. 그러나 플라쿠스의 부관 핌브리아는 상관의 결정에 동조하지 않았다. 이런 상황에서 술라는 미트라다테스 6세에게 유리한 평화 협정을 제안하고, 이전의 국경 내에서 그의 왕조를 보장해주겠다는 약속을 했다. 그러나 이를 승인하는 조건으로 술라는 군인들에게 지불할 봉급과 이들을 조국으로 데려가기 위한 80여 척의 배 그리고 2,000탈렌트를 요구했다. 핌브리아는 해로로 리디아에 도착한 술라와 마주치게 되었지만, 자신의 군대가 이미 명성을 날리고 있던 술라에게 투항함으로써 전투도 해보지 못하고 홀로 남게 되자 자살했다.

술라는 자신의 군대가 통과하는 모든 속주들로부터 돈과 보물을 약탈했다. 그리스를 통과하여 파트라이에 상륙했으며, 기원전 83년에는 브린디시에 도착했다. 킨나는 술라의 진군을 저지하려고 했지만 원정 도중에 부하들에 의해서 살해되었고, 로마에서는 혁명이 일어났다.

술라는 1만 5,000리브라의 금과 10만 리브라의 은이라는 엄청난 전리품을 가지로 로마로 돌아오고 있었다. 그러나 이제까지 마리우스의 아들인 마리우스 2세가 이끄는 민중 세력이 장악하고 있던 로마 정부는 술라를 민중의 적으로 규정하고 군대를 파견했다. 수많은 귀족들이 로마를 빠져나가 술라에게 몸을 맡겼다. 이들 중의 한 사람으로서 '젊음의 우상'으로 추앙받고 있던 그나이우스 폼페이우스는 친구, 친척 그리고 노예들로 이루어진 소규모의 개인 군대를 이끌고 술라에 합세했다.

마리우스 2세는 전투에서 완패했다. 그러나 프라이네스테 Praeneste로 피신하기에 앞서 추종자들에게 도시의 모든 귀족들을 살해하도록 명령했다. 법무관은 자신의 권한으로 의원들을 소집하여 '블랙리스트'에 기록된 의원들을 모두 살해한 다음, 마리우스의 아들과 술라의 대결이라는 마지막 카드를 준비하고 있던 민중 세력과 연합하기 위해서 도시로부터 철수했다. 콜리네 성문 Porta Collina에서의 전투는 고대에 벌어진 가장 처참한 전투들 중의 하나로 기록되었다. 마리우스 2세를 추종하던 수백, 수천의 사람들 중 절반 이상이 전사했다. 8,000의 포로들은 무차별적으로 모두 처형되었다. 그리고 참수된 장군들의 머리는 긴 창대에 꽂힌 채로 행렬을 지어, 저항의 마지막 보루였지만 결국에는 함락된 프라이네스테의 성문 밖으로 이송되었다. 마리우스 2세는 이미 자살했지만, 결국 그의 머리도 참수되어 로마로 이송된 후 광장에 매달리는 형벌을 받았다.

기원전 81년 1월 27일과 28일, 로마가 승리자 술라를 위해서 베푼 승리의 축제는 말 그대로 엄청난 규모의 것이었다. 마리우스 2세로부터 박해를 받던 사람들은 열광하면서 줄지어 축제 행렬의 뒤를 따랐으며, 많은 사람들이 화관을 머리에 쓰고 술라를 조국의 아버지이며 구원자라고 소리쳤다. 이번만큼은 군인들도 자신들의 지휘관을 조롱하는 전통을 따르지 않고 열렬한 환호를 보냈다. 술라는 캄피돌리오 언덕에서 예식에 따라서 제물을 헌납했으며, 광장에 이르러서는 군중을 향해서 비교적 솔직한 마음으로 모든 것이 행운의 결과였다고 겸손한 연설을 했다. 자신이 거둔 놀라운 승리를 축하하는 자리에서 이루어진 술라의 연설은, 본래는 행복이라는 뜻이지만 이 경우에는 이미 결정된 운명(즉 신의 축복 또는 신의 섭리)을 상징하는 펠릭스felix라는 명예의 타이틀이 자신에게 주어진 것에 대한 감사의 보답이었다. 민중은 그에게 머리를 숙였다. 게다가 그에 대한 감사의 마음을 표현하기 위해서 로마 역사상 처음으로 동에 금칠을 입힌 승리자의 기마상을 제작하여 모든 시민들이 볼 수 있도록 로마 시내에 전시했다.

술라의 절대적인 권력을 보여주는 사건들은 그 이상이었다. 그는 개인 숭배를 시작한 최초의 인물이었다. 자신의 모습을 새겨 넣은 동전을 주조하고, 의무적으로 달력에 자신의 승리를 기념하는 축제일을 삽입하도록 했다. 술라는 독재관으로서의 권위를 내세워 로마를 마치 정복된 도시처럼 취급하면서, 직속 부대의 무장 병력을 시내의 여러 지역에 배치하여 감시 활동을 전개함으로써 탄압을 한층 강화했다. 마리우스 2세에게 협조했던 40명의 원로원 의원들과 2,600여 명의 기사들을 재판하여 사형으로 엄벌했다. 그리고 생사에 관계없이 수배자들의 신변을 인도하는 사람들에게는 최고 6,000만 리라까지 보상금을 제공했다. 당시 광장과 거리에는, 오늘날의 오색 풍선들을 대신하여, 참수된 머리들이 가득했다. 플루타르코스는 당시의 로마를 '남편은 부인의 양팔 사이에서, 자식은 어머니의 품속에서 죽은 채로 기대어 있었다'고 증언했다. 그리고 그 어느 계파에도 속하지 않음으로써 위기를 모면하려고 했던 수많은 사람들 중에 특히 부자들은 탄압이나 추방의 대상이 되었다. 왜냐하면 술라는 추방자들로부터 재산을 몰수하여 휘하의 군인들에게 제공할 자금으로 사용하려고 했기 때문이었다. 부인이 마리우스의 조카이기도 했던 젊은 나이의 가이우스 율리우스 카이사르는 탄압 대상자들 중의 한 사람이었다. 카이사르는 삼촌을 비판하라는 로마 정부의 요구를 거절하여 자신의 친구들과 함께 고초를 겪었지만, 당시로서는 비교적 가벼운 형벌이었던 추방으로 위기를 넘길 수 있었다. 술라는 판결문을 낭독하면서 자신과 대화를 나누듯이, "나는 어리석은 짓을 했다. 왜냐하면 이 어린 카이사르의 마음속에는 수많은 마리우스가 자리잡고 있기 때문이다"라고 고백했다고 한다. 그럼에도 불구하고 판결은 판결이었다.

권력을 장악하고 며칠 뒤에 거행된 공식적인 예식에서 술라는 자신이 가장 신임하던 부관으로서 프라이네스테를 정복했던 루크레티우스 오필라가 무절제하고 거만한 태도로 명령에 불복하는 사건을 겪게 되었다. 술라는 자신을 존경하는 군대가

지켜보는 가운데, 항명하는 부하를 자신의 경호원들로 하여금 칼로 찔러 죽이도록 —2000년 후에 히틀러가 로엠에게 그리고 스탈린이 수십 명의 친구들에게 자행했던 것처럼— 명령했다. 이는 '형평성의 원칙'의 신호가 되었다.

술라는 2년 동안 전제 정치를 실시했다. 전쟁으로 인해서 부족해진 시민의 수를 보충하기 위해서, 히스파니아와 갈리아에 거주하는 외국인들에게 시민권과 이에 따른 권리를 부여했다. 특히 자신의 농장이 있는 쿠마이 지역의 출신자들 가운데, 거의 10만에 육박하는 노병들에게 토지를 분배했다. 도시화를 저지하기 위해서 밀의 무상 배급을 금지했다. 그리고 호민관들의 특권을 약화시켰으며, 이미 집정관을 지낸 사람이 재출마할 경우에는 10년의 휴지 기간을 지키도록 의무화했다. 대량 학살로 그 수가 대폭 줄어든 원로원의 의석을 보충하기 위해서 자신에게 충성하는 대부르주아들을 새로운 의원으로 선출하여, 이전에 그라쿠스 형제가 누렸던 모든 권리와 특권을 제공했다. 술라의 존재는 진정한 '귀족 정치의 부활'을 상징했다. 술라는 전제화 정책을 철저하게 추진하는 과정에서, 이후 그 어떤 무장 군대도 이탈리아 내에서는 야영하지 못한다는 법령을 제정하여 군인들을 제대시켰다. 그리고 자신의 모든 임무가 완수되었음을 주장한 뒤, 원로원에 자신의 권력을 반환하고 집정관 통치 체제를 폐지하여 주변을 놀라게 했다. 이제 술라는 자신의 약속에 따라서 평범한 개인으로 은퇴하여 쿠마이의 농장으로 내려갔다.

이 시기에 술라의 부인 카이킬리아 메텔라가 사망했다. 남편이 승리한 직후에 전염병을 얻은 메텔라는 다른 집으로 옮겨져 있다가 옴이 오른 암캐처럼 비참한 최후를 맞이했다.

권좌에서 물러나기 직전, 육십대의 술라는 25세의 아름다운 발레리아라는 여성을 경기장에서 우연히 알게 되었다. 그녀는 독재관의 망토에서 머리카락을 발견하고 이를 두 손가락으로 떼내주었다. 술라는 그녀의 대담한 행동에 머뭇거렸지만, 곧 그녀의 아름다운 용모에 매료되었다. 그녀는 술라에게 "혼자만 독점하지 마세요. 비록 작은 머리카락을 통해서지만 저도 당신의 행운에 동참하고 싶어요"라고 말했다. 사랑의 감정을 느끼기에는 너무나도 지독한 이기주의자였던 술라에게, 사랑은 유일한 무관심의 대상인 것처럼 보였다. 그러나 술라는 얼마 지나지 않아 그녀와 결혼했다. 아름답고 매혹적인 젊은 부인과의 행복이 술라로 하여금 권력을 포기하게 하는 데에 얼마나 큰 영향력을 행사했는지는 아무도 모를 일이다.

모든 권력과 지휘권의 상징인 최고 권력의 휘장을 포기하고 집으로 돌아가는 술라에게 주위의 행인들이 욕을 한 사건이 있었다. 이때 술라는 자신을 험악한 얼굴로 쳐다보는 촌부의 곁을 무관심하게 지나치면서, "멍청한 놈! 나를 제외한 지구상의 그 어느 독재자도 자신의 권력을 스스로 포기하지 않을 것이다"라는 말을 남겼다고 한다.

술라는 인생의 마지막 2년 동안 젊은 부인과 사랑을 나누거나 친구들과의 철학적인 대화와 사냥을 즐겼으며, 오늘날 극히 일부만이 전해오고 있는 자신의 회고록을 쓰면서 소일했다. 술라는 '행복', 아니 어쩌면 실망과 회한의 감정(술라는 고통의 눈물을 거의 모르고 지냈다)이 무수히 교차하는 인생의 황혼 속에서도, 진정 후회 없는 삶을 산 사람이었을지도 모른다. 술라는 쿠마이의 농장에서 노병들과 함께 자신의 모순점들을 단호하고 신속하게 해결하려고 노력하면서, 최후의 순간까지 자랑스럽고 활동적인 삶을 추구했다. 한번은 어떤 이유였는지는 모르지만, 그라니우스라는 사람이 명령에 불응하자, 술라는 은퇴하기 전에 그랬던 것처럼 그를 자신의 방에 불러들인 다음 하인들에게 목을 졸라 죽이도록 했다. 술라는 자신에 대해서 품고 있던 긍지와 자존심을, 비록 지금의 암에 비유되는 심한 위궤양으로 죽어갈 때조차도 버리지 않았다. 플루타르코스의 말에 의하면, 냉철하고 빛나는 눈빛, 금색의 머리카락 그리고 마치 '밀가루를 덮어쓴 뽕나무 열매'와 같이 창백한 얼굴은 우아한 미소와 농담 섞인 말투와 함께 수많은 내면의 고통을 숨기고 있었다고 한다. 그는 마지막 숨을 거두기 전에 묘비의 내용을 다음과 같이 적도록 유언했다. '나에게 봉사한 친구들과 나를 공격한 적들은 모두 충분한 대가를 받았다.'

이 말은 사실이었다.

제22장 로마의 저녁 만찬

로마의 질서를 바로잡으려는 술라의 노력에도 불구하고, 근본적인 문제는 그대로 남아 있었다. 그동안 봉기를 유발했던 수많은 원인들을 인정하지 않은 상태에서 곧바로 '질서 복원'을 위한 대책을 강요한 것이 문제였다. 오랜 기간을 두고 작업을 추진해야만 했던 술라에게는 당시의 사람들에 대한 믿음이 없었다. 아니, 당시로서는 그에게 믿음을 줄 수 있는 사람도 없었다. 그러나 민중을 이끌어갈 사람에게는 믿음이 필요했다. 그럼에도 술라는 아무도 믿지 않았으며, 더구나 이들이 좋아질 것이라는 가능성조차도 인정하려고 하지 않았다. 술라는 자신을 매우 사랑했던 것에 비해서, 다른 사람들은 전혀 사랑하지 않았다. 술라는 이들을 무시하면서, 자신이 할 수 있는 유일한 것은 이들을 조직적으로 지배하고 통치하는 것이라는 확신을 가지고 있었다. 이런 이유 때문에, 술라는 방대한 경찰 조직을 창설하여 그 운영을 귀족들에게 일임했다. 그러나 술라가 귀족들에게 임무를 부여한 것은 이들을 존경해서가 아니라, 민중이 귀족들보다 미천하기 때문에 전자가 개혁을 주도할 경우에는 모든 일이 더욱 악화될 것이라는 확신 때문이었다. 그러나 술라가 죽은 지 10년 만에 그의 개혁 정책도 철회되었다.

전통 귀족들은 자신들의 권력을 정부를 재조직하는 데에 사용하지 않고, 오히려 불법적으로 남용함으로써 강탈을 자행하고 살인을 저질렀다. 당시의 상황은 한마디로 모든 것이 돈으로 해결되는 상황이었다. 관직을 매매하는 것은 일상적인 관례가 되었으며, 선거에서 표를 획득하기 위한 기구는 통역관inter-prete, 임무 분담인divisore 그리고 차압 집행인sequestre들을 중심으로 운영되는 실정이었다. 폼페이우스는 친구인 루키우스 아프라니우스를 당선시키기 위해서 자신의 집에 모든 가문의 대표들을 초대하고 이들에게 금품을 제공함으로써 지원을 호소했다. 법원의 부정부패는 더욱 심각했다. 전하는 말에 의하면, 과반수 득표에서 두 표를 더 획득하여 이긴 렌툴루스 수라는 손으로 자신의 이마를 치면서 "빌어먹을, 필요 없는 한 표를 더 얻는 데에 엄청난 비용을 낭비했군"이라고 불평했다고 한다.

모든 것이 돈으로 해결되는 환경에서는 돈이 모든 사람의 유일한 관심사로 등장한다. 물론 관료 정치 체제 내에는 아직도 능력 있고 양심적인 관리들이 있었다. 그러나 대부분은 지방 관리로 있으면서 월급을 받는 것 대신에, 오히려 1년 봉급에 해당하는 금액을 지불하고 고위 관직을 구매하려는 무능한 사람들이었다. 일단 관직을 차지하면, 이전에 투자한 금액의 몇 배 이상을 보상받을 수 있었다. 관직에 있는 동안 그들은 세금 포탈, 납치, 노예 전매 등으로 재산 축적에 몰두했다. 카이사르는 히스파니아 총독으로 임명되었을 때, 채권자들에게 60억 리라를 지불해야만 했다. 그리고 1년 후에 그 엄청난 부채를 모두 청산했다. 키케로는 '청렴결백한 인물'이라는 별명을 얻었는데, 그것은 실리시아Cilicia의 총독으로 부임한 1년 동안 단지 8억 리라의 재산만을 축적했기 때문이다. 그는 이 사실을 친구들에게 보내는 편지들을 통해서 자랑했다.

군인들도 부패하기는 마찬가지였다. 루키우스 리키니우스 루쿨루스는 동방 원정을 마치고 귀환했을 때 억만장자가 되어 있었다. 폼페이우스도 동방에서 돌아오면서 국고에 900~1000억 리라의 엄청난 금액을 넣었지만, 개인적으로는 2000억 리라를 착복했다. 관직을 매수할 수 있을 만큼의 재산이 있을 경우, 이를 증식시키는 것은 어려운 일이 아니었다. 금융업자들은 관직을 구매하려는 이들에게 50퍼센트의 높은 이자를 대가로 필요한 자금을 융자해주었다. 원로원은 의원들에게 고리대금업을 금지했지만, 금지법은 의원 명의를 빌려주는 편법으로 인하여 유명무실해졌다. 브루투스와 같은 고위층의 사람들도 높은 이자를 대가로 자금을 빌려주는 고리대금업자들과 동업을 했다. 이와 같이 부패한 지도층은 사치스럽고 비정상적인 생활을 추구했으며, 로마는 점점 이들의 활동을 보장하기 위해서 제국 전체가 돈을 착취하는 사악한 기구로 전락해가고 있었다.

당시 키케로는 아르피노의 부유한 농장주의 아들로서 훌륭한 교육을 받은 젊은 변호사로 활약하고 있었다. 27세의 나이로 아직 그다지 이름이 알려져 있지 않던 키케로는 유명해지는 만큼 자신에게 더 큰 위험을 가져올 수도 있는 한 재판을 담당하게 되었다. 이 사건은 술라가 아직 독재관으로 있던 당시 실세로 알려져 있던 크리소고노스에 대항하여 섹스투스 로스키우스를 변호하는 일이었다. 키케로는 당당하고 효율적인 연설 덕분에 재판에서 승리했다. 그러나 키케로는 술라의 보복을 두려워하여 그리스로 건너가 3년 동안 그리스어와 데모스테네스의 웅변술 그리고 소크라테스와 평범한 스토아 철학의 계승자인 포세이도니오스의 철학을 공부했다.

3년 후, 술라가 죽은 뒤 로마로 돌아온 키케로는 테렌티아와 혼인했다. 그리고 부인의 막대한 지참금과 자신의 변호사 직위를 이용하여 정치에 입문했다. 얼마 있지 않아서 키케로는, 시칠리아 총독으로 재임하면서 온갖 부정과 사악한 행동을 일삼아온 원로원 의원으로서 귀족들의 강력한 후원을 받고 있던 가이우스 베레스를 심판하는 검사역을 수행했다. 베레스의 변호사인 호르텐시우스는 법조계에서 명성을 날리고 있었으며, 귀족들과 원로원의 두터운 신임을 받고 있던 인물이었다. 이 재판은 성격상 근대의 드레퓌스 사건과 비슷한 것이었다. 한편에서는 전통 귀족들이, 다른 한편에서는 민중, 특히 기사 계층으로 대표되는 대부르주아들이 포진하고 있었다. 키케로는 호르텐시우스의 명성을 누르고 이번에도 승리하여 자신과 같은 출신의 사람들 사이에서 우상이 되었다.

루키우스 리키니우스 루쿨루스는 술라의 전前 부관으로서, 8년 동안 상관의 동방 원정에 동행하여 미트라다테스 6세와의 전쟁을 수행했던 인물이었다. 그는 가난하지만 욕심 많은 귀족 가문 출신이었다. 사람들의 말에 의하면, 그의 아버지는 시칠리아의 반란 노예들과 공모했고, 그의 할아버지는 동상들을 훔쳤으며, 그의 어머니는 머리카락 수보다 더 많은 정부들을 거느렸다고 한다. 아마도 모두 근거 없는 모략일지도 모른다. 루쿨루스는 자신을 따라다니는 모략에 대응하기보다는 어려서부터 남보다 큰 야심과, 이를 실현하는 데에 필요한 지적 능력 및 화려한 웅변술 그리고 문화 감각과 용기를 연마했다고 한다. 그는 술라의 아킬레스건을 알고 있었기 때문에 그가 살아 있는 동안에는 출세를 보장받은 것이나 다름없었다. 그리고 후원자가 사망하자, 루쿨루스는 자신의 입지를 지키기 위해서 여성들의 도움까지도 동원했다. 질투심이 강한 프라이키아와 결혼한 덕분으로 시칠리아의 속주총독으로 임명되기도 했다. 그는 군대에 명령을 내리고, 전투를 수행하고, 승리 후에 패배한 적들을 강탈하는 이 모든 것들에 주저함이 없었다. 다만 지휘관으로서 마리우스, 술라 그리고 카이사르와 같은 수준에 오르는 데에는 오직 한 가지, 정신적 직감력이 부족할 뿐이었다. 그는 자신의 군대를 이끌고 연승했지만, 패배한 적들에 대한 착취 정도가 도를 지나치면서 급기야는 폭동을 유발하기에 이르렀다. 그는 음모를 통해서 지휘관 직을 획득했듯이, 동일한 방법에 의해서 이를 상실했다. 로마로 소환된 루쿨루스는 공직 생활에서 은퇴하고, 그동안 축적한 엄청난 부가 제공하는 안락한 삶을 즐기면서 세월을 보냈다. 미세노에 별장을 짓는 데에 100억 리라를 들였으며, 투스콜로에 있는 농장의 면적은 2만 헥타르를 넘었다. 핀치오에 있는 그의 저택은 각종 조각들의 박물관으로 유명했으며, 동방 원정 당시에 약탈한 값비싼 필사본 책들도 있었다. 그의 저택의 정원에는 당시 로마에는 알려져 있지 않았던 버찌나무도 있었다. 특히 주방은 모든 맛있는 음식들의 실험실이었다.

어느 날 저녁, 키케로는 친구들과 만난 자리에서 루쿨루스의 포식하는 습관을 놀리면서, 만약에 사전 통보 없이 그의 집에 간다면 농부나 군인이 먹는 것과 같은 소박한 저녁 식사가 기다리고 있을 것이라고 주장하면서 내기를 청했다. 루쿨루스는 내기에 응하면서, 집안의 아폴로 응접실에 모든 사람을 위한 저녁 식사를 준비하도록 하기 위해서 하인을 먼저 집으로 보내줄 것을 조건으로 제시했다. 하인을 먼저 파견하는 단순한 제스처로도 이날의 저녁 식사가 가지는 의미를 전달하기에는 충분했다. 아폴로 응접실에 마련된 저녁 식사의 비용은 적어도 20만 세르테르티우스를 상회했다. 우선 전채前菜로서 해산물 요리, 아스파라거스로 만든 둥지에 담긴 작은 새 요리, 조개 요리, 새우 요리가 준비되었다. 그다음으로는 본격적인 식사를 위해서 돼지 가슴살 요리, 생선, 청둥오리와 양과 칠면조와 사모스의 공작새 요리, 프리지아의 유럽 자고새 요리, 가베스 만의 곰치 요리, 로도스의 철갑상어 요리 그리고 치즈와 사탕과자와 포도주가 제공되었다.

플루타르코스는 자신의 기록에서 이날의 만찬에 누가 참석했는지는 언급하지 않았지만, 추측건대 로마 상류층의 인사들이었을 것으로 생각된다. 참석자들 중에는 술라의 유명한 부관으로서 마리우스와의 전쟁 중에 항복보다는 차라리 죽음을 택했던 장군의 아들인 마르쿠스 리키니우스 크라수스도 있었다. 술라는 크라수스에게, 추방된 마리우스 추종자들의 모든 재산을 경매하는 과정에서 싼 가격에 그것들을 구매할 수 있도록 특혜를 제공했다. 그리고 당시 로마 최초의 소방서를 만들 수 있도록 허가를 내주기도 했다. 화재가 발생하면 크라수스는 현장으로 달려갔다. 그러나 불을 끄는 일에 앞서 불이 꺼지기만을 애타게 바라고 있는 건물 소유주와 함께 진화 비용을 흥정했다. 흥정이 만족스러우면 진화 작업을 시작했지만, 그렇지 않을 경우에는 타고 있는 건물을 그대로 바라만 볼 뿐이었다.

저녁 만찬에 참석한 인물들 중에는, 비록 부르주아 출신이지만 화려하고 세련된 귀족 문화에 젖어 있던 티투스 폼포니우스 아티쿠스가 있었다. 그는 거부巨富였기 때문에 생계를 걱정하지 않고도 자신이 좋아하는 일에 열중할 수 있었다. 술라를 알게 되면서 그의 인격에 반하여 긴밀한 협력자가 되는 듯했지만, 결국에는 학문을 선택했다. 폼포니우스는 100억 리라 이상의 재산을 에페이로스의 가축 농장, 로마의 집, 검투사 훈련소 그리고 수준 높은 문화의 보급을 위한 출판소를 구입하는 데에 투자했다. 그는 키케로, 호르텐시우스, 카토 그리고 수많은 당대의 유명 인사들을 위한 재정 자문과 저축 창구로 활약했다. 그는 비록 검소하게 살았지만, 당시 로마에 산재해 있던 수많은 살롱들에 출입하면서 다른 인물들과 문화적인 교류를 했다.

그런가 하면, 술라의 사위로서 출세 가도에 있으면서 '위대한 자Magnus'라는 풍자적인 별명을 가지고 있던 폼페이우스도 있었다. 기사 계층, 즉 부르주아 출신이었던 그는 로마의 '아름다운 젊음의 왕자'로 이름을 날리고 있었다. 그는 젊은 나이에 전쟁터에 출정하여 승리를 쟁취하기도 했다. 궁녀 플로라의 말에 의하면, 한 번이라도 유혹하지 않고서는 그냥 보낼 수가 없었을 만큼 그의 용모는 매우 출중했다고 한다. 그는 완벽한 인물로서, 당시에 그의 명성은 대단했다. 폼페이우스는 자신의 임무 이외에도 정의로운 일에는 결코 주저하지 않았다. 폼페이우스는 야심이 많은 인물이기도 했다. 실제로 그의 가장 큰 야심은 모든 사람과 모든 것을 지배하는 자리에 군림하는 것이었다. 그러나 이것은 야심이라기보다는 헛된 꿈에 불과했다.

이상의 인물들은 3세기 전, 금욕주의가 지배하고 있던 로마에서는 찾아볼 수 없었을 것이다. 이러한 차이를 보여주는 것들은 화려한 의상과 사치스러운 식사용 접시들 그리고 아름답고 매끈한 라틴어로 대화하는 것 이외에도, 더 이상 복종을 미덕으로 생각하지 않는 여성들을 대동하고 축제에 참가하는 풍속 등에서 찾아볼 수 있었다. 퀸투스 카이킬리우스 메텔루스 켈레르의 부인 클로디아는 당시 사회에서 '로마의 프리마돈나'였으며, 다른 여성들로부터 흠모의 대상이 되었다. 여성제일주의자인 그녀는 저녁이면 외출하고, 아는 사람을 만날 경우에는 다른 여성들과 다르게 당당하게 쳐다보면서 반갑게 포옹하고 볼에 키스를 하는 과감한 행동을 서슴지 않았다. 남편이 없을 때에는 저녁 식사에 남녀 친구들을 초대했으며, 여성들의 일처다부제를 주장하고 10여 명의 정부를 거느리면서도 아무런 죄책감 없이 이들을 공평하게 사랑했다. 정부들 중에는 시인인 가이우스 발레리우스 카툴루스도 포함되어 있었다. 그는 클로디아를 잊지 못해 질투심에 사로잡혀 고통을 받기도 했지만, 그녀를 레스비아라는 가명으로 자신의 시를 통해서 노래하기도 했다. 사랑하는 여인으로부터 버림받은 또 한 사람의 정부 마르쿠스 카일리우스 루푸스는 클로디아가 자신을 독살하려고 했음을 고발하면서, 공개적으로 그녀를 100분의 4, 즉 당시에 매춘부에게 화대로 주어지는 금액을 의미하던 콰드란타리아quadrantaria라고 불렀다. 클로디아는 벌금형을 선고받았지만, 그 이유는 죄인으로 인정되었기 때문이 아니었다. 다만 당시 급진 세력을 이끌던 주동자들 중의 한 사람으로서, 귀족 계층에게는 눈엣가시이며 키케로의 공적公敵이었던 푸블리우스 클로디우스 풀케르의 여동생이었기 때문이었다. 한편 키케로는 여성, 특별히 모든 남자들의 친절하고 좋은 친구였던 여성을 고발하는 일에 진력이 났다고 말하면서도 카일리우스를 변호했다.

이와 같은 세태에서 소녀들이 가정의 훌륭한 어머니로 성장하는 것은 거의 불가능한 것처럼 보였다. 여성들의 운명은 거의 대부분 정치적인 이유와 이해관계를 중심으로 결정되었다. 결혼은 바로 이런 흥정의 매개체에 불과했다. 폼페이우스는 출세를 위해서 첫 부인과 이혼하고 술라의 양녀 아이밀리아와 재혼했다. 그러나 또다시 홀아비가 되자, 결혼한 네 명의 여자를 모두 버렸던 카이사르의 딸 율리아와 재혼했다. 카토는 "로마는 배신으로 얼룩진 정치와, 그것의 수단으로 전락한 결혼을 위한 결혼상담소에 불과하다"고 말했다. 메텔루스 마케도니쿠스도 자신의 동포들에게 다음과 같은 짧은 연설을 통해서 가족생활의 질서를 바로 세우도록 당부했다. "아내라는 존재가 단지 지겨운 상대에 불과하다는 사실은 나도 잘 알고 있다." 정식 혼인, 즉 이혼을 인정하지 않는 결혼은 사실상 사라져버렸다. 이제 이혼을 원할 경우에는 단지 한 통의 편지를 보내는 것으로 충분했다. 로마의 부부들은 서로 자식을 원하지 않았다. 자식을 귀찮은 존재로 생각하고 있었기 때문이었다. 자식을 낳아 키우는 것은 할 일 없는 가난한 멍청이들이나 하는 사치로 생각했기 때문에, 그와 관련한 임신과 양육 그리고 병간호에도 관심을 가지지 않았다. 당시의 신부들은 오늘날과는 달리 이와 같은 일에 신경을 쓰기보다는 도피를 선택했다. 부인들은 연애와 세속적인 매춘에 연결된 살롱의 저속한 문화에 빠져들고 있었다.

로마의 귀족들은 막대한 부에도 불구하고 경박한 풍속에 젖어 있던 당시의 문학 성향으로 인해서 당대의 가장 위대한 시인이며 작가였던 루크레티우스에게 별다른 관심을 보이지 않았다. 『사물의 본성에 관하여 *De Rerum Natura*』를 저술한 루크레티우스는 귀족 출신으로 추측되는데, 주기적인 정신 착란 증세를 겪고 있었기 때문에 은둔 생활을 하고 있었던 것으로 생각된다. 그러나 그가 추구하던 세계는 유행을 타기에는 너무 깊고, 비극적이며, 심오했다. 루크레티우스와는 다르게, 보다 현실적인 감각을 가지고 독자에게 쉽게 읽힐 수 있는 감성적인 시를 쓰는 시인으로는 가이우스 카툴루스가 있었다. 이 시인은 베로나의 부르주아 가정에서 출생했지만, 항상 가난을 불평하며 살았다. 그러나 그는 로마에는 대저택을 그리고 티볼리와 가르다에는 별장을 갖고 있었다. 항상 사랑만을 노래하면서, 전쟁과 법률에 적합한 언어로 간주되던 라틴어를 부드럽고 달콤한 방식으로 작시作詩에 이용했기 때문에 여성들에게 인기가 높았다.

카툴루스 이외에도, 루쿨루스의 저녁 만찬에 초대된 인물들은 공산주의적인 사상으로 인기를 끌고 있던 가난뱅이 마르쿠스 카일리우스와, 아마추어 시인이면서도 탁월한 웅변술을 자랑하던 리키니우스 칼부스 그리고 카이사르가 살해된 후 살인자로 오해받아 성난 군중에 의해서 살해된 엘비우스 킨나가 있었다. 이들은 모두 좌익적인 사상을 가진 지성인들로서, 민주 정치를 옹호하지만 적극적인 행동이 결여된 상태에서 막연하게 독재자에 반기를 들었던 인사들이었다. 당시 이들에 대한 평가는 과장되어 있었는데, 그 이유는 이들이 살롱 및 여성들과의 접촉을 통하여 홍보 활동을 펼쳤을 뿐만 아니라, 자신들의 작품을 확산시키는 데에 결정적인 역할을 해온 출판사를 소유하고 있었기 때문이었다.

아티쿠스는 양피지를 이용하여 각 페이지가 2~3단으로 구성된 필사본을 한 권의 책으로 제본하는 기술을 개발했다. 제작된 책자에 내용을 기록하는 작업은 전문적인 기술을 가진 노예들이 수행했다. 노예들은 힘든 작업에 비해서 얼마간의 생활비를 받을 뿐이었는데, 이런 현실은 저자들의 경우에도 마찬가지였다. 그러므로 문학 활동에 종사할 수 있는 사람들은 실질적으로 부유한 계층에 국한될 수밖에 없었다. 책은 거의 대부분이 1,000부 정도가 출판되었으며, 주로 특별한 관심을 가진 사람들에 의해서 구입되었다. 아시니우스 폴리오는 이들 중의 한 사람으로서, 로마에 최초의 국립도서관을 설립했다.

기술적인 발전이 이룩되면서 생산도 촉진되었다. 마르쿠스 테렌티우스 바로는 라틴어와 농촌 생활에 관한 자신의 저서들을 출판했다. 가이우스 살루스티우스는 숱한 정치 투쟁을 통해서 축적한 자신의 경험들을 훌륭하게 기술하기도 했지만 다분히 당파적인 성격을 가지고 있는 『역사 *Storie*』도 출판했다. 당시 웅변술에 있어서 '대스승'으로 인정받고 있던 키케로는 자신이 행한 연설문들을 책으로 제작했지만, 오늘날에는 단지 57권만이 전해오고 있을 뿐이다.

당시의 문화는 더 이상 소수의 독점물이 아니었다. 뿐만 아니라 그것은 촌스러운 풍속과 초기 공화정 시대의 무식하면서도 건전했던 특성들에서 벗어나기 시작한 로마 사회의 변천 과정을 배경으로 더욱더 확산되고 있었다. 로마의 '황금기'로 정의될 수 있는 시대가 시작되었다. 그러나 로마의 전성기는 모든 역사적 '황금기'가 그러했듯이, 시간과 공간의 배경을 넘어 문명의 고독 속으로 빠져 들어가고 있었다.

제23장 키케로

앞 장에서 언급한 폼페이우스와 크라수스는 능력 있는 사업가였을 뿐만 아니라, 비록 두 사람 모두 최후에는 자신들의 목숨을 대가로 치러야 했지만 뛰어난 정치가이기도 했다.

두 사람은 술라의 후원을 받으면서 처음부터 별다른 어려움 없이 관료 세계에 입문할 수 있었다. 그리고 독재관 술라가 은퇴한 후에도 원로원의 요청에 따라서 히스파니아와 이탈리아에서 발생한 반란을 진압하는 임무를 수행했다.

히스파니아에서는 로마 관리들의 부패한 행정에 대항하는 봉기가 이미 여러 차례 발생했다. 이번 반란은 과거와는 다른 이유, 즉 제국의 정책이 가져온 지나친 잔혹성이 주된 원인이었다. 기원전 98년, 디디우스 장군은 전임자인 술피키우스 갈바의 전례를 모방하여, 토지 분배를 미끼로 해당 지역의 원주민을 자신의 진영으로 유인한 후에 이들을 학살하는 만행을 저질렀다. 로마 군대의 야만적 행위에 회의를 느낀 부관, 퀸투스 세르토리우스는 진영을 이탈하여 다른 원주민들을 규합해 군대를 조직했다. 그리고 무려 8년 동안 로마 군대와 대적하면서 그동안 정복한 지역을 실정에 맞게 통치하는 현명한 정치 수완을 발휘했다. 원로원이 반역자의 제거를 위해서 파견한 메텔루스 피우스 장군은 반란군을 제압하는 데에 실패하자, 세르토리우스를 살해하는 사람에게 25억 리라의 돈과 1만 헥타르의 방대한 토지를 보상금으로 내걸었다. 세르토리우스는 자신과 함께 로마 진영에서 이탈했던 페르페르나에 의해서 살해당했다. 그러나 살인자는 보상금 대신, 반란군의 지휘권을 장악하고 전쟁을 계속했다. 이에 원로원은 폼페이우스를 파견하여 별다른 어려움 없이 반란군을 진압하고 적장은 생포하여 처형함으로써, 히스파니아를 부패한 로마 관리들의 압제에 다시 예속시켰다.

그러나 로마에 더욱 심각한 사태는 이탈리아를 피로 물들이고 있던 반란이었다. 렌툴루스 바키아투스는 카푸아에 검투사 양성 학교를 세우고 노예들을 선발하여 훈련시킨 후에, 경기장의 관객들 앞에서 생사의 결투를 벌이도록 했다. 어느 날 200여 명의 검투사들이 탈출을 시도했는데, 도망에 성공한 78명의 검투사들은 주변 지역을 돌아다니면서 약탈과 방화를 일삼았다. 이들은 자신들의 우두머리로, 뛰어난 능력을 지녔으며 훌륭한 가문 출신으로 추측되는 스파르타쿠스를 선택했다. 그는 100만 명이 넘는 이탈리아 노예들에게 동참을 호소하여 7만의 노예 군대를 조직하고, 자유와 복수를 맹세하면서 부하들에게 무기 제작법을 가르치고 원로원이 파견한 진압 부대들을 연파했다.

그러나 그는 결코 승리에 자만하지 않았다. 스파르타쿠스는 정치적인 안목이 있는 사람으로서, 전쟁이 길어질 경우 자신들에게 아무런 희망이 없다는 사실을 잘 알고 있었다. 플루타르코스의 기록에 따르면, 스파르타쿠스는 반란 세력을 이끌고 알프스 산맥을 북으로 횡단한 후, 이들을 해산하여 모두 고향으로 돌려보내려고 했다. 그러나 그의 추종 세력은 이탈리아로 돌아가서 반도의 도시들과 주변 지역을 닥치는 대로 약탈하려는 생각을 버리지 않았다. 현명한 스파르타쿠스는 부하들의 야만적인 행동을 제지하려고 노력했지만, 이들을 버리고 홀로 고향으로 돌아갈 수도 없었다. 한 번의 패배 후, 반란군은 카시우스 롱기누스가 지휘하는 로마 군대를 상대로 승리를 쟁취했다. 반란군에 동조한 로마와 이탈리아의 노예들이 성문에 도달한 것을 목격한 로마는 온통 공포에 휩싸였다.

비상사태를 맞아하여 원로원은 전군의 지휘권을 크라수스에게 위임했다. 그리고 그를 중심으로 로마의 모든 귀족들은 조국의 방어를 위해서 모여들었다. 스파르타쿠스는 자신이 제국을 상대하고 있다는 사실을 한시도 잊지 않고 있었기 때문에, 남쪽 지방으로 후퇴하여 시칠리아로 건너간 다음 그곳에서 다시 아프리카로 건너가려는 계획을 수립했다. 이때 크라수스는 신속히 대처하여 반란군을 추적한 끝에 적의 후방 부대를 격파했다. 한편 폼페이우스는 히스파니아로부터 자신의 군단을 이끌고 강행군한 끝에 로마에 접근할 수 있었다. 모든 것이 끝났다는 사실을 알게 된 스파르타쿠스는 최후의 공격을 시도하면서 스스로 적진에 침투하여 200여 명의 로마군을 죽이며 선전했으나, 비참한 최후를 피할 수는 없었다.

대부분의 반란군은 자신들의 우두머리와 함께 전사했으며, 포로로 잡힌 6,000여 명은 아피아 도로 양쪽에 늘어선 십자가에 처형되었다.

이는 기원전 72년의 사건이었다. 로마로 귀환한 폼페이우스와 크라수스는 법과 원로원의 명령에 불복하고 군대를 해산하지 않았다. 이들은 서로를 탐탁지 않게 생각했다. 두 사람 모두 상당한 거부였으며 지나치게 운이 좋았던 만큼, 거대한 야심을 키우고 있었다. 그러나 원로원이 폼페이우스의 승리를 인정하지 않고 약속한 토지 분배를 거부하려는 움직임을 보이자, 두 장군은 연합 전선을 구축하고 위협을 주려는 의도에서 도시 주변에 부대를 배치했다.

술라의 죽음을 부패에 물든 귀족들에게 복수할 수 있는 기회로 생각하고 있던 민중은 두 장군을 적극적으로 지원하면서, 기원전 70년에는 두 사람을 집정관으로 선출했다. 사실상, 폼페이우스와 크라수스는 민중의 대표라기보다는 출신 성분상 귀족 계층의 상부에 속하는 인물들이었다. 그럼에도 상층 부르주아들이 프롤레타리아들과 연합하게 된 배경은 귀족들의 맹목적인 이기주의 때문이었다. 두 명의 집정관은 권력을 장악한 후, 제일 먼저 술라가 폐지했던 호민관 직책을 부활시켰으며 전통 귀족들로부터 법원에서의 배심원 독점권을 박탈하여 이를 기사 계층에게 위임했다. 그리고 자신들의 개인적인 이권을 나눠 가지기 위해서 연합 전선의 기간을 연장했다. 폼페이우스는 루쿨루스를 대신하여 동방 원정군의 사령관 직을 차지했다. 그리고 이전부터 소아시아 지역의 해상로를 위협하면서 지중해에서 활동하고 있던 해적들을 소탕하기 위해서 조직된 함대의 지휘권마저 장악했다. 그 대가로 폼페이우스는 크라수스의 동맹 세력인 금융가들에게 동방 진출을 보장함으로써, 뜻하지 않게 크라수스를 금융 분야의 최고 실력자로 만들어주었다.

이들의 결정을 거의 만장일치로 반대한 원로원 내에서 유일하게 찬성 의사를 보인 인물이 있었다. 당시 귀족 사회에는 거의 알려지지 않았을 뿐만 아니라 귀족들로부터 좋은 반응을 얻지 못하고 있던 율리우스 카이사르였다. 켄투리아회는 젊은 키케로의 전폭적인 지지를 받고 있던 카이사르의 주장을 만장일치로 승인했다. 켄투리아회와 폼페이우스의 승리는 전통 귀족들의 지배와 이를 더욱 공고히 하려고 했던 술라의 개혁이 종식되었음을 의미했다. 이로써 당시의 정치 상황은 급진적인 변화를 피할 수 없게 되었다. 폼페이우스가 12만 5,000의 군대와 500척의 함대 그리고 1억 5,000만 세스테르티우스의 현금을 가지고 원정길에 오르면서 로마와 동방의 무역은 재개되었다. 그 결과 토지 귀족들의 주요 생산물인 밀의 가격이 하락했다.

　　그러나 민주 정치를 향한 평화적이고 급진적인 개혁의 흐름은 그 과정 중에 발생한 반동적인 사건에 의해서 적지 않은 저항에 부딪히게 되었다. 반동 인사들 중 하나인 루키우스 세르기우스 카틸리나에 대한 기록은 그의 정적들인 가이우스 살루스티우스와 키케로의 것이 남아 있을 뿐이다. 키케로는 카틸리나를 '신과 인간을 대상으로 끝없는 논쟁을 벌이면서, 꿈속에서조차 평화와 안정을 찾지 못하고 핏발 선 눈과 간질 증세로 고통받고 있는 고독한 광인'이라고 묘사했다. 불행은 키케로가 카틸리나에 의해서 베스타 신전에서 능욕당한 무녀巫女와 시동생 관계에 있었다는 사실로부터 시작되었다. 재판 결과, 카틸리나는 무죄로 판명되었다. 그러나 사람들은, 카틸리나의 행동이 사실이었으며 이미 카틸리나가 자신의 정부情婦를 위해서 자식을 살해한 적이 있다고 생각하고 있었기 때문에 그리 놀랄 만한 일도 아니라고 받아들이고 있었다.

　　카틸리나는 주변에 팽배해 있는 적대감을 의식하여 귀족 신분임에도 불구하고, 일종의 자코뱅적인 사상을 가지고 있던 과격한 민중 세력에 동조했다. 그는 모든 시민들의 부채를 무효화하는 상당히 급진적이고 과격한 내용을 포함한 강령을 선언했다. 일각에서는 카틸리나가 400여 명의 비밀 결사대를 조직하여 집정관들을 죽이고 권력을 독점하려고 한다는 소문이 확산되고 있었다.

실제로, 누구도 소문만 무성했던 무장 결사대를 목격하지는 못했다. 그리고 카틸리나는 폼페이우스와 크라수스의 경우와 같이, 반원로원적인 흐름의 대세가 결국에는 자신에 대한 절대적인 지지로 모아질 것이라고 확신하면서 민주주의적인 방법으로 집정관 직에 출마했다. 그러나 그의 채권자들을 포함한 대부르주아들은 카틸리나에게서 일종의 공산주의적인 경향을 발견하고 지지를 철회했다. 결국 카틸리나의 계획은 실패했다. 대부르주아들은 귀족들의 독점 정책에 반대할 때에는 평민들과 연합했지만, 제국 정부와 자본주의가 위험에 직면했을 때에는 귀족들, 즉 원로원과 연합 전선을 구축했다.

이러한 부르주아의 탄력적인 정치 성향은 키케로가 카틸리나와의 경쟁 관계로 출마했을 때에 보다 분명하게 드러나고 있다. 실제로 키케로는 자신의 정치 사상인 '조화로운 질서', 즉 대부르주아와 귀족의 신성 동맹을 주제로 연설하여 당선되었다.

선거에서 참패한 카틸리나는 수천의 지지자들을 은밀히 피에솔레Fiesole에 집결시키고, 로마에는 다섯 개의 대규모 비밀단체를 조직하는 음모를 계획했다. 그의 음모에는 노예, 원로원 그리고 법무관들인 카이테구스와 렌툴루스 같은 사회의 여러 계층들이 골고루 참여했다. 이듬해, 카틸리나는 이들을 동원하여 다시금 선거에 출마했다. 그리고 이번에는 확실한 당선을 보장받기 위해서 자신의 경쟁자와 키케로를 살해하려는 계획을 세웠다.

카틸리나는 자신의 호위병들을 대동하고 마르스 광장에 나타나 자신이 선출될 순간을 기다리고 있었지만, 이번에도 낙선했다.

기원전 63년 11월 7일, 키케로의 말에 따르면, 늦은 저녁 한 무리의 무장 괴한들이 집에 침입하여 자신에 대한 암살을 시도했지만 호위병들에 의해서 격퇴되었다고 한다. 다음 날 키케로는 원로원에서 카틸리나와 마주치자, 오늘날까지 초등학교 교과서에 중요한 교육 자료로 사용되고 있는 연설("카틸리나! 그대는 언제까지 우리의 참을성을 시험하려고 하는가?……")을 했다고 한다. 키케로의 공격은 무려 사흘 동안이나 계속되었다. 키케로는 이 연설에서 자신의 모든 재능을 발휘하여 모나지 않으면서도 부드러운 화술과 조금은 어색해 보이는 제스처로 최고 경지의 웅변술을 유감없이 보여주었다.

같은 해 12월 3일, 키케로의 결정적인 노력으로 렌툴루스와 카이테구스 그리고 음모를 주동했던 핵심 구성원들에 대한 영장이 발부되었다. 그러나 카틸리나는 이미 밤을 틈타 로마를 빠져나가 자신의 군대가 주둔해 있던 토스카나로 피신한 상태였다. 그리고 같은 달 5일, 키케로는 실라누스와 소小카토의 적극적인 지지를 배경으로 죄인들을 사형으로 엄벌하자고 주장했다. 피고인들에 대한 변호는 젊고 새로운 인물로서, 민중 세력의 충실한 대변자로 활약하고 있던 카이사르가 담당했다. 카이사르는 피고들에 대해서 가벼운 구류 처분을 주장했다. 카이사르는 키케로와 비교할 때 상대적으로 온건하고 세련되지 못한 웅변술에 심지어는 모욕적인 언행을 사용하기도 했다. 그 결과 때때로 변호 연설을 마친 뒤에는 자신을 죽이려고 덤벼드는 흥분한 귀족들의 피습을 받기도 했다. 테러를 피해 카이사르가 피신하고 없자, 키케로는 감옥으로 가서 판결 내용을 실행에 옮겼다. 후에 로마의 역사에 그 이름을 남기게 될 젊은 안토니우스의 부친인 마르쿠스 안토니우스는 카틸리나와 그의 반란 세력을 토벌하기 위해서 군대를 이끌고 원정길에 올랐다.

두 군대간의 전투는 피스토이Pistoia 근교에서 전개되었다. 카틸리나가 이끄는 반란군은 최후의 한 명까지 항복 대신 죽음을 선택했다. 반란군은 수적인 열세에도 불구하고 독수리가 그려진 마리우스의 군기를 사수하면서 끝까지 저항했다. 그러나 결국에는 카틸리나를 포함한 전원이 전사했다.

키케로는 비록 적군이기는 하지만 평소 대수롭지 않은 인물로 생각하던 카틸리나가 필사적인 저항을 통해서 보여준 열정에 찬사를 보냈다. 키케로는 원로원에서 행한 연설을 통해서 이번 군사 원정이 인간의 한계를 초월하는 위대한 사건이었다고 말했다. 그리고 자신의 입지를 의식하여 이번의 군사 원정을 로마의 성립에 버금가는 위대한 역사적 분기점이었다고 묘사하면서, 자신을 로물루스에 비유하는 여유를 보여주기도 했다.

원로원 의원들은 키케로의 연설을 가벼운 마음과 미소 띤 표정으로 경청하면서 기꺼운 마음으로 연설자를 위해서 '조국의 아버지'라는 법적 칭호를 재정했다. 기원전 63년 말, 키케로가 관직에서 물러났을 때 원로원은 존경심을 표하는 의미에서 그를 집까지 배웅했다. 이 모든 일화들은 자신을 로마의 판사로 생각하고 있던 키케로의 자부심을 더욱 강화시켜주는 역할을 했다. 그는 아르피노와 포추올리 그리고 폼페이에 별장을, 포르미아에는 5만 세스테르티우스 상당의 농장을, 투스콜로에는 50만 세르테르티우스 상당의 또 다른 농장을 그리고 팔라티노 언덕에는 350만 세스테르티우스 상당의 호화로운 저택을 가지고 있었다. 이 모든 것은, 당시의 법률이 변호인의 사례금 수수를 금지했기 때문에, 채권자들로부터 돈을 빌려서 구입하는 형식으로 소유한 부동산이었다. 물론, 빌린 돈은 반환되지 않고 수고비를 대신했다. 그러나 키케로에게는 또 다른 수입원이 있었다. 이는 바로 고객의 유언장에 자신의 이름을 상속인으로 적어 넣는 방법이었다. 키케로는 이러한 방법으로 30년 동안 고객들로부터 2,000만 세스테르티우스, 즉 오늘날의 시세로 120억 리라의 막대한 재산을 유산으로 증여받았다.

물론 그는 자신과는 출신이 다른 귀족들의 심한 저항을 불러일으키지 않는 한계 내에서 '조화로운 질서'를 주장하는 동시에, 변화보다는 평범한 생활에 만족하는 사람들에게도 굳이 급진론을 주장하지도 않았다.

대부호이며, 세련된 웅변을 통한 광장의 군주이며 그리고 '조국의 아버지'인 키케로에게는 아무것도 부족한 것이 없는 것처럼 보였다. 그러나 실제로 제일 중요한 것, 즉 가정의 평화를 얻지는 못했다. 부인 테렌티아는 도덕심이 강하고 참아내기 힘든 까다로운 성격의 여성이었다. 그녀는 불치의 류머티즘과 남편에 비해서 결코 떨어지지 않는 화술로 남편인 키케로의 삶을 매우 고달프게 만들었다. 한 집안에 두 명의 웅변가란 너무 많은 편이다. 광장의 군주인 키케로도 집에서만은 주도권을 부인에게 넘겨주었으며, 이로 인해서 끝없는 불평의 소리들을 견뎌내야만 했다. 첫 번째 부인이 사망하자, 키케로는 첫 번째 부인보다 더 많은 지참금을 가져온 푸블리아와 재혼했다. 그러나 자신이 유일하게 사랑하는 딸 툴리아가 좋아하지 않는다는 이유로 부인과 결별했다.

카틸리나가 몰락한 이후에 키케로는 카이사르와 친구와 적의 관계를 반복하고 있었다. 그리고 웅변에서만큼은 스타일이 전혀 다른 카이사르의 재능을 결코 인정하려고 들지 않았다. 그러나 그의 정치 생명은 끝나가고 있었다. 그는 은퇴 후 저술 활동에 몰두했는데, 당시에 훌륭하고 세련된 라틴어로 쓰였던 작품들의 일부가 오늘날까지 전해오고 있다. 오늘날의 우리들은 그의 신속한 대응성, 무기명으로 쓰인 수많은 자서전적인 일화들을 좋아한다. 저서들을 통해서 드러난 키케로는 활동적이고 인자한 아버지, 유능한 공사재정公私財政의 행정가 그리고 자신에게 유익한 친구들에게는 더없이 좋은 친구였다. 순수하고 생동감 있으며 균형 잡힌 산문 형식을 활용하여 별다른 의식 없이 드러낸 허영심을 극복하고, 오히려 이러한 결점을 덕목으로 바꾸어놓은 위대한 인물이었다.

제24장 카이사르

　폼페이우스는 카틸리나를 제거하고 소아시아에서 돌아오는 길에 브린디시에 상륙하자마자 부관 메텔루스 네포스를 선발대로 로마에 파견했다. 네포스가 먼저 서둘러 로마에 파견된 이유는, 그를 법무관 선거에 출마하게 하여 당선시킨 후 폼페이우스 자신이 집정관 직에 오르는 것을 돕도록 하기 위해서였다.

　네포스는 민중의 지지로 법무관에 당선되었지만, 카틸리나의 패배로 모든 권력을 다시 장악하게 된 마르쿠스 포르키우스 카토(소[小]카토)를 중심으로 하는 극단적인 보수주의자들의 심한 견제를 받게 되었다. 만약 보수주의자들이 폼페이우스를 자신들에게 필요한 사람으로 간주하고, 자신들의 대표가 되기를 원하는 그에게 도움을 제공하고 그 대가로 지지를 기대했다면, 당시 폼페이우스가 누리던 특권의 정도를 고려할 때 그들은 승리를 얻었거나 혹은 적어도 패배의 순간을 조금은 늦출 수 있었을 것이다. 그러나 대부분의 보수주의자들은 폼페이우스의 권력과 재력 그리고 출세를 시기하며 그와의 협력을 거부했다.

　폼페이우스의 등장을 가장 민감하게 경계하고 있던 원로원에서 법무관 카이사르가 친폼페이우스적인 의견을 발표했다. 그리고 이와 때를 같이하여 원로원에서는 소요가 발생했다. 네포스와 함께 직위에서 해임된 카이사르는 마침 자신을 구하기 위해서 봉기한 시민들의 도움을 받아 기적적으로 목숨을 구할 수 있었다. 그러나 카이사르는 성난 시민들을 설득하여 집으로 돌려보냈다. 이 사건 이후 원로원은 처음으로 젊은 카이사르가 거대한 잠재력을 가지고 있다는 사실을 인정하고 법무관에 복직시켰다.

당시 27세의 청년 가이우스 율리우스 카이사르의 집안은 술라의 경우처럼 안쿠스 마르키우스와, 신화적으로는 베누스 여신에까지 거슬러 올라간다. 그러나 고작 법무관, 재무관 그리고 집정관과 같은 형식적인 행정관만을 배출했던, 즉 더 이상 뛰어난 인물들이 등장하지 않은 가난한 귀족 가문에서 출생했다. 카이사르의 가문은 로마에서 가장 열악한 지역인 수부라 Suburra에서 유래하며, 혹자에 의하면 이곳에서 카이사르는 기원전 100년에 혹은 기원전 102년에 출생했다고 한다.

카이사르의 어린 시절은 거의 알려져 있지 않았다. 그는 라틴어와 그리스어에 정통한 안토니우스 그리포라는 갈리아 출신의 스승에게서 갈리아인들의 특성 가운데 유익한 것들을 집중적으로 교육받았다고 한다. 또한 카이사르는 사춘기 때 두통과 간질로 고통을 받았으며, 장래에 작가가 되기를 희망했던 것으로 알려져 있었다. 그는 일찍부터 대머리가 되었기 때문에, 이를 부끄러워하여 머리카락을 뒤통수에서 이마로 끌어내려 벗어진 머리를 감추려고 했다. 이 때문에 그는 번번이 아침마다 많은 시간을 소비했다고 한다.

수에토니우스의 말에 의하면, 카이사르는 키가 크고 건장한 체구에 흰 피부 그리고 검고 맑은 눈을 가지고 있었다고 한다.

그러나 플루타르코스는 카이사르가 마르고 중키의 인물이었다고 증언했다. 아마도 두 가지 의견 모두가 타당한 것으로 생각된다. 왜냐하면, 한 사람은 젊은 카이사르를, 다른 한 사람은 건장한 체구의 원숙한 중년에 이른 카이사르를 묘사했을 것이기 때문이다. 그는 오랜 군대 생활을 통해서 건장한 체격을 가지게 되었다. 소년 시절부터 카이사르는 훌륭한 기사였으며, 손을 뒤로 하고도 말을 잘 다루었다고 한다. 군대 행렬의 선봉에서 오랜 시간 동안 행군을 지휘하기도 했으며, 흔들리는 마차에서 잠을 자기도 했다. 또한 그는 음식을 가리지 않고 잘 먹었으며, 냉철한 성격에 두뇌 회전이 빠른 인물이었다. 카이사르는 적지 않게 벗어진 머리에 사각형의 앞이마 그리고 비뚤어진 일직선의 두툼한 입술을 가지고 있었는데, 특히 아랫입술이 윗입술의 절반 정도를 덮고 있어 결코 미남이라고 할 수는 없었다. 그럼에도 불구하고 그는 여성들에게 인기가 높아서, 네 명의 여성과 결혼했을 뿐만 아니라 수많은 정부를 거느렸다. 군인들은 카이사르를 '대머리 오입쟁이'라고 불렀으며, 승리의 행진을 할 때에는 '사람들이여 당신들의 부인들이 집 밖으로 나오지 못하게 하세요. 대머리 유혹자가 돌아왔습니다'라고 큰 소리로 노래했다고 한다. 물론 카이사르는 자신을 놀리는 소리에 가장 먼저 웃었다고 한다.

카이사르는 근엄하고 엄숙한 인물로 묘사하고 있는 전설의 내용과는 다르게, 실제로는 호인으로서 우아하고 편견이 없으며 풍부한 유머를 가지고 있어서 다른 사람들의 재담까지 부드러운 풍자 감각으로 수용할 줄 아는 인물이었다. 또한 그는 다른 사람들의 악습을 잘 인내함으로써 역으로 타인들이 자신을 수용할 수 있는 명분을 제공했다. 가이우스 스크리보니우스 쿠리오는 카이사르를 '모든 부인들의 남편이며, 모든 남편들의 부인'이라고 불렀다. 귀족들이 카이사르를 증오한 이유들 중의 하나는 바로 그가 자신들의 부인을 유혹했으며, 부인들이 자진해서 유혹하려고 노력했다는 것이다. 카이사르에게 매혹당한 부인들 중에는 카이사르의 여성 편력을 이유로 적대적인 태도를 보였던 카토의 이복 여동생 세르빌리아도 포함되어 있었다. 세르빌리아는 자신의 딸 테르티아로 하여금 자신의 뒤를 이어서 카이사르에게 봉사하게 할 만큼 그에 대한 열정적이고 헌신적인 애정을 품고 있었다. 카이사르는 세르빌리아의 절대적인 사랑에 보답하는 의미에서 추방된 원로원 의원들로부터 몰수된 재산을 그녀에게 실제 가치의 3분의 1 가격으로 구매할 수 있도록 해주었다. 키케로는 카이사르가 덤핑 가격으로 재산을 처분하는 처사를 빗대면서 테르티아를 '덤핑 판매된 여인'이라고 빈정거렸다. 당시만 해도 카이사르보다 더 유명했으며, 잘생긴 용모에 막대한 재력을 과시하던 폼페이우스도 자신의 부인이 카이사르를 흠모하고 있다는 사실을 알고 이혼했다. 카이사르는 용서를 비는 마음으로 자신의 딸을 폼페이우스에게 신부로 주었다고 한다.

앞으로 로마 제국과 세계 역사의 주인공으로 자리 잡게 될 위대한 카이사르도 당시의 도덕 개념의 차원에서 볼 때에는 시대의 평범한 인물이었다. 실제로 카이사르는 별로 좋지 않은 방식으로 등장했다. 카이사르는 16세에 공부를 마치고, 군사 원정을 위해서 출병한 마르쿠스 테르무스를 따라 소아시아 지역으로 갔다. 그곳에서 카이사르는 훌륭한 군인으로 성공했다

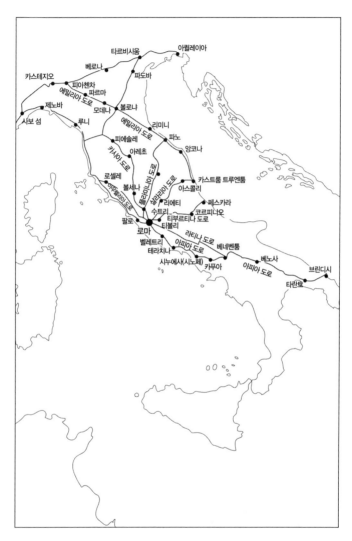

로마 제국의 도로들

기보다는, 오히려 미소년을 좋아하는 비티니아의 왕 니코메데스 4세의 적극적인 후원을 받게 되었다. 2년 후 로마로 돌아와 부친의 의지에 따라서 코수티아와 결혼했다. 그러나 부친이 사망하자, 아내와 이혼하고 삼촌 마리우스의 뒤를 계승했던 킨나의 딸, 코르넬리아와 재혼했다. 이 결혼은 로마의 민주 세력과 결속력을 강화하는 계기가 되었다.

독재정을 확립한 술라는 카이사르에게 이혼을 명령했다. 비록 옷을 바꾸어 입듯이 부인을 갈아치우는 데에 익숙해 있던 카이사르였지만, 이번에는 분명한 거부 의사를 표명했다. 그 결과 카이사르는 사형 선고를 받았으며, 코르넬리아는 지참금을 몰수당했다. 그러나 후에 형벌은 친구들의 도움으로 유배로 감해졌다. 카이사르는 술라의 결정에 감사의 마음을 전하면서도, 한편으로는 '어리석은 짓거리'라고 생각했다. 그러나 술라는 속아주었다. 아니면 술라는 카이사르의 행동이 진실이라기보다는 위장된 것이라는 사실을 알면서도 카이사르에게 느끼는 은밀한 친근감으로 모른 척했을지도 모른다.

독재자 술라가 은퇴하자, 카이사르는 로마로 돌아왔다. 그러나 자신의 이름이, 마리우스의 조카이며 킨나의 사위로서 아직까지 반동주의자들의 명단에 포함되어 있다는 사실을 알게 되자 다시금 실리시아로 떠났다. 실리시아로 항해하던 중에 해적들이 그를 태운 배를 나포하고, 카이사르의 목숨을 대가로 로마에 20탈렌트, 즉 오늘날의 화폐 가치로 환산하면 4억 4,000만 리라를 요구했다. 카이사르는 자신의 가치가 적게 평가되었다고 하면서, 스스로 50탈렌트를 주겠다고 나섰다. 그리고 돈을 마련하기 위해서 먼저 자신의 하인들을 파견할 것을 제안하고 몸값을 기다리고 있는 해적들을 안심시킬 목적으로 글을 써서 이들 앞에서 낭독했다. 카이사르는 이 무식한 해적들이 자신의 본심을 알아차리지 못하리라는 것을 간파하고 있었다. 사실, 자신의 글에서 카이사르는 자신을 인질로 잡고 있는 자들을 '야만인' 또는 '어리석은 놈들'이라고 부르면서, 다음에는 복수로 목을 매달아 죽일 것을 다짐하고 있었다. 그리고 후에 약속을 이행했다. 석방된 직후, 카이사르는 곧바로 밀레토스로 달려가 함대를 이끌고 해적들을 추적한 끝에 자신의 돈(실제로는 채권자들에게 빌린 돈이었지만, 끝내 돌려주지 않았다)을 되찾고, 사로잡은 해적들은 참수시켰다.

이 에피소드는 카이사르가 친구들에게 편지를 통해서 언급한 것이었던 만큼, 별로 신빙성이 있는 것으로는 생각되지 않는다. 당시까지만 해도 카이사르는 미래에 『갈리아 전기』를 쓸 때나, 전투마다 승리하면서 보여줄 절제되고 성숙된 면모를 드러내지 못하고 있었다. 어쨌든 이 당시의 카이사르는 수다스럽고, 건방지며, 낭비벽이 심했다. 기원전 68년 로마로 돌아온 카이사르는 이미 약속되어 있었던 재무관에 출마했다. 이 직위는 카이사르에게 부인 테르툴라를 빼앗긴 경험이 있던 크라수스와의 타협을 통해서 확보된 것이었다. 카이사르는 돈으로 표를 매수하여 당선되었다. 히스파니아의 통치권과 군 통수권을 장악한 후에는 이 지역의 반란 세력을 제압하고 군인이자 행정관으로서의 명성을 가지고 로마로 귀환했다.

기원전 65년, 카이사르는 건축관에 출마하여 당선되자 자신을 지지했던 사람들에게 보답하기 위해서 전례 없이 막대한 자금을 풀었다. 동시에 술라가 철거해버렸던 마리우스의 모든 승전 기념비들을 캄피돌리오 언덕으로 옮겨왔다. 3년 후 카이사르는 히스파니아의 속주법무관propraetore으로 임명되었다. 그러나 그에게 돈을 빌려준 채권자들은 회의를 마친 후 정부로 몰려가, 카이사르가 빌린 돈을 전부 반환하기 전에는 로마에서 떠나지 못하도록 할 것을 강력하게 요청했다. 카이사르 스스로도 부채가 2,500만 세스테르티우스라는 사실을 인정했다. 크라수스는 아무런 조건 없이 이 금액을 빌려주었다. 히스파니아로 돌아간 카이사르는 이베리아의 원주민들을 복속시키고, 승리의 권리로서 수많은 전리품들을 가지고 로마로 돌아왔다. 원로원이 카이사르를 히스파니아로 파견한 그 이면에는 그의 집정관 출마를 막아보려는 의도가 있었을지도 모른다. 로마에 부재중일 경우에는 관직에 출마할 수 없으며, 원정을 떠난 장군은 법률에 따라서 승리 의식을 거행하기 이전에 로마로 돌아올 수 없기 때문이었다. 그러나 카이사르는 이러한 사실에 구애받지 않고 군대를 성문 밖에 주둔시킨 다음 곧바로 로마에 입성했다. 이와 같이 카이사르는 당시의 선거 상황을 배경으로 자신의 정치 활동을 시작했다.

로마의 보수주의자들은 카틸리나를 옹호하면서, 명실 공히 확고한 민중들의 우상으로 자리 잡은 카이사르를 증오했다. 만약 원로원이 화려한 승리와 엄청난 재력을 이유로 시기했던 폼페이우스를 자신들의 진영으로 끌어들일 수만 있었다면, 카이사르의 야심을 저지할 수도 있었을 것이다. 당시 폼페이우스는, 동방 원정을 마치고 함께 브린디시에 상륙한 군대를 자신의 공적과 재력을 이용해서 개인 군대로 장악하고 있었다. 그러나 폼페이우스는 카이사르의 불법적인 로마 입성을 너그러운 마음으로 묵인해주었고, 카이사르와 함께 원정에서 운명을 함께했던 장교들은 로마에 들어와 승리 의식에 참가할 수 있었다. 폼페이우스는 전투에서는 용감했지만, 정치 문제에 대해서는 상당히 소극적이었으며 결코 법과 원칙에서 벗어나는 행동은 하지 않았다. 원로원은 폼페이우스의 성격을 간파하고, 이를 이용해서 그가 군인들에게 약속했던 토지 분배를 냉정하게 거부했다. 카이사르는 이런 상황을 이용하여 폼페이우스를 자신과 크라수스의 진영으로 끌어들이는 데에 성공했다.

이들의 정치적인 결탁을 배경으로 제1차 삼두정치가 형성되었다. 폼페이우스와 크라수스는 카이사르를 집정관에 당선시키기 위해서 막강한 영향력과 재력을 동원했다. 카이사르는 권력을 장악한 후, 폼페이우스의 군인들에게는 약속된 토지를 그리고 크라수스에게는 토지 분배에 필수적인 토지 전매권을 제공했다.

이렇게 해서 키케로가 갈구하던 그 유명한 로마의 '조화로운 질서', 즉 귀족과 상층 부르주아 계층 간의 동맹 관계가 파기되었다. 상층 부르주아는 크라수스와 폼페이우스를 자신의 합법적인 대표자로 간주하면서도, 카이사르의 민중 세력과 연합 전선을 구축했다. 귀족들은 어리석고 교만한 마음으로 아무런 도움도 원하지 않았으며, 자신들의 특권을 그 누구와도 공유하지 않으려고 함으로써 고립을 피할 수 없게 되었다. 이러한 배경에서, 귀족들은 당시 별로 알려지지 않은 마르쿠스 칼푸르니우스 비불루스를 자신들의 대표로 선출했다. 그러나 이미 언급한 바와 같이, 카이사르의 선출은 확고한 것이었다.

카이사르는 동맹 세력들이 내세운 조건들을 모두 이행했다.

당선 직후, 카이사르는 토지 분배와 폼페이우스가 주장한 동방 정책들을 모두 승인했다. 물론 원로원은 이에 적극적으로 반대했다. 카이사르는 과거에 그라쿠스 형제가 실시하려다가 목숨을 잃었던 모든 개혁 내용들을 그대로 반영하는 개혁안을 켄투리아회에 제출했다. 시대는 이미 많은 면에서 달라져 있었다. 비불루스는 신들이 원하지 않는다는 이유를 내세워 거부권을 행사했다. 켄투리아회는 비불루스의 연설을 크게 비웃었으며, 그날 밤 비불루스는 시민들이 던진 접시에 맞아 머리에 상처를 입는 수모를 당했다. 카이사르의 안건은 절대 다수의 찬성으로 승인되었다. 폼페이우스는 율리아와의 결혼으로 카이사르의 사위가 되었으며, 부르주아와 무산 계층은 삼두정치인들의 자금 지원으로 대화합을 기념하여 로마 경기장에 마련된 대규모 축제에 참가하여 여러 달 동안 환희와 기쁨을 나누었다.

카이사르는 민중에게 유리하게 전개되고 있는 사회 분위기를 배경으로, 그라쿠스 형제의 개혁안과 그 내용이 상당히 일치하는 사회, 경제적 개혁들을 별다른 어려움 없이 수행할 수 있었다. 크게 반발하던 원로원은 비불루스를 켄투리아회에 파견해, 카이사르의 정책이 신들의 의지에 어긋난다는 사실을 강조하도록 했다. 그러나 켄투리아회는 신들의 의지를 명분으로 내세우는 비불루스를 비아냥거리면서 바보로 만들어버렸다. 비불루스는 집으로 돌아간 뒤 다시는 공직에 모습을 드러내지 않았다. 결국 로마인들은 매년 두 명의 집정관의 이름으로 집권 기간을 정의하는 관습에 따라서 기원전 59년의 해를 '율리우스와 카이사르의 해'로 명명했다.

카이사르는 기원전 58년, 자신의 후임 집정관에 아울루스 가비니우스와 루키우스 피소를 선출하도록 했다. 한편 카이사르의 부인 폼페이아는 정부情夫 클로디우스 풀케르를 여장시켜 자신이 여사제로 있는 보나Bona 신전으로 끌어들임으로써 부도덕한 행위와 신성 모독으로 재판을 받게 되었다. 카이사르는 부인과 정식으로 이혼하고 피소의 딸, 칼 푸르니아와 재혼했다. 폼페이아의 부도덕한 행위는 사실이었다. 아름다운 용모에 야심이 많던 젊은 귀족 클로디우스는 조심성 없이 애인의 집을 출입하면서 카이사르의 정치와 그의 부인에 대해서 수많은 찬사를 남발했다. 그러나 사건이 세상에 알려졌을 때 폼페이아의 관련 여부는 분명하게 밝혀지지 않았다. 이혼 절차가 진행되는 과정에서 카이사르는 폼페이아의 무죄를 주장했다. 법관들이 카이사르에게 그럼에도 이혼을 요구하는 이유가 무엇인가를 묻자, 그는 "카이사르의 부인은 한 점의 의혹도 없어야 한다"라고 답했다. 뿐만 아니라 카이사르는 자신의 여동생이자 퀸투스 카이킬리우스 메텔루스 켈레르의 부인—카툴루스는 그녀를 레스비아라고 불렀다—으로서 키케로에 의해서 심한 비난을 받았던 클로디아를 클로디우스가 유혹했다고 세상 사람들이 떠들고 있음에도 불구하고 그는 실제로 그럴 만한 위인이 못 된다고 증언했다. 이번에도 키케로는 클로디우스를 맹렬하게 공격했지만, 카이사르는 크라수스를 통해서 판사들을 매수했다. 클로디우스는 무죄로 석방되었다.

카이사르가 자신의 부인에게 불명예를 안겨준 클로디우스를 적극적으로 도와준 이유는 평민 호민관에 출마한 그를 지원하는 과정에서 밝혀졌다. 카이사르는 자신의 장인과 친한 친구를 집정관으로 선출되게 함으로써 무산 계층에 대한 지원을 강화하려고 했던 것이다. 사실 부인의 명예에 관해서는 별 관심이 없었다. 이에 클로디우스는 더 이상 가치가 없어진 폼페이아와 결별하고, 인척 관계를 통해서 자신에게 많은 도움을 제공할 수 있는 다른 여성과 혼인하겠다는 의사를 분명히 했다. 관직에서 물러난 카이사르는 갈리아 키살피나와 나르보넨시스 지역을 통치하는 5년 임기의 속주총독에 임명되었다. 로마법에 따르면 아펜니노 산맥의 남부 지역에는 군대를 주둔시키는 것이 금지되었기 때문에, 아펜니노 산맥의 이북 지역에 대한 군 통수권을 가지고 있는 사람은 반도의 실질적인 주인으로 군림하게 되어 있었다. 카이사르는 반도의 주인이 되려는 야심을 키워가고 있었다.

카이사르는 원로원이 모든 수단을 동원해서 자신의 계획을 방해하리라는 것을 잘 알고 있었다. 그러나 카이사르는 자신이 제출한 법안에 대한 승인을 켄투리아회로부터 직접 받아냄으로써 원로원의 승인 없이도 통치가 가능하다는 것을 과시했다. 실제로도 카이사르는 점차 독자적인 정책을 한층 강화했다. 카이사르는 원로원에서 논의되는 모든 사항들을 매일 기록하고 발표하도록 지시했는데, 이를 계기로 세계 최초의 일간지, 〈악타 디우르나Acta Diurna〉가 탄생했다. 이 신문은 비매품으로, 모든 시민들에게 통치자들이 하는 일과 토론하는 내용들을 알 수 있도록 하기 위해서 성벽의 게시판에 공고되었다. 이와 같은 발상은 당시의 법 정신 중에서 가장 민주적인 특성을 나타냄으로써 상당한 호응을 불러일으켰다. 이제까지 비밀회의를 보장받아서 특권을 한층 강화할 수 있었던 원로원은 이제 대중의 심판의 도마 위에 오르게 되었으며, 역사상 가장 심각한 도전에 직면하게 되었다.

카이사르는 집정관들인 가비니우스와 피소의 지원, 자신에게 신세를 지고 있던 클로디우스, 폼페이우스와의 우정 그리고 크라수스의 재정적인 후원에 힘입어 막강한 권력을 장악했다. 그리고 이제는 자신의 결정을 쉽게 무시할 수 없는 입장에 처한 원로원을 크게 의식하지 않고도 오랜 바람이면서도 자신에게 가장 부족했던 군 경력과 충성스러운 군대를 가지기 위한 노력에 온 힘을 집중할 수 있었다.

제25장 갈리아 정복

기원전 58년, 카이사르가 도착한 오늘날의 프랑스 지역은 당시 로마인들 사이에서 갈리아로 불리고 있었다. 로마인들은 히스파니아와 지상 연락망을 확보할 전략적인 목적으로 이전에 정복했던 갈리아의 남부 지역에 대해서만 국지적으로 알고 있었을 뿐이었다. 반면에 그 이북 지역에는 관심을 보이지 않고 있었다.

갈리아의 북부 지역에는 민족이라든가 국가라는 개념이 존재하지 않았다. 이 지역의 켈트족 원주민들은 흩어져 살면서 서로 간에 전쟁을 벌이고 있었다. 날카로운 관찰 능력을 가지고 있던 카이사르는 오랫동안 이들의 움직임을 살펴본 결과, 켈트족은 군대를 독점한 귀족과 기사, 종교와 교육을 담당하는 신관 혹은 드루이드* 그리고 기아와 공포 속에서 살고 있는 민중이라는 세 계층으로 나누어져 있으며, 각 계층이 자기편의 민중을 상호 투쟁에 동원하고 있다는 사실을 알게 되었다. 카이사르는 이들을 정복하는 데에는 상호 분열 정책만으로 충분하다고 생각했다. 그러나 카이사르의 정복 계획에는 한 가지 장애물이 도사리고 있었다. 드루이드 계층이 서로간의 타협을

---

* Druid. 고대 켈트족의 지식층으로서, 사제, 교사, 법관 등의 역할을 담당했다.

통해서 상호 협력 관계를 형성하면서 민족 통일을 위한 정신적인 구심점으로 작용하고 있다는 사실이었다. 그러므로 카이사르에게는 이들을 동맹 세력으로 끌어들이는 것이 무엇보다도 필요했다.

카이사르는 다음의 두 가지 사실을 들어 갈리아인들을 긍정적으로 생각하고 있었다. 첫째 그의 가정교사가 갈리아 출신이었으며, 둘째 갈리아인들은 정복된 뒤부터 로마에 가장 우수한 보병을 공급해왔으며, 이미 로마에 복속된 피에몬테와 롬바르디아에 거주하는 켈트족과는 피를 나눈 형제들이었다. 만약 로마가 프랑스 전 지역을 정복하는 데에 성공했을 경우에는 보다 강력한 군대를 보유할 수 있으리라 보았다. 카이사르는 정복 전쟁에 필요한 충분한 군사력을 가지고 있지 못했다. 그저 얼마간의 영토와 3만도 못 되는 4개 군단만을 보유하고 있었다. 그가 지휘권을 부여받았을 당시만 해도, 헬베티아Helvetia[오늘날의 스위스 지역]와 갈리아 그리고 나르보넨시스 지역으로부터 40만의 야만족 군대가 위협해오고 있었다. 다른 한편에서는 이미 13년 전에 아리오비스투스의 지휘하에 플랑드르 지역에 정착한 동족을 돕기 위해서 15만의 게르만족이 레노 강을 건너오고 있었다. 이 소식에 놀란 갈리아 주민들은 카이사르에게 도움을 요청했다. 카이사르는 이를 원로원에 알리지 않고 자신의 비용으로 직접 군인들을 모집하여 4개 군단을 조직한 후, 아리오비스투스에게 공동의 지휘권을 행사하자는 제안을 했다. 아리오비스투스가 이를 거부하자, 카이사르는 새로운 군인들에게 자신의 권위를 확인시킬 목적으로 전쟁을 선포하고 헬베티아로부터 남하하는 적들과 대치했다. 적들은 두 번의 처절하고 치열한 접전에서 수적인 우세에도 불구하고 패배를 당하자, 카이사르에게 자신들의 조국으로 돌아가겠다고 제안하면서 휴전을 요청했다. 카이사르는 로마의 속국이 될 것을 조건으로 이들의 요청을 수락했다. 게르만인들은 오스테임Ostheim에서도 대패했다. 아리오비스투스는 도망갔지만, 얼마 있지 않아 사망했다. 카이사르는 대단한 호색가였지만, 전쟁에서만큼은 훌륭한 장군이었다.

카이사르가 승리했다는 소식에 갈리아인들은 적지 않게 동요했다. 카이사르는 또 다른 침략에 대비하는 의미에서 모든 갈리아 군인들에게 자신의 휘하로 들어올 것을 제안했다. 그러나 갈리아인들은 협력을 거부하고, 일부는 반란을 일으키고 오늘날의 벨기에 지역의 동족들에게 지원을 요청했다. 카이사르는 반란을 일으킨 갈리아인들의 공격을 물리치고, 남진하는 북방 민족들을 상대로 승리를 쟁취했다. 카이사르는 조급한 감이 없지 않았지만 갈리아의 전 지역을 정복했다고 로마에 통보했다. 승리 소식을 접한 로마 민중은 환호했다. 켄투리아회는 축제 분위기였던 반면에, 원로원은 별로 반가운 내색을 드러내지 않았다. 카이사르는 보수주의자들이 자신에게 적대감을 드러내며 음모를 계획하고 있다는 사실을 전해듣자, 로마로 돌아가서 폼페이우스와 크라수스를 불러모아 이들과의 관계를 강화하고 공동의 이권을 수호하기로 맹세함으로써 제2차 삼두정치를 출범시켰다. 한편 로마는 카이사르의 집정관 직 퇴임과 때를 같이하여 이미 혼란에 빠져들고 있었다. 당시 귀족들을 대표하던 소小 카토는 타협적이라기보다는, 반동적인 인물이었다. 위대한 감찰관이었던 조부의 명예를 물려받은 카토는 상당히 폐쇄적인 인물로 알려져 있었지만, 실제로는 비교적 덜 편협하고 탄력적인 면모를 가지고 있었다. 그러나 그의 운명은 조부의 유명세로 인한 영향을 벗어버리지 못한 채, 신봉하지도 않는 이념의 선봉으로 활약함으로써 궁극적으로 정치적인 파국을 피할 수 없게 되었다. 그는 고대 로마인들의 전통 의상인 투니카Tunica를 걸치지 않고 맨발로 거리를 걸어 다니면서, 늘 새로운 풍속들을 비판했다. 그의 이러한 보수주의적인 행동은 대大 카토를 흉내 낸 것이었다. 실제로 대 카토는 길거리에서 방자하게 웃거나, 침을 함부로 뱉거나, 빈정거리거나, 콩을 던지거나, 만취할 때까지 술을 마시는 행동들에 대해서도 비판의 목소리를 높였다. 그러나 그의 손자 소 카토는 항상 근엄한 얼굴과 까다로운 성격을 가지고 있었다. 또한 그는 황달병을 앓고 있는 사람처럼 창백한 신교 목사의 얼굴색에, 자신이 저지르지도 않은 잘못으로 고통받는 말괄량이 처녀의 심술난 입술을 하고 있었다. 다른 사람들이 자신에게 그런 것처럼, 소 카토도 주변 사람들에게 적지 않은 고통의 원인이 되었다. 다시 말하면, 자신의 원칙을 철저하게 지키면서 이를 주변 사람들에게 강요하고, 위반시에는 사정없이 질타하는 철저한 도덕주의자였다. 이러한 사실을 입증하는 대표적인 사례는 그의 부인 마르티아에 대한 그의 행동에서 찾아볼 수 있다. 마르티아는 자신을 괴롭히는 남편에게 염증을 느낀 나머지(얼마나 불쌍한 부인이었겠는가), 키케로의 공적公敵이자, 조반니 포르치오처럼 젊고 수려한 용모를 가진 변호사 호르텐시우스에게 반은 의도적으로 접근했다. 플루타르코스의 증언에 따르면, 소 카토는 부인과 부정한 관계를 맺고 있는 호르텐시우스를 만나자, 오히려 원한다면 아내를 빌려주겠다고 했다. 이것뿐만이 아니었다. 얼마 후 호르텐시우스가 사망하자, 카토는 부인을 다시 불러들여 마치 아무 일도 없었던 것처럼 함께 살았다.

지나칠 정도로 까다로운 성격에도 불구하고, 카토는 훌륭한 인격을 지니고 있었다. 무엇보다도 그는 정직했다. 이런 그의 특성을 고려할 때, 유권자들의 표를 금전으로 매수하는 것과 같이 모든 것이 돈으로 해결되던 시대에, 왜 카토가 직책상 겨우 법무관 정도의 승진밖에 하지 못했는가를 이해할 수 있다. 보수주의자인 카토를 정치적으로 지지하고 있던 원로원 의원들은, 그가 당시의 사회에 만연하고 있던 부정과 자신들에게 저항하는 모든 적들을 상대로 투쟁하기를 원하고 있었다. 카이사르가 로마를 떠난 후에 로마의 주인으로 등장한 클로디우스는 카토를 고위 대사의 자격으로 키프로스에 파견하도록 켄투리아회에 요청했다. 카토가 제안을 수락하자, 그 결과 보수주의자들은 지도자를 상실하게 되었다(오래 전부터 카토는 모든 면에서 이들의 입장을 대변하는 역할을 수행하고 있었다).

클로디우스는 정치인이라기보다는 일종의 선동가로서, 자신의 정치적인 행위의 한계를 인식하지 못하고 있었다. 이런 그의 단점이 보수주의자들에게는 오히려 다행이었다. 그는 키케로를 맹목적으로 증오하여, 온갖 수단을 동원해 그리스로 쫓아버리고 모든 재산을 몰수했을 뿐만 아니라, 팔라티노 언덕에 위치한 그의 저택을 완전히 파괴해버렸다.

이제 로마는 더 이상 키케로가 생각하던 그런 도시가 아니었다. 그러나 아직까지 로마의 통치 제도는 그 기능을 유지하고 있었다. 폼페이우스와 카이사르가 가장 먼저 로마의 변질을 거부했다. 그러나 클로디우스는 대화를 통해서 해결책을 찾기보다는 두 명의 상관에 대항하여 반란을 모색했다. 그는 부랑자들을 모집하여 무장 세력을 구성한 다음 로마를 테러의 공포 속으로 몰아넣었다. 키케로의 동생, 퀸투스는 원로원에서 추방령을 받은 폼페이우스를 불러들일 것을 위원회에 제안했다가 테러를 당했으나 기적적으로 목숨을 건졌다. 그러나 그의 제안이 받아들여지면서 폼페이우스는 범죄자들로 구성된 군대를 조직하고 귀족 출신의 재력가, 티투스 안니우스 밀로를 지휘관으로 임명하여 클로디우스에 대항했다. 당시의 로마는 마피아와의 전쟁이 전개되고 있던 1920년대 시카고를 방불케 했다.

열렬한 환영을 받으면서 로마로 돌아온 키케로는 자신을 도와준 삼두정치가의 변호인으로 활약하면서 원로원의 집요한 공격을 막아내는 수문장 역할을 수행했다. 그의 눈부신 활약으로 카이사르는 갈리아에 주둔 중인 자신의 군대를 유지하기 위한 새로운 지원을 얻어냈다. 그리고 폼페이우스는 6년 동안 반도에 식량을 공급하는 막강한 권력을 행사하는 관리가 되었다. 그러나 보수주의자들은 기원전 57년, 주어진 임무를 완벽하게 수행하고 키프로스로부터 돌아온 카토를 중심으로 새로운 세력을 규합하여 삼두정치에 대항했다. 칼부스와 카툴루스는 보수주의자들을 비난하는 풍자적인 이야기들을 로마에 퍼뜨렸다. 기원전 56년, 그나이우스 도미티우스 아헤노바르부스는 집정관 직에 출마하면서 카이사르의 농지법 폐지를 선거 공약으로 내걸었다. 시대를 초월해 선거 공약이란 것이 늘 그렇듯이, 키케로는 공약이 실현될 경우 그 결과가 자신의 진영에 유리하게 작용할 것이라는 계산하에 도미티우스를 지원하면서 카이사르의 장인, 피소를 공격했다.

그러나 삼두정치가들은 예상되는 혼란을 방지할 목적으로 루카에서 회합하여 크라수스와 폼페이우스의 집정관 출마를 결의했다. 그리고 선거에서 승리할 경우 카이사르에게 다시 5년간 갈리아 지역을 다스릴 수 있는 통치권을 부여하고, 크라수스와 폼페이우스에게는 임기가 종료된 이후에도 각각 시리아와 히스파니아를 지배하게 한다는 내용의 협약을 체결했다. 이들의 타협안이 실현된다면 삼두정치는 군대를 포함하여 로마를 실질적으로 지배하게 되는 것이었다.

이들의 계획은 갈리아를 확실하게 장악하게 된 카이사르의 지원과, 크라수스와 폼페이우스의 증가된 재력을 배경으로 하고 있었다. 때문에 이들은 당선에 필요한 다수의 투표자들을 매수하여 별다른 어려움 없이 계획을 실현할 수 있었다. 그 결과 카이사르는 갈리아로 돌아가 국경 지역에 빈번하게 출몰하는 게르만족의 공격을 막아내는 데에 전념할 수 있었다. 카이사르는 침입자들을 격파하고 이들을 레노 강 이북으로 몰아낸 후에 소규모의 부대를 이끌고 도버 해협을 통과하여 로마 역사상 처음으로 브리타니아Britania, 즉 지금의 영국에 상륙했다. 카이사르가 군대를 이끌고 이곳에 원정한 이유가 무엇인지 정확하게 알려져 있지는 않지만, 추측건대 이 지역에 대한 호기심이 원정의 주요한 배경이었을 것이다. 카이사르는 브리타니아에 오래 머물지 않았으며, 원주민들과의 몇 차례 전투에서 승리한 후에는 아무런 미련 없이 얼마간의 전리품을 가지고 귀환했다. 그러나 이듬해에는 다시 대규모의 군사 원정을 실시하여, 카시벨라우누스가 이끄는 원주민 군대를 격파하고 이들을 템스 강으로 쫓아 버렸다. 카이사르는 정복한 지역을 넘어 그 이북까지 진출하려고 했지만, 갈리아에서 반란이 일어났다는 소식에 더 이상의 모험을 포기했다.

카이사르는 서둘러 갈리아로 돌아오는 길에 반란을 일으킨 에부로네스족을 물리친 다음, 그 잔당을 소탕하기 위해서 주력 부대를 갈리아 북부 지역에 남겨두었다. 그리고 자신은 소규모의 호위 부대를 이끌고 롬바르디아로 진출했다. 목적지에 거의 도착할 무렵, 카이사르는 갈리아의 모든 지역이 베르킨게토릭스를 중심으로 봉기했다는 소식에 접하게 되었다. 카이사르는 그 주동자에 대하여 잘 알고 있었다. 베르킨게토릭스는 산악 지역인 아르베르니아의 강인한 전사들을 지휘하는 뛰어난 전략을 가진 우두머리로서, 갈리아의 왕을 꿈꾸다가 자신의 부하들에 의해서 피살된 카일틸루스의 아들이었다. 베르킨게토릭스는 부친과 마찬가지로 왕이 되고 싶었고, 가능하다면 왕관을 친구인 카이사르로부터 받고 싶어 했다. 그러나 그는 카이사르의 행동에 실망을 느끼고 반란을 획책한 것이었다. 그리고 그는 반란을 주동할 때 다른 인물들과는 달리 민족정신에 호소함으로써, 드루이드들로부터 물질적, 종교적 지지를 이끌어내는 데에 성공했다.

베르킨게토릭스의 군대는 카이사르가 있던 남부 지역과 그의 주력 부대가 주둔하고 있던 북부 지역 사이에 위치하고 있었다. 전황은 오히려 카이사르에게 불리하게 전개되고 있었다. 그러나 그는 당당하게 적들과 대결했다. 군기를 앞세우고 알프스를 횡단하여, 반란에 가담한 갈리아로 진격했다. 자신의 군

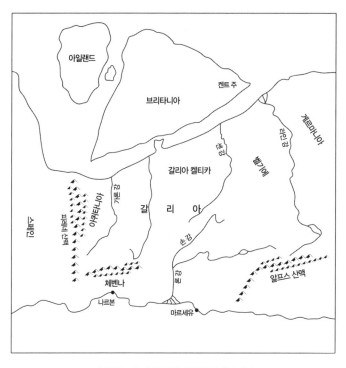

카이사르가 바라본 갈리아와 브리타니아

'갈리아는 세 지역으로 구분된다.
첫째는 벨기에, 둘째는 아퀴타니아
그리고 셋째는 우리의 갈리아와 켈트인들의 지역이다.'
(카이사르, 『갈리아 전기』, 1,1)

인들과 함께 밤낮으로 도보 행군을 감행한 끝에 눈 덮인 세벤 산맥을 통과하여 적의 본거지에 접근할 수 있었다. 카이사르 가 접근해오자, 반란군은 전력을 다해 수도를 방어하고자 했 다. 카이사르는 군 지휘권을 데키무스 브루투스 알비누스에게 위임하고, 자신은 소규모 기마대를 직접 지휘하여 적의 군대를 정면에서 돌파함으로써 자신의 주력 부대가 주둔하고 있는 지 역에 도착하는 데 성공했다. 주력 부대와 합세한 카이사르는 곧바로 아바리족과 카이나비족을 각개 격파하고 도시를 약탈 했다. 그러나 한때 그의 가장 충실한 동맹 세력이었던 에두이 족의 반격을 받고 게르고비아Gergobia에서 후퇴해야만 했다.

적의 진영에서, 그것도 10대 1이라는 절대적으로 불리한 상황에서 카이사르는 절대적인 패배의 위기에 직면해야만 했 다. 카이사르는 이용 가능한 모든 수단을 동원하여 베르킨게토 릭스의 주력 부대가 주둔하고 있던 알레시아를 포위했다. 카이 사르의 포위 작전 소식이 알려지자, 반란군은 사방에서 자신 들의 지휘관을 구출하려고 몰려들었다. 이들의 전력은 25만에 이르렀으며, 당시 4개 군단에 불과한 로마 군대와 대치했다. 카이사르는 휘하의 군대를 양분하여 하나는 포위된 적군의 도 시를 향하게 하고, 다른 하나는 알레시아를 구하기 위해서 달 려온 적군의 방향으로 배치하는 이중전략으로 얼마 남지 않은 식량과 무기를 적절하게 분배했다. 로마 군대는 일주일 동안 처절한 저항을 계속했고, 결국에는 식량이 바닥나게 되었다. 한편 갈리아인들도 극심한 혼란 상태에 빠져들면서 서서히 후 퇴하기 시작했다. 후에 카이사르는 이 상황에 대하여, 반란군 이 하루만 더 공격을 계속했다면 로마 군대는 전멸의 비극을 피할 수 없었을 것이라고 회상했다.

베르킨게토릭스는 포위된 도시에서 단독으로 적군에게 항복 의사를 표시하고 자비를 요청했다. 카이사르는 반란 도시를 사면해주었지만, 반란군들은 로마 군대의 포로가 되어 노예로 전락하는 신세가 되었다. 반란군의 지휘관들은 체포되어 승자의 마차에 쇠사슬로 묶인 채 로마로 압송되었다가, 당시의 관습에 따라서 인간 제물로 희생되었다. 카이사르는 반란을 진압한 후에도 나머지 잔당을 처리하기 위해서 갈리아에 계속 머물러 있었다. 그는 적들에게 관용을 베풀던 전례를 철회하고 이번에는 매우 엄격하게 모든 일을 처리했다. 그러나 반란의 처참한 종말을 보여주기 위해 주동 세력 및 반란 가담자들에 대한 처벌을 마친 후에는 과거처럼 이해와 용서의 정책을 재추진했다. 카이사르는 꿀과 채찍의 양면 정책을 적절하게 활용함으로써, 로마에 대한 갈리아인들의 존경과 결속력을 성공적으로 이끌어낼 수 있었다. 갈리아에 대한 카이사르의 통치 정책이 얼마나 성공적이었던가는, 가까운 장래에 일어나게 될 폼페이우스와의 시민전쟁에서 갈리아인들이 자신들에게 부과된 의무를 충실하게 이행했다는 사실로 증명되었다.

그러나 로마는 카이사르가 갈리아를 지배하고 통치하는 데에 기울인 노력의 의미를 정확하게 평가하지 못하고 있었다. 로마는 면적으로는 이탈리아 반도의 두 배에 해당하고 인구는 다섯 배나 되는 갈리아 지역을 단순히 착취의 대상으로만 생각하고 있었다. 그러므로 로마는 카이사르가 갈리아를 로마의 언어와 문화를 계승하고 이를 다시 전 유럽으로 확산시키는 교량으로서 그리고 진정한 의미의 국가로 조직하려고 한 사실을 상상조차 할 수 없었을 것이다. 물론 당시의 로마는 내분으로 인해서 갈리아에 관심을 가질 만한 여유가 없었다.

크라수스는 집정관의 임기를 마친 후, 이전의 루카 협정에 따라서 시리아로 떠났다. 그리고 부족한 군 경력을 쌓기 위해서 인위적으로 파르티아인들에게 전쟁을 선포했지만, 카르하이Carrhae에서 대패했다. 파르티아의 장군은 협상 도중에 로마 장군을 살해하고 그의 목을 잘라 에우리피데스의 작품이 상연되는 극장의 장식으로 사용했다. 반면에 폼페이우스는 자신의 군대를 조직한 후에도 히스파니아로 떠나지 않고 계속 이탈리아에 머물고 있었다. 카이사르는 율리아의 사망으로 폼페이우스와의 결속력이 약화되자, 다시 자신의 여조카인 옥타비아와 혼인할 것을 제안했다. 하지만 폼페이우스가 제안을 거부하자, 카이사르는 자신이 칼푸르니아와 이혼하고 폼페이우스의 딸과 혼인하겠다고 제안했다. 이렇게 로마에서는 한때의 장인이 이제는 사위로 탈바꿈하는 사태가 벌어지려고 하고 있었다. 그러나 폼페이우스는 오히려 보수주의자들과 은밀한 협약을 가짐으로써 이들의 지도자가 되기를 원하고 있었다. 그는 이번에도 제안을 거절함으로써 카이사르와의 그 어떤 인척 관계도 거절했다. 폼페이우스는 기원전 49년에 카이사르의 집정관 직위가 종식된다는 사실을 주목하고, 46년까지를 임기로 하는 차기 집정관 선거에 직접 출마했다. 이렇게 해서 폼페이우스는 로마에서 유일하게 군대를 보유한 실질적인 실력자가 되었다.

로마의 민주 정치는 클로디우스와 밀로의 쿠데타로 심각한 타격을 받았으며, 결과적으로 무력대결만이 유일한 해결책처럼 보였다. 그리고 밀로는 얼마 전에 자신의 집에 불을 지른 클로디우스를 제거하는 데에 성공했다. 평민들은 살해된 클로디우스에게 순교자의 명예를 헌정하고, 시신을 원로원으로 옮겨 화장시켜주었다. 폼페이우스는 반란군을 진압한다는 명목하에 군대를 소집하여 로마를 장악하는 데에 성공했다. 키케로는 폼페이우스를 '단독 집정관'으로 칭송했다. 보수주의자들은 적들에게 불만의 빌미를 제공할지도 모르는 성명서 등의 발표 없이도 폼페이우스에게 독재권을 넘겨줄 수 있는 일거양득의 기회라는 생각에 키케로의 표현을 대대적으로 환영했다. 폼페이우스는 로마에 군대를 상주시키고, 이를 배경으로 켄투리아회의 개최와 대대적인 재판을 지시했다. 재판에서 밀로는 후에 책으로까지 출판된 키케로의 열성적인 변호에도 불구하고, 클로디우스를 살해한 죄로 유죄 선고를 받았다. 마르세유에 피신해 있던 밀로는 키케로의 변호 연설문을 읽고, "오! 키케로여, 당신이 진정으로 여기에 쓰여 있는 대로 연설을 했다면, 나는 이곳에서 겨우 생선으로 식사를 하는 초라한 처지가 되지는 않았을 텐데!"라고 감탄했다고 한다. 밀로의 이런 말로 인해서 후에 키케로의 연설문에 대한 진위를 둘러싸고 수많은 논쟁이 벌어졌다고 한다. 폼페이우스는 집정관 선거에 출마하려는 사람은 전제 조건으로 반드시 로마에 거주해야 한다는 내용의 법안을 재상정했다. 군대의 보이지 않는 압력하에 개최된 켄투리아회의는 이를 승인했다. 결국 카이사르는 승리를 축하하는 날 이전에는 로마로 귀환할 수 없게 됨으로써 실질적으로는 권력의 핵심에서 밀려나게 되었다. 카이사르의 임기는 기원전 49년 3월 1일까지로 예정되어 있었지만, 마르쿠스 마르켈루스는 퇴임을 앞당겨야 한다고 주장했다. 평민 호민관들은 거부권을 행사했지만, 민주 정치의 모든 정당성과 의미가 상실된 상황에서는 별다른 효과를 발휘할 수 없었다. 카토는 반反 카이사르 운동을 강화하는 의미에서, 카이사르를 재판에 회부하고 이탈리아로부터 추방할 것을 강력하게 요구했다.

갈리아를 정복하여 로마에 복속시킨 카이사르의 영웅적인 공로에 대한 보상이 추방 위협이라는 것은 아이러니가 아닐 수 없었다.

제26장 루비콘 강

카이사르는 시민전쟁의 주역으로 등장하기에 앞서, 이미 수많은 작가들이 찬양했던 화려한 군사적 승리와 행운을 경험했다. 카이사르는 자신의 군대가 주둔하고 있는 갈리아 키살피나를 지나, 국법에 따르면 군대를 이끌고 통과할 수 없는 이탈리아의 국경 지역에 위치한 리미니Rimini에 도착했다. 역사가들은 당시 카이사르가 망설임과 회의에 빠져 있었다고 기록하고 있다. 그러나 실제로 카이사르는 그곳에 도착하기 전에 이미 자신이 할 일을 결심하고 그것을 실행으로 옮기고 있었다.

그럼에도 카이사르는 로마인들 간의 대결은 피해야 한다는 생각으로, 서로 이해가 얽혀 있는 폼페이우스와 원로원이 제시한 조건들을 수용했다. 이들이 요구한 조건은 크라수스의 죽음을 복수하기 위한 동방 원정에 카이사르의 한 군단을 파견하는 것과 과거 갈리아 원정을 위해서 폼페이우스로부터 빌려온 군단을 반환하는 것이었다. 그러나 원로원은 카이사르의 집정관 출마를 방해했을 뿐만 아니라, 그로 하여금 군대를 해산하든지 아니면 국가의 적이 될 것인지 두 가지 중에 하나를 선택하라는 최후통첩을 했다. 카이사르는 자신이 어느 쪽을 선택해도 결국은 원로원의 뜻에 따라서 죽게 되리라는 사실을 잘 알고 있었다. 카이사르는 자신의 부관들인 가이우스 스크리보니우스 쿠리오와 마르쿠스 안토니우스를 파견하여, 만약 기원전

48년까지 갈리아의 총독 직을 연장해준다면 자신의 10개 군단 중에 8개 군단을 해산할 용의가 있다는 최종 결정을 전달했다. 폼페이우스와 키케로는 카이사르의 의지에 긍정적인 입장을 보였다. 그러나 집정관 렌툴루스 스핀테르는 카이사르의 사절을 접견실로부터 내쫓아버렸으며, 카토와 마르켈루스는 로마의 안녕을 위한다는 명목하에, 폼페이우스에게 카이사르의 야심을 저지하는 데에 필요한 모든 권력을 제공하자고 주장했다. 이들의 요구는 국법을 편파적으로 해석하고 집행한 결과로서, 궁극적으로는 카이사르와 로마의 관계가 파국으로 치닫는 결정적인 계기를 제공했다.

카이사르는 자신이 가장 신임하는 제13군단을 소집한 후에, 군인들milites보다는 동지들commilitones이라는 표현을 사용하여 연설했다. 군인들은 카이사르를 자신들의 장군인 동시에 진정한 동료로서 받아들이고 있었다. 카이사르는 10년 동안 이들과 동고동락하면서 전쟁을 승리로 이끌었고, 때로는 엄격해야 할 순간에 관용을 베풀기도 했다. 이들은 수많은 전투를 경험한 노련한 군인들로서, 조국의 도움 없이 스스로의 노력으로 자신의 운명과 권위를 세워가는 인간 카이사르를 존경할 뿐만 아니라, 지휘관으로서의 카이사르도 높게 평가하고 있었다. 카이사르가 조국과의 전쟁에서 패할 경우 배신자의 오명을 피할 수 없을 것이라는 현실을 설명하면서, 그럼에도 자신을 따르겠는가를 물었을 때 군인들은 만장일치로 지지를 표명했다. 카이사르는 대부분 피에몬테와 롬바르디아 출신의 갈리아인들로 구성된 부하들에게, 원로원의 반대를 물리치고 시민권을 부여했다. 그러므로 이들의 조국은 곧 카이사르였다. 카이사르가 봉급을 지불할 돈이 한 푼도 없다고 말했을 때에도, 이들은 자발적으로 자금을 모아 군단의 비용을 충당했다. 단 한 명, 티투스 라비에누스만이 카이사르를 떠나 폼페이우스의 진영으로 건너갔다. 그럼에도 카이사르는 평소에 가장 훌륭하고 유능한 보좌관으로 생각했던 배신자에게 미처 가져가지 못한 소지품과 그동안의 봉급을 보내주었다.

기원전 49년 1월 10일, 카이사르의 말처럼, 주사위는 던져졌다. 카이사르는 6,000의 병력을 이끌고 폼페이우스가 지휘하는 6만의 대군에 맞서기 위해서 루비콘 강을 건넜다. 강을 건너는 행동으로 로마에 대항한다는 의사를 분명히 밝힌 카이사르는 피체노에서 제12군단과 그리고 코르피니움에서 제8군단과 합세했다. 그리고 이 지역 출신들로서 마리우스에 대한 향수를 조카인 카이사르를 통해서 느끼고 있던 지원병들을 주축으로 3개 군단을 편성했다. 키케로는 당시의 상황을 '도시들은 자발적으로 성문을 열고 카이사르의 입성을 열렬하게 환영했다'고 설명하면서, 시민들이 보수주의자들에게 염증을 느끼고 있다는 증거라고 해석했다. 실제로 시민들은 보수주의자들에게 싫증을 느끼고 있었기 때문에 반란군의 지도자인 카이사르에게 아무런 저항도 하지 않았다. 반란군은 시민들에 대한 약탈과 체포 그리고 그 어떤 추방과 탄압 행위도 하지 않는 관용 정책을 전개했다.

카이사르는 로마로 진격하는 도중에도 협상을 위해서 계속 노력했다. 렌툴루스에게 서한을 보내어 형제들 간의 싸움으로 로마가 겪게 될지도 모르는 엄청난 재난을 설명했다. 그리고 자신의 신변 안전이 보장된다면 스스로 공직을 떠나 은퇴하겠다는 의사를 키케로를 통해서 서면으로 폼페이우스에게 전달했다. 카이사르는 그에 대한 답변에 아무런 미련도 두지 않고, 자신을 향해서 접근하고 있는 폼페이우스와 일전을 벌이기 위해서 남쪽으로 진군했다.

로마의 보수주의자들은 카이사르의 제안을 거부하고, 자신들에게 동조하지 않는 원로원 의원들은 조국의 적으로 간주하겠다는 선언과 함께 도시에서 철수했다. 이들은 분노에 가득 찬 상태에서 돈과 하인, 부인, 친구, 커튼, 침대보, 옷가지 그리고 깃털 펜과 같은 사치스러운 물품들을 챙겨들고 폼페이우스의 진영으로 달려가 각자의 불만을 토로했다. 그러나 이러한 행위는 결과적으로 폼페이우스의 머리를 더욱 복잡하게 만들 뿐이었다. 폼페이우스는 과거와 마찬가지로 여전히 젊은 시절의 마른 체격을 유지하고 있었지만, 더 이상 강직한 성격의 소유자는 아니었다. 더군다나 이제 늙고 허약해져 청년 시절의 활동성도 보여주지 못하고 있었다. 최종 결단을 보류한 상태에서 폼페이우스는 브린디시로 후퇴한 다음에, 군대를 열두 척의 배에 나누어 싣고 두라초로 건너갔다. 적군의 전력에 비해서 두 배나 많은 군대를 보유하고 있는 장군의 결정으로서는 이해하기 힘든 것이었다. 그러나 그의 전략은 군대를 훈련시키고 재정비하여 운명을 건 최후의 일전에 대비한다는 것이었다.

3월 16일, 카이사르는 군대를 도시 밖에 주둔시키고 단신으로 로마에 입성했다. 비록 그는 로마에 대항하여 반란에 나섰지만 모든 규정들을 준수했다. 카이사르가 독재관의 직위를 요구하자, 원로원은 이를 거부했다. 폼페이우스에게 평화 사절을 파견하겠다는 제안도 했지만, 원로원은 또다시 거부권을 행사했다. 카이사르는 다시 국고의 재정을 사용할 것을 제안했지만, 이번에는 호민관 루키우스 메텔루스가 거부권을 행사했다. 이에 카이사르는 "당신들에게 겁을 주는 말을 하는 것이 나에게는 어려울 수 있지만, 이를 실행에 옮기는 것은 오히려 쉬운 일이 될 수도 있습니다"라는 표현으로 자신의 의중을 드러내었다. 결국 국고를 사용할 수 있게 되었다. 그는 제국의 재정을 휘하 군대의 전쟁 비용으로 사용하기 전에, 먼저 최근의 전쟁에서 획득했던 수많은 전리품들을 국고에 반납했다. 물론 국고의 사용은 절도 행위와 다름없는 위법 행위였지만, 먼저 합법적인 절차가 선행된 것이었다. 합법적인 공금 횡령이라 해야 할까.

보수주의자들은 세 개의 군대를 동원하여 반전을 시도했다. 이들의 군대는 알바니아에 주둔 중인 폼페이우스의 군대, 시칠리아에 주둔 중인 카토의 군대 그리고 히스파니아에 주둔 중인 군대로 구성되었다. 이들은 전투를 벌이지 않고도 이탈리아 전역을 기아 상태로 몰고 감으로써 카이사르를 굴복시킬 수 있으리라고 생각했다. 카이사르는 쿠리오에게 2개 군단의 지휘권을 주고 시칠리아에 파견하여 아프리카에 상륙한 카토를 추격하게 했지만, 적절히 준비되어 있지 않았기 때문에 패배했다. 쿠리오는 패전의 책임을 지기 위해서 상관인 카이사르에게 용서를 빌면서 전쟁터에서 죽음을 맞이했다. 카이사르는 밀, 즉 식량을 확보할 목적으로 직접 히스파니아 원정을 시작했다. 카이사르는 폼페이우스의 군대를 과소평가하여 심각한 위기에 직면하기도 했지만, 최선을 다해 대처함으로써 위기의 순간을 모면할 수 있었다. 그리고 포위된 상황에서도 주둔지의 위치를 바꾸어 강을 우회함으로써 오히려 적군을 포위했다. 결국 적들은 항복했고, 히스파니아는 다시 카이사르의 지배하에 들어갔다. 카이사르의 승리로 질병과 기아의 위협에서 벗어난 로마 주민들은 그를 찬양했고, 원로원은 독재관의 직위를 제공했다. 그러나 이번에는 카이사르가 원로원의 제안을 거부했다. 왜냐하면 그는 유권자들이 선출한 집정관 직위로 만족했기 때문이었다.

카이사르는 신속한 조치를 통해서 로마의 질서를 회복시켰지만, 재판이나 추방 그리고 재산 몰수와 같은 극단적인 조치는 생략했다. 그는 로마의 상황을 어느 정도 안정시킨 다음, 브린디시에 집결한 2만의 군대를 열두 척의 군함에 나누어 싣고 알바니아에 상륙하여 폼페이우스의 뒤를 추격하기 시작했다. 이때 폼페이우스는 카이사르가 냉혹한 겨울 날씨와 함대의 감시로 인해서 해협을 건너지 못할 것이라고 확신하고 있었다. 폼페이우스가 자신의 군대에 비교할 때 분명한 열세에 있는 적군을 왜 공격하지 않았는지는 알려져 있지 않다. 더구나 카이사르의 함대는 폭풍으로 극심한 피해를 입었기 때문에 절반 이상의 군대가 해협을 건널 수 없는 상황이었다. 작은 배를 타고 이탈리아 해안을 항해할 때, 카이사르는 주변의 군인들에게 "겁먹지 마라. 너희들은 지금 카이사르와 그의 운명의 별을 실어 나르고 있다"라고 격려했다. 그러나 결국 폭풍으로 인해서 극소수의 생존자들만이 해안에 도착할 수 있었다. 만약 이때 폼페이우스가 공격을 시도했다면, 카이사르의 부대는 전멸을 피할 수 없었을 것이다.

날씨가 변하면서, 사기가 떨어져 있던 카이사르의 군대는 최고의 부관이었던 마르쿠스 안토니우스가 지휘하는 부대와 겨우 합류할 수 있었다. 카이사르는 공격을 시작하기 전에 폼페이우스에게 새로운 평화 협정을 위한 서한을 보냈지만, 아무런 회신도 받지 못했다. 카이사르는 공격을 시도했으나, 처음에는 별다른 성과를 거두지 못했다. 폼페이우스는 저항을 계속하면서 포로들을 무참히 죽여버렸지만, 카이사르는 포로들을 자신의 군인으로 활용하는 전략을 구사했다. 게다가 카이사르의 군인들은 자신들이 전투에서 최선을 다하지 않았기 때문에 벌어진 결과라고 자책하면서 처벌해줄 것을 요청했다. 카이사르가 처벌을 거절하자, 군인들은 적에 대한 재공격을 요구했다. 그러나 이번에도 카이사르는 지친 군인들을 전쟁에 투입하지 않고 테살리아로 후퇴하여 식량을 보충하고 휴식을 취했다.

한편 폼페이우스의 진영에서는 루키우스 아프라니우스가 카이사르와의 대결을 피하고, 무방비상태에 놓여 있는 로마로 돌아갈 것을 제안했다. 그러나 대부분의 장교들은 카이사르가 이미 패한 것이나 다름 없으니 최후의 공격으로 승리를 획득하자고 주장했다. 이에 관한 분명한 생각을 가지고 있지 않던 폼페이우스는 승리를 갈구하는 부하들의 의견을 받아들여, 군대를 이끌고 적군의 뒤로 돌아가 파르살로스에서 카이사르와 대결했다. 5만의 보병과 6,000의 기병으로 구성된 폼페이우스의 군대에 대항하여 카이사르는 2만 2,000의 보병과 1,000의 기병만으로 자신의 진영을 방어했다. 전투를 하루 앞둔 저녁, 폼페이우스의 진영은 대규모의 만찬을 열고 잡담과 축배 속에서 자신들의 승리를 확신하고 있었던 반면에, 카이사르는 군인들과 함께 진흙으로 덮인 참호 속에서 밀과 양배추로 식사를 하고 있었다. 카이사르의 군인들은 결전의 날에 필요한 명령을 경청하면서 자발적으로 수많은 전략을 논의했다.

파르살로스 전투는 카이사르가 거둔 최대의 승리였다. 카이사르와 그의 군대는 200여 명의 사상자를 기록한 반면, 무려 1만 5,000명의 적을 살상하고 2만여 명을 포로로 잡는 대전과를 기록했다. 카이사르는 포로들을 죽이지 않고, 폼페이우스가 승리를 예상하고 요리사들을 동원하여 미리 준비시킨 음식으로 적장의 화려한 막사에서 자신의 승리를 축하했다. 전투에서 대패한 폼페이우스는, 카이사르가 걱정스러운 마음으로 시신이라도 찾으려고 했던 마르쿠스 브루투스와 다른 아첨쟁이 귀족들과 함께 라리사로 도주했다. 사실 브루투스는 카토의 배다른 누이이자 자신의 옛 애인이기도 했던 세르빌리아의 아들이며, 어쩌면 카이사르의 아들이었을지도 모른다. 전해오는 말에 의하면, 카이사르는 브루투스로부터 자신을 용서해줄 것과 수많은 부하들과 함께 포로가 된 카시우스 롱기누스(그는 세르빌리아에 이어서, 카이사르의 연인이었던 테르티아와 재혼했다)에 대해서 선처를 부탁하는 편지를 받았을 때 그의 생존을 확인하고 깊은 안도의 숨을 쉬었다고 한다.

카이사르가 아무런 망설임도 없이 이들을 모두 용서해주었던 것은, 지금과 마찬가지로 당시의 로마는 시인과 영웅 그리고 뱃사람들의 나라일 뿐만 아니라 삼촌과 조카 그리고 사촌들의 나라, 즉 넓은 의미의 가족을 이루고 있었기 때문이었다.

폼페이우스는 부인 미틸레나를 대동하고, 원로원이 조직한 군대를 지휘하기 위해서 아프리카로 이동했다. 이 군대는 카토와 라비에누스가 우티카에서 조직한 군대였다. 이들을 실은 배는 로마의 속국으로서 왕 프톨레마이오스 13세가 총독의 자격으로 통치하고 있던 이집트에 도착했다. 어리석음과 교활함을 고루 갖춘 프톨레마이오스 13세는 천박한 내시 포티노스의 보필을 받고 있었다. 포티노스는 파르살로스 전투의 결과를 이미 알고 있었으며, 패자인 폼페이우스를 죽일 경우 승자로부터 보상을 받게 되리라고 생각했다. 결국 폼페이우스는 작은 배를 타고 항해하는 도중에 부인이 보는 앞에서 등에 칼을 맞고 살해되었다. 카이사르는 자신에게 보내온 적장의 머리를 보고 심한 고통으로 인상을 찌푸리면서 얼굴을 돌렸다고 한다. 카이사르는 비록 적일지라도 피를 보는 것을 좋아하지 않았다. 폼페이우스가 생포되었더라도 카이사르는 분명히 그를 죽이지 않고 용서해주었을 것이다.

이집트에 도착한 카이사르는 로마로 돌아가기 전에, 오래전부터 잘못되어 있던 이집트의 정치 상황을 바로잡고 싶어 했다. 프톨레마이오스 13세는 부친의 유언에 따라서 자신의 여동생 클레오파트라 7세와 결혼하여(이집트의 형제간 결혼은 파루크 1세의 시대까지 지속되어 이집트의 '지역적 특성'의 일부를 이루었다) 통치권을 함께 행사하고 있었다. 그러나 카이사르가 도착했을 때 클레오파트라는 프톨레마이오스 13세의 명령으로 수도에서 멀리 떨어진 지역으로 옮겨져 있었다. 카이사르는 그녀를 비밀리에 데려오도록 지시했다. 클레오파트라는 은밀하게 돌아오기 위해서 하인 아폴로도로스가 카이사르의 숙소로 사용될 왕궁의 화려한 귀빈실로 침대를 옮길 때, 그 기둥 속에 그녀를 숨기도록 했다. 그리고 카이사르가 잠을 자기 위해서 침대에 오르는 순간 그녀를 발견하게 되었다. 이때가 그녀에게는 운명의 순간이었다.

클레오파트라는 아름답지는 않았지만, 섹시한 용모에 뱀같이 꼬불꼬불한 금발의 여인으로서 화장품을 사용하고 있었다. 또한 멜로디처럼 들리는 목소리에 계산적이고 탐욕적인 성격을 가지고 있으면서도, 대화를 쾌활하게 이끄는 지적 능력도 갖춘 여성이었다. 그녀는 당시의 여성이 미덕이라고 생각하는 것에는 관심이 없었던, 그렇지만 사랑스러운 여성이었다. 이 순간까지 수많은 전쟁과 역경을 겪은 여성 편력가 카이사르에게는 어쩌면 거의 이상적인 여성이었다. 왜냐하면 카이사르는 어떤 여성이든지 항상 첫 만남이 주는 이미지로 판단했으며, 일단 관심이 사라진 경우에는 절대로 돌아보지 않았기 때문이다.

카이사르는 처음에 형제가 타협을 하도록 권유했지만, 음모를 꾸미고 있던 포티노스를 제거한 후에는 모든 권력을 클레오파트라에게 넘겨주었다. 그러나 불행히도 카이사르에 대항하는 반란에 그의 로마 군대가 가담하는 사건이 발생했다. 카이사르는 소수의 군인들을 지휘하여 왕궁을 작은 요새로 만들고, 소아시아에 밀사를 파견하여 지원군을 요청하면서, 적들이 이용할 수 있는 함대를 불태우도록 명령했다(그러나 이 화재로 인해서 알렉산드리아의 명예와 영광의 산 증인이었던 거대한 도서관이 불타버렸다). 그러나 전세가 여의치 않자 카이사르는 기습 작전을 전개하여 포위망을 뚫은 다음, 헤엄쳐 바다를 건너 파로스 섬에 도착했다. 그리고 그곳에서 지원군과 만날 수 있었다. 프톨레마이오스 13세는 카이사르가 죽은 것으로 확신하고 반란군에 가담했지만, 그 이후의 행보에 대해서는 알려져 있지 않다. 카이사르는 지원군과 함께 반란을 진압한 후에 자신을 배신하지 않고 충실하게 남아 있던 클레오파트라를 여왕으로 추대했다.

카이사르는 클레오파트라와 아홉 달 동안 밀회를 즐겼으며, 그동안 자신의 이름에서 따온 카이사리온이라는 아들을 가지게 되었다. 카이사르는 자신이 없는 동안 로마가 마르세유에서 돌아온 밀로의 음모로 정복되었다는 비보를 듣고도 구원의 요청을 무시했다. 이러한 사실로 미루어 짐작할 때, 카이사르와 여왕의 사랑은 위대한 것이었다고 볼 수 있다. 카이사르가 여왕과 함께 나일 강을 따라 긴 여행에 오르자, 이번에는 그를 따르던 군인들까지 그를 배신하는 사건이 발생했다. 그리고 이들 사이에서는 카이사르가 여왕과 결혼하려고 하며, 이곳에 남아 지중해의 왕으로 군림하려고 한다는 소문까지 퍼지고 있었다.

반란 소식을 접하자, 카이사르는 자신을 따르는 군대를 지휘하여 소아시아로 원정을 떠나, 젤라에서 미트라다테스 6세의 아들인 파르나케스 2세를 상대로 '왔노라, 보았노라, 이겼노라'의 신화를 남긴 승리를 거두었다.

이탈리아 반도의 타란토에 상륙한 카이사르는 이곳에서 자신을 찾아와 용서를 구하는 키케로와 다른 보수주의자들에게 용서의 말을 건네면서 이들과 악수를 했다. 모든 것이 순리대로 풀려나가는 듯이 보였다. 그리고 주인이 집으로 돌아가듯이, 카이사르는 슬픔과 비탄이 가득한 로마로 돌아갔다. 그 누구도 이의를 제기하지 않았다. 카이사르는 화려한 대리석 의자로 장식된 마차를 타고 짙은 화장과 오색찬란한 의상을 입은 클레오파트라를 동행하여 로마로 귀환한 것이었다.

그는 살아 있는 '전리품'을 대동하고, 부인이 기다리고 있는 로마에 입성했다. 승리자의 부인은 화려한 이국 여성을 대동한 남편을 보고도, 마치 이력이 난 것처럼 화를 내지 않았다. 아마도 카이사르의 부인은 클레오파트라가 단지 남들보다 조금 더 높은 코를 가지고 있는 여성에 불과하다는 사실을 간파한 유일한 사람이었을 것이다. 그리고 오히려 그 점 때문에 남편의 당당한 행진을 행복하게 바라보았을지도 모른다.

제27장 3월의 분노

로마의 상황은 그리 낙관적이지 않았다. 히스파니아에서는 폼페이우스의 아들이 새로운 군대를 조직하고 있었다. 시칠리아에서는 과거 파르살로스에서 대패했을 당시와 같은 막강한 군사력을 가진 카토와 라비에누스가 실질적인 주인 행세를 하고 있었다. 그 결과 이 두 지역에서는 더 이상 밀이 로마로 반출되지 않았다. 내부적으로도 로마는 심각한 혼란에 빠져 있었다. 키케로의 사위인 푸블리우스 코르넬리우스 돌라벨라는 클로디우스의 후계자로서 극단주의자들의 우두머리인 카일리우스 루푸스와 연합했다. 이들은 함께 모든 채무를 백지화하여 심각한 경제적 마비를 초래했다. 그리고 마르세유로부터 민중 선동과 공모의 대가인 밀로를 불러들였다. 따라서 마르쿠스 안토니우스는 카이사르를 대신하여 질서를 유지하고, 강인한 군인정신으로 대대적인 탄압을 실시하여 광장에서 수천의 로마인들을 학살했다. 카일리우스와 밀로는 봉기를 획책하기 위해서 이미 반란이 일어난 속주로 도주했다.

항상 우익 반동주의자들과 투쟁해왔던 카이사르였기 때문에 그는 좌익을 적으로 돌리고 싶지 않았다. 왜냐하면 이전의 마리우스가 질서 유지를 위해서 자신의 부하 장병들을 살육했던 것과 같은 운명을 되풀이하지 않으려고 했기 때문이었다. 카이사르는 군인들에 의해서 야기된 정치적 분규를 해결하는 일에 착수했다. 평소에 '군인들은 돈에 따라서 움직이고, 돈은 힘이 있는 곳에 모이며, 힘은 군인들이 장악하고 있다'고 생각하고 있던 카이사르는 무장을 풀고 홀로 담담한 모습으로 반란군과 대면했다. 그는 군인들의 요구가 정당한 것이라고 인정하면서, '다른 반란군'을 진압하기 위한 아프리카 출정에서 돌아오는 즉시 요구를 들어주겠다고 약속했다. 수에토니우스의 말에 따르면, 카이사르의 말을 듣고 군인들이 부끄러움과 뉘우침의 눈물을 흘리면서 자신들이야말로 진정한 카이사르의 군인들이며 그에 대한 충성을 끝까지 지키겠다는 말을 했다고 한다. 카이사르는 자신이 어려움에 처해 있는 것처럼 행동했지만, 실제로는 단지 원정을 위한 군인들이 필요했을 뿐이었다. 카이사르는 천재적인 전략가였다. 카이사르는 자신들의 부끄러운 행동을 뉘우치고 있는 군인들을 배에 싣고 아프리카에 상륙한 후, 기원전 46년 4월 타프수스Thapsus에 도착했다. 이곳에서 카이사르의 원정군은 카토, 메텔루스 피우스 스키피오, 카이사르의 전前 부관 라비에누스 그리고 누미디아의 왕 유바 1세가 지휘하는 8만의 대군과 대결했다.

또다시 원정군은 1대 3의 불리한 전투를 하게 되었다. 비록 카이사르의 군대는 첫 번째 전투에서 패배했지만, 이어서 벌어진 결정적인 전투에서는 처절한 투혼을 발휘한 끝에 승리를 획득했다. 군인들은 이번만큼은 승리자의 자비를 무시하고 포로들을 모두 학살했다. 유바는 전쟁터에서 자살했다. 그리고 스키피오는 도주하여 바닷가에 도착했지만, 맞아 죽는 운명을 피할 수는 없었다. 카토는 소규모의 잔당을 이끌고 우티카에 은둔하면서, 아들에게는 카이사르에게 항복하도록 충고하고 도망가기 원하는 사람에게는 금고의 돈을 원하는 만큼 분배해주었다. 그리고 자신은 가까운 친구들과 점심을 함께 하는 자리에서 소크라테스와 플라톤에 관하여 토론했다. 식사를 마친 후, 자신의 방으로 들어가 칼로 배를 갈랐다. 하인들이 눈치를 채고 급히 의사를 불러 갈라진 틈으로 빠져나온 내장들을 다시 집어넣는 응급처치를 하고 붕대를 감아주었다. 그러나 카토는 주변 사람들이 모두 빠져나간 틈을 이용하여 자신의 손으로 붕대를 풀어버림으로써 결국 자살을 택했다.

후에 그는 플라톤의 저서, 『파이돈 *Phaedon*』에 머리를 기댄 채 죽어 있는 것이 발견되었다. 이 소식을 접한 카이사르는 슬픈 마음을 표현하면서, 자신에게 용서할 시간을 주지 않았다는 사실을 용서할 수 없다고 말했다. 카이사르는 그를 위해서 엄숙하고 장엄한 장례식을 치러주었으며, 그 아들을 사면해주었다. 카이사르는, 자신의 마음에 들지 않았으며 여러 가지 측면에서 좋은 인상을 주지 않았던 카토가 로마 공화국의 모든 덕목들을 무덤 속으로 함께 가져가버렸다고 생각했다. 카이사르는 아마도 가능하다면 자살을 선택한 적의 운명과, 수많은 친구들, 예를 들면 키케로의 운명을 교환하고 싶어 했을지도 모른다.

잠시 동안 로마에 머문 후, 카이사르는 폼페이우스의 잔당을 진압하기 위해서 히스파니아로 출정했다. 문다 Munda에서 적을 격파한 카이사르는 정부를 재조직하는 작업에 본격적으로 착수했다. 그는 원로원으로부터 처음에는 10년 그리고 이후에는 종신 독재관으로 임명되어 모든 권력을 장악했다. 그러나 그가 해야 할 일은 태산처럼 많았던 반면에, 이를 추진하는 데에 결정적인 도움을 제공할 수 있는 지도 계층은 형성되어 있지 않았다. 카이사르는 자신의 오랜 적이었지만, 일을 추진하는 데에 필요한 귀족들을 초대하여 협력을 부탁했다. 그러나 귀족들은 빈정거리는 태도로 일관하면서 음모를 계획했다. 뿐만 아니라, 카이사르가 클레오파트라와 결혼하여 알렉산드리아로 수도를 이전할 것이라는 오래 전의 소문들을 다시 끄집어내면서 자신들의 거부 의사를 분명히 했다. 결국 귀족들의 비협조적인 태도에 직면한 그는, 오랫동안 신의를 유지하고 있었지만 행정 분야에는 비전문가들인 소수의 친구들에게 의지할 수밖에 없게 되었다. 따라서 루키우스 코르넬리우스 발부스, 마르쿠스 안토니우스, 돌라벨라 그리고 오피우스 등과 같은 인물들을 중심으로 개혁팀을 구성했다. 켄투리아회는 카이사르를 지지했다. 원로원은 로마의 부르주아들과 지방의 부르주아 그리고 대부분이 노예의 후손들이었던 켈트족 출신의 전직 관리들을 영입하여 구성원을 600명에서 900명으로 증가시킨 후에 단순한 자문기구로 개편했다.

이러한 계획은 카이사르가 시민권을 갈리아 키살피나 주민들에게까지 확대하면서 구상했던 개혁 작업의 일부에 지나지 않았다. 과거 원로원은 이를 받아들이지 않았지만, 이제는 전 이탈리아 반도로 시민권을 확대하는 것에 동의해야만 했다. 카이사르는 로마의 시민들은 도덕적으로 타락했으며 어리석은 도망자들로 구성되어 있다고 생각했다. 그리고 이들로부터는 아무런 도움도 기대할 수 없다는 결론에 도달하자, 건전한 가정과 도덕성 그리고 엄격한 가정 교육이 유지되고 있는 속주의 농민들과 소부르주아 출신들을 인재로 등용할 것을 계획했다. 카이사르는 자신의 거대한 개혁 작업과 군대 조직에 이들을 참여시키기로 결정했다.

이런 것들이 바로 카이사르가 추진하려고 하던 진정한 개혁의 핵심이었다. 카이사르는 그라쿠스 형제의 농업 개혁안을 재추진함과 동시에, 공업과 무역 분야의 대부르주아들과도 협력하면서 재정적인 지원을 해주었다. 발부스와 티투스 폼포니우스 아티쿠스 같은 대자본가들은 카이사르의 금융 지원자 및 자문관으로 활동했다. 카이사르는 이러한 계획을 실천하기 위해서는 자신이 전투에서 발휘했던 활력이 필요하다고 설명했다. 그는 모든 것을 보려고 했고, 모든 것을 알려고 했으며, 모든 것을 자신이 결정하기를 원했다. 그는 낭비와 무능을 인정하지 않았다. 때로는 이런 불필요한 요인들을 제거하는 것만으로도 시간이 모자랄 지경이었다. 그의 개혁 정책이 정력적으로 추진될수록 그를 음해하는 소리도 한층 커져갔다. 그러나 카이사르는 타고난 낙천가로서 적들의 입방아를 오히려 즐기고 있었다.

한편, 카이사르는 클레오파트라와의 외도를 마감하고 다시 칼푸르니아와의 결혼 생활을 재개했다. 그는 좋은 남편이 되기 위하여, 그동안 자신의 외도로 인해서 고통을 받았던 부인에게 더 많은 관심과 존경심 그리고 넓은 사랑으로 보상해주려고 했다. 그는 하루 종일 복잡한 사무로 일관하던 집무실에서 집으로 돌아온 후에는 항상 부인과 대화를 나누었다. 독재관의 명성에 걸맞은 의상과 행동에 신경을 쓰기 시작했으며, 대머리를 감추기 위해서 자신에게 허용된 월계수관을 머리에 쓰고 다녔다. 그는 자신을 모욕한 사람에게도 선물을 준비할 만큼 세련된 매너를 지니고 있었다. 그리고 가능하다면 자신에 대한 모욕을 무시하려고 했다. 카이사르가 폼페이우스가 도망하면서 파르살로스에 남겨 둔 통신문들과 타프수스에서 발견된 스키피오의 통신문들을 읽지 않고 불에 태워버렸던 것은 바로 이러한 이유 때문이었을 것이다. 아마도 그 속에는 적지 않은 분량의 저질적인 음해와 이중적인 배신 행위가 기록되어 있었을 것이다. 또한 카이사르는 섹스투스가 히스파니아에서 부친의 원수를 갚기 위해서 음모를 꾸미고 있다는 소식을 접했을 때에도 모반자의 조카들을 그곳으로 보내주기도 했다. 카이사르는 자신의 적들이었던 마르쿠스 브루투스와 카시우스 롱기누스를 속주 총독으로 임명했다. 그러나 이러한 관용적인 결정의 이면에는 위대한 사람들만이 가질 수 있는 얼마간의 거만함이 내포되어 있었을지도 모르는 일이다. 그리고 이러한 거만함의 이면에는 카이사르가 무엇 때문에 자신을 향하여 다가오고 있는 위험들을 무관심하게 처리했는지에 대한 이유가 포함되어 있을지도 모른다. 카이사르는 자신의 주변에서 음모가 계획되고 있으며, 자신의 자비로운 행동이 존경의 대상이 되는 것이 아니라 증오의 싹이 되어가고 있다는 사실을 더 이상 무시할 수 없었다. 그러나 그는 자신의 적들이 이를 실천에 옮길 만한 용기를 가지고 있지 않다고 판단했다. 따라서 그는 크라수스의 죽음을 복수하기 위해서 파르티아를 원정했고, 국경을 게르마니아와 스키타이아로까지 확장했으며, 과거의 건전했던 도덕관을 비교적 잘 유지하고 있는 속주들의 중간 계층을 중심으로 이탈리아 사회를 개편하려는 새로운 계획을 구상하고 있었다.

기원전 48년 2월, 카이사르가 지방 중심의 새로운 개편 작업에 몰두하고 있을 때, 카시우스는 음모를 계획하면서 카이사르가 양아들로 생각하고 있던 혹은 그의 친아들일지도 모르는 브루투스를 포섭했다. 소설가들과 희곡 작가들은 브루투스를 공화적인 자유의 영웅으로 추대했지만, 그 진실성 여부는 의심의 여지가 있다. 카이사르에 반대하는 귀족들의 음모는 이상주의에 빠져 있었다. 이들은 카이사르가 왕이 된 후에 외국인 창녀, 즉 클레오파트라와 지배권을 양분하고 수도를 이집트로 옮긴 다음에 멍청한 카이사리온에게 왕권을 물려주려고 하고 있으므로 이 독재자를 제거해야 한다는 명분으로 무장하고 있었다. 어쨌든 카이사르 자신도 옛 왕들의 동상 옆에 자신의 동상을 세우려고 하지는 않았을까? 혹은 통화通貨에 자신의 얼굴을 새겨 넣으려고 하지는 않았을까? 플루타르코스의 기록에 따르면, '창백하고 마른 체격의' 카시우스는 처남인 브루투스를 설득할 때 다음과 같은 논리를 전개했다. '재발한 간질 증세로 고통을 받고 있던 카이사르는 권력으로 인해서 한층 더 이상해졌다. 그러므로 카이사르가 일순간에 로마의 존엄과 자유를 파괴하기 이전에 카이사르를 죽이는 것이 보다 현명할 것이다.' 그러나 로마의 자유와 특권을 한 번의 공격으로 상실하게 되는 운명적인 사건과 비교한다면, 무시해도 될 만한 의미 없는 것이었다.

　그러나 결정적으로 브루투스의 마음을 바꾸게 한 것은 마음속에 품고 있던 개인적인 비밀 때문이었다. 브루투스는 카이사르가 자신을 아들로 인정하려고 하지 않았다는 사실보다는, 자신이 그의 아들이라는 사실을 알고 있었기 때문에 배신을 결심했을지도 모른다. 그러나 이런 이야기들은 진실이 아니라, 브루투스가 자신의 친구에게 보낸 편지에 쓰여 있던 '우리의 조상들은, 비록 독재자가 아버지라고 할지라도 결코 용서하지 말라고 가르치셨다'라는 말에 기초하여 성립된 가설에 불과하다.

브루투스는 학식 있는 인물로서, 그리스어와 철학에 능통했다. 그는 카이사르로부터 갈리아 키살피나를 넘겨받아 속주 총독으로서 성실하고 유능했다. 그는 독재관 카이사르에게 결코 우호적이지 않았던 삼촌인 카토의 딸, 포르티아와 혼인했다. 그러나 가장 주목을 끄는 점은 당시에 그가 미덕에 많은 관심을 가지고 있었다는 사실이다. 사실 미덕은 사랑을 느낄 때 그것을 떠벌여대지 않고 은밀하게 자신만의 사랑으로 키워가는 정숙한 여성과 같은 것이다.

3월 초, 카시우스는 자신의 음모를 최종적으로 확정한 후, 15일에 카이사르를 제거하는 거사가 결행될 것이라는 사실을 브루투스에게 알려주었다. 카이사르의 부관 루키우스 코타가 왕만이 군사 원정에서 파르티아인들을 격파할 수 있다는 시빌의 말을 상기시키면서 독재관 카이사르를 왕으로 추대할 것을 켄투리아회에 제안한 것이었다. 이미 최근의 개혁을 통해서 친親카이사르 인사들이 상당수 포진하고 있던 원로원은 아무런 반대 의사도 표방하지 않았다. 결국 더 늦기 전에 카이사르를 암살하는 것만이 유일한 대안으로 남게 되었다. 카시우스는 어떤 고문에도 결코 비밀을 폭로하지 않겠다는 의지를 자신의 허벅지를 칼로 찌르는 행동으로 보여주었다. 브루투스는 함께 자리한 부인에 대한 자신의 입장을 고려하여 더 이상 반대 의사를 보이지 않았다.

그날 저녁, 카이사르는 몇몇 친구들과 집에서 식사를 했다. 로마의 전통에 따라서 카이사르는 그날 저녁 대화의 주제를 제안했다. '당신들은 어떤 형태의 죽음을 선택하겠는가?' 각자 자신들의 견해를 피력하는 가운데, 카이사르는 신속하고 잔인한 죽음을 택하겠다고 선언했다. 이튿날 아침, 칼푸르니아는 간밤에 남편이 피범벅이 되는 꿈을 꾸었다고 말하면서 카이사르에게 원로원에 나가지 말 것을 권고했다. 그러나 카이사르는 음모에 가담한 한 친구의 성화에 이끌려 원로원으로 출발했다.

카이사르가 떠난 직후, 한 친한 친구가 음모에 대한 정보를 전해 듣고 그에게 알려주기 위해서 찾아왔으나 간발의 차이로 만나지 못했다. 거리를 지날 때 손금을 보는 한 점쟁이가 3월 15일을 조심하라고 충고하자, 카이사르는 "오늘이 벌써 그날인데"라고 대답했다. 그러자 또 다른 사람이 "아직 3월 15일이 다 지나간 것은 아닙니다"라고 말했다. 회의실로 들어서는 순간, 누군가가 그의 손에 두루마리 문서를 내밀었다. 카이사르는 이를 늘 있는 청원서라고 생각하여 펼쳐보지 않았다. 그가 살해되었을 때, 손에는 아직도 그 문서가 들려 있었다. 그 문서는 카이사르에 대한 살인 음모를 고발하는 내용을 담고 있었다.

카이사르가 회의실에 들어서자마자, 음모자들은 뒤에서 덤벼들어 칼로 찔렀다. 이 상황에서 카이사르를 방어할 수 있는 유일한 인물이었던 마르쿠스 안토니우스는 그 순간 옆 대기실에 있었다. 카이사르는 자신의 팔로 방어하려고 했지만, 살인자들 사이에 브루투스가 있는 것을 보고 모든 저항을 포기했다. 아마도 이때 카이사르는, 수에토니우스의 증언처럼, "나의 아들, 너마저도"라고 말했을지도 모른다. 카이사르의 마지막 말은 이와 같은 상황에서 일반적으로 아버지가 아들에게 할 수 있는 평범한 외침이었다.

카이사르는, 폼페이우스 자신이 세우고 그 옆을 지날 때마다 스스로 머리를 숙이던 그 동상 밑에 쓰러졌다. 브루투스는 피에 젖은 칼을 들고 키케로를 '조국의 아버지'라고 찬양하고 만세를 외치면서 연설을 부탁했다. 그러나 엄청난 살인 음모에 말려드는 것을 두려워한 키케로는 위대한 웅변가로서 그의 생애 처음으로 아무런 말도 하지 못했다. 회의실로 들어간 마르쿠스 안토니우스는 땅바닥에 쓰러져 있는 카이사르의 시신을 바라보았다. 주변의 모든 사람들은 안토니우스가 보복의 분노를 폭발시킬 것으로 생각하고 있었지만, 예상외로 그는 아무런 말없이 살인 현장에서 떠나버렸다. 이미 밖에서는 살인 소식을 듣고 군중이 모여들기 시작하고 있었다. 겁을 집어먹은 음모자들은 문 옆에서 서성거리고 있었으며, 몇몇은 자신들의 행위가 자유의 승리를 의미한다는 주장을 역설하고 있었다. 그러나 이들의 주장은 아무런 설득력을 가지지 못했으며, 로마 군중은 이들의 말에 위협적인 언사로 대응했다. 음모자들은 캄피돌리오 언덕으로 피신하여 호위병들에게 바리케이드를 설치하도록 명령하고, 다른 한편으로는 마르쿠스 안토니우스에게 서신을 보내 군중들의 해산을 요청했다.

이튿날 브루투스와 카시우스가 점점 더 폭력적으로 변해가는 군중을 진정시키기 위해서 헛된 노력을 기울이고 있을 때, 마르쿠스 안토니우스는 책임자들에 대한 처벌과 질서 유지를 호소하는 연설을 하여 간신히 진정 국면을 조성하는 데에 성공했다. 이어서 안토니우스는 비탄에 잠겨 있는 칼푸르니아를 방문하여 위로하고 카이사르의 유언이 담긴 서한을 넘겨받은 다음, 자신이 후계자로 적혀 있으리라고 확신하는 마음에 봉투를 열어보지도 않고 로마의 관습에 따라서 베스타 신전으로 갔다. 그리고 비밀리에 성문 밖에 주둔 중인 군대를 불러들인 후, 원로원에 출두하여 그동안 카이사르가 계획했던 모든 개혁 작업을 계속해서 추진하겠다는 의지를 표명했다. 또한 카이사르가 제출한 모든 안건을 원로원이 승인한다는 조건으로 키케로가 제안한 일반사면을 최종적으로 승인했다. 카시우스와 브루투스에게는 로마에서 멀리 떨어진 속주의 총독직을 약속하고 이들을 저녁 식사에 초대했다.

18일, 안토니우스는 유례를 찾아볼 수 없을 만큼 성대하게 거행된 카이사르의 장례식에서 추모 연설을 했다. 카이사르와 우정을 유지하고 있던 유대인 공동체는 자신들의 전통 노래를 부르면서 군인들과 함께 장례 행렬에 참가했다. 군인들은 카이사르를 추모하는 의미에서 자신들의 무기를, 배우들과 검투사들은 자신들의 의상을 화장용 장작더미 위에 던졌다. 새벽까지 로마의 모든 시민들은 장례식장을 떠나지 않았다.

이튿날 아침 안토니우스는 베스타 사원으로부터 카이사르의 유언장을 넘겨받아 로마의 고위 인사들 앞에서 엄숙하게 개봉했다. 카이사르는 유언으로 그동안 축적한 전 재산 중 1억 세스테르티우스를 로마 시민들에게 남겼다. 그리고 자신의 화려한 정원은 정부에 공원으로 제공했다. 하지만 후계자로 지명된 것은 안토니우스가 아니라, 카이사르의 먼 조카뻘인 가이우스 옥타비우스였다.

　마르쿠스 안토니우스는 카이사르가 살해된 지 48시간 만에 살인자들을 저녁 만찬에 초대했었다. 이러한 안토니우스의 기묘한 충성심은 카이사르의 유언장을 통해서 그 대가를 받았다.

제28장 안토니우스와 클레오파트라

　당시만 해도 가이우스 옥타비우스는 어려서부터 잘 알고 지내던 집안의 가까운 친구들을 제외하고는 별로 알려져 있지 않았다. 이미 다 알고 있듯이, 그는 가까운 장래에 아우구스투스라는 이름으로 로마 역사상 가장 위대한 황제로 기억될 터였다. 옥타비우스의 할머니 율리아는 카이사르의 여동생으로 벨레트리 지방의 돈은 많지만 멍청한 관리에게 출가했다. 옥타비우스의 부친은 평범한 관리로서 마케도니아의 총독이었다. 옥타비우스는 어려서부터 스파르타식 교육을 받으며 성장했고, 공부도 열심히 했다. 화려한 여성 편력에도 불구하고 합법적인 상속자를 두지 못한 카이사르의 총애를 받아 그와 함께 살게 되었다. 기원전 45년, 옥타비우스는 카이사르가 폼페이우스의 잔당을 제거하기 위해서 히스파니아로 원정을 떠났을 때 함께 동행했다. 히스파니아 원정 당시, 카이사르는 허약한 몸으로 수많은 역경을 극복하는 젊은 옥타비우스의 강인하고 놀라운 정신력에 감동했다. 사실 옥타비우스는 결장염과 습진 그리고 천식으로 고통받고 있었다. 그의 건강은 시간이 흐르면서 더욱 악화되어, 마치 뜨거운 난로 옆에서 졸고 있는 병든 병아리처럼 복대, 숄, 털모자를 걸치고 알약, 연고, 물약 등을 가지고 다녔으며 심지어는 전쟁터에도 의사를 동행해야만 했다. 많이 먹거나 마시지 않는 소식가인 옥타비우스는 막사의 틈새로

들어오는 바람에도 흠칫했지만, 적들과의 대전에서는 냉철한 용기로 대적했다. 그는 상황에 대한 정확한 판단이 서지 않을 때에는 결코 움직이지 않을 만큼 매우 신중했다.

예상할 수 없는 즉흥적인 행동을 좋아하면서도 너그러운 마음과 결단력 있는 표현 그리고 명쾌한 행동의 소유자인 카이사르는 자신과 대조적인 유형의 옥타비우스를 좋아했다. 카이사르는 어린 옥타비우스에게 전략과 행정에 관한 공부를 하도록 했다. 그리고 옥타비우스가 17세가 되었을 때, 군 경험과 관리로서의 요령을 습득시킬 목적으로 일리리아에 주둔 중인 소부대의 지휘권을 맡겼다. 3월이 끝나갈 무렵, 옥타비우스는 그곳에서 삼촌의 죽음과 유언 소식을 듣게 되었다. 그는 마르쿠스 안토니우스를 신임하지 않는 모친의 만류에도 불구하고 로마로 달려갔지만, 자신을 풋내기 어린아이로 무시하는 안토니우스로부터 멸시만 받았다.

그러나 옥타비우스는 별다른 반응을 보이지 않았다. 오히려 침착하게, 죽은 삼촌의 유언에 따라서 시민들과 군인들에게 지급할 돈이 충분하게 마련되었는지를 물었다. 안토니우스는 그보다 더 급한 일이 있다고 대답했다. 얼마 전에 삼촌을 존경하는 마음에서 자신의 이름을 가이우스 율리우스 카이사르 옥타비우스로 바꾼 옥타비우스는 죽은 삼촌의 친구들로부터 급전을 융통하여 유언에 따라서 분배했다. 카이사르의 군인들은, '어린 풋내기'에 불과했지만 약속을 지킬 줄 아는 옥타비우스를 좋아하게 되었다.

화가 난 안토니우스는 며칠이 지나서, 자신이 자객의 습격을 받았으며 이를 계획한 사람이 옥타비우스라고 발표했다. 옥타비우스는 이에 대한 증거를 요구했다. 결국 안토니우스가 제시한 증거들은 허위로 밝혀지고, 옥타비우스는 로마에 도착한 직후에 불러들인 2개 군단을 당시의 집정관들이었던 이르티우스와 판사에게 위임하여 이들과 함께 안토니우스를 공격했다.

당시 옥타비우스의 나이는 불과 18세에 불과했는데, 원로원은 그가 아직 어린아이라는 사실을 주목하고 자신들의 지지를 표명했다. 전통 귀족들은 카이사르가 죽은 후에 후계자를 꿈꾸고 있던 안토니우스의 과도한 권력을 두려워하고 있었다. 안토니우스는 전권을 장악하고 있던 며칠 동안, 국고에서 무려 2,000억 리라를 착복했으며 폼페이우스의 궁전을 독차지했다. 또한 반도에 군대를 주둔시킬 목적으로 이탈리아 북부의 갈리아 키살피나를 독자적으로 통치함으로써 로마의 주인으로 행세했다. 원로원은 안토니우스의 독단적인 무력 행동을 방치할 경우, 죽은 카이사르보다 더 독재적인 인물이 로마를 지배하게 될 것이라는 사실을 깨닫게 되었다. 생각이 여기에 미치자, 원로원은 ―앞서 언급했듯이― 당시 18세의 소년에 불과한 옥타비우스라면 로마의 장래에 별다른 영향을 주지 못할 것이라고 생각하고 그를 지지하기로 결정했다. 키케로는 웅변을 통해서 안토니우스의 사생활을 집중적으로 공격했다. 그의 연설 내용은 『필리피카 Philippicha』라는 작품으로 오늘날까지 전해오고 있다. 비난의 대상이 될 만한 소재는 얼마든지 있었다. 당시 38세였던 안토니우스는 자신의 인생을 군대, 부정부패, 자비롭지만 무례한 행동으로 보내고 있었다. 관대하기로 유명했던 카이사르는, 안토니우스를 좋아하면서도 그가 전쟁터에까지 남녀 하렘 harem을 동반하는 것을 비난했다. 안토니우스는 비록 건장한 체격을 가진 귀족이었지만, 무식하고 비윤리적이었으며 다혈질적이고 난폭한 성격의 소유자였다. 키케로는 안토니우스의 이러한 단점들을 공개적으로 지적하면서 그에 대한 비난의 강도를 높였다.

안토니우스와 옥타비우스의 군대는 모데나Modena 근처에서 충돌했다. 격렬한 전투에서 승리의 여신은 이르티우스 등의 전사에도 불구하고 홀로 살아남은 어린 옥타비우스에게 미소를 보냈다. 자신의 인생에서 처음으로 패배를 경험한 안토니우스는 도주했다. 소년 옥타비우스는 군대의 선봉에서 당당한 모습으로 로마에 입성했다. 그리고 원로원에 출두하여 자신을 집정관으로 임명할 것과 '3월의 분노', 즉 카이사르의 암살을 주도했던 인물들에 대한 사면을 철회하고 이들을 죽음으로 처벌할 것을 요구했다. 옥타비우스를 로마 지배를 위한 도구로 간주하고 있던 원로원은 그의 요구를 거절했다. 옥타비우스는 삼촌인 카이사르가 보여준 정치 외교적인 교훈을 최대로 활용하여 카이사르의 부관이었던 마르쿠스 아이밀리우스 레피두스를 안토니우스에게 평화 사절로 파견하고, 이들과 함께 제2차 삼두정치를 결성했다. 결국 체념한 원로원은 독재자들이란 항상 후임자가 전임자에게 후회의 눈물을 흘리게 만든다는 속담을 다시 한 번 되새길 수밖에 없었다.

한 무리의 경비병들이 로마의 모든 성문에 배치된 가운데, 대대적인 복수가 시작되었다. 300여 명의 원로원과 2,000여 명의 관리들이 전 재산을 몰수당한 후에 살해되거나, 재판을 받고 처형되었다. 도망자에게는 2만 5,000드라크마, 대략 오늘날의 1억 3,000만 리라의 현상금이 붙여졌다. 그러나 대부분의 사람들은 죽음을 선택했으며, 최후를 맞이하면서도 고대 로마인으로서의 담대함을 잃지 않았다. 호민관 살비우스는 자신이 베푼 만찬에서 독을 마시고, 마지막 유언으로 자신이 죽은 후에도 만찬을 중단하지 말 것을 당부했다. 그의 소원대로 만찬은 계속되었다. 안토니우스의 부인 풀비아는 집을 팔지 않았다는 이유로 사적인 원한을 품고 있던 아무 죄도 없는 루푸스를 목매달아 죽이도록 했다. 그러나 안토니우스는 이 순간 코포니우스라는 자의 부인과 동침하고 있었기 때문에 부인의 과격한 행동을 저지할 수 없었다. 한편 코포니우스는 부인의 헌신 덕택에 목숨을 건질 수 있었다.

안토니우스의 가장 시급한 제거 대상은 키케로였다. 안토니우스는 『필리피카』에서 자신에게 신랄한 인신공격을 가했을 뿐만 아니라, 자신의 양아버지인 렌툴루스를 감옥에서 죽게 한 키케로에게 복수할 기회만 노리고 있었다. 또한 이 기회에 아내의 전 남편이었던 클로디우스에 대해서도 복수하려고 했다. '조국의 아버지' 키케로는 죽음을 피해 배를 타고 안치오로 피신했다. 그러나 키케로는 항해 도중에 죽음보다 더 심한 배멀미로 포르미아에 상륙했는데, 이곳에서 안토니우스의 군인들로부터 공격을 받았다. 키케로는 부하들에게 저항을 포기하도록 지시하고 자신도 조용히 죽음을 맞이했다. 그의 잘린 머리와 오른손은 삼두정치의 주인공들에게 보내졌다. 안토니우스는 키케로의 죽음에 매우 흡족해했으나, 물론 겉으로는 위대한 웅변가의 죽음을 애도하는 대외적인 제스처를 보였다. 옥타비우스는 카이사르가 죽었을 때 애매한 태도를 보이면서, 피살자의 업적을 칭송한 뒤 곧바로 살인자들과 결탁했던 키케로를 결코 좋아하지 않았다. 그러나 키케로는 한때 카이사르에게 그랬던 것과 마찬가지로, 그의 조카인 옥타비우스에 대해서도 '칭송과 숭배와 찬사를 받을 만한 젊은이laudandum adolescentem ornandum, tollendum'라고 말했다. 이러한 표현은 겉으로는 칭찬처럼 들리지만, 예를 들어 톨렌둠tollendum은 '찬사의 대상'이라는 뜻 이외에도 '죽여야 할 대상'이라는 이중적인 의미를 내포하고 있다. 키케로의 표현이었던 만큼, 그 복선에 깔린 의미를 간파하는 것은 어려운 일이 아니었다.

이와 같이 로마의 가장 위대한 웅변가 키케로는 자신을 가장 유명하게 만들어주었던 '웅변'의 희생자가 되었다.

이제 제거의 대상은 마케도니아의 총독 브루투스와 시리아의 총독 카시우스 롱기누스였다. 이들은 자신들의 힘을 규합하여 최후의 공화정 군대를 조직하고 팔레스티나, 실리시아 그리고 트라키아를 차례로 약탈했다. 이 지역의 주민들, 특히 제대로 공납을 할 수 없었던 유대인들은 노예로 팔리는 신세가 되었다. 브루투스와 카시우스의 포위와 공격 속에서 기아와 자살의 고통으로 신음하고 있던 크산토스Xanthos의 주민들은 안토니우스와 옥타비우스의 군대를 '해방자'로 환대했다.

기원후 42년 9월 어느 날, 양측 군대는 필리피Philippi에서 충돌했다. 브루투스는 옥타비우스의 군대를 돌파했지만, 카시우스는 안토니우스에 의해서 기세를 제압당한 상태에서 한 사병의 도움으로 자살했다. 옥타비우스는 감기 증세로 자신의 막사에 머물고 있었다. 안토니우스가 옥타비우스의 병세가 호전되기를 기다리면서 도주하는 적들을 추격하기 위한 준비를 하고 있을 때, 브루투스는 자신의 군인들이 항복하는 것을 바라보면서 친구의 칼로 자살했다. 안토니우스는 브루투스의 시신을 보자 자신의 자주빛 망토를 벗어 옛 친구의 시신을 덮어주었다.

결국 필리피에서 공화제와 그것의 대변자였던 두 인물이 최후를 맞이했다. 다른 생존자들은 호르텐시우스와 카토의 아들들과 마찬가지로 전쟁터에서 장렬하게 전사하기보다는 자살을 선택했다. 이것은 죽음을 맞이하여 최후의 순간까지 군인으로서 용기를 잃지 않았던 고대 로마 귀족들의 전통적인 방식이었다. 당시 로마에서는 병역 기피자들과 암거래 상인들이 들끓고 있었다. 이들은 힘들고 위험한 일들보다는 손쉬운 일만 찾았으며, 그 정도는 심각한 수준에 이르고 있었다. 이런 이유로 삼두정치의 실력자들이 제국을 분할했을 때에도 아무런 이의를 제기하지 않았다. 옥타비우스는 로마 제국의 유럽 지역을, 레피두스는 아프리카 지역을 그리고 안토니우스는 이집트와 그리스 그리고 중동 지역을 차지했다. 그러나 이들은 분할 협정을 일시적인 것으로 여겼다. 자기의 몫에 만족하고 있던 레피두스를 제외한 다른 두 명은 상대를 제거할 수 있는 기회만을 노리고 있었다. 당시 패권을 쥐고 있었던 사람은 바로 안토니우스였다. 그는 강력한 군사력과 장군으로서의 탁월한 능력을 과신하고 있었다.

안토니우스는 먼저 클레오파트라에게 서한을 보내, 그녀가 타르수스에 와서 카시우스에게 자금을 지원했다는 고발 내용에 대해서 해명을 하도록 명령했다. 클레오파트라는 안토니우스의 명령을 받아들였다. 그날이 되자, 안토니우스는 광장의 중심부에 설치된 권좌에 근엄한 모습으로 앉아, 임박한 재판을 구경하려는 군중의 집중적인 시선을 받으며 피고의 도착을 기다리고 있었다. 클레오파트라는 붉은 돛이 달려 있고 앞부분에는 금칠이 되어 있으며 용골 부분이 은으로 제작된 화려한 배를 타고, 요정과 같은 차림의 하녀들과 피리와 플루트 연주 소리에 둘러 싸여 마치 베누스 신을 연상시키는 자태와 여왕의 위엄을 갖추고 치드노Cidno 강에 도착했다.

화려한 배가 나타났다는 소식이 삽시간에 도시 전체로 퍼져 나갔다. 사람들이, 마치 오늘날 소피아 로렌을 보기 위해서 구름떼처럼 몰려들듯이, 항구로 모여들기 시작했다. 화가 몹시 난 안토니우스는 피고를 불러오도록 했지만, 그녀는 선상에서의 점심 식사에 안토니우스를 초대하는 것으로 자신의 대답을 대신했다. 피고의 운명을 결정할 재판관으로서의 자존심에 상처를 입은 안토니우스는 자제력을 상실한 채 배로 달려갔다. 그러나 클레오파트라를 보는 순간 상상을 초월하는 충격을 받고 한참 동안 아무것도 할 수가 없었다. 안토니우스가 클레오파트라를 처음 본 것은 어린 시절이었고, 바로 그 순간까지 한 번도 그녀를 보지 못했다. 이제 성숙한 여인으로 변신한 그녀를 보는 순간 과연 무엇 때문에 카이사르가 정신을 차리지 못했는지를 이해하게 되었다. 안토니우스의 휘하 장군들은 모두 넋을 잃은 채 멍한 표정으로 클레오파트라를 쳐다보고만 있었다. 식탁에 앉은 안토니우스는 식사가 시작되는 순간에는 근엄한 자세로 비판적인 말을 했지만, 후식이 나오기도 전에 페니키아, 키프로스, 아라비아 반도 그리고 팔레스티나 지역을 선물할 만큼 여왕의 매력에 깊이 빠져들었다. 클레오파트라는 그날 저녁 침실에서 선물에 대한 보답을 했으며, 로마의 장군들은 요정으로 분장한 시녀들과 황홀한 밤을 보냈다. 로마에서의 자신의 위치가 그리 확고하지 못하다는 사실을 망각한 채, 안토니우스는 여왕을 따라 알렉산드리아로 여행했다. 하지만 클레오파트라는 모든 상황을 알고 있었다. 그녀는 로마 제국이 세 명의 주인을 용납하지 않으리라는 사실을 잘 알고 있었다. 실제로 여왕은 안토니우스를 사랑하지 않았다. 아마도 일생 동안 그 누구도 사랑하지 않았던 것으로 생각된다. 그러나 이 순간 클레오파트라는 과거 카이사르를 이용하여 얻어내려고 했지만 실패했던 것들을 이번에는 안토니우스를 통해서 획득하려고 했다.

안토니우스와 클레오파트라가 알렉산드리아에서 함께 지내고 있는 동안, 옥타비우스는 제국의 재통일을 위해서 노력하고 있었다. 이것은 결코 쉽지 않은 임무였다. 히스파니아에서는 섹스투스 폼페이우스가 다시 소요를 일으켜 물자 공급을 방해했으며, 로마에서는 실업자가 증가하고 인플레이션이 위험 수위에 육박하고 있었다. 원로원은 적극적으로 사태에 개입하면서, 로마에 필요한 물품들을 그때그때 수입해야만 했다. 안토니우스의 부인 풀비아는 보다 적극적으로 클레오파트라의 유혹으로부터 남편을 빼내어 로마로 돌아오게 할 목적으로, 시동생인 루키우스 안토니우스와 함께 음모를 계획했다. 이들은 군대를 조직하고 이탈리아인들에게 동참을 호소했다. 이 반란을 진압하는 임무는 옥타비우스가 가장 신임하는 부관 마르쿠스 비프사니우스 아그리파에게 맡겨졌다. 결국 루키우스는 페루자에서 항복했고, 풀비아는 분노와 실망감 그리고 질투에 못이겨 죽고 말았다.

클레오파트라는 로마에서 봉기가 발생했다는 소식을 접하

자, 이를 이용하여 안토니우스와 함께 대모험을 계획했다. 안토니우스는 군대를 소집하여 배를 이용해 브린디시에 상륙한 다음, 옥타비우스의 주둔군을 포위했다. 그러나 양측의 군대가 전투를 거부하자 두 장군은 평화 협정을 체결했다. 두 실력자의 타협은 옥타비우스의 여동생, 옥타비아와 안토니우스의 혼인으로 이루어졌다.

클레오파트라가 자신의 계획을 허망하게 만들어버린 안토니우스의 재혼에 대하여 어떻게 반응했는가에 관해서는 기록이 남아 있지 않다. 안토니우스는 이집트 여왕으로부터 멀리 떨어져 있게 되자, 어느 정도 이성을 되찾은 듯이 보였다. 안토니우스는 두 번째 부인과 함께 아테네로 여행을 떠났다. 이곳에서 옥타비아는 남편의 관심을 유도할 목적으로 박물관과 철학자들의 연설에 동행했다. 그러나 안토니우스는 관심을 가지는 척했을 뿐이었다. 실제로는 사랑하는 클레오파트라와 전쟁에 대해서만 생각하고 있었다. 아마도 그는 이 두 가지 중에 전쟁이 클레오파트라보다 비교적 덜 위험하다고 생각했을지도 모른다. 안락한 부부 생활과 가정에 염증을 느끼자, 옥타비아를 로마로 돌려보내고 자신은 군대를 이끌고 페르시아로 향했다. 한편, 이곳에서는 카이사르를 배신한 한 장군의 아들인 라비에누스가 반란을 일으킨 왕에 동조하고 있었다. 안토니우스를 만나기 위해서 안티오크에 도착한 클레오파트라는 로마의 패권 전쟁에 반대하여 지원을 거부하던 초기의 입장을 철회하고 연인에 대한 지지를 약속했다. 두 사람은 500킬로미터의 긴 거리를 행군하면서 적군을 추격했지만, 아무런 소득도 없이 오히려 10만의 군인들 가운데 적지 않은 수의 희생을 감수해야만 했다. 그리고 아르메니아와 명목상의 군신 관계를 체결했다. 그럼에도 안토니우스는 스스로 승리자를 자처하면서 알렉산드리아에서 엄숙한 승리 의식을 거행했다. 안토니우스는 당시 승리 의식의 유일한 권한을 보유하고 있던 로마를 당혹스럽게 만들면서, 옥타비아와의 이혼을 통보하여 옥타비우스와의 관계를 청산하고 클레오파트라와 결혼했다. 그리고 결혼 생활에서 얻은 두 명의 자식에게 중동 지역을 선물하고, 카이사리온을 이집트와 키프로스의 합법적인 상속자로 임명했다.

안토니우스와의 일전이 불가피해지자, 옥타비우스는 평상시와 마찬가지로 침착하고 신중하게 전쟁 준비에 착수했다. 물론 옥타비우스도 애정에 얽힌 복잡한 경험을 하지 않은 것은 아니었다. 그는 티베리우스 클라우디우스 네로의 임신 5개월이던 부인, 리비아를 사랑하게 되었다. 옥타비우스는 30세가 되기 전에 이미 두 번의 결혼을 경험했는데, 첫 번째 부인은 클라우디아였으며, 두 번째 부인은 스크리보니아로서 딸 율리아를 맞았다. 이제 스크리보니아와도 이혼한 옥타비우스는 네로를 설득하여 부인과 이혼하도록 만든 다음, 리비아를 세 번째 부인으로 맞이했다. 그리고 리비아가 데려온 성년의 티베리우스와 곧 태어날 뱃속의 아기 드루수스를 자신의 친아들로 호적에 입적시켰다.

옥타비우스는 가정 문제가 어느 정도 안정되자, 이번에는 대외적인 문제에 전념했다. 옥타비우스는 자신을 포위하고 있던 섹스투스의 함대를 격파하여 질서를 회복하고 재신임을 획득했다. 그 결과 이전까지 사장死藏되어 묶여 있던 대자본이 양성화되기 시작했다. 마르쿠스 아그리파는 훌륭한 장군으로서의 능력 이외에도, 전쟁에 관련한 모든 업무에서도 탁월한 재능을 발휘했다. 그는 군대를 조직하는 비상한 능력의 소유자였으며, 나중에는 제국의 통일이라는 대과업을 이룩하는 데에 결정적인 역할을 했다.

제29장 아우구스투스

기원전 32년 봄, 안토니우스는 원로원에 서한을 보내어, 삼두정치의 다른 두 인물이 모든 권력과 무기를 포기하고 공화정을 재건시킨 후 공직에서 물러날 것을 제안했다. 그러나 이러한 요구는 안토니우스의 생각이라고 볼 수는 없을 것 같다. 아마도 클레오파트라가 중간에 개입했을 것이다.

옥타비우스는 곤경에 처하게 되자 이를 극복하기 위해서 안토니우스의 유언장이 베스타 사원에 보관되어 있었다고 하면서 그 내용을 공개했다. 그 내용은 안토니우스가 클레오파트라와의 사이에서 출생한 자식들을 자신의 상속인들로 지명하고, 자식들의 모친을 섭정으로 임명한다는 것이었다. 이 문서의 진위에 관해서는 논란의 여지가 많았다. 그러나 이 유언장은 로마 시민들이 안토니우스에 대해서 가지고 있던 의구심을 사실로 입증하고, 옥타비우스가 안토니우스보다는 오히려 클레오파트라에 대항하여 '독립' 전쟁을 선포할 수 있는 계기를 제공했다.

전쟁은 바다에서 시작되었다. 양측의 함대는 악티움Actium에서 충돌했다. 아그리파가 지휘하는 옥타비우스의 함대는 수적인 열세를 극복하고 적들을 격파하여 알렉산드리아로 퇴각하도록 만들었다. 그러나 쫓기듯 도주하는 적들을 추격하지는 않았다. 옥타비우스는, 시간이 흐름에 따라서 전황이 자신에게 유리하게 전개되고 있는 것을 알게 되었다. 또한 안토니우스가 이집트에서 오래 머물면 머물수록 더욱 불리한 상황을 면치 못할 것이라는 사실도 알고 있었다. 옥타비우스는 아테네에 상륙하여 그리스의 혼란을 정리했다. 이탈리아로 돌아와 그곳의 반란을 진압한 후, 또다시 아시아로 원정을 떠나 안토니우스를 고립시킬 목적으로 그의 동맹 세력을 제거했다. 드디어 옥타비우스는 적의 심장부인 알렉산드리아를 향해서 진군했다. 진군하는 도중에 옥타비우스는 세 통의 편지를 받았는데, 그중 하나는 여왕이 된 클레오파트라가 복속을 약속하는 편지였고, 다른 두 장의 편지는 평화 회담을 요청하는 안토니우스의 편지들이었다. 옥타비우스는 안토니우스에게는 답장을 하지 않았지만 클레오파트라에게는 서한을 보내, 안토니우스를 죽인다면 이집트의 왕위를 보장하겠다고 제안했다. 클레오파트라의 성격을 고려할 때, 안토니우스를 죽이지 않은 것은 뜻밖이라고 할 수 있을 것이다.

절망적인 상황에도 불구하고 재공격을 시도한 안토니우스는 부분적으로 승리를 쟁취했지만, 옥타비우스의 알렉산드리아 공략을 저지하지는 못했다. 다음 날 클레오파트라의 용병들은 항복했으며, 안토니우스는 여왕이 죽었다는 소식을 전해 듣고 칼로 자살을 기도했다. 그러나 죽어가던 순간에 클레오파트라가 아직 살아 있다는 사실을 알게 된 그는 부축을 받으며 여왕이 피신해 있던 탑으로 가던 도중에 시녀들의 품속에서 절명했다.

클레오파트라는 옥타비우스에게 자신이 안토니우스의 장례식을 거행할 수 있게 해줄 것과 면담을 요청했다. 옥타비우스는 그녀의 제안을 수락했다. 클레오파트라는 안토니우스와 처음 대면했을 때와 마찬가지로 화려한 의상과 향수 그리고 진한 화장으로 여왕으로서의 권위를 나타내면서 옥타비우스 앞에 나타났다. 그러나 그 화려한 의상과 베일 뒤에는 이제 스물아홉 살이 아닌 사십대의 여성이 있었을 뿐이었다. 그녀는 더이상 탄력 있는 코와 맑은 미소를 가지고 있지 않았다. 옥타비우스는 전성기의 아름다움을 상실한 한 여인 앞에서, 인위적인 노력 없이도 침착하게 대화를 나눌 수 있었다. 그리고 승리자의 마차를 장식하는 전리품으로 여왕을 로마에 데려갈 것이라고 말했다. 아마도 클레오파트라는 여왕으로서보다는, 한 여인으로서의 자신감을 상실했는지도 모른다. 그리고 이러한 현실이 그녀를 자살로 이끌었을지도 모른다. 클레오파트라는 가슴에 독사를 올려놓아 자신을 물도록 내버려두었다. 시녀들도 여왕의 뒤를 쫓아 같은 방법으로 자살했다.

옥타비우스는 노련하고 재치 있는 행동으로 클레오파트라와 안토니우스의 모든 소유를 무효로 만들었다. 그리고 장례식에서 이들의 시신을 나란히 묻어주었다. 옥타비우스는 카이사리온을 죽이고, 다른 두 명의 자식들은 친자식처럼 돌보아줄 수 있는 옥타비아에게 보냈다. 그는 스스로를 이집트의 왕으로 선포했으나, 이 지역에 치욕감을 주기 위한 것이 아니라 로마의 속주로 만들기 위한 조치였다. 그리고 막대한 전리품을 챙긴 후에 총독을 남겨두고 이집트를 떠났다. 그러나 로마로 돌아온 후에는 은밀한 방법으로, 안토니우스와 풀비아 사이에서 출생한 아이들 중에 장남을 제거했다. 이와 같이 옥타비우스는 아무런 죄책감도 느끼지 않고 유아 살인이나 다름없는 잔인한 방법을 동원하여 자신이 해야 할 일을 완수했다.

당시 옥타비우스의 나이는 불과 31세였지만, 카이사르의 모든 유산을 상속한 절대군주로 등장했다. 원로원은 더 이상 아무런 저항도 할 수 없었다. 만약 그가 왕이 되기를 원했다면, 원로원은 그의 의지에 굴복했을 것이다. 그러나 옥타비우스는 말의 중요성을 알고 있었으며, 더구나 왕이라는 단어가 별로 환영받지 못한다는 사실도 인식하고 있었다. 옥타비우스가 무엇이 아쉬워서 이미 로마인들의 의식 속에서 그 가치와 의미를 상실한 지 오래된 왕이 되려고 했겠는가? 로마인들은 민주정과 공화정에 대한 환상을 더 이상 갖고 있지 않았지만, 그럼에도 그 형식에는 여전히 집착하고 있었다. 이제 민중은 질서, 평화, 안전, 훌륭한 행정, 통화와 물가의 안정을 원하고 있었다. 옥타비우스는 로마 민중의 이러한 심정을 제도를 통해서 보장하려고 노력했다.

옥타비우스는 대략 50만에 이르는 거대한 군대의 유지 비용을 줄이기 위해서 군인의 수를 20만으로 감축했다. 30만의 퇴역 군인들에게는 토지와 이집트로부터 가져온 금으로 자금을 마련하여 농촌에 정착하는 것을 지원했다. 그리고 자신을 군대의 총사령관을 가리키는 순수한 군대 용어인 임페라토르Imperator로 명명했다. 시민들이 정부에 진 부채를 무효화했으며, 대규모 공공사업을 추진했다. 이런 정책들은 시작에 불과했으며, 실천하는 데에 별다른 문제가 따르지도 않았다. 옥타비우스는 삼촌인 카이사르가 구상했던 모델에 기초하여, 행정 부문뿐만 아니라 사회 전체를 재편성하는 대개혁을 완수하고자 했다. 이런 개혁을 실천에 옮기기 위해서는 자신이 고안한 새롭고 독창적인 관료 체제가 필요했다. 옥타비우스는 자신을 중심으로, 실무 전문가들로 구성된 일종의 내각을 구성했다. 당시 개혁의 실무는 마르쿠스 아그리파와 같은 위대한 조직 전문가, 가이우스 마이케나스와 같은 재무 전문가 그리고 양아들인 티베리우스를 비롯한 많은 장군들이 담당했다.

개혁 담당자들은 거의 대부분 대부르주아 계층에 속하는 인물들이었다. 권력에서 제외된 귀족 계층이 불만을 표시하자, 옥타비우스는 이들 중 20여 명의 원로원 의원을 선발하여 일종의 황제 자문 회의를 구성했다. 이 자문 기구는 시간이 지나면서 원로원의 대변 기구로 성장했으며, 원로원의 의결 과정에도 참여했다. 켄투리아회는 회합과 토론을 계속했지만 서서히 그 횟수도 줄어들고, 실질적으로 옥타비우스의 결정에 거부권을 행사하지도 못했다. 옥타비우스는 열세 번이나 연속해서 집정관 선거에 출마하여 모두 당선되었다. 기원전 27년, 옥타비우스는 갑작스럽게 자신의 모든 권력을 원로원에 반환하고 공화정의 재건을 선포하면서 공직에서 은퇴하겠다는 의사를 표명했다. 이때 그의 나이는 겨우 35세였으며, 그가 자신을 위해서 수용한 유일하면서도 새로운 직함은 '제일인자princeps'였다. 원로원은 이에 대한 회답으로 옥타비우스가 반환한 모든 권력을 다시 그에게 되돌려주면서, 처음에는 형용사로 사용되었지만 후에는 명사로 전환되었으며 사전적으로는 '존엄한 자'(역사적으로는 '성스러운 자')를 의미하는 아우구스투스Augustus라는 새로운 칭호를 부여했다. 옥타비우스는 원로원의 반복적인 간청에 마지못해 승낙하는 듯한 제스처를 보였다. 사실 이 사건은 양측 모두가 이뤄낸 완벽한 정치적 연기로서, 이중적인 행동이었다. 이것은 실질적으로 보수주의와 공화주의의 결정적인 몰락을 상징했다. 뿐만 아니라 생각 있는 원로원 의원들조차 혼란스러운 현실 속에서, 차라리 절대군주를 원하고 있었다.

옥타비우스는 자신의 권력을 신중하게 행사하는 치밀함을 보였다. 그는 호르텐시우스의 저택에서 살았는데, 이 집은 아름답기는 하지만 일층에 서재와 작은 방 하나가 있었을 뿐이며 가구들도 마치 수도사의 것들을 연상시킬 정도로 초라했다. 물론 옥타비우스는 이 집을 로마 제국의 통치 중심지로서 생각한 것이 아니라, 단순히 개인용 숙소로 사용하고 있었다. 많은 세월이 흐른 후 이 저택이 화재로 소실되었을 때, 옥타비우스는 예전 모습 그대로 재건하라는 지시를 내렸다. 심지어 서재와 작은 방까지도 전과 동일하게 복원하려고 했다. 그는 규칙적이고, 금욕적이며, 시간관념이 철저한 인물이었다. 또한 스스로 자신을 국가의 제일가는 충복으로 여기면서 열심히 일했다. 특히 모든 것을 세세하게 기록으로 남겼는데, 모든 공적인 대화뿐만 아니라 집 안에서 부인이나 가족들과 나눈 사적인 이야기까지도 상세히 기록했다. 오랜 세월이 지난 후 그의 이와 같은 습관은 그가 얼마나 자신의 의무에 충실했는가를 보여줌으로써 그를 존경의 대상으로 만들어주었다. 그러나 때로는 재미없는 성격 때문에 주변 사람들로부터 별로 사랑을 받지 못했으며, 사적인 생활에서도 운이 없었다. 많은 세월이 지난 후 옥타비우스의 삶은 많은 측면에서 흡사했던 오스트리아의 프란츠 요제프*에 의해서 다시 반복되었다.

그의 가족으로는 스크리보니아에게서 얻은 딸 율리아, 세 번째 부인인 리비아 그리고 리비아가 결혼할 때 데려온 드루수스와 티베리우스가 있었다. 리비아는 현모양처의 귀감, 즉 완벽한 악녀였다. 자식들의 교육에 있어서는 훌륭한 스승이었으며, 자선활동에도 인색하지 않은 활동적인 여성이었다. 그러나 서서히 고개를 들기 시작한 남편의 여성 편력에는 별로 신경을 쓰지 않았다. 이 모든 사실을 미루어 짐작건대, 그녀는 남편에 대한 애정보다는 남편의 대외적인 권력과 그 보호하에서 자식들이 출세하는 데에 더 큰 관심을 가지고 있었다는 것을 알 수 있다. 모친의 바람대로 두 아들은 빠르게 경력을 쌓아갔다. 20세의 나이에 장군이 된 이들은 각각 일리리아와 판노니아를 복속시키기 위한 군사 원정에 올랐다. '로마의 평화Pax Romana'를 이룩한 아우구스투스는 일찌감치 전쟁과 정복 사업을 중단했다. 하지만 계속하여 외부의 위협을 받고 있는 국경지역들을 방어할 필요성은 강하게 느끼고 있었다. 아우구스투스의 총애를 받고 있던 드루수스는 로마의 국경을 좀 더 안전하게 하기 위해 군사력을 동원하여 게르만족을 몰아내고, 국경을 레노 강에서 엘베 강으로 변경했다. 그러나 드루수스가 말에서 떨어져 중상을 입는 사고를 당하자, 평소에 동생을 존경하던 티베리우스는 갈리아로부터 단숨에 400마일을 달려와 동생의 임종을 지켜보았다. 항상 적극적이고 명랑하던 드루수스를 일찍부터 후계자로 생각하고 있었던 아우구스투스는 아들의 죽음에 적지 않은 충격을 받았다. 이제는 딸 율리아로부

---

* 1830~1916. 오스트리아-헝가리 제국의 황제. 생전에 아내, 동생, 상속자가 암살당했으며, 외아들은 자살했다.

터 다른 상속자를 기대할 수밖에 없었다.

율리아는 활달하고 섹시하지만 조금은 까다로운 성격의 여성이었으며, 아우구스투스의 총애를 받고 있었다. 당시 14세의 율리아는, 안토니우스의 부인이며 동시에 자신의 언니인 옥타비아의 아들, 마르쿠스 클라디우스 마르켈루스와 결혼했으나 남편이 일찍 죽자 로마의 '명랑한 과부'로 불렸다. 그녀는 자유로운 생활을 즐기면서, 자신의 사생활을 다른 사람들에게 말하는 것을 좋아했다. 아우구스투스는 로마의 도덕적 기강을 바로잡기 위한 법령을 마련하여 실시했다. 따라서 그는 딸이 재혼하여 정숙한 여성이 되기를 바라고 있었다. 그녀의 두 번째 남편은 악티움 해전에서 승리한 이후 아우구스투스의 가장 큰 신임을 받아 오늘날의 국방부 장관에 해당하는 중책을 수행하고 있던 마르쿠스 아그리파였다. 당대의 가장 훌륭한 군인이자 공학자이며 신사였던 아그리파는 히스파니아와 갈리아를 평정하고 무역 활동을 활성화하고 도로망을 건설하는 데에 주력하고 있었다. 한편 아우구스투스는 방대한 개혁 방안을 수립하고 실천하는 데에 필요한 충분한 권력을 가지고 있었을 뿐만 아니라, 때로는 다른 사람들의 행복까지도 좌지우지할 수 있는 이른바 절대권력을 행사하고 있었다. 그러나 딸의 재혼 문제에서, 사위가 될 아그리파가 42세이고 딸이 이제 겨우 18세라는 점은 신중히 고려하지 않았다. 아우구스투스는 딸의 입장보다는 사위의 입장에서 두 남녀의 결합이 행복할 것이라고 생각했다. 아우구스투스는 아그리파에게 부인과 이혼하고 자신의 딸과 재혼하라고 명령했다.

율리아와 아그리파는 다섯 명의 자식을 낳고도, 최악의 결혼 생활을 연출했다. 하루는 율리아의 방탕한 생활을 잘 알고 있는 주변 사람이 아이들의 모습이 한결같이 아그리파의 얼굴을 닮은 것을 보고 짓궂게 율리아에게 이유를 물어보자, 그녀 역시 아무런 망설임도 없이 뻔뻔하게 "난 배에 짐이 있을 때에는 다른 아무것도 배에 태우지 않아요"라는 대답을 했다고 한다. 8년 후 아그리파가 사망하자, 율리아는 또다시 로마의 '명랑한 과부'가 되었다. 이번에도 아우구스투스는 의도적으로 딸의 세 번째 결혼을 추진했다. 그녀의 세 번째 상대는 아우구스투스가 가이우스와 루키우스가 성년의 나이가 되기 전까지 제국을 통치할 후계자로서 주목하고 있던 ―혹은 리비아에 의해서 천거되었던― 티베리우스였다. 티베리우스는 이미 아그리파의 딸 비프사니아와 행복한 결혼 생활을 하고 있던 유부남이었다. 그러나 이들의 행복은 딸의 행복을 원하는 아우구스투스의 의지에 따라서 비극으로 끝나버렸으며, 그 뒤에는 율리아와의 재혼으로 인한 불행이 예고되어 있었다. 티베리우스는 과거 아그리파의 사위에서 이제는 그의 후임자가 되어 새로운 부인 율리아를 맞이해 남편으로서 최악의 불행을 감수해야만 했다. 그러나 그 후 티베리우스는 인내의 한계를 느끼고 공직에서 은퇴하여 7년 동안 로도스에서 전원생활을 하면서 학문에 열중했다. 그동안 율리아는 클로디아의 선례를 능가하는 수많은 스캔들을 일으키면서 스스로를 피할 수 없는 비극의 수렁으로 몰아넣었다. 가이우스는 발진티푸스로 죽고 루키우스는 전사했으며, 육십대의 노년을 살아가고 있던 아우구스투스는 습진과 류머티즘으로 심한 고통을 겪고 있었다. 이제 아우구스투스는 시간이 지날수록 더욱더 부인 리비아에게 의지하게 되었으며, 결국에는 딸 율리아를 부도덕한 여성으로 고발하여 판다테리아로 유배를 보냈다. 그리고 티베리우스를 불러 자신의 양아들로 삼고 제국을 통치할 후계자로 선포했다. 그러나 군 통수권을 완전히 넘겨주지는 않았다.

아마도 당시의 아우구스투스는 죽음을 직감하고 있었을 것이다. 그는 대장염과 감기로 심하게 고생하고 있었기 때문에, 시의侍醫인 안토니우스 무사의 도움 없이는 한 발짝도 움직이지 못하는 신세였다. 아우구스투스는 점점 고집 세고 의심 많은 잔인한 노인이 되어갔다. 그는 비서관 탈루스가 실언을 했다며 그의 양 다리를 절단하게 한 적도 있었다. 그리고 있지도 않았던 음모를 두려워하여, 후에 자신의 후계자들이 수많은 악행에 이용했던 전속 경찰, 즉 친위대를 창설했다. 육신의 고통으로 인해서 그의 정신은 더욱 회의적이고 독선적으로 변해갔다. 그리고 로마의 재건을 위해서 평생을 바쳐 이룩했던 자신의 업적들이 붕괴되는 것을 지켜보아야만 했다. 물론 아우구스투스의 노력으로 평화, 즉 아우구스투스의 평화Pax Augusta가 정착됨으로써, 가령 로마 제국의 동부 지역은 안전한 항해를 통해서 상업 활동에 열중할 수 있었다. 그럼에도 엘베 강 유역에서는 푸블리우스 퀸틸리우스 바루스가 자신의 3개 군단과 함께 아르미니우스에게 패배하여 살해되었고, 그 결과 국경이 이전의 레노 강으로 축소되었다. 레노 강 이북의 울창한 숲은 게르만족의 활동 중심지로 바뀌었다. 어쨌든 아그리파의 정복 사업으로 로마의 무역 활동은 활성화되었으며, 마이케나스가 개혁한 통화는 안정세를 유지하고 있었다. 관료 정치는 그 고유의 기능을 수행하고 있었으며, 군대도 강력하게 유지되고 있었다. 그러나 풍속에 대한 대대적인 개혁은 실패했다. 이혼의 증가와 산아 제한 현상으로 가족 개념이 붕괴되면서 로마인들의 수는 급격하게 감소했다. 당시의 인구 조사에 따르면 해방된 자유인과 외부 출신 자유인들의 자손이 로마 인구의 4분의 3을 차지하고 있었다. 로마에는 수백 개의 신전이 있었지만, 신전을 찾는 신자도, 믿음이 있는 사람도 없었기 때문에 숭배 대상으로서의 신들은 더 이상 존재하지 않았다. 사실 종교적인 기반 없이는 그 어떤 도덕도 바로설 수 없는 일이다. 아우구스투스는 스스로도 믿지 않았던 고대 신앙들을 부흥시키려고 노력했지만, 민중은 오히려 아우구스투스를 신으로 숭배하는 흉내를 내고 있었다.

유배지에서 사망한 율리아는 아우구스투스에게 자신과 같은 이름을 가진 손녀를 남겨놓았다. 그러나 아우구스투스는 손녀가 어머니와 마찬가지로 방탕한 생활에 빠져들자, 부도덕한 행위에 대한 대가로 유배를 보내야만 했다. 아우구스투스는 계속되는 가문의 비극에 충격을 받아 그 어떤 음식도 입에 대지 않았다. 그는 마음의 고통을 벗어던지기 위해서 공적인 일에 자신의 모든 열정을 집중했다. 아우구스투스는 튼튼한 치아를 유지하고 장수하는 여느 노인들처럼 오랫동안 심신을 가꾸는 일에 몰두했다.

아우구스투스는 놀라Nola에서 요양하는 도중 갑자기 천식이 악화되면서 76세의 나이로 사망했다. 그는 죽는 날에도 평상시와 마찬가지로, 아침 여덟시부터 정오까지 모범적인 관리로서 수많은 안건들을 처리하고 모든 서한들에 답장을 쓴 후, 금혼식을 축하하는 자리에서 리비아에게 자신의 애정을 표시했다. 그리고 위대한 로마인의 자격으로 참석자들에게 "나는 나에게 주어진 모든 역할을 수행했소. 친구 여러분, 이제 박수로 나의 퇴장을 축복해주시오"라고 연설했다.

원로원 의원들은 3월의 광장Campus Martii에서 거행되는 장례식장으로 가기 전에 그의 관을 어깨에 메고 로마의 거리를 행진했다. 만약 이들이 아우구스투스의 후계자로 티베리우스가 결정되었다는 사실을 모르고 있었다면, 아우구스투스의 죽음을 내심으로는 환영했을 것이다.

제30장 호라티우스와 리비우스

　몇 년 전, 아우구스투스는 안토니우스와의 전쟁에서 승리하고 돌아오는 길에, 브린디시에서 자신을 기다리고 있던 가이우스 킬니우스 마이케나스와 만토바 출신의 젊은 시인 베르길리우스를 만났다. 베르길리우스의 부친은 켈트족 출신의 정부 관리였으나, 자신의 저축으로 구입한 작은 농장을 로마 군대에게 압수당한 경험이 있었다. 베르길리우스는 로마에 온 후에 『전원Eclogae』이라는 시집을 출간하여 성공을 거뒀다. 베르길리우스의 후원자였던 마이케나스는 그의 재능을 활용하여 아우구스투스를 선전하려고 했다. 그리고 이러한 의도로 시인을 장군에게 소개했다.

　아우구스투스는 베르길리우스에게 시인의 작품 『농경Georgica』을 직접 낭독하게 했다. 그는 젊은 시인 베르길리우스가 자신과 마찬가지로 병약했기 때문에 자연스럽게 천식과 편도선염 그리고 대장염에 대하여 대화를 나눌 수 있었을 뿐만 아니라, 농촌의 소박한 생활을 찬양했기 때문에 무척 좋아했다. 아우구스투스는 모든 로마인들이 농촌의 전원생활로 돌아가기를 바라고 있었다. 실제로 세네카의 말처럼, 베르길리우스는 도시인의 입장에서, 즉 어느 정도는 과장된 표현으로 농촌 생활을 묘사했다. 그러나 아우구스투스는 그런 점을 구별하지 못했으며, 다만 베르길리우스의 작품들이 교육적으로 훌륭하다는 사실만을 중시했다. 그리고 아우구스투스는 보답하는 마음에서 베르길리우스의 부친에게 과거에 압수당했던 농장을 되돌려주었다. 그러나 베르길리우스는 부친의 농장으로 돌아가지 않고 로마에 머물며 작품 활동을 계속하면서, 아우구스투스의 선처에 대한 보답으로 그의 전쟁 승리를 찬양하는 작품인 『아이네이스*Aeneid*』를 저술했다. 시인은 농장에서 얻어지는 이윤과 마이케나스의 보호 아래에서 생활했기 때문에 노동할 필요를 느끼지 않았다. 더구나 다른 오락거리를 알지 못했기 때문에, 비록 느리지만 부지런하게 문체를 다듬으면서 거의 대부분의 시간을 작품 활동에 몰두했다. 그는 건강상의 이유로 결혼을 하지 않았기 때문에, 추운 겨울마다 함께 지내곤 했던 나폴리 친구들은 그를 '얼뜨기 숫총각'이라고 불렀다. 아우구스투스는 그의 작품이 완성되기만을 고대했다. 베르길리우스는 기회가 있을 때마다 작품의 일부를 낭독해주곤 했는데, 끝이 없었다고 한다. 기원전 19년, 그는 황제를 방문한다는 이유로 작품 활동을 잠시 중단하고 아테네로 가는 도중에 일사병으로 쓰러졌다. 시인은 객지에서 죽음을 맞이하기 바로 전에, 유언으로 그동안 집필한 자신의 작품을 태워 달라고 했다. 평소 서사시를 쓰는 것이 자신의 취향이 아니라고 생각해서인지는 모르지만, 어쨌든 그는 미완성으로 남아 있던 슬픈 음율의 다른 작품들을 통해서 자신이 기억되기를 원했다. 그러나 아우구스투스는 자신의 영광을 노래한 죽은 시인의 작품들을 보존하도록 지시함으로써 결과적으로는 위대한 시인의 대작이 후대에 전승되도록 했다.

　문학에 대한 아우구스투스의 관심은 베르길리우스의 죽음

으로 그치지 않고 호라티우스와 프로페르티우스를 포함한 수많은 문인들에게 확대되었다. 마이케나스가 군주에게 이들을 소개하는 역할을 맡았고, 비록 아우구스투스 자신은 형편없는 시를 썼지만, 예술을 옹호하는 사람들의 대명사가 되었다. 당시 예술을 장려하는 경향은 세련된 문화 의식을 가지고 있던 로마의 부유한 계층 사이에서 이미 보편화되어 있었다. 티투스 폼포니우스 아티쿠스의 출판사가 들어선 이래로 계속해서 수많은 출판사들이 생겼으며, 그 결과 이 분야와 관련된 상업 활동도 자연스럽게 활성화되었다. 노예들을 동원하여 필사한 5,000권 또는 1만 권의 복사본들이 불과 몇 달 만에 모두 판매되었는데, 한 권의 값이 1만 5,000리라 혹은 3만 리라였다. 이제 서적들은, 비록 읽는 사람은 별로 없다고 해도, 존경받는 집안에서는 필수적으로 갖추어야만 하는 장식품으로 간주되었기 때문에 지방에서도 주문이 쇄도했다.

서적 문화는 전쟁에 익숙한 반면에 세련되지는 못한 로마 사회에 적지 않은 영향을 주었으며, 더 한층 살롱 문화와 문학 중심의 사회 형성을 촉진했다. 바로 이러한 서적 문화의 영향을 이용하여 아우구스투스는 사회 전체를 대상으로 도덕적인 개혁을 추진했다. 나이를 먹은 아우구스투스는 육체적인 고통으로 더 이상 실무를 보지 못하게 될 때까지, 자신을 개인적으로 풍자한 무대극과 풍자시에 대하여 상당한 인내심을 가지고 지켜보았다. 그는 공공도서관의 건립을 추진하면서, 티베리우스에게 검열과 그에 대한 처벌을 강화하지 말도록 지속적으로 당부했다. 한번은 직접 시를 써서, 매일같이 황제의 작품을 읽어주기 위해서 문 앞에서 기다리던 한 그리스인에게 보여주었다. 그리스 노인은 시에 대한 답례로, 가난하기 때문에 더 많은 돈을 보낼 수 없다는 편지와 함께 얼마간의 사례비를 주었다. 아우구스투스는 노인과의 이런 정신적인 교감을 매우 즐겼으며, 한번은 노인에게 10만 세스테르티우스를 보내주었다.

그럼에도 로마의 작가들과 시인들이 모두 황제의 기대에 부응하는 작품을 쓰지는 않았다. 이들은 계속해서 자유분방하고 파렴치해지는 사회의 부정적인 경향들을 집중적으로 강조했다. 이들은 작품의 주제 면에서도 과거의 영광과 종교 그리고 자연 대신, 사랑과 사치만을 추구했다. 특히 이러한 취향을 추구한 음유시인이 바로 오비디우스였다. 그는 아부르초 출신의 변호사였으나, 정치가가 되기를 바라는 부친의 뜻을 거부하고 베누스 신으로부터 사랑을 노래하라는 개인적인 계시를 받았다고 주장했다. 그는 세 명의 여성과 결혼했고, 다른 수많은 여성들과도 사랑을 나누었다. 그리고 이들에 대한 자신의 감정을 조금의 편견도 없이 묘사하려고 노력하면서, 자신을 비평하는 수많은 견해들에 관하여 무관심한 태도를 보였다. 그는 자신이 쓴 사랑의 시들이 성공을 거두자, 자신이 위대한 시인이라는 확신을 가지게 되었으며, 이러한 마음을 자신의 작품인 『변신 이야기 *Metamorphoses*』에서 '세기들을 통해서 나는 영원히 살 것이다'라고 표현했다.

오비디우스에 관한 소식이 전해지자, 아우구스투스는 그를 흑해 근처의 코스탄차로 유배시키도록 명령했다. 과연 무슨 연유로 황제가 그런 명령을 내렸는가는 알려지지 않았다. 그러나 전해지는 말에 의하면, 시인이 황제의 손녀인 율리아와 은밀한 관계를 맺고 있었으며, 이를 뒷받침하는 증거로 같은 날 손녀도 유배되었다고 한다. 어려움을 겪지 않고 성공한 다른 많은 사람들과 마찬가지로, 오비디우스는 불행을 견뎌낼 만한 인내심을 가지고 있지 않았다. 유배지에서 느끼는 탄식들을 표현한 『흑해에서 보낸 편지*Epistulae ex Ponto*』와 『비애*Tristia*』에서 시인은 자신의 암울한 심정을 토로했다. 그는 황제와 친구들에게 자비와 도움을 요청하는 서한들을 보냈지만 아무런 성과도 거두지 못했고, 죽고 나서야 로마로 돌아올 수 있었다.

일반적으로, 아우구스투스 시대는 로마 역사의 황금기라고 불리지만, 문학과 예술 분야에 있어서는 페리클레스 시대의 그리스나 르네상스 시대의 이탈리아에 비교할 만한 번영을 누리지 못했다. 실제로 아우구스투스가 부르주아 출신이었던 만큼 부르주아적 취향이 발전하기 마련이었다. 또한 당시에는 평범한 것이 선호되기도 했는데, 이는 종종 수준 이하를 면치 못했다. 당시에 온화하고 가정 중심적인 회의론에 기초한 중용과 온건함은 가장 높게 평가된 덕목이었다. 이러한 측면에서 당대를 대표하는 가장 위대한 작가는 호라티우스였다.

호라티우스는 풀리아 지역의 세무관의 아들로 출생했다. 부친은 아들이 변호사나 정치인이 되기를 희망하여 모든 희생을 감수하고 그를 로마에 이어서 아테네로 유학을 보냈다. 호라티우스는 아테네에서 브루투스를 알게 되었다. 이때 필리피에서의 결전을 준비하고 있던 브루투스는 젊은 호라티우스에게 호감을 느끼고 한 군단의 지휘권을 위임했다. 이런 점에서도 왜 브루투스의 군대가 패배할 수밖에 없었는지를 알 수 있다. 호라티우스는 전투가 한창이던 순간에 조국을 위해서 죽는 것이 얼마나 귀족적이고 아름다운 것인가를 찬양할 목적으로, 투구와 방패와 칼을 버리고 아테네로 돌아갔다.

무일푼으로 조국에 돌아온 호라티우스는 한 재무관을 위해서 일했다. 그는 살롱에 출입할 수 없었기 때문에 귀족 부인들과 사귀면서 이들에 대한 작품을 쓰지는 못했지만, 자신이 사귀던 천한 여성들을 시구로 노래했다. 어느 날 베르길리우스는 그의 작품을 읽고 감탄하여 마이케나스에게 그를 만나볼 것을 간청했다. 마이케나스는 작고 촌스러운 용모에 소심했지만 자존심이 강했던 호라티우스를 보고 첫눈에 호의를 가지게 되어 아우구스투스에게 비서관으로 추천했다. 그러나 호라티우스는 황제의 승인에도 불구하고 모든 사람들이 염원하던 기회를 거절했는데, 이것은 그가 성격상 행동보다는 사색을 선호하고 탐욕이나 야심을 가지고 있지 않았기 때문이었다. 또한 그는 장래에 어찌될지도 모르는 정치인과 관계를 맺어 그와 동일한 운명을 겪게 되는 것을 원하지 않았을 것이다. 어쩌면 이것이 보다 정확한 이유였을지도 모른다. 마이케나스는 호라티우스가 문학 활동에 좀 더 많은 시간을 할애할 수 있도록 비옥한 농토가 딸린 사비니아Sabinia의 별장을 선물했다. 이 별장은 1932년에 발굴되었는데, 그 규모는 당시 호라티우스가 누렸던 막대한 부를 증명하기에 충분했다. 이 별장은 24개의 방, 거대한 정문, 3개의 욕실, 화려한 정원 그리고 5개의 농장으로 꾸며져 있었다.

거부가 된 호라티우스는 점차 도덕적인 생활을 멀리하고, 현실적이고 쾌락적인 삶을 추구할 수 있었다. 그가 저술한 풍자 형식의 작품들은 당시 가장 평범한 로마 사람들에 관한 정보를 제공하는 귀중한 것들이다. 그는 이러한 정보들을 역사와 대저택 생활에서보다는 거리에서 수집했다. 그리고 이런 정보들에 대하여 비교적 객관성을 유지하면서, 모든 개인들의 정확한 '성격'을 표현했다. 가끔은 정부에 잘 보이기 위해서 황제를 찬미하려는 마음도 없이 미사여구로 장식된 작품을 쓰기도 했다. 그의 작품에 감탄한 아우구스투스는 자신과 드루수스 그리고 티베리우스의 업적을 찬양하는 『세기의 찬가Carmen Saeculare』와 『송가Odes』를 완성하도록 명령했다. 호라티우스는 정확한 영감이나 구상도 없이 작품에 몰두했다. 그는 영광, 숙명 그리고 불멸의 운명을 주제로 선택했지만, 모두 한결같이 그의 능력의 한계를 초월하는 것들이었다. 그리고 실제로 그가 좋아한 주제도 아니었다. 결국 친구들, 특히 마이케나스에게 보내는 『서한 시집Epistles』─『풍자 시집Satires』와 함께 대표작으로 꼽히는─을 쓰면서 수없이 중단하기도 했지만 결국에는 수준 낮고 지겨운 시집을 끝마쳤다.

그는 건강상의 문제로 더 많은 시간을 심신을 안정시키는 데에 보내야 했고, 식사량도 줄여야만 했다. 그리고 마이케나스의 관광 초대까지 거절하면서 집에 머물러야만 했다. 호라티우스는 그저 로마에 있는 자신의 별장에서 지내면서 스파게티와 익힌 고기 그리고 익힌 사과로 식사하기를 좋아했다. 그러나 나중에는 함께 기거하는 동료들, 만찬, 폭음 그리고 글리케라, 네아이라, 피라, 리디아, 라라게 그리고 존재하지 않거나 사귄 지 얼마 되지 않는 여성들을 찬양하는 시를 쓰는 데에 몰두했다. 그는 자신의 신념으로는 스토아주의를 선호했고, 즐거움을 위해서는 에피쿠로스주의에 공감을 보였지만 위장의 종양, 류머티즘 그리고 간 장애로 인해 아무것도 할 수 없었다.

그는 로마 사회가 몰락하고 있다는 사실을 알고 있었으며, 그 원인이 종교의 몰락에 있다고 지적했다. 그러나 그 자신이 신자가 아니었던 관계로 그런 지적은 별다른 의미를 가지지 못했다.

시인은 죽음에 대한 두려움으로 말년을 보냈다. 그는 로마에조차 오지 않으려고 했다. 그의 편지들이 이러한 사실을 잘 보여주고 있다. '너는 할 만큼 하고, 먹고, 마셨어. 이제 갈 때가 된 거야.' 그는 좀 더 일하고 먹고 마시기를 원했을 것이며, 위장병으로 고생하고 싶지도 않았을 것이다.

그는 황제에게 자신의 전 재산을 남기고, 몇 달 앞서 사망한 마이케나스의 곁에 묻어줄 것을 유언으로 남겼다. 그리고 57세의 나이로 사망했다. 그의 바람은 실현되었다.

아우구스투스의 시대는 예술과 철학에는 크게 기여하지 못했지만, 베르길리우스처럼 켈트족 출신으로서 파도바에서 출생한 티투스 리비우스를 통해서 역사에 많은 공헌을 했다. 리비우스의 경우에도 가족들은 그가 변호사가 되기를 원했지만, 그는 오히려 당시의 로마보다는 고대 로마에 관해 공부하는 것을 좋아했다. 유감스럽게도 그는 자신의 신상에 관한 기록을 아무것도 남기지 않았다. 그는 호라티우스 가문과 스키피오 가문의 인물들 그리고 로마 성립의 역사에 관한 기록들을 집필하는 일에 헌신적으로 몰두했다. 그 결과, 리비우스는 지금은 불과 40여 권밖에 남아 있지 않는 142권의 대기록을 완성했다. 이는 실로 위대한 기록 작업이었다. 리비우스는 자신의 모든 수입을 로마 연구에 투자했다. 그는 로마 역사를 서술하던 과정에 포에니 전쟁에 이르러서는 거의 탈진한 상태가 되어 연구를 중단하려고 했지만, 아우구스투스의 협조로 계속할 수 있었다.

리비우스가 자신의 역사서들에서 대귀족, 공화주의자 그리고 보수주의자들을 찬양하고 카이사르와 그의 흔적들을 비난한 것은 우리를 어리둥절하게 만든다. 그럼에도 그는 고대 풍속, 즉 로마적 '특성'을 찬양하기도 했는데, 황제는 저자의 이와 같은 성향을 좋아했다. 리비우스의 기록들에 대한 정확성을 검증하는 과정에서 우리가 알 수 있는 사실은 그가 인용한 인물들의 연설이 그들의 말이었다기보다는 오히려 리비우스 말처럼 생각된다는 점이다. 그의 저서는 영웅들의 역사로서 수많은 새로운 에피소드를 포함하고 있으며, 또한 이를 독자들에게 알리는 것보다는 황제를 찬양하는 것에 더 중요한 목적을 두었던 것으로 생각된다. 리비우스의 묘사에 따르면, 로마는 마치 무솔리니 시절의 이탈리아처럼, 발전적이고 도덕적으로 완벽한 낙원을 만들기 위해서 정복사업을 전개한 전사들과 항해자들로 구성되어 있었다는 느낌을 받게 된다. 그의 주장에 따르면, 사람들은 좋은 사람과 사악한 사람으로 구분되는데 로마제국에는 오직 좋은 사람들만이 그리고 제국의 외곽 지역에는 사악한 사람들만이 살고 있었다. 한니발과 같은 위대한 장군도 그의 기준에 따르면 저질적이고 평범한 사람에 불과했다.

그럼에도 불구하고 50여 년의 노력을 기울여 작성된 리비우스의 역사서는 위대한 인문학적 자산으로서의 가치를 잃지 않는다. 아마도 리비우스의 역사서는 아우구스투스 시대를 장식한 가장 거대하고 위대한 기념비일 것이다.

제31장 티베리우스와 칼리굴라

티베리우스에 관한 가장 확실한 사실은 그가 좋지 않은 별자리의 기운을 타고 출생했다는 사실이다. 여러분들도 한번 별자리의 운세에 흥미를 가져보시길.

소년 티베리우스와 드루수스가 어머니를 따라 아우구스투스의 집으로 갔을 때, 황제는 부끄럼을 잘 타고, 소극적이며, 생각이 많고, 예민한 티베리우스보다는 달변이며, 인상이 좋고, 권위적이며, 충동적인 드루수스에게 관심을 보였다. 이러한 황제의 태도 때문에 티베리우스는 동생에 대해서 시기심을 가질 수도 있었을 것이다. 그러나 티베리우스는 게르마니아 지역에서 부상을 당한 동생을 구하기 위해서 위험을 감수했을 만큼 드루수스를 매우 사랑했다. 따라서 드루수스의 죽음은 티베리우스에게 엄청난 비극을 의미했다. 티베리우스는 드루수스의 시신을 엘베에서 로마까지 말을 타고 호위했으며, 상심한 마음을 치유하는 데는 긴 시간이 필요했다.

티베리우스는 공부에 전념하여 많은 것을 습득했다. 그리고 그는 지휘관으로 임명되자 일리리아인들과 판노니아인들 같은 시기심 많고 호전적인 적들을 상대로 승리를 쟁취했다. 속주의 총독으로 임명되었을 때에도 자신에게 주어진 임무를 충실하게 수행했다. 20세가 된 티베리우스는 주변으로부터 '애늙은이'라는 소리를 들을 만큼 보기와는 다르게 침착함을 보여주었다. 그는 시간이 날 때마다 평소 잘 알고 있던 그리스어를 복습하곤 했다. 점성술에도 관심을 가지고 공부하여 '이단자'라는 평판을 얻게 되었다. 그는 살롱이나 경기장 출입은 하지 않았다. 당대의 위대한 덕목을 지닌 훌륭한 부인으로서 아그리파의 딸이자 티베리우스의 부인이었던 비프사니아는 아마도 그에게 첫 번째 여성이었을 것이다.

그는 상당히 가정적인 남편이었을 것으로 생각된다. 그의 성격은 청소년기의 그것과 흡사했으며, 단순한 삶을 살면서 친구들에게는 친절하고 자기 자신에게는 매우 엄격했다. 로마 사람들은 그의 이런 생활 태도를 자신들에 대한 비난으로 받아들여 좋아하지 않았지만, 휘하의 군인들은 그를 존경했다. 한편 아우구스투스는 티베리우스에게 첫 번째 부인과 이혼하고, 친절하고 정적인 유형의 남성과는 도무지 어울리지 않는 자신의 방탕한 딸, 율리아와 재혼하도록 강요했다. 그렇다면 왜 티베리우스는 황제의 제안을 받아들였을까? 제위의 계승자라는 지위가 그에게 매력적이었다고는 보이지 않는다. 그는 황제의 열렬한 협력자였지만, 도에 지나친 예의를 보이지는 않았다. 티베리우스는 사랑받기보다는 존경받기를 원했다. 또한 티베리우스가 재혼하게 된 배경에는 어머니의 영향력도 있었을 것이다. 그의 모친 리비아는 아우구스투스의 모범적인 아내였지만, 이와 동시에 아들 티베리우스가 행복을 누리기보다는 영광스러운 인물이 되기를 원했다.

사람들은 티베리우스가 법이 부여한 권리보다는 남편으로서의 의무에 따라서 부인을 간통죄로 고발하지 않은 것은 아우구스투스의 후원을 잃지 않으려는 의도에서 비롯된 것이라고 말한다. 그러나 이러한 주장은 사실과는 달랐다. 물론 티베리우스가 모든 것을 포기하고 로도스에서 은둔하면서 조용한 생활을 추구한 것도 사실이다. 후에 황제는 율리아를 유배시키고 사랑하는 아들 가이우스와 루키우스를 잃게 되자, 다시 티베리우스를 곁으로 불러들였다. 이러한 결정의 이면에는 모친 리비아의 영향력이 적지 않게 작용했다. 티베리우스는 여전히 슬픔과 고독에서 벗어나지 못하고 있었지만, 자신을 좋아하지 않는 황제를 측근에서 성실하게 보필했다. 황제의 권위를 계승했을 때 티베리우스의 나이는 55세였다. 그는 황제가 되기 위한 절차로 원로원에 출두했을 때, 공화정의 재건을 위해서 자신을 황제의 직위에서 퇴위시켜줄 것을 요청했다. 원로원은 티베리우스의 행동을 이미 짜여진 각본에 의한 것이라고 생각하면서, 과거와 마찬가지로 황제로 남아 있도록 그리고 그의 이름을 월月의 이름으로 사용할 수 있도록 허락을 구했다. 이에 대해서 티베리우스는 원로원의 요구를 수락하면서, 의미심장한 눈빛으로 "1년은 열두 달인데, 장래에 열세 번째 후계자부터는 어떻게 할 생각이요?"라고 반문했다고 한다.

과묵하고 정직한 성품의 티베리우스는 모든 형태의 아첨을 간접적으로 질책했다. 아우구스투스의 뒤를 이어 형평성과 엄격함에 입각하여 제국을 통치했으며, 자신이 죽고 난 뒤에는 번영과 풍요의 제국을 유산으로 남겼다. 그러나 공화주의를 신봉하던 타키투스와 수에토니우스의 역사 기록에 따르면, 티베리우스는 당대의 모든 악습의 주범이었다.

티베리우스의 가장 큰 실책은 양아들로 입적된 후에 상속자가 되었던 조카 게르마니쿠스 카이사르의 죽음에 책임이 있다는 것이었다. 게르마니쿠스는 동생 드루수스의 아들이며 안토니우스의 손자로서, 매우 총명하고 성격이 밝으며 용감한 미소년으로서 로마 시민들의 사랑을 받고 있었다. 티베리우스가 지도자 수업을 이유로 소년을 동방으로 파견했을 때, 사람들은 질투심 때문에 외지로 보낸 것이라고 수군거렸다. 이곳에서 게르마니쿠스가 사망하자, 다시 사람들은 황제의 명령을 받은 피소에 의해서 살해되었다는 소문을 퍼트렸다. 피소는 재판을 피하기 위해서 자살했으며, 게르마니쿠스의 미망인 아그리피나(대[大] 아그리피나)는 티베리우스를 가장 신랄하게 비난했다. 그러나 그녀의 모친 안토니아는 황제를 옹호했다. 우리들은 미망인과 모친의 말 중에서 후자의 말에 더 큰 비중을 두고 있다.

황제에 대한 또 다른 비난은 리비아를 잔인하게 다루었다는 것이었다. 물론 황제는 모친에게 모든 영광을 돌려야 했다. 그러나 그녀와 함께 사는 것은 그리 쉬운 일이 아니었다. 리비아는 교서에 서명하는 황제의 권리에 대해서도 간섭을 했고, 매 순간 황제에게 자신의 도움 없이는 평범한 시민에 불과했을 것이라는 사실을 상기시켰다. 특히 집에서는 자신이 주인이라는 사실을 주지시키기 위해서 아들인 황제에게 집 열쇠를 주지 않을 정도로 권위를 과시했다. 결국 티베리우스는 작고 아담한 숙소에서 독립적인 생활을 시작했으며, 이곳에서는 그 누구의 간섭도 받지 않을 수 있었다. 그러나 그 어디에서도 남편의 죽음에 대해서 집요하게 추궁하는 아그리피나의 공격을 피할 수 없었다.

아그리피나는 티베리우스의 동생 드루수스의 아들과 혼인한 여성으로서 황제와는 조카의 관계였으며, 율리아가 결혼 이

전에 아그리파와의 사이에서 낳은 딸이었기 때문에 황제와는 다시 수양딸의 관계에 있었다. 그녀는 모친의 모든 악습을 물려받은 것 이외에도 우울하고 탐욕적인 면을 가지고 있었다. 게다가 모친의 친절이나 자상함을 보여주지도 못했다. 아그리피나는 게르마니쿠스와의 사이에서 네로라는 아들을 두었으며, 죽은 부친의 뒤를 이어서 황제권을 상속해야만 했다고 입버릇처럼 말했다고 한다. 티베리우스는 그녀의 불같은 공격을 기적 같은 인내심으로 견뎌내고 있었다. "당신은 황제 자리를 사기당했다고 생각하십니까?"라고 티베리우스는 말했다. 황제도 비프사니아와의 사이에서 드루수스라는 이름의 아들을 두었지만, 자식이 훌륭함과는 거리가 멀고 더구나 모든 악습에 빠져 있었기 때문에 후계자에서 제외되었다. 이 점에서는 네로도 마찬가지였다.

로마에서는 황제에 반대하는 일련의 음모가 계획되었다. 친위대장인 루키우스 아일리우스 세야누스가 이 정보를 황제에게 보고했다. 그러나 이것이 사실이었는지는 아무도 모를 일이다. 황제는 루키우스를 더욱 신임하게 되었고, 친위대를 대폭 강화하도록 허가했다. 그러나 그는 이로 인해서 미래에 발생하게 될 끔찍한 사건[친위대의 권력 찬탈 기도]을 꿈에도 예상하지 못한 채, 카프리로 떠나 그곳에서 은둔했다.

이곳에서도 그가 제국을 계속 통치했는지는 알려지지 않았다. 그러나 티베리우스는 자신의 결정 사항들을 세야누스를 통해서 통보했기 때문에 상대적으로 친위대장의 입지가 강화되었다. 이러한 상황에서 세야누스는 황제의 명령들을 자신의 편의에 따라서 수정하는 불법적인 행위를 서슴지 않음으로써 로

카이사르의 가계도

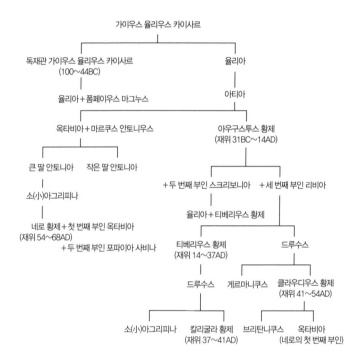

가이우스 율리우스 카이사르

독재관 가이우스 율리우스 카이사르
(100~44BC)

율리아

율리아 + 폼페이우스 마그누스

아티아

옥타비아 + 마르쿠스 안토니우스

아우구스투스 황제
(재위 31BC~14AD)

큰 딸 안토니아   작은 딸 안토니아

+ 두 번째 부인 스크리보니아   + 세 번째 부인 리비아

소(小)아그리피나

율리아 + 티베리우스 황제

네로 황제 + 첫 번째 부인 옥타비아
(재위 54~68AD)
+ 두 번째 부인 포파이아 사비나

티베리우스 황제
(재위 14~37AD)

드루수스

드루수스   게르마니쿠스   클라우디우스 황제
(재위 41~54AD)

소(小)아그리피나   칼리굴라 황제
(재위 37~41AD)

브리타니쿠스   옥타비아
(네로의 첫 번째 부인)

마의 실질적인 주인으로 군림했다. 세야누스는 포파이우스 사비누스와 아그리피나 그리고 네로가 주동한 거대한 음모를 적발하고, 이들에게 각각 처형과 판텔레리아Pantelleria로의 유배를 명령하고, 네로에게는 자살을 유도했다. 이 음모와 연관하여 드루수스도 죽임을 당했으며, '조국의 어머니'로 군림하면서 로마 주민들의 사랑을 받고 있던 리비아도 이들과 동일한 운명을 맞이했다.

어느 날 황제의 사촌이며 게르마니쿠스의 모친이기도 한 안토니아가 위험을 무릅쓰고 세야누스가 음모를 꾸미며 황제를 죽이고 제국을 통치하려고 한다는 내용의 편지를 황제에게 보냈다. 티베리우스는 서한의 내용에 따라서 반역자를 체포해 원로원이 주도하는 재판에 회부하도록 다시 서한으로 명령했다. 오래 전부터 세야누스의 횡포로 어려움을 겪고 있던 원로원은 이 기회를 이용하여 주모자 이외에도 그의 친구들과 친척들까지 모두 처형시켜버렸다. 이 속에서 주모자의 어린 딸은 미혼의 처녀들을 처형하는 것을 금지하는 법 조항 때문에, 처형에 앞서 강제로 처녀성을 빼앗겨야만 했다. 세야누스의 부인은 자살하기 전에 티베리우스에게 안토니아의 딸 리빌라가 세야누스의 공범자라고 고발하는 편지를 보냈다. 황제는 리빌라를 체포하도록 명령했다. 그녀는 감옥에서 식사를 거부하다가 자살했다. 아그리피나 또한 스스로 목숨을 끊었다. 이와 같은 집안의 비극과 배반으로 고통을 받고 있던 티베리우스는 이제 더이상 과거의 티베리우스가 아니었다. 그는 이후로 6년을 더 살았으며 정신적으로 많은 혼란을 겪었다. 기원전 37년, 그는 카프리를 떠나 캄파니아로 가는 도중 심장마비 ―추측건대― 로 쓰러지고 말았다. 그러나 그가 다시 숨을 쉬는 것을 보자 수행원들은 그의 얼굴에 방석을 덮어 질식시켰다.

티베리우스는 제국에 평화를 가져오고, 행정을 개선했으며, 국고를 확충했다. 그의 통치 기간 동안 제국 전체적으로는 별다른 변화가 없었지만, 수도인 로마에는 많은 부정적인 변화들이 나타났다. 행정 중심지인 로마의 몰락에 제동을 걸기 위해서는 상당한 개혁이 필요했다. 티베리우스는 강력한 개혁을 아그리피나와 게르마니쿠스 사이에서 두 번째로 태어난 아들인 가이우스에게 기대했다. 가이우스는 게르만 지역의 군인들 사이에서 성장했기 때문에 칼리굴라, 즉 '작은 장화'로 불리고 있었다.

티베리우스의 선택은 처음에는 상당히 훌륭한 것으로 보였다. 칼리굴라는 이미 용감하고 유능한 군인으로 알려져 있을 뿐만 아니라, 가난한 사람들에게 자비를 베풀고 켄투리아회에 자신의 권력을 반환함으로써 민주정을 추진했다. 그러나 그의 태도는 갑작스럽게 돌변했다. 이는 뇌의 질병, 즉 일종의 치매나 정신분열증으로 인한 뜻밖의 결과라고밖에는 볼 수 없었다. 그는 저녁마다 그리고 특히 폭풍이 치는 날에는 광기가 발동하여 주변을 돌아다니면서 도움을 청하곤 했다. 그는 본래 운동선수처럼 우람한 체격을 가진 남성다운 인물이었지만, 병을 앓은 후에는 자주 거울을 들여다보는 등 여성스러운 행동을 했다. 그의 이러한 변신은 쌍꺼풀과 마치 여성 성직자처럼 보이게 하는 대머리 때문에 충분히 그럴듯했다. 시간이 갈수록 그는 이집트 문명에 관심을 집중하여 그곳의 풍속을 로마에 소개하려고 했다. 급기야는 원로원 의원들에게 자신의 발에 키스할 것과 원형경기장에서 검투사들과 대결을 벌일 것을 요구했다. 특히 그는 이들이 살해되는 것을 정기적인 행사로 만들었다. 그는 자신의 애마인 인키타투스를 집정관으로 선출하기도 했으며, 애마를 위해서 대리석으로 만든 마구간과 상아로 만든 여물통을 마련하기도 했다. 그는 시간이 갈수록 더욱 이집트를 모방하려고 했으며, 자신의 여동생들을 애인으로 삼기도 했다. 더구나 이들 중 한 명인 드루실라와 결혼한 후에 부인을 자신의 후계자로 임명하는 해프닝을 벌이기도 했다. 그리고 어느 날인가는 아무런 미련도 없이 부인을 버리고, 가이우스 피소와 결혼하기 위해서 식장으로 가고 있던 오레스틸라를 가로채서 부인으로 삼았다. 그의 부인을 바꿔대는 습관은 네 번째 부인인 카이소니아에서 멈추었다. 카이소니아가 칼리굴라를 만났을 때는 이미 임신한 상태였으며, 얼굴도 예쁘지 않았다. 무엇 때문에 칼리굴라가 이와 같은 여성에게 그렇게 충실하고 헌신적이었는지 참으로 알 수 없는 일이었다.

물론 디오 카시우스와 수에토니우스가 군주정에 대한 증오심으로 사실을 조작했으리라고 생각할 수도 있겠지만, 칼리굴라는 미친 사람이나 다름없었다. 어느 날 아침 좋은 기분으로 잠에서 깬 칼리굴라는 대머리를 가진 주민들을 모두 집결시킨 후 이들을 경기장의 굶주린 맹수들에게 식사거리로 제공했다. 그다음에는 철학자들을 미워하여, 이들을 모두 죽이거나 추방시켜버렸다. 다만 삼촌인 클라우디우스와 젊은 세네카만이 각각 바보 같은 행동과 병을 핑계로 황제의 횡포를 피하여 목숨을 구할 수 있었다. 더 이상 탄압할 대상을 구하지 못하게 되자, 이번에는 아름다운 머리가 몸의 다른 부분과 어울리지 않는다는 이유 하나로 할머니 안토니아에게 자살하도록 명령했다. 결국에는 유피테르 신이 멍청하게 부풀린 머리를 가지고 신들의 왕으로 군림하고 있다고 비난하면서, 그의 모든 동상으로부터 머리를 잘라버리고 그 자리에 자신의 머리를 붙이도록 했다.

참으로 유감스러운 일이다. 그는 정신이 잠시 정상으로 돌아올 때면, 친절하고 예의 바르며 배려 있는 행동을 했을 뿐만 아니라 풍자와 명확한 답변으로 주변을 대했다. 자신을 정면으로 바라보면서 '저속한 배우'라고 말하는 구두 수선공에게 칼리굴라는 "자네 말이 사실이네"라고 대답하면서, "그러나 자네는 나의 신하들이 나보다 더 훌륭하다고 믿는가?"라고 질문했다. 만약 이것이 사실이었다면, 즉 그의 신하들이 황제보다 더 똑똑했다면, 그들은 남김없이 제거되었을 것이다. 그러나 주변의 모든 사람들은 황제에게 박수를 보냈으며, 원로원 의원들은 황제의 발에 키스를 했다.

친위대장인 카시우스 카이레아는 당시의 환란으로부터 로마를 구하기 위한 결단으로 어떤 조치를 내려야만 했다. 칼리굴라는 명령조로 카시우스에게 모욕적인 언사를 하는 것을 즐기는 습관이 있었다. 다혈질적인 성격의 카시우스는 어느 날, 극장의 복도를 따라 황제를 호위하는 도중에 그를 칼로 찔러 살해했다. 도시는 황제의 피살 소식을 둘러싸고 이견이 분분했다. 왜냐하면 민중은 칼리굴라가 거짓을 유포하여 이에 환호하는 사람들을 모두 죽여버리려는 술책을 쓰고 있다고 생각했기 때문이었다. 황제의 피살이 사실이라는 것을 증명하기 위해서 친위대는 죽은 칼리굴라의 부인, 카이소니아를 죽인 다음 어린 딸마저 머리를 벽에 던져 죽였다.

　이것이 광란과 공포 속에서 살다가 간 인물들의 처절한 종말이었다. 로마는 이런 상황 속에서 유지되고 있었다. 제국의 수도에서 황제의 폭정에 대한 유일한 해결책은 살인이었으며, 이를 위해서 용병들이 동원되었다. 로마인들은 더 이상 자신들의 독재자들을 자기 손으로 살해하지도 못하는 지경에 빠져 있었다.

제32장 클라우디우스와 세네카

칼리굴라를 살해하고 권력을 장악한 친위대는 이를 유지하는 데에 적합한 후임자를 선정하려고 했다. 친위대가 찾아낸 인물은 피살자의 삼촌인 클라우디우스였다. 새로운 황제는, 유아 시절에 걸린 소아마비로 거동이 불편하고 말을 더듬는 멍청한 사람으로서 살인이 벌어지던 날 기둥 뒤에 숨어서 공포에 떨고 있었다.

클라우디우스는 안토니아와 드루수스 네로의 아들인 클라우디우스 드루수스 네로 사이에서 출생했다. 그는 클라우디우스 집안의 모든 비극을 겪으면서도 바보라는 이유로 화를 모면할 수 있었다. 만약 이것이 하나의 희곡이었다면, 어린 나이에도 불구하고 자신의 역할을 잘해왔다고 볼 수 있다. 왜냐하면 그의 모친은 그를 '실패작'이라고 불렀으며, 심지어는 다른 사람을 욕할 때 '나의 불쌍한 클라우디우스보다 더 멍청한 놈'이라는 표현을 사용할 정도였기 때문이다.

그가 후에 훌륭한 황제로 변신했다는 사실을 고려한다면, 어디까지가 그의 연기였는지는 알기 힘든 일이다. 분명한 사실은 그가 이러한 방법을 통해서 가족 중에서 유일하게 살아남았다는 사실이다. 그는 불편한 왼쪽 다리를 질질 끌면서 다녔고, 종종 아무 데나 침을 뱉었으며, 정면으로 사람들을 쳐다보면서 복부에서 나오는 우렁찬 목소리로 말을 하기도 했고, 코는 과음 때문에 항상 벌게 있었다. 그는 황제로 추대되기 전까지 아무에게도 피해를 주지 않았으며, 로마의 역사 공부에 몰두하면서 자신의 자서전을 쓰기도 했다. 또한 그는 그리스어에 능통했으며, 지리학과 의학에 조예가 깊었다. 황제 자리에 오르기 위해서 원로원에 출두했을 때 그는 다음과 같이 말했다. "나는 당신들이 나를 불쌍한 촌놈으로 생각하고 있다는 것을 알고 있다. 그러나 그것은 사실이 아니다. 나는 다만 그런 척했을 뿐이다. 그리고 그 덕분에 오늘날 이 자리에 오를 수 있었다." 그러나 그는 엉뚱하게도 곧바로 독사에 물린 상처를 치유하는 방법들을 설명하기 시작했다.

클라우디우스는 자신을 황제로 선출한 친위대에 많은 금품을 제공하고, 그 대가로 칼리굴라를 살해한 자들을 인도하라는 조건을 제시했다. 이어서 그는 '황제는 살해당하지 않는다'는 원칙을 재정립한다는 명분하에 살인자들을 처벌했다. 황제는 단 한 번의 결정으로, 전임자가 작성했던 모든 법안들을 폐지했고, 아무도 의심을 가지지 못하도록 명쾌한 설명을 동반하여 전면적인 행정 개혁을 단행했다. 뿐만 아니라 원로원 의원들 중에는 인물이 없다고 확신하고, 해방 자유인들 중에서 전문 관료들을 선발했다. 이들과 함께 거대한 규모의 공공사업을 연구하고 추진하면서, 관련 인물들을 평가하고 계획안을 수립하는 것을 즐겼다. 황제가 가장 열중한 것은 푸치노Fucino 호수 간척 사업이었다. 황제는 운하를 파고 물을 빼내는 작업에 3만 명의 토목 노동자를 투입하여 11년이라는 오랜 기간을 소비하여 작업을 완수했다. 모든 작업을 완료하고 물을 빼내기 전에 황제는 로마인들에게 최고의 구경거리로서, 2만 명의 사형수들을 두 편으로 갈라 호수에서 해전을 벌이도록 했다. 전투를 벌이기에 앞서서 사형수들은 황제에게 '카이사르 만세! 죽음을 기다리는 자들이 황제 폐하께 인사드립니다'라는 말을 외쳤다고 한다. 양편으로 나누어진 사형수들은 치열한 전투를 벌였으며, 상당수가 물에 빠져 익사했다. 주변의 둑방을 가득 채운 구경꾼들은 실전을 방불케 하는 해전을 보고 매우 즐거워했다고 한다.

기원후 43년, 술에 취한 황제가 분별력을 상실한 상태로 즐거워하면서 군대를 이끌고 브리타니아 원정길에 올랐을 때 모든 사람들은 이를 비웃었다. 그는 군대 생활을 하지 않았으며 더군다나 군대를 징집 체제로 개혁했기 때문에, 모든 사람들은 첫 번째 전투에서 로마 군인들이 모두 도망칠 것이라고 확신하고 있었다. 하지만 황제가 죽었다는 소문이 로마에 전해지자, 예상과는 다르게 애도 행렬의 규모는 거국적이었다. 로마인들은 그를 위대한 황제로 추앙하고, 모든 훌륭한 표현을 동원하여 최고의 인물이었다는 찬사를 아끼지 않았으며, 아우구스투스의 계승자들 중에 가장 인간적이었다고 칭송했다.

그러나 소문과는 다르게, 클라우디우스는 사망하지 않았을 뿐만 아니라 브리타니아를 정복하고 카락타쿠스 왕을 포로로 잡았다. 카락타쿠스는 영국 역사상 최초로 로마군에 패배한 그리고 최초로 사면을 받은 왕이었다. 물론 승리의 실질적인 공적은 클라우디우스의 것이라기보다는 오히려 그의 장군들에게 있었다. 그러나 장군들은 황제에 의해서 임명된 사람들에 지나지 않았다. 그리고 이 황제의 휘하에서 베스파시아누스가 성장하고 있었다.

클라우디우스는 유난히도 여자들을 좋아했다. 그는 구제불능의 난봉꾼이었다. 이미 세 명의 부인이 있었지만 이들을 배신하고, 오십대의 나이에도 불구하고 불과 16세밖에 되지 않은 메살리나와 네 번째 결혼을 했다. 메살리나는 역사상 가장 불명예스러운 왕비로 기록되고 있으나, 조작되었을 가능성도 없지는 않다. 그녀는 아름답지는 않았지만, 자신의 의지에 저항하는 남성들에게 클라우디우스로 하여금 복종케 함으로써 자신의 개인적인 애정 욕구를 애국주의적인 행위로 위장하는 영리함을 보이기도 했다. 클라우디우스는 자신이 하녀들과 즐길 수 있는 자유를 제공받는 대가로 부인의 요청을 수용했다. 이들은 한편으로는 잘 어울리는 부부였지만, 클라우디우스가 엄격한 규정을 기초로 로마의 풍속을 개혁하려고 하자 둘 사이의 불행이 시작되었다. 그의 부인은 결코 로마의 미풍양속을 대표하는 여성이 아니었다. 한번은 남편이 부재한 상황에서 메살리나가 가이우스 실리우스라는 정부情夫와 결혼식을 거행한 사건이 있었다. 측근들로부터 이 사실과 함께 실리우스가 황제가 되려고 한다는 소식을 보고받자, 황제는 곧바로 돌아와 실리우스를 죽이도록 명령하고, 두 명의 호위병을 파견하여 모친의 집에 피신해 있던 메살리나를 데려오도록 지시했다. 복수를 두려워한 호위병들은 모친의 품에 안겨 있는 메살리나를 칼로 죽여버렸다. 클라우디우스는 만약 자신이 또다시 결혼하겠다고 주장할 경우 자신을 죽이도록 친위대에 명령할 만큼, 결혼에 심각한 회의를 느꼈다.

그럼에도 황제는 1년 후에 재혼했다. 그의 다섯째 부인인 아그리피나(소[小] 아그리피나)는 도덕심이 강한 여성으로서, 전부인의 부끄러운 행위에 대해서 유감스럽게 생각하고 있었다. 대★ 아그리피나와 게르마니쿠스 사이에서 태어난 그녀는 클라우디우스의 조카이기도 했으며, 이미 두 번의 결혼 경력을 가지고 있었다. 그녀는 첫 번째 남편과의 사이에서 얻은 네로의 출세에 지대한 관심을 가지고 있었다. 그녀는 악독한 리비아에 비해서도 결코 뒤지지 않는 여성이었다. 삼십대의 아그리피나는 시녀들과의 방만한 생활로 기력이 쇠약해진 육십대의 남편을 자신의 뜻에 따라서 움직이고 있었다. 결국 아그리피나는 황제를 그의 측근들로부터 격리시킨 다음, 자신의 정부情夫인 섹스투스 아프라니우스 부루스를 친위대 대장으로 임명시키고, 새로운 공포정치를 조성하여 원로원과 기사 계층을 탄압했다. 교수형의 집행에는 황제 클라우디우스의 서명 동의가 있었지만, 황제가 사망한 후에는 이 모두가 조작된 것이라는 사실이 밝혀졌다. 황제는 비록 망령이 들었지만, 당시의 상황이 잘못되어가고 있다는 것을 알게 되자 이를 바로잡으려고 노력했다. 저항에 부딪히자, 아그리피나는 독이 든 버섯 요리를 먹여 남편을 살해했다. 후에 네로는, 버섯 요리가 클라우디우스와 같은 불쌍한 자를 신으로 승격시키는 데에 결정적인 역할을 했으므로 궁극적으로 신들의 선물이었다는 의미심장한 말을 했다.

사비니족의 말로 네로Nero는 '강력함'을 의미했다. 첫 5년간의 통치를 통해서 네로는 위대한 황제로서 자신의 이름에 걸맞은 업적을 이룩했다. 그러나 공적은 그의 것이 아니라, 사실은 황제의 이름으로 모든 활동을 대신해온 세네카의 업적이었다.

세네카는 히스파니아의 코르도바 출신으로서 백만장자의 가문에서 출생했으며, 철학을 배운 인물이었다. 아그리피나가 네로의 가정교사로 임명하기 전에 이미 그의 이름은 널리 알려져 있었다. 칼리굴라는 세네카에게 무례하다는 이유로 사형을 선고했지만, 후에 천식을 앓고 있다는 이유로 사면해주었다. 그리고 클라우디우스는 자신의 외숙모이자 게르마니쿠스의 딸인 율리아와 세네카와의 관계에 분노하여 그를 코르시카로 유배 보냈다. 세네카는 이 섬에서 8년의 유배 생활을 하면서 훌륭한 문집과 수준 이하의 비극 작품을 집필했다. 당시 스토아주의의 최고 지성이었던 세네카를 누가 네로의 가정교사로 아그리피나에게 추천했는지는 분명하지 않다. 어쨌든 며칠 후에 세네카는 유배자의 신분에서 장래에 제국을 책임질 네로의 가정교사로 등장하게 되었다.

세네카는 독특한 인물이었다. 그는 자신의 재산을 증식시키는 데에 아무런 거리낌 없이 자신의 지위를 이용했지만, 호화스러운 삶을 추구하지는 않았다. 소식을 하고 음료로는 물만 마셨으며, 탁자에 엎어져 잠을 자면서 서적과 예술 작품을 구입하는 데에 모든 재산을 소비했다. 결혼을 하고 나서는 부인에게 충실했으며, 권력과 돈을 지나치게 추구한다는 주변의 비난에 대하여는 '그러나 나는 내가 살고 있는 삶보다는 내가 살아야만 하는 삶을 선호한다. 그러므로 이 두 가지의 삶으로부터 일정한 거리를 유지하면서 진정한 삶의 모델을 추구할 뿐이다'라고 답했다. 그가 최고의 전성기를 누리고 있을 때 한 자유주의자는 세네카가 3,000만 세스테르티우스의 공금을 횡령한 후 고리대금업을 통해서 수십 배로 증가시켰음을 공개적으로 비난했다. 당시 자신이 원할 경우에는 누구든지 탄압할 수 있을 만큼 막강한 권력을 행사하고 있었음에도 불구하고, 세네카는 다만 자신을 비난한 사람으로 하여금 고발을 취하하도록 했다. 디오 카시우스의 주장에 따르면, 그는 고리대금업을 계속했다.

네로가 황제로 등극했을 때 세네카는 원로원에서 취임 인사로 사용할 훌륭한 연설문을 준비해주었는데, 그 내용에 따르면 황제는 군대의 최고 통수권자로서의 권한만을 행사한다는 것이었다. 아무도 이를 믿지는 않았지만, 이 약속은 적어도 초기 5년 동안은 지켜지고 있었다. 이 기간 동안 군권 이외의 다른 권한들은 아그리피나와 세네카가 대리로 행사했다. 이러한 균형이 유지되고 있는 동안은 전체적으로 모든 것이 잘 돌아갔다. 어느 날 황제는 자신의 동상을 금으로 제작하자는 원로원의 제안과 사형의 승인을 거절했으며, 한번은 예외적으로 어쩔 수 없는 상황에 처하게 되자 "글 쓰는 것을 결코 배우지 말았어야 했는데"라고 말하면서 펜을 분질러버렸다고 한다. 정말 훌륭한 소년이었던 것 같다. 네로는 특히 시와 음악을 사랑했다. 그러나 이러한 네로의 훌륭한 면모가 어느 날 갑자기 위험한 것으로 돌변할 줄은 그 어느 누구도 모르고 있었다.

후에 아그리피나는 모든 것을 혼자서 독점하려고 했다. 세네카와 부루스는 이러한 행동이 위험한 것이라고 경고하면서 원만한 해결을 모색하는 동시에, 네로로 하여금 권한을 강화하도록 권고했다. 분노가 극에 달한 아그리피나는 네로의 업적을 무산시키고, 클라우디우스의 다른 아들인 브리탄니쿠스를 새로운 황제로 임명하겠다고 위협을 가했다. 네로는 브리탄니쿠스를 탄압하고, 모친을 별장에 감금했다. 아그리피나는 이 별 장에서 수에토니우스와 타키투스의 도움을 받아, 티베리우스 와 클라우디우스 그리고 네로에 관해서 후에 역사에 길이 남 을 만한 최악의 혹평을 담고 있는 『회고록*Memorie*』을 썼다. 우 리로서는 복수를 다짐하는 내용의 이 회고록이 결코 사실이 아니었기를 바랄 뿐이다.

브리탄니쿠스의 피살 사건에 세네카가 어떤 역할을 했는가 를 살펴볼 필요가 있다. 그의 작품인 『자비에 관하여*De Clemen-tia*』의 내용을 고려하면 그가 이 일에 가담하지 않은 것으로 생 각되지만, 그 누구도 장담할 수 없는 일이다.

네로의 태도가 돌변하기 전까지는, 세네카의 예상처럼 로마 제국은 평온했다. 국경은 안전했고, 무역은 활발했으며, 산업 도 발전을 거듭했다. 그러나 20세가 된 어느 순간부터 네로는 자신의 심미주의적인 경향을 보다 만족시켜주는 가이우스 페 트로니우스에게 빠져들고 있었다. 당시 페트로니우스는 로마 의 사교계를 대표하고 있었으며, 로마 사회의 유행을 좌지우지 하는 인물이었다.

타키투스는 페트로니우스를 세련된 취향과 관능 그리고 풍 자와 우아한 대화술을 자랑하는 부유한 귀족으로 묘사했다. 그 러나 페트로니우스는 자신의 저서인 『사티리콘*Satyricon*』에서 이중성격의 인물들과 진부한 상황을 설정하여 음란하고 저질 적인 내용을 보여주었다. 그러므로 타키투스가 묘사한 인물이 그와 동일한 인물이라고는 믿기 힘들다. 만약 이들이 동일 인 물이라면, 이는 살고 존재하는 방식과 글을 쓰고 겉으로 드러 내는 방식 간에 매우 큰 차이가 존재함을 의미한다. 어쨌든 로마 사회에서 세련되고 유식하며 남녀 구별 없이 사람들을 현혹시키면서 절대 미를 추구하던 페트로니우스에 현혹된 네로는 사악한 시인을 모방하면서 그의 문학 수업에 빠져들고 있었다. 네로는 『사티리콘』의 등장인물들과 어울리는 것을 좋아했으며, 이들과 함께 로마에서 가장 저속한 지역들을 돌아다니면서 소란을 피우곤 했다.

세네카는 이러한 네로의 행동에 아무런 제재도 가하지 않았다. 오히려 자신의 제자가 더욱 이러한 길로 빠져들도록 옆에서 부추겨, 정치에서 멀어지도록 유도하면서 혼자 혹은 부루스와 함께 권력을 행사하려고 했을 것이다. 이와 같은 방식으로 몇 년 동안, 황제가 타락해가는 상황에서도 제국은 번영을 지속했다. 후에 트라야누스 황제는 '이 당시는 진정한 로마의 전성기였다'고 진술했다. 그러나 당시에 네로 황제는 포파이아 사비나라는 여성에게 빠져 있었다. 포파이아는 자신의 아름다움을 과신하면서 제국의 황녀를 꿈꾸는 제2의 아그리피나였다. 이를 위해서 그녀는 네로에게 황제로서 전권을 장악하도록 압력을 가했다. 포파이아를 알게 되었을 때 네로에게는 21세의 부인 옥타비아가 불행한 부부 생활을 견디고 있었으며, 품행이 단정하고 네로를 진심으로 사랑했던 악테라는 측실側室도 두고 있었다. 그러나 네로는 정직한 여성들을 좋아하지 않았다. 네로는 이들을 배신하는 대가로, 파렴치하고 호색적이며 계산적인 포파이아를 차지했다. 네로의 역사와 로마의 불행이 이 시점에서 시작되었다.

제33장 네로

아그리피나는 분명히 불행을 가져오는 여성이었다. 그러나 말년에는 로마의 진정한 어머니로서의 삶을 추구했다. 아그리피나는 그의 아들이 옥타비아와 이혼하고 싶다고 했을 때, 반대 의사를 분명히 했다. 타키투스는 아그리피나가 스스로 네로에게 자신을 허락하기까지 했다고 전하고 있다.

네로는 아그리피나를 별장에 감금했음에도 불구하고, 모친을 두려워했다. 뿐만 아니라 모친을 두려워한다고 자신을 비웃는 포파이아에 대해서도 공포심을 느끼고 있었다. 결국 포파이아는 네로로 하여금 아그리피나가 모반을 꾸미고 있다고 믿게 만들어, 은밀하게 독살시키는 방법과 강물에 익사시키는 방법을 강구하도록 만들었다. 아그리피나는 자신에게 닥쳐올 일을 미리 알고 있었던 것처럼 보였다. 황궁에 근무하는 심복 시종들로부터 사전에 정보를 입수했는지, 처음에는 해독제로 그리고 두 번째에는 수영 실력으로 위기를 모면했다. 그러나 황제의 친위대는 반대편 강독으로 도망치는 아그리피나를 계속해서 추격했다. 자신의 모든 것을 바쳐 헌신했던 아들이 보낸 자객들에 의해서 포위되었을 때, 그녀의 심정이 어떠했을까는 한 번쯤 생각해볼 필요가 있다. 최후의 순간을 직감하자, 아그리피나는 네로를 잉태했던 자궁을 가리키면서 "이곳을 찔러라"라고 말했다. 네로 황제는 친위대가 옷이 벗겨진 어머니의 시신을 가져왔을 때, 그 모습을 바라보면서 "빌어먹을, 어머니가 이렇게 아름다운 줄은 미처 몰랐네"라고 탄식했다. 아마도 네로는 모친이 자신에게 몸을 허락하려고 했을 때 거절했던 일을 후회했을 것이다.

네로의 이와 같은 행동은 자신의 누이와 결혼했던 칼리굴라의 경우처럼, 광기로밖에는 해석이 되지 않는다. 추측건대 클라우디우스 가문의 피 속에는 정신병이 유전되고 있었으며, 이것이 뇌에 영향을 미친 것으로 생각된다.

역사에 따르면, 세네카는 네로의 모친 살해에 동참하지 않았다. 그러나 역사는 세네카가 이러한 범죄를 인정하고 황제의 측근으로 남아 있었다는 사실을 알려주고 있다. 과연 세네카는 파멸의 구렁텅이에서 네로를 구해낼 수 있다고 생각했을까? 하지만 시간이 지나면서 그의 희망은 헛된 것이 되어버렸다. 세네카의 만류에도 불구하고, 네로 황제는 원형 경기장에서 마차를 타고 창시합을 즐기거나 극장에서 테너 가수처럼 노래했다. 뿐만 아니라 스승의 말을 전혀 경청하지 않는다는 사실을 증명이나 하듯이, 원로원 의원들과 스승에게 체육 시합과 음악 경연을 벌이도록 명령하고, 이것이 그리스의 전통이며 로마의 전통보다 더 훌륭하다고 주장하기도 했다.

원로원의 의원들이 모두 존경을 받을 만한 대상은 아니라고 하더라도 권위를 인정받는 의원들 또한 없었던 것은 아니다. 예를 들어 트라세아 파이투스와 헬비디우스 프리스쿠스는 황제를 공개적으로 비난했다. 그러나 정보원들이 황제에게 고자질함으로써, 이들은 모반을 획책했다는 이유로 고발되었다. 모친을 살해한 후에 네로 황제는 한동안 선정을 베풀기도 했지만, 얼마 가지 않아서 피의 제전을 다시 시작했으며, 클라우디우스 황제의 통치 시대에 풍요롭던 국고는 이제 적자로 돌아서기 시작했다. 그 결과 로마에는 처벌자들의 모든 재산을 몰수하는 조항이 신설되었다. 세네카는 이러한 황제의 결정을 비난하여 미움을 사기도 했다. 그러나 그가 자신의 지위를 상실하게 된 결정적인 이유는 황제가 지은 시들을 비판했기 때문이었다. 그러나 다행히도 별다른 고초 없이 캄파니아에 있는 별장으로 내려와 그곳에서 작가로서의 활동에 전념함으로써 황제의 가정교사로서 겪어야 했던 불행을 어느 정도는 보상받을 수 있었다. 그리고 이 사건이 발생하기 몇 달 전에 사망한 네로의 심복 부루스를 대신하여, 이제는 전임자보다 몇 배나 사악한 인물인 오포니우스 티겔리누스가 황제를 보필하게 되었다.

세네카가 낙향한 이후 네로의 폭정은 더욱 심해졌다. 우리가 알고 있는 그의 외모는 대략 25세 때의 것으로서, 그는 노랑머리에 창백한 눈을 가지고 있었으며 허약한 다리는 뚱뚱한 배를 떠받치고 있었다. 네로의 부인 행세를 하고 있던 포파이아는 자신이 원하는 모든 것을 할 수 있었다. 그녀는 옥타비아와 이혼하도록 한 것에 만족하지 않고, 네로로 하여금 그녀를 유배시키도록 했다. 그러나 로마인들이 불만을 품고 네로의 결정에 불복하여 옥타비아의 동상을 꽃으로 장식하자, 포파이아는 네로를 설득하여 옥타비아를 죽이도록 했다. 옥타비아는 공포에 질려 자비를 구했지만 비참한 최후를 피할 수는 없었다. 그녀는 이제 막 20세가 되어 좋은 남편의 훌륭한 부인으로 살아갈 여성이었을 뿐, 비극의 여주인공으로는 어울리지 않았다.

이번에도 네로는 아무런 죄책감도 느끼지 않았다. 오히려 얼마 후에는 스스로를 신으로 추대했다. 신에게는 양심에 관한 어떤 의무도 없었다. 이제 네로는 새로운 궁전을 건축하여 자신을 위한 신전을 만들려고 했다. 네로가 원하는 신전의 규모[로마 시 면적의 3분의 1이었다고 한다]는 상상을 초월하는 것이었기 때문에, 인구가 밀집해 있던 로마 내부에 부지를 마련하는 것은 불가능했다. 얼마 전부터 네로는 도시가 잘못 건축되었다는 불평을 늘어놓으면서, 새롭고 합리적인 도시 계획에 따라서 로마가 새롭게 건축되어야 한다고 주장하고 있었다. 그리고 바로 기원후 64년에 그 유명한 대화재가 발생했다.

이 화재는 정말 네로 황제의 소행이었을까? 아마도 아닐 것이다. 네로는 화재 당시에 안치오에 머물고 있었으며, 화재 소식을 알게 되자 곧바로 전력을 다하여 소화 작업을 지휘했기 때문에 그 누구도 그를 의심하지 않았다. 그러나 민중 사이에는 네로가 비록 직접 불을 내지는 않았어도 충분히 이런 일을 할 수 있는 사람이라는 소문이 퍼지고 있었다. 이상하게도 네로는 이런 소문에 아무런 반응도 보이지 않았다. 또한 자신을 범인으로 간주하는 글과 풍자시를 지어 민중의 분노심을 자극하는 자들을 처벌하지도 않았다. 그러나 네로는 전체주의 정부의 주인으로서 대책을 마련하기 이전에, 이 불행한 사태에 대하여 책임을 질 구체적인 희생양을 찾을 필요가 있다는 생각을 하고 있었다. 타키투스의 말에 따르면, 네로 황제는 당시 로마에서 성립된 종교 단체를 주목하고 있었는데 그 단체는 티베리우스 황제 시대에 팔레스티나의 총독인 폰티우스 필라투스에 의해서 죽음을 당한 예수를 구세주로 섬기는 신흥 종교 단체였다.

네로 황제는 그리스도교에 대하여 구체적으로 알지 못하는 상태에서, 신자들을 체포하여 약식 재판을 한 후 심한 고문을 가하고 결국에는 처형을 명령했다. 이들은 짐승에게 먹이로 주어지거나, 십자가 처형을 당하거나, 송진 가루를 몸에 바른 후에 불에 태워 죽이는 형벌을 받았다. 로마는 이들에 관해서는 아는 것이 별로 없었다. 그러나 이때의 대규모 순교 이후, 로마인들은 호기심을 가지고 이들을 바라보기 시작했다. 이제 황제는 자신이 그토록 바라던 새로운 로마의 건축을 본격적으로 추진할 수 있게 되었다. 네로는 이 엄청난 건축 사업을 위해서 열성적으로 일을 했다. 그러나 새로운 로마가 파괴된 로마의 잿더미 위에 세워지고 있는 동안 포파이아는 출산 도중에 사망했다. 일설에 의하면, 네로가 싸움을 벌이던 도중에 임신한 부인의 복부를 발로 걷어차는 만행을 저질렀다고 한다. 사실일지도 모른다. 어쨌든 이번 사고로 네로는 큰 충격을 받았다. 사랑하는 부인과 그토록 기다리던 상속자를 한꺼번에 잃어버린 것이다. 고통으로 길거리를 헤매던 중에 죽은 부인의 얼굴과 유난히 닮은 스포루스라는 젊은이를 만나자, 그를 궁전으로 데려와 거세한 후에 결혼식을 거행하는 해프닝을 벌였다. 로마인들은 이러한 추태를 보고 "빌어먹을 네로가 아니라 그의 아버지가 먼저 저런 결혼식을 거행했다면, 네로와 같은 아들은 처음부터 태어나지 않았을 텐데"라고 탄식했다.

새로운 로마의 건축 작업을 관리하던 중에 네로는 가이우스 칼푸르니우스 피소를 황제로 추대하려는 음모를 적발하게 되었다. 그리고 필연적으로 체포와 고문 그리고 자백이 순서에 따라서 진행되었다. 이러한 과정에서 몇몇 지성인들의 이름이 거론되었는데, 이들 중에는 세네카와 루카누스가 포함되어 있었다.

역시 히스파니아의 코르도바 출신으로서 세네카의 먼 친척이었던 마르쿠스 안나이우스 루카누스는 법률을 공부하기 위해서 로마에 왔지만, 우연히 참가한 시 경연 대회에서 네로 황제의 작품을 물리치고 우승하는 심각한 실수를 범했다. 네로는 보복으로 루카누스의 작품 활동을 금지했다. 그러나 루카누스는 이에 불복하고, 파르살로스 전투를 소재로 비교적 평범한 표현들을 적절하게 활용하면서도 공화주의적인 정신을 담은 시를 썼다. 이 시를 출판할 수는 없었지만 귀족들의 살롱에 소개하여, 비록 독재자에게는 더 이상의 저항을 할 수 없었지만 자유에 대한 열정을 버리지 않고 있던 사람들에게 큰 감동을 주었다. 정말로, 루카누스는 반反 황제 음모에 가담했을까? 아니면 경쟁자에 대한 네로의 감정을 잘 알고 있던 밀정들에 의해서 무리하게 고발되었을까? 고문 과정에서 루카누스는 자신의 죄를 자백하고 다른 가담자들의 이름까지 말했는데, 이들 중에는 자신의 모친과 사촌인 세네카가 포함되어 있었다. 루카누스는 성대한 잔치에 친구들을 초대하여 이들과 함께 먹고 마신 후, 혈관을 끊고 죽어가면서 독재에 반대하는 시를 읊었다고 한다. 이때 그의 나이 26세였다.

세네카는 자신을 처벌하기 위해서 캄파니아에 온 황제의 대리인들로부터 자신이 피소의 음모에 가담했다는 소식을 듣던 그 순간에, 친구인 가이우스 루킬리우스에게 편지를 쓰고 있었다. 세네카는 '나의 지나온 인생에 관한 한, 나는 충분히 오랫동안 살아왔으며 운명이 나에게 준 모든 것을 누려왔네. 이제는 죽음을 기다리고 있다네'라는 말로 편지를 끝맺었다. 그러나 황제의 대리인들이 그에게 사형 선고를 통보하자, 자신은 더 이상 정치에 관여하지 않고 단지 피곤한 심신을 달래면서 죽을 날만을 기다리고 있을 뿐이라고 반박했다. 세네카는 이미 이런 변명을 칼리굴라에게 사용한 바가 있었다. 이러한 변명 덕분에 세네카는 그 순간까지 약 70여 년 동안 살아남을 수 있었다. 세네카에 설득된 대리인들은 아무런 조처도 않고 로마로 돌아갔다. 그러나 네로 황제는 세네카를 처형하려는 의지를 굽히지 않았다. 더 이상의 희망이 보이지 않자, 세네카는 침착한 마음으로 자신의 부인인 파울리나를 껴안은 후, 로마인들에게 보내는 이별의 편지를 쓰고 독미나리 즙을 마신 다음 동맥을 끊음으로써 스토아주의적 전통에 따른 죽음을 선택했다. 그의 부인 파울리나도 남편과 같은 방법으로 죽음을 시도했지만, 황제의 명령으로 실패했다. 이후 수세기가 지나면서 세네카의 자가당착은 세인들로부터 잊혀졌지만, 작가로서의 그의 작품들은 위대한 유산으로 기억되고 있다. 세네카는 훌륭한 글을 쓰는 법과, 상대에게 별다른 거부감을 유발시키지 않고도 자신의 거부 의사를 분명하게 나타내는 방법을 가르쳤다. 이러한 스승에게 수많은 제자들이 몰려드는 것은 당연한 일이다.

네로는 자신의 주변에 아무도 없다는 것을 느끼자, 평소 로마인들보다 더 예술에 대한 조예가 깊다고 말하던 그리스로 여행을 떠났다. 황제는 이곳의 올림피아 축제에 기수의 자격으로 승마 경주에 참가했지만 낙마하여 결승점에 꼴찌로 들어왔다. 그러나 그리스인들은 그를 승리자로 선포했고, 네로는 면세를 선포하여 그에 보답했다. 그리스인들은 이미 모든 것을 알아차리고 네로가 참가하는 모든 경기에서 이길 수 있도록 조치를 취했다. 극장에서는 박수부대를 동원하여 황제가 노래할 때 폭풍 같은 박수갈채를 보냈다(한편, 황제가 노래하는 동안에는 밖으로 나가는 것을 절대로 금지했기 때문에 어쩔 수 없이 극장에서 출산을 한 여성들도 있었다고 한다). 그리스인들은 완전한 시민권을 황제로부터 부여받았다.

로마로 돌아온 네로 황제는 적들에게서 약탈한 전리품보다는, 테너 가수로서 그리고 경주의 우승자로서 받은 우승컵만을 시민들에게 보여주면서 자축했다. 그는 자신의 행동에 시민들이 감탄하여 열렬한 지지를 보낼 것으로 확신하고 있었다. 이 때문에 가이우스 율리우스 빈덱스가 갈리아에서 반란을 일으켰다는 소식을 접했을 때, 네로는 불안감보다는 오히려 이해할 수 없다는 반응을 보였다. 반란군을 진압하기 위한 원정군을 조직하는 데에 가장 먼저 추진한 일은 무대 전체를 옮길 수 있도록 수많은 마차를 제작하는 것이었다. 왜냐하면 그는 전투와 전투 사이에 무대에서 연기하고 연주하며 노래하면서 군인들로부터 박수를 받고 싶어 했기 때문이었다. 그러나 준비 과정 중에 히스파니아의 총독인 세르비우스 술피키우스 갈바가 휘하의 군대를 이끌고 반란군에 가담하여 로마로 진군하고 있다는 소식을 듣게 되었다.

오래 전부터 기회를 엿보고 있던 원로원은 친위대의 엄중한 중립을 확인한 뒤에 네로가 반란군의 주모자임을 선포하고 히스파니아 총독을 황제로 추대했다. 네로는 갑작스럽게 자신이 완전히 고립되었음을 알게 되었다. 네로는 친위대의 한 장교에게 함께 도망가기를 간청했지만, 장교는 베르길리우스의 한 구절을 인용하면서 "죽는 것이 그렇게 힘든 일인가?"라고 답했다.

사실 네로에게는 죽는 것이 매우 어려운 일이었다. 독약을 준비했지만, 마실 용기가 없었다. 그는 테베레 강에 투신할 생각도 했지만, 그럴 만한 힘도 없었다. 그는 로마에서 10여 킬로미터 떨어진 살라리아 거리에 있는 친구의 별장에 숨어 있었다. 그리고 자신에게 '전통적인 방식', 즉 채찍형에 의한 사형을 선고했다는 사실을 알게 되자 놀라서 칼을 들고 자신의 배를 찌르려고 했지만, 먼저 살짝 찔러보고 몹시 '아프다는 사실'을 알게 되었다. 문 밖에서 말발굽 소리가 들리자, 목을 자르려고 결심했다. 그러나 그의 손이 떨리자, 비서인 에파프로 디투스가 그의 칼을 손의 경동맥 위로 가져다주었다. 그는 숨을 헐떡이면서 "위대한 예술가가 죽는구나!"라고 탄식했다. 갈바의 병사들은 그의 시신에 예의를 표하고, 그의 모친과 최초의 연인인 악테의 곁에 묻어주었다. 참으로 이상한 일이지만, 그의 무덤은 오랜 세월 동안 항상 신선한 꽃으로 덮여 있었다. 로마에서는 수많은 사람들이 그가 살아서 돌아올 것이라고 믿었다. 일반적으로 이상은 슬픔과 희망으로 가득 찬 토양에서 성장하는 법이다.

혹시 네로는 역사가들의 기록과는 달리, 진정 훌륭한 황제는 아니었을까?

제34장 폼페이

　기원후 79년 8월 24일에 발생한 폼페이의 대재앙은, 역설적인 의미에서 이 도시가 장래에 누리게 될 행운 아닌 행운의 중요한 배경이 되었다. 사실 폼페이는 이탈리아에서 가장 별 볼일 없던 도시들 중의 하나였다. 인구는 대략 1만 5,000명 정도였고, 농업이 주를 이루었으며, 역사적으로 어떤 특별한 사건도 겪지 않은 지극히 평범한 도시였다. 그러나 운명의 그날, 베수비오 화산이 검은 연기를 내뿜으면서 엄청난 용암을 분출하여 불과 몇 시간 만에 폼페이와 헤르쿨라네움 시를 덮어버렸다. 당시 포추올리 항구에 정박 중이던 함대의 사령관, 가이우스 플리니우스 세쿤두스(대[大] 플리니우스)는 평소 지리학에 관심을 가지고 있던 중에 화산이 폭발했다는 소식을 듣자, 이 광경을 목격하기 위해서 배를 이끌고 달려가서는 바다를 향해서 필사의 탈출을 시도하는 주민들을 도와주었다. 그러나 많은 사람들이 연기에 질식하거나 한 곳으로 몰리면서 넘어지는 바람에 용암에 묻혀버리는 비극이 연출되었다. 이 혼란의 와중에서 약 2,000여 명이 목숨을 잃었다. 그리고 도시는 용암과 화산재에 덮여 원형 그대로 보존되었다. 오랜 세월이 지난 후 지금으로부터 약 2세기 전에, 고고학자들이 발굴 작업을 시작함으로써 서서히 전성기 로마 제국의 건축 및 이탈리아 지방 도시의 생활상을 엿볼 수 있는 많은 정보들이 밝혀지기 시작했다. 특히 고고학자인 아메데오 마이우리의 노력으로 폼페이는 오늘날까지 귀중한 역사의 현장으로서 중요한 의미를 가지게 되었다.

폼페이는 다른 도시들과 마찬가지로 광장을 중심으로 건설된 도시였다. 이곳에는 주변 지역에서 가장 많이 생산되는 양배추의 시장이 형성되어 있었으며, 시간이 지나면서 오락과 연극 공연을 위한 극장이 세워지기도 했다. 광장 주변은 유피테르, 아폴로 그리고 베누스 신의 신전들, 시 청사, 상점들과 같이 주로 공적인 목적에 사용되었던 건물들로 둘러싸여 있었다.

미로와 같은 협소한 도로들 주변에는 구멍가게들과 수공품점들이 어우러져 있었다. 골목에서는 물건 값을 흥정하는 소리와, 망치나 도끼 그리고 톱과 같은 연장 소리로 시끌벅적했으며, 구석의 한 귀퉁이에서는 아이들과 아낙네들 그리고 개와 고양이 같은 동물들의 소리로 북적이고 있었다. 이런 풍경들은 오늘날에도 흔히 볼 수 있는 것들이지만, 당시 이탈리아 남부의 현실은 이처럼 평화롭지만은 않았다. 일반적으로 한 민족의 좋지 않은 관습은 그들의 내면세계에서 오랫동안 유지된다. 폼페이의 경우에도 이러한 현상은 마찬가지였다. 이미 오래 전부터 폼페이 사람들 사이에서는 자신들의 이념과 사랑 그리고 증오심을 벽에 낙서로 표현하는 것이 전통으로 이어져오고 있었다. 이들은 벽보를 붙이거나 백묵과 숯을 이용해 벽에 자신들의 불만을 표시하는 오늘날의 방식에 앞서, 벽에 글씨나 그림을 새기는 방식을 사용했다. 그러나 두 시대간의 격차는 단지 기술적인 차이에서 나타날 뿐이며, 내용적인 측면에서는 이탈리아인들은 과거나 지금이나 동일한 대상에 관하여 항상 같은 것을 생각하고, 말하고, 외쳐왔다. 벽에 그림을 그리는 방식으로, 티티우스는 코르넬리아에게 평생 변함없는 사랑을 약속했고, 가이우스는 셈프로니우스에게 함께 죽음을 택하자고 권했으며, 율리우스는 자신을 법무관으로 선출해줄 모든 사람에게 평화와 번영을 약속했다. 오늘날 프로축구 팀에서 유명한 외국 선수들을 스카우트하듯이, 이 도시의 건축관은 자신의 비용으로 유명한 검투사인 파리데스를 불러와 경기장의 흥행을 주선했다. 당시에 누군가가 그 건축관을 기념하는 의미에서 원형경기장의 벽 이곳저곳에 새긴 '마이우스 만세Viva Maius'는 오늘날까지 남아 있다. 실제로 폼페이의 극장 좌석은 전체 인구보다 5,000석이 더 많은 2만 석이었는데, 이는 분명히 주변 마을의 주민들을 위한 배려였을 것이다.

집들은 쾌적했지만, 사치스러울 정도로 화려했다. 거의 대부분 창문이나 난방 장치는 설치되어 있지 않았고, 지붕은 시멘트로 되어 있었는데 종종 모자이크로 장식되기도 했다. 그리고 바닥은 돌조각으로 정리되어 있었다. 대저택들의 경우에만 방에 욕실이 딸려 있었으며, 때로는 수영장이 딸린 방도 있었다. 부엌에는 프라이팬, 냄비, 고기 굽는 석쇠와 같은 모든 종류의 살림살이들이 구비되어 있었으며, 라틴어 또는 그리스어로 쓰인 2,000여 권의 서적들이 있었을 것으로 추측되는 서재 공간도 있었다. 그러나 당시의 가구들에 대해서는 거의 알려진 것이 없다. 아마도 당시의 가구들이 모두 목재로 제작된 것이어서 화산 폭발로 인해서 소실되었을 것이다. 하지만 잉크병, 펜, 동으로 제작된 등 그리고 세련된 그리스풍의 동상들은 남아 있다.

이 모든 것을 살펴볼 때, 삶의 안락함과 행복을 보장하려는 의도로 잘 꾸며진 주거 공간은 로마 제국의 속주 도시들에서 쉽게 찾아볼 수 있는 흔적들이었다. 물론 이러한 모든 것은 공공 서비스, 살롱 문화 그리고 오락거리의 다양성이라는 차원에서는 로마와 비교될 수 없었다. 그러나 로마와는 다르게 이곳의 주민들은 박해의 위험을 받지 않았으며, 그렇지 않은 경우에도 그 수준은 경미했다. 제국의 수도와 그 주변 지역과는 다르게, 멀리 떨어진 속주들에서는 풍속의 저속화 현상이 비교적 늦게 나타나기 시작했으며 아직도 고유한 전통이 건전한 상태로 유지되고 있었다. 카이사르에 이어서 베스파시아누스 황제가 로마 귀족과 원로원의 수적인 부족을 속주에 거처하고 있는 부르주아 출신의 가문들로 보충하려고 한 것은 이와 같은 이유 때문이었다. 로마의 몰락에도 불구하고 로마 문명이 유지되고 야만족의 침략을 극복하여 이들을 흡수할 수 있었던 이유들 중의 하나는, 제국의 수도 로마뿐만 아니라 침략자들이 밀어닥친 반도의 그 어디에서든지 이민족보다 우월하고 월등하게 잘 조직된 도시들이 있었기 때문이었다.

이러한 도시들의 이름을 일일이 나열하는 것은 생략하기로 하자. 다만 오늘날의 현실과는 다르게, 로마 시대 이전부터 그리스 문화를 가장 먼저 흡수할 수 있었기에 북부의 도시들에 비해서 월등한 수준에 올라 있던 남부의 몇몇 도시들에 관해서만 제한적으로 언급하기로 하자. 나폴리는 수세기를 거치면서 수많은 동상들, 푸른 하늘과 바다 그리고 약삭빠르기도 하지만 오늘날처럼 게으른 사람들로 유명한 도시였다. 로마인들은 추운 겨울을 피해 나폴리로 내려왔으며, 그 주변에는 소렌토, 포추올리, 쿠마이가 위치하고 있었다. 카프리는 훨씬 이전부터 유명한 도시로서, 티베리우스 황제가 자주 머물곤 했다. 포추올리는 유황이 섞인 온천으로 유명했다.

계절적인 요인으로 오늘날까지 그 명성을 날리고 있는 또 다른 지역은 에트루리아인들이 정착하고 있었던 토스카나였다.

이 지역의 주요 도시들은 키우지, 아레초, 볼테라, 타르퀴니아 그리고 당시 토스카나의 일부로 간주되고 있던 페루자였다. 건설된 지 얼마 되지 않은 피렌체는 플로렌티아로 불리고 있었으며, 아직은 중요한 도시로 성장하지 못하고 있었다.

좀 더 북쪽의 아펜니노 산맥 반대편에는 갈리아 원주민들과의 전쟁에 투입된 군대의 성채들이 자리 잡고 있었는데, 이것들은 만토바, 크레모나, 페라라, 피아첸차의 기원이 되었다. 더 북쪽으로는 코모와 이 도시에 복속된 거대한 상인 주거지가 있었다. 북부 지역의 무역 중심지인 이곳은 메디올라눔이라고 불렸으며, 후에 밀라노로 성장했다. 토리노는 갈리아의 타우리니족이 세운 공동체였지만, 아우구스투스에 의해서 로마 식민지로 편입된 이후에 진정한 의미의 도시로 발전했다. 베네치아는 아직 존재하지 않았다. 그러나 베네치아 지역의 주민들은 이미 일리리아 지역으로부터 이주하여 베로나를 건설하고 있었다. 역사가 헤로도토스의 기록에 따르면, 족장들은 소녀들을 데려온 다음 이들 중에 용모가 아름다운 소녀들을 내다팔고, 그 대금으로 못생긴 소녀들의 결혼지참금을 마련했다. 족장들은 이러한 방법으로 모든 여성들을 혼인시키는 데에 성공했다. 이는 오늘날의 사회주의자들조차도 상상하지 못한 기발한 방법이라고 할 수 있겠다.

이상의 언급은 단지 몇 가지 사례에 불과하다. 전체적으로 현재 이탈리아 도시들의 거의 대부분이 당시에 기원을 두고 있다는 점을 고려한다면, 이미 이때부터 도시들이 성립되고 있었다는 사실을 알 수 있다. 이러한 도시들의 민주적 자유는, 비록 가부장제적인 자치 정부를 통해서 운영되기는 했지만 로마의 경우보다 오랫동안 유지되고 있었다. 이들의 자치 정부는 로마의 원로원에 비유되는 쿠리아Curia를 중심으로 구성되었다. 그리고 쿠리아는 로마의 경우처럼, 시민들 중에서 자유롭게 선출되는 관리들에 대한 통제권을 행사했다. 후보자들은 무보수로 봉사했으며 시 정부의 예산이 부족할 경우에는 사비로 충당해야만 했기 때문에, 대부분 부자들로만 제한되었다.

선거 행사는 모든 사람들이 초대되는 거대한 만찬으로 이어졌다. 생일이나 딸의 결혼식 등과 같은 경우에도 성대한 만찬이 베풀어졌다. 또한 어떤 사람이 직무를 훌륭하게 수행하는지 그리고 좀 더 높은 직위에 출마할 가능성이 있는지의 여부는 그동안 추진한 공공사업들과 계파의 지도자의 지원으로 개최되는 공연들의 성공 여부에 따라서 결정되었다. 도처에서 발견된 비석들의 기록에 따르면, 명성과 유권자들의 표를 획득하기 위한 지도 계층의 심각한 낭비벽과 허영심으로 이들 가문들이 파멸에 이르는 경우가 적지 않았음을 알 수 있다. 타르퀴니아에서는 데수미우스 툴루스가 '아버님, 우리들은 파산하게 됩니다!'라는 자식들의 애절한 만류를 뿌리치고, 경선 경쟁자를 이기기 위해서 공약한 온천을 건설하는 데에 무려 500만 세스테르티우스를 사용했다고 한다. 이탈리아의 카시노에서는 한 부유한 과부가 신전과 원형 경기장을 기증했다고 하며, 오스티아에서는 루킬리우스 가이말라가 도로를 포장했다고 한다. 기근이 발생하면, 모든 후보들은 밀을 구입하여 빈자들에게 분배했다. 그러나 빈자들이 무상으로 받는 밀에 대하여 항상 감사하는 마음을 가지는 것은 아니었다. 폼페이의 여러 벽들에 새겨진 낙서들 중에는, 관직 후보들이 공직에 있는 동안 악정으로 엄청난 재산을 모았지만 주민들에게 분배한 것은 불과 절반에도 미치지 못했다고 비난하는 것도 있다.

적어도 마르쿠스 아우렐리우스 황제 시대까지 지방 도시들의 행정에 대한 로마 중앙 정부의 개입은 거의 없었으며, 있었다고 하더라도 간섭이라기보다는 오히려 지역의 자치적인 발전을 지지하는 것들이 대부분이었다. 이방인 속주들의 행정에 관해서는 탐욕스러운 행동을 서슴지 않았던 황제들도 이탈리아에 대해서는 상당히 조심스러운 태도를 보였다. 왜냐하면 주로 이 지역에서 군인들과 지지자들이 상당수 공급되었기 때문이었다. 물론 공화정 시대의 이탈리아 반도는 로마가 도시들을 복속시키는 과정에서 심한 탄압을 감수해야만 했으며, 이 때문에 자주 반란을 획책하기도 했다. 그러나 군주정 체제에서 이탈리아는 명실 공히 로마의 배후 지역으로 등장했다. 황제들은 반도의 여러 도시들을 수시로 방문했으며, 이때마다 열렬한 환영을 대가로 많은 기부, 보조금, 특권 등을 제공했다. 그리고 새로운 황제는 전임자의 치적을 극복하기 위해서 더욱 많은 특권을 제공했다.

이탈리아는 한마디로, 신이 제국에 내려준 만나였다. 이탈리아는 타 지역들에 비해서 안정된 질서, 잘 포장된 도로, 활발한 무역 활동, 안정된 통화, 용이하고 빈번한 교역, 침략으로부터의 안전 등과 같은 특권을 누리고 있었다. 뿐만 아니라 황제의 주변에서 벌어지는 암투, 경찰의 탄압, 재판과 살인으로부터도 거의 확실한 보호를 받고 있었다.

제35장 예수

기원후 64년 네로 황제에 의해서 로마 대화재의 주범으로 간주되어 대학살을 당한 그리스도교인들 중에는, 베드로라는 이름의 한 그리스도교 신자가 끼어 있었다. 공동체의 지도자인 그는 자신의 아내가 고문받는 것을 지켜보아야만 했고, 자신에게 십자가 처형이 확정되자 감히 예수 그리스도가 처형된 방법과 동일하게 죽을 수 없다는 이유로 자신을 십자가에 거꾸로 매달아줄 것을 요청했다. 처형식은 오늘날 바티칸 대성당이 위치한 장소에서 거행되었다. 예수를 추종하는 사람들에 대한 대대적인 살육전은 이들의 무덤이 물질적이고 세속적이며 이교적인 제국을 대신하는 새로운 제국의 주춧돌이 될 것이라는 예언으로 인해서 한층 강화되었다.

베드로는 제국의 폭정으로 가장 극심한 착취에 시달리고 있던 로마의 속주인 유대 태생의 유대인이었다. 당시로부터 약 250여 년 전 유대는 기적에 가까운 용기와 외교술로 페르시아의 지배로부터 해방된 후 70여 년 동안, 시몬 마카베오와 그 후계자들의 신정통치 아래에서 독립 정부를 유지하고 있었다. 이들의 중심지는 예루살렘이었다. 이곳을 중심으로 유대인들은 로마의 지배를 확장하려는 폼페이우스의 침공에 저항했다. 필사적인 투쟁을 전개했지만, 그들의 종교가 토요일에 휴식을 명하고 있다는 사실을 간파한 폼페이우스가 토요일에 공격을 시도함으로써 1만 2,000여 명의 유대인이 살해되었다. 다행히 예루살렘은 약탈당하지 않았지만, 결국 유대는 로마의 속주로 전락했다. 몇 년 후 유대는 반란을 시도했지만, 3만여 명의 주민이 노예로 팔려가고 외국인 왕의 통치를 받아 독립을 상실했다. 헤로데스는 그리스 문명과 이교의 건축술을 도입하려고 했다. 헤로데스는 잔인했지만 나름대로 똑똑했으며, 화가로서의 능력도 가지고 있던 비교적 위대한 왕이었다. 헤로데스는 로마의 노예로 전락하지 않으면서도 로마의 보호를 받을 줄 알았으며, 또한 자신의 신하와 백성들에게는 가장 아름다운 신전을 선물했다. 그러나 이 신전은 구약성서의 내용에 맞지 않는다는 이유로 엄격한 헤브라이즘으로부터 철저하게 외면당했다.

헤로데스의 뒤를 이은 헤로데스 아르켈라우스 왕이 통치하는 동안 유대는 또다시 로마에 반기를 들었다. 그러나 아우구스투스는 이를 진압하여 3만여 명의 시민을 노예로 만들어버리고, 이들의 저항 의지를 완전히 꺾어버리기 위해서 유대를 시리아 총독의 위임 통치를 받는 제2급의 속주로 전락시켜버렸다. 그러나 이러한 새로운 통치 체제가 선포되기 직전에 유대에서는, 당시에는 그 누구도 알지 못했지만 시간이 흐르면서 인류 전체의 운명에 중대한 영향을 주게 될 사건이 발생했다. 나사렛 근처의 작은 마을인 베들레헴에서 예수 그리스도가 탄생한 것이었다.

수세기 동안 이 에피소드의 진위성은 예수의 존재를 부정하려는 '일부 세력들'로부터 의심의 대상이었다. 그러나 그들의 의심은 예수의 탄생이라는 사실 앞에서 신빙성을 상실했다. 그렇지만 그의 탄생에 관한 일자는 아직도 의문으로 남아 있다. 예를 들어 마태오와 루카에 따르면, 예수는 헤로데스의 왕국에서 출생했으며 헤로데스는 예수 출생 3년 전에 사망했다. 다른 주장들에 의하면, 4월 혹은 5월의 어느 날 예수가 출생했다고 한다. 로마의 성립 연도를 원년으로 하는 달력의 753년 12월 25일은 예수 탄생을 원년으로 하는 달력으로 354년에 공인된 것이다. 이후 이 연도는 고정적으로 사용되었다.

예수의 청소년기에 관한 역사적인 기록은 거의 남아 있지 않으며, 그나마 남아 있는 것들도 불확실하고 서로 모순되는 내용을 보이고 있기 때문에 별로 신빙성이 없다. 이와 같이 역사는 목수 요셉의 약혼녀인 마리아에게 주어진 예언, 마구간에서의 출생, 동방 박사들과 양들의 경배, 갓난아기들에 대한 박해, 이집트로의 피신 등과 같은 내용들을 시적으로 표현한 복음서들에 반론을 제기할 만한 그 어떤 증거도 오늘날까지 제시하지 못하고 있다. 역사 기록은 예수가 출생했을 당시 유대 지역의 상황과, 이들이 무엇을 열망하고 있었는가를 시사할 뿐이다. 신빙성 있는 내용으로는 이것들이 전부이다.

유대(또는 팔레스티나)는 애국심과 종교적인 열정이 지배하는 지역이었다. 이곳에는 대략 250만 명의 주민들이 살고 있었으며, 이들 중에 10만 명이 예루살렘에 집중되어 있었다. 그러나 인종적으로나 종교적으로 통일되지 못한 상태에 있었다. 도시에서는 유대인이 아닌 젠틸레,* 즉 그리스인들과 시리아인들

---

* gentile : 포풀루스 로마누스populus Romanus, 즉 로마 민중에 대립되는 의미로서 외부인을 의미한다.

이 다수를 차지하고 있었다. 반면에 농촌에서는 농업과 수공업에 종사하는 유대인들이 살고 있었다. 이들은 가난하고 인색했지만, 근면하고 엄격하며 신앙심이 깊은 사람들이었다. 이들은 노동과 기도 그리고 금식을 행하면서 메시아의 재림을 기다리고 있었다. 유대인들은 메시아가 자신들의 율법서인 성서의 하나님으로서, 다시 돌아와 억압받고 있는 자신들을 구원하고 지상에 천상의 왕국을 건설할 것이라고 믿고 있었다. 이들은 거의 어떠한 무역 활동도 하지 않았다. 투기投機 활동조차 모르고 있었던 것으로 생각된다. 그러나 아이러니하게도 이후 그들은 투기 활동에 전념했으며, 결국에는 사람들에게 공포심을 안겨줄 정도로 유명해졌다.

로마가 제한적으로 허용한 자치 행정은 예루살렘의 산헤드린Sanhedrin, 즉 고위 성직자를 의장으로 하고 몇 명의 원로들로 구성된 장로위원회가 주도했다. 장로위원회는 천상의 약속보다는 지상의 현실을 더 신봉하는 보수적이고 민족주의적인 사두가이파와 하루 일과를 성서 해석으로 보낼 만큼 광신적인 신학자들인 바리사이파로 양분되어 있었다. 그 외에도 극단주의자들로 구성된 제삼의 단체가 있었다. 이들은 공산주의적인 체제 안에서 살면서 침묵 속에서 같은 식탁에서 식사하고, 노동의 생산물을 공동으로 나누며, 자신들의 손으로 직접 물건을 만들어 쓰면서 거의 100여 년을 지내온 사람들이었다. 뿐만 아니라 이들은 자신들의 율법에 어긋난다는 이유로 토요일에는 배설조차 하지 않았다. 예수가 자주 공격 대상으로 삼았던 율법학자들은 이들 단체가 아니라, 전문 직업인이었던 바리사이인들, 공증인, 서기관 그리고 성서로부터 사회생활을 통제하는 데에 필요한 규정들을 발췌하는 일을 수행하던 성서 해석가들이었다.

유대에서는 정치뿐만 아니라, 문학과 철학까지도 모두 종교적인 특성을 가지고 있거나 혹은 종교와 동일시되고 있었다. 그리고 그 핵심은, 악을 대표하는 로마로부터 민중을 구하기 위해서 돌아올 해방자를 기다리는 것이었다. 이들이 가장 확신하고 있었던 것은 —이사야의 예언에 따르면— 해방자인 메시아가 유대인의 전설적인 왕인 다윗의 가문에서 출생한 '사람의 아들'로서 악을 물리치고 선, 즉 사랑, 평화, 부를 확립하리라는 사실이었다.

이들의 희망은 당시 로마의 통치하에서 민족국가를 세울 수 있으리라는 믿음을 상실하고 정신적인 세계로 빠져들고 있던 이교도들에 의해서도 공감을 얻고 있었다. 그러나 신의 의지와 징조가 전체적으로 확산되어 있던 팔레스티나만큼 해방자를 열정적으로 고대하고 있는 지역은 없었다. 사람들은 신전의 그늘에서 기도와 금식을 하면서 하루하루를 보내고 있었다. 그리고 이제 곧 메시아가 나타날 것이라고 확신하고 있었다.

그러나 그들이 그토록 기다리던 예수가 '사람의 아들'이라는 것을 인정하기는 쉽지 않았다. 사실 예수 자신도 이들이 기다리고 있던 메시아가 자신이라는 사실을 세례 요한으로부터 세례를 받은 후에야 비로소 알게 되었다. 한편 세례 요한은 마리아의 사촌의 아들로서, 예수와는 먼 친척뻘이었다. 일반적으로 우리들은 세례 요한이 선지자이며 예수보다 연장자라고 알고 있지만, 아마도 동년배였을 것으로 생각된다. 세례 요한은 요르단 강가에 살고 있었으며, 길게 늘어진 머리카락으로 몸을 가리고 푸성귀와 꿀 그리고 메뚜기로 연명했다. 그는 세례 의식으로 사람들에게 정화된 마음을 선물했는데, 이 때문에 세례 요한이라는 별명을 가지게 되었다. 그는 항상 진실한 회개의 상징으로서 메시아가 출현할 것이라고 예언했다.

예수가 세례 요한을 찾은 것은 '로마 제국의 황제 티베리우스의 통치 15년째'가 되는 해였다. 이때 예수의 나이는 28세 혹은 29세였다. 예수는 근본적으로 유대교 이론을 수용하고 이를 자신의 것으로 활용했지만, 개인적으로는 다른 사람들에게 세례를 주는 것보다는 사회 속으로 뛰어들어 설교하는 일에 전념했다. 얼마 있지 않아 세례 요한은 예루살렘의 테트라르케스*인 헤로데스 안티파스의 근위대에 의해서 체포되었다. 루카와 마태오의 기록에 의하면, 세례 요한이 체포된 것은 헤로데스와 그의 동생 필리포스의 부인 헤로디아의 결혼을 비판했기 때문이라고 한다. 그녀의 딸 살로메가 의붓아버지 앞에서 멋진 춤을 추자, 그 대가로 헤로데스는 그녀에게 어떠한 소원이든지 들어주겠다고 약속했다. 모친의 사주를 받은 살로메가 세례 요한의 잘린 목을 원한다고 말하자, 헤로데스는 어쩔 수 없이 이를 승낙했다.

세례 요한이 죽은 후, 예수는 본격적으로 설교를 시작했다. 예수는 유대인 마을을 중심으로 설교를 시작했으며, 오늘날의 관련 자료에 따르면 예수는 초자연적인 그 무엇인가를 가지고

* tetrárches : 고대 그리스-로마 시대 공국의 군주. 분할된 왕국이나 더 높은 칭호를 붙이기에는 너무 작은 한 지방의 통치자를 가리킨다. 흔히 분봉왕[分封王]으로 번역된다.

수많은 군중을 끌어 모았다는 사실을 알 수 있다. 예수는 설교 도중에 종종 기적을 행하기도 했지만 자발적으로 행한 것은 아니었으며, 제자들에게 자신이 행한 기적을 선전 활동에 이용하지 말 것과 전지전능함의 증거로 생각하지 말 것을 강조했다.

예수의 주변에는 열두 명으로 구성된 핵심 추종자들이 있었다. 첫 번째 사람은 안드레아라는 이름의 어부로서, 이전에는 세례 요한을 따르고 있었다. 안드레아와 함께 동행한 베드로는 충동적이지만 인자하고 종종 비겁하다고 생각될 만큼 소극적인 인물이었다. 제배대오의 아들들인 야고보와 요한도 어부였다. 반면에 마태오는 유대인들의 증오의 대상이었던 로마 제국에 협력하는 사람, 즉 정부 관리였다. 가리옷 사람 유다는 예수의 제자들이 마련한 모든 자금을 관리했다.

예수의 12제자들 밑에는 72명의 제자들이 있었는데, 이들은 예수가 방문하는 도시에 미리 가서 사람들을 모으는 일을 수행했다. 후에 예수를 추종했던 모든 남녀들은 규정에 따라서 형제애를 중심으로 생활했다.

산헤드린은 다음의 두 가지 이유로 예수를 경계하지 않았다. 첫째 예수를 추종하는 세력이 아직은 미약했으며, 둘째 예수가 설교하는 이념들은 율법에 어긋나는 것이 아니었다. 구세주와 하늘나라의 출현은, 예수가 설교하는 도덕 규범들에서도 알 수 있듯이, 유대교와 메시아 사상의 일부였을 뿐이었다. '네 이웃을 네 몸같이 사랑하라', '너의 왼쪽 뺨을 때리거든 다른 쪽 뺨도 내어주어라' 등은 유대 민족의 율법에 이미 언급된 내용이었다. 예수는 '나는 모세의 율법을 파기하려고 온 것이 아니라, 이를 이루려고 온 것이다'라고 말했다.

그러나 예수가 스스로 '사람의 아들'이자 모든 사람들이 고대하던 메시아라고 말했을 때 당국과의 관계는 멀어지기 시작했다. 지방과 시골에서 설교 활동을 마치고 돌아왔을 때 예루살렘의 군중은 예수를 메시아로 환영했다. 이제 예루살렘의 산헤드린은 특히 정치적인 이유로 해서 불안해지기 시작했다. 예수는 그의 권위를 이용하여 로마에 대항하는 봉기를 일으키려 하는 게 아닐까. 그렇게 되면 또 한 번의 대량 살육이 벌어질 것이다.

기원후 30년 4월 3일 저녁, 예수는 한 사도의 밀고로 자신이 예루살렘의 산헤드린에 의해서 체포될 것이라는 사실을 알게 되었다. 그러나 별다른 행동을 취하지 않고, 평소와 마찬가지로 한 친구의 집에서 식사를 했다. 이 마지막 저녁 식사에서 예수는 만찬 참석자들 중의 한 사람이 자신을 배신할 것이며, 제자들과 함께 지낼 시간이 얼마 남지 않았다는 사실을 말했다. 같은 날 저녁, 근위병들은 겟세마네 동산에서 예수를 체포했다. 예루살렘의 산헤드린이 "당신이 그리스도인가?"라고 물었을 때, 예수는 "그렇다. 내가 바로 그리스도이다"라고 답했다. 그러자 산헤드린은 당시 유대 총독이었던 폰티우스 필라투스에게 불경죄를 이유로 예수의 신변을 넘겨주었다.

폰티우스 필라투스는 후세에 명예롭지 못한 이름을 남기게 되었다. 사람들은 그의 사악한 화술과 잔인함을 공격했다. 그렇지만 관료 정치적인 측면에서 볼 때, 예수에게 악랄한 행동은 하지 않았다. 필라투스는 피고가 스스로 메시아라는 사실을 부정하기를 바라면서 농담 섞인 어조로 예수에게 유대인의 왕으로 자처했는지를 물었고, 예수는 그렇다고 답하면서 자신이 건설하려고 하는 왕국을 설명했다. 베드로의 말에 따르면, 예수는 인간의 모든 죄를 대신하여 죽기로 결심했다고 했다.

필라투스는 마지못해 예수에게 사형, 즉 십자가 처형을 선고했다. 예수는 아침 아홉 시에 십자가에 못 박히자 잠시 동안 신음을 하면서 "나의 하나님, 나의 하나님, 어찌하여 나를 버리셨나이까?"라고 외쳤다. 그리고 오후 세 시경에 사망했다.

산헤드린의 영향력 있는 두 명의 관리가 필라투스에게 죽은 자의 시신을 묻을 수 있기를 요청하여 허락을 받았다. 이틀 후, 예수를 열렬하게 추종하던 사람들 중의 하나인 막달라 마리아가 예수의 무덤으로 갔을 때 비어 있는 무덤을 발견했다. 이 소식은 여러 사람의 입을 통해서 퍼져 나갔으며, 예수가 제자들 앞에 육신을 가지고 나타남으로써 자신의 부활을 증명했다.

공식적으로 죽은 지 40여 일이 지난 후, 예수는 모세로부터 엘리야, 이사야에 이르는 유대 전통에 따라서 하늘로 승천했다. 예수의 제자들은 각지로 퍼져나가 스승의 부활과 재림을 선포했다.

제36장 사도들

초기의 선교 활동은 유대인 식민지들이 모여 있던 팔레스티나와 그 주변 지역들에 국한되어 전개되고 있었다. 왜냐하면 초기의 사도들은 예수를 모든 사람들의 해방자라기보다는 단지 유대 민족의 구원자라는 생각에 묵시적으로 동의하고 있었기 때문이었다. 그러나 사도 파울로의 안티오크 선교가 성공하여 이 도시의 많은 사람들이 신앙을 가지게 됨에 따라서 그리스도교의 보편성을 둘러싼 문제들이 해결되었다.

오늘날의 개념으로 말하자면, 파울로가 그리스도교 이념을 성립시켰다면 베드로는 교인들의 조직을 마련했다. 파울로는 타르수스라는 유대 지역의 부유한 부르주아 가문에서 바리사이파의 아들로 출생했다. 그는 부친으로부터 당시로서는 가장 값진 재산으로 여겨지던 로마 시민권을 물려받았다. 파울로는 그리스어를 공부하고, 산헤드린의 의장인 가말리엘의 수업을 들었다. 그는 본래 유대인들의 날카로운 지성 세계와, 거만하고 급한 성질에 편협되고 까다로운 성격을 가진 인물이었다. 개인적으로 잘 알지 못하던 예수와 그 신자들에 대한 그의 최초의 반응은 폭력적이라고 할 만큼 적대적인 것이었다. 파울로는 이들을 이단으로 간주했기 때문에, 율법을 어긴 스데파노의 죄를 논하는 자리에서 죽음만이 유일한 해결책이라고 강력하게 주장했다. 어느 날 그리스도교인들이 다마스쿠스에서 많은 사람들을 개종시켰다는 소식을 듣자, 파울로는 그곳으로 달려가 관련자들을 모두 체포하겠다고 산헤드린에 허가를 요청했다. 여행 도중 파울로는 한 줄기 빛을 만나 "사울아, 사울아, 네가 어찌하여 나를 핍박하느냐?"라고 말하는 목소리를 듣게 되었다. "당신은 누구십니까?"라고 묻자 그 목소리는 "나는 네가 핍박하는 예수이다"라고 대답했다. 사흘 동안 장님이 되었던 사울은 다시 앞을 보게 되자 세례를 받아 그리스도교인이 된 후 가장 위대한 선교사가 되었다.

3년 동안 아라비아에서 선교 활동을 마친 후 예루살렘으로 돌아온 파울로는 베드로에게 그리스도교인들을 박해했던 자신의 행적에 대한 용서를 구하고, 바르나바와 함께 안티오크의 그리스인들을 개종시키기 위한 활동을 시작했다. 그러나 이들이 모세의 지시와는 다르게, 개종하는 사람들에게 할례를 요구하지 않고 이교도들을 개종시키는 것을 알게 되자, 예수의 다른 사도들은 해명을 요구했다. 베드로의 도움으로 논쟁에서 우위를 차지한 바울은 두 번째 선교 활동을 위해서 다시 그리스로 떠났다. 당시까지만 해도 예수의 열두 제자들 대부분은 유대교 사원을 출입하면서 가급적이면 유대 전통에 순응하려고 노력했다. 그러나 파울로는 이들이 그리스도교를 단순히 이단적인 유대 종파로 전락시키려고 한다고 생각했다. 생각이 여기에 미치자, 파울로는 군중으로부터 테러를 당할 위험을 무릅쓰고 공개적인 설교에서 자신의 주장을 설파하기 시작했다. 사람들은 그를 불경죄로 고발하려고 했다. 그러나 그는 로마 황제에게 탄원을 신청할 권리가 있는 로마 시민권이 있었기 때문에 위기를 모면할 수 있었다. 드디어 파울로는 로마로 압송되어 수많은 위험을 겪은 후에 제국의 수도에 도착했다.

로마인들은 인내심을 가지고 파울로의 설교를 경청했다. 그가 주장하는 문제의 핵심은 이해하지 못했지만, 파울로의 행적과 주장이 정치와는 무관하다는 것을 알게 되었다. 고발자들의 도착을 기다리면서 로마인들은 파울로를 잘 대접해주었다. 또한 파울로가 선택한 한 명의 경비병을 문 앞에 배치하는 배려도 잊지 않았다. 파울로는 자신의 거처에 유대 식민지의 많은 지도자들을 초대했지만, 설득시키지는 못했다. 이들 중 일부는 이미 그리스도교 신자이면서도, 세례가 할례보다 더 중요하다는 파울로의 주장을 강력하게 거부했다. 이들은 파울로보다는 베드로를 더 선호했다. 때문에 얼마 후 로마에 온 베드로는 그곳에서 열렬한 환영을 받았다.

파울로는 소수의 이교도들을 개종시키는 데에 성공했지만, 근본적으로는 외톨이였다. 파울로는 자신의 불타는 선교 열정을 코린토스, 테살로니카, 에페소스 등지에 있는 옛 친구들에게 서한들을 보내는 것으로 달랬다. 이 서한들은 후에 그리스도교 신학의 기초를 구성했다. 몇몇 역사가들의 기록에 의하면, 파울로는 무죄로 석방되어 소아시아와 히스파니아에서 선교 활동을 했으나 다시 체포되어 로마로 압송되었다고 한다. 그러나 이는 근거가 없다. 파울로는 결코 무죄로 석방되지 않았으며, 고독한 유배 생활에서 예수의 지상 재림에 대한 신념을 서서히 상실하고 있었거나 아니면 자신의 신념을 사후의 천국에 대한 신앙으로 변화시킴으로써 궁극적으로는 그리스도교라는 새로운 종교의 참된 실체를 확인하고 있었을 것이다.

어떻게, 언제 그리고 무슨 이유로 파울로가 다시금 재판에 회부되었는지는 알려지지 않았다. 단지 그의 죄목은 '황제의 명령에 복종하지 않고, 예수를 진정한 왕이라고 주장했다'는 것이다. 그 외에 다른 이유는 아무것도 없었다. 네로 황제의 통치 밑에서 파울로를 감시하고 있던 경찰은 유일한 왕이 예수뿐이라는 말을 듣게 되자 그를 체포하여 처벌했다. 전승에 따르면, 파울로는 베드로와 같은 날 십자가에서 처형되었으며 형장에서 만난 이들은 평화를 상징하는 의미에서 서로 껴안았다고 한다. 그러나 별로 신빙성 있는 이야기는 아니다. 베드로는 다른 그리스도교인들과 함께 로마 대화재의 책임자로 처형되었다. 물론 파울로는 '로마의 시민'이었으며, 이와 관련하여 몇 가지 특권을 가지고 있었다. 파울로는 참수형을 당한 후에 로마에 묻혔다. 2세기 후 교회는 파울로가 죽은 장소, 즉 도시 밖에 그의 이름을 기념하여 파울루스 대성당을 건립했다.

위대한 두 명의 사도가 처형되었을 당시, 얼마나 많은 로마인들이 그리스도교로 개종했을까?

정확한 숫자는 알 수 없지만, 로마의 신자들은 수백 명에서 최대 1,000여 명을 넘지 않았던 것으로 생각된다. 이 사실로부터 알 수 있는 것은 당국이 이들에게 별로 신경을 쓰지 않았다는 점이다. 이들을 화재의 주범으로 고발한 사실은 박해 정책과는 관련이 없는 것으로서, 단지 네로에 대한 의심의 눈을 다른 곳으로 돌리기 위한 책략이었다. 당시만 해도 대학살은 그리스도교 단체를 제거하는 결정적인 계기가 될 것으로 생각되었다. 그러나 다른 모든 학살의 경우와 마찬가지로 이번의 참사 또한 오히려 선교 활동을 촉발하는 계기로 작용했다. 그럼에도 이러한 전화위복에는 베드로의 노력으로 형성된 그리스도교 조직이 크게 기여했다.

그리스도교인들은 교회ecclesciae에 모였는데, 당시 이런 모임은 비밀 단체나 음모를 위한 은밀한 회합이 아니었다. 또한 이런 모임을 오늘날의 공산주의에서 볼 수 있는 세포 조직과 비교하는 것도 아무런 근거 없는 주장일 뿐이다. 교회는 증오가 아닌 사랑을 설교했을 뿐만 아니라, 그 어떤 종류의 정치적인 입장이나 변화도 언급하지 않았기 때문이었다. 그러나 무엇보다도 중요한 것은 원하는 사람은 아무런 비밀 없이 아무런 차별도 받지 않고 참가할 수 있었다는 사실이었다. 오늘날 우리가 잘못 알고 있는 또 다른 사실은 회합의 참석자들이 모두 프롤레타리아, 즉 후에 켈수스가 부른 것처럼 일명 '쓰레기'였다는 것이다. 이것은 전혀 사실이 아니다. 그리스도교도들 중에는 모든 계층의 사람들이 골고루 포함되어 있었다. 일반적으로 이들은 중하급 계층에 속하는 사람들로서, 근면하고 평화적이었으며, 극빈한 그리스도교 공동체를 공동으로 운영하고 있었다. 그리스도교 공동체를 오해하고 있던 루키아노스는 신자들을 '자신들이 소유한 모든 것을 남김없이 내어 놓는 멍청한 놈들'이라고 정의했다. 한편 그리스도교로 개종한 테르툴리아누스는 '사람들이 개인적으로 소유하려는 모든 것들을 공동으로 사용하며, 사람들이 공동으로 소유하려는 것, 즉 부인은 혼자만의 것으로 독점하려는 사람들'이라고 그리스도교도를 정의했다.

도시와 농촌에 거주하는 주민들 간에는 주변 환경에 따른 어느 정도의 차이가 존재했다. 초기의 개종자들은 주로 도시에서 형성되었는데, 그 이유는 도시에서만 정기적인 모임이

가능했고, 불만이 가장 많았으며, 비판도 가장 활발하게 진행되던 공간이었기 때문이었다. 반면에 농촌 지역에서는 전통과 풍속 그리고 건전한 도덕 정신이 비교적 잘 유지되고 있었다. 이러한 이유로 해서 그리스도교인들은 불신자들을 파가니pagani―'마을'을 의미하는 파구스pagus라는 어휘로부터 유래된 단어로서, 농부라는 뜻―라고 불렀다.

초기 그리스도교의 선구자들이 가장 먼저 관심을 가졌던 것은 건전하고 절도 있는 생활 모델을 만드는 것이었다. 새롭게 형성된 도덕 정신은 계속해서 부패하고 불건전한 상태로 전락해가는 도시들에 주로 적용되게 마련이었다. 그리스도교와 초기에 개종한 신자들의 유대교적 흔적들은 엄격함 그 자체였다. 여성들도 예배에 참가했는데, 이는 오늘날까지도 머리에 베일을 쓰고 기도 의식에 참가하는 것으로 유지되고 있다. 여성들이 기도에 참가하기 전에 먼저 베일을 머리에 쓰는 이유는 그들이 천사들을 타락시킬 수도 있다는 것 때문이었는데, 성 히에로니무스는 더 나아가서 모든 여성들이 머리를 삭발해야 한다고 주장했다. 정돈된 가정 생활은 핵심적인 규정이었다. 유대교 기원의 토요일[안식일] 축제는 여전히 유지되었으며, 기도로 시작하고 기도로 끝나며 성서를 낭독하는 순서가 포함된 만찬에 다같이 모여 경축했다. 만찬에서 사제는 예수의 살과 피를 상징하는 빵과 포도주를 축복하는 의식을 거행하며, 마지막으로는 모든 사람들이 서로 사랑의 볼 키스로 인사를 했다. 그러나 시간이 흐르면서 이 순서는 신학 이론과는 조금 다르게 발전하게 되었는데, 이 때문에 남성은 남성에게만 그리고 여성은 여성에게만 키스 인사를 했다. 또 반갑다는 이유로 여러 번 반복하지 말고, 입맞춤을 할 때에도 입을 다물도록 했다.

임신 중절과 유아 살해가 점점 심해지고 있는 사회 풍토에 정면으로 반대하는 의미에서 이것들은 그리스도교도 사이에서 엄격하게 금지되었다. 뿐만 아니라 그리스도교는 신자들에게 고아들을 양자로 입양하고, 그리스도교 교리에 따라서 교육을 시키도록 당부했다. 동성애는 엄격하게 금지되었다. 이혼은 이교도인 부인이 요구할 경우에만 허용되었다. 극장에 자주 출입하는 것도 금지했지만, 별다른 효과를 거두지는 못했다. 그러나 전체적으로 볼 때, 규정은 유대인들이 주도적인 역할을 할 때까지는 엄격하게 유지되었다. 그 후 신자들의 수가 조금씩 증가하고 이교도들의 중요성이 부각되면서 이러한 규정들은 점점 편리함을 기준으로 변해갔으며, 엄격한 토요일 축제는 서서히 즐거운 주일 축제로 변화되었다.

주님의 날, 즉 '주일土日'에는 성경 구절을 낭독하고, 기도의 시작을 알리며, 마지막으로는 설교를 하는 사제를 중심으로 신자들이 모여들었다. 이것은 초기의 미사 의식이었지만, 시간이 흐르면서 정형화되고 복잡해진 의식으로 발전했다. 초기에는 참석자들도 미사에 적극적으로 참여했는데, 그 이유는 이들이 엑스터시 상태에서 방언을 행하면 사제가 이를 해석하는 순서가 있었기 때문이었다. 하지만 이러한 관습은 교회가 정립하려고 노력하는 것, 즉 신학적인 문제들을 혼란 속에 빠뜨릴 수 있다는 이유로 폐지되었다.

당시에는 일곱 가지의 성사[세례, 견진, 성체, 고해, 종부, 서품, 혼인] 중에 단지 두 가지만이 실시되고 있었다. 세례는 초기의 개종자들로서 이미 성인인 사람들에게 행해졌기 때문에 견진

성사와 구별되지 않았다. 그러나 세월이 흐르고 그리스도교인들의 자손이 출생함에 따라서 세례와 견진성사가 구별되기 시작했으며, 후자는 전자를 확인하는 기능을 가지게 되었다. 결혼은 단지 민사혼으로만 거행되었으며, 사제의 역할은 그것을 축복하는 것으로 제한되었다. 반면에 장례식에서는 한 인간이 사망하는 순간부터 완전히 교회에 예속되며 모든 것이 부활의 전제로 작용한다는 이유 때문에 상당한 비중을 차지했다. 시신은 자신만의 무덤을 가져야만 했다. 그리고 사제는 시신을 무덤에 묻는 동안의 모든 장례 의식을 주관했다. 묘지들은 시리아와 에트루리아의 풍속을 따랐는데, 땅 속에 긴 굴을 파고 양쪽 벽면에 마련된 작은 공간들에 시신을 안치하는 카타콤베 Catacombe로 형성되었다.

이러한 관습은 9세기까지 지속되었으나, 이후로는 중단되었다. 카타콤베는 순례의 중요한 여정으로 변질되고 흙으로 덮이면서 사람들의 기억에서도 잊혀졌다. 1587년, 우연한 기회에 카타콤베가 재발견되었다. 내부의 수많은 통로들이 복잡하고 꾸불꾸불하게 만들어졌다는 사실로부터 알 수 있는 점은 카타콤베가 음모나 배신 등으로 인한 위험으로부터 피할 수 있는 기회를 제공할 수도 있었으리라는 것이다. 이러한 가설은 수많은 소설들에 적용되었다.

새로운 종교는 이상의 여러 가지 여건 위에서 성립되었다. 그리고 유대교의 경우처럼 한 사회 계층만으로 그리고 그리스와 로마의 이교들처럼 자기네 국가의 시민만으로 제한되지 않고, 민족과 인종의 한계를 초월했다. 그리스도교는 높은 도덕 수준, 마음속에서 형성되는 원대한 희망 그리고 그 속에서 피어나는 선교 열정으로 인하여 위대한 종교로 성장했다. 이에 대해서 테르툴리아누스는 이미 다음과 같이 말한 바 있다. '우리는 짧은 시간에도 불구하고 벌써 세상을 개종시키고 있다.'

제37장 플라비우스 왕조

베스파시아누스는 율리우스-클라우디우스 가문의 마지막 황제인 네로의 죽음으로 야기된 폭력적인 공백기를 거친 후, 70년에 황제로 등극했다. 그러나 얼마간 진행된 권력 투쟁 기간에 네로의 뒤를 이어 가장 먼저 권력을 잡은 인물은 반란군의 사령관이었던 세르비우스 술피키우스 갈바였다. 갈바는 다른 귀족들보다는 비교적 평판이 좋은 편이었지만, 거대한 체격의 대머리로서 관절염에 시달리고 있었다. 또한 그는 지독한 수전노이기도 했다. 황제가 된 후에 가장 먼저 취한 결정은 네로가 제공했던 모든 선물을 국고에 반납시키는 것이었다. 그러나 황제는 그 대가로 목숨을 잃어야만 했는데, 왜냐하면 네로의 수많은 수혜자들 중에는 친위대도 포함되어 있었기 때문이었다. 3개월 후에 이들은 가마를 타고 광장에 나온 황제를 공격하여 머리와 팔과 입술을 잘라버렸다. 황제를 살해한 후에 친위대는, 거짓으로 파산 선고를 하여 막대한 부당 이익을 챙기고 공공 재정을 마치 개인 재산처럼 관리하고 있던 금융업자 마르쿠스 살비우스 오토를 황제로 추대했다.

새로운 황제가 등장했다는 소식이 알려지자, 아울루스 비텔리우스의 지휘하에 게르마니아에 주둔하고 있던 군대와 이집트에 주둔하고 있던 베스파시아누스의 군대가 반란을 일으키고 로마로 진격했다. 로마에 먼저 도착한 비텔리우스는 이미 자살한 오토의 시신을 매장하고, 자신을 황제로 선포했다. 그는 루쿨루스식 만찬(제22장 참조)과 어린 양고기 요리의 향락에 빠져, 이탈리아에 도착한 베스파시아누스의 군대에 대한 대비를 소홀히 했다. 크레모나에서의 치열한 전투는 제위 계승을 둘러싼 전쟁의 향방을 결정했다. 비텔리우스는 전투에서 패배했고, 승리한 군대는 크레모나를 약탈했다. 타키투스의 증언에 의하면, 사람들은 창문이나 지붕 위로 올라가 마치 축구 경기를 관람하듯 이 처참한 대살육의 현장을 구경했다. 군인들은 상점으로 들어가 약탈을 자행하고 불을 질렀으며, 매춘부들의 유혹을 받기도 했다. 또한 침대에서 한창 놀고 있다가 적군에 의해서 살해되기도 했다. 은신처에 숨어서 기분 전환을 위해서 만찬을 벌이다가 붙잡힌 비텔리우스는 알몸으로 목에 올가미를 한 채 도시의 이곳저곳을 끌려다니면서 세인들의 오물 세례와 모진 고문에 시달리다가 결국에는 테베레 강에 던져졌다.

도시는 형제들 간의 싸움터로 전락하고, 군대는 반란을 일으키고, 황제는 대대적인 환영을 받은 지 불과 며칠 만에 더러운 오물을 뒤집어쓰는 상황이 벌어졌다. 이것이 제국의 수도인 로마에서 벌어진 현실이었다.

티투스 플라비우스 베스파시아누스는 황제로서 오랫동안 군림하지는 못했다. 지방 도시인 리에티에서 출생했으며 군 경력을 조금씩 쌓아 나갔던 베스파시아누스는 본래 귀족이 아니었다. 그는 농촌 출신의 중산층 부르주아 가문 출신으로서, 군대에서의 수많은 희생과 역경을 통하여 승진을 거듭했다. 그는 규율과 저축을 가장 중요한 덕목으로 생각하고 있었다. 비록 60세의 고령에 황제가 되었지만 여전히 건강을 유지하고 있었다. 그는 완전히 벗어진 대머리에 넓은 이마와 비정상적으로 큰 귀를 가졌으며, 안테 파벨리치*처럼 몸에 털이 많은 사람이 었다. 황제는 귀족들을 증오하여 더러운 돼지들이라고 생각했으며, 그들과 동일시되는 것을 결코 용납하지 않았다. 어느 날 한 문장紋章 연구가가 황제 가문의 기원을 조사해본 결과 그 뿌리가 헤라클레스로까지 거슬러 올라간다고 말하자 베스파시아누스는 벽이 허물어질 만큼, 그리고 이 같은 아첨이 어느 정도는 진실이라고 믿게 만들 만큼 큰 소리로 박장대소했다. 상류 귀족을 접견할 때에는 상대방이 입은 옷감이 얼마나 세련된 것인가를 알기 위해서 직접 손으로 만져보았으며, 향수를 사용했는지를 알기 위해서 냄새를 맡아보기도 했다. 이와 같이 그는 세련된 것들을 참아 넘기지 못했다.

베스파시아누스가 황제로서 추진한 최초의 정책은 군대와 재정을 정비하는 것이었다. 전자의 경우, 황제는 자신처럼 지방 출신의 경력 있는 장교들에게 경매를 통해서 위임했다. 후자의 경우, 황제는 좀 더 단순한 방식, 즉 공직을 '가장 비싼 가격'으로 판매하는 방식을 택했다. 황제는 "본래 이들 모두가 도둑놈들인데, 어쨌든 이들에게 관직을 주기로 하세. 어느 정도의 장물을 받아들이더라도 국고를 채우는 것이 상책이라네"라고 말했다. 재정 상태를 개선하는 데에도 같은 방법을 적용했다. 그리고 탐욕스러운 냉혈한들 중에서 선택된 세금 징수관들에게 강력한 권력을 주어 제국의 전 지역으로 파견했다. 이

* 1889~1959. 크로아티아의 파시스트 지도자이자 혁명 지도자.

들이 얼마나 악랄하게 가난한 주민들을 착취했을지는 불을 보듯 뻔한 일이었다. 로마의 세금 징수가 이토록 정확하게 추진된 적은 결코 없었다. 그러나 주민들에 대한 도둑질이 그치자, 황제는 세금 징수관들을 로마로 불러들여 먼저 이들의 노고를 위로한 후에 이들이 개인적으로 착복한 사유 재산을 모두 몰수하여 국고로 환수한 다음 억울한 희생자들에게는 보상을 제공했다. 한편, 황제의 아들 티투스는 사려 깊고 도덕심이 강한 인물로서, 부친의 정책이 자신의 청교도적인 기준에 맞지 않는다는 이유로 항의했다. 이에 황제는 '사원에서는 사제 생활을 할 것이고, 도둑들과는 도둑질을 하겠다'라고 대답했다. 베스파시아누스는 오늘날까지도 자신의 이름으로 불리는 공중화장실*을 시내의 이곳저곳에 설치하게 했다. 그리고 이를 사용하는 사람들과 사용하지 않는 사람들에 대한 세금을 차등적으로 책정했다. 시민들에게는 선택의 여지가 없었다. 이러한 부친의 정책에 대해서 티투스가 또다시 항의를 하자, 이때 베스파시아누스는 아들의 코 밑에 은화를 가져다대고 이렇게 말했다. "냄새 나니?"

따라서 정직하고 섬세한 성격을 가지고 있던 아들은, 인간성을 개혁하고 악습들을 폐지하기보다는 오히려 단순하게 현상 유지에만 관심을 가지고 있던 부친의 귀염둥이이자 동시에 그의 가장 큰 걱정거리였다. 부친은 얼마 전에 심각한 폭동을 일으킨 팔레스티나 지역의 질서 회복과 인생 경험을 시키기

---

* 오늘날 이탈리아에서는 공중화장실을 베스파시아노Vespasiano라고 부른다.

위해서 아들을 파견했다. 유대인들은 전례를 찾아볼 수 없을 만큼 영웅적으로 예루살렘을 방어했다. 한 유대인 역사가의 기록에 의하면, 진압 과정에서 200만 명이 죽었다고 하지만, 타키투스에 따르면 60만 명이 희생되었다고 한다. 반란 세력의 저항을 물리치기 위해서 티투스는 도시에 불을 지르고, 예루살렘 신전까지 파괴해야만 했다. 생존자들 중에 일부는 자살했으며, 나머지 사람들은 노예로 팔려 갔고, 극소수의 사람들만이 도망했다. 이들의 유랑 생활은 이미 6세기 전에 시작되었지만, 이 순간부터 진정한 의미의 '유랑 생활'이 시작되었다. 마치 나폴레옹 군대의 배낭 속에 '인간의 권리'가 들어 있었던 것처럼, 처참한 유랑자들의 보따리 속에는 '그리스도의 말씀'이 들어 있었다. 이때부터 그리스도교는 세계 각지로 퍼지기 시작했다.

아들의 승리에 자랑스러움을 느낀 베스파시아누스는 티투스에게 전쟁에서의 전공에 비하여 과분한 찬사를 보내고, 이를 기념하는 의미에서 지금까지도 남아 있는 '티투스 개선문'을 건축하라고 지시했다. 그러나 황제는 아들이 전리품의 일부로서 유대의 아름다운 베레니케 공주를 데리고 승리 행진을 하는 것을 보고 매우 당혹했다. 황제는 아들이 공주를 단순히 정부情婦로서 거느리겠다면 굳이 반대하려 하지는 않았다. 그러나 문제는 티투스가 '굳게 약속했다'고 주장하면서 그녀와 결혼하겠다고 우기는 데에 있었다. 베스파시아누스는 무슨 이유로 아들이 소일거리와 같은 사랑을 가족이나 지속적이고 엄격한 교육과 혼동하고 있는지를 이해하지 못했다. 황제 자신도 홀아비가 된 이후로 한 여인과 동거를 했지만, 결코 결혼하지는 않았다. 왜 티투스는 베레니케를 단지 동거녀로 삼아 같이 살려고 하지 않는가? 마치 삼류 여가수와의 결혼 허락을 받으려는 아들을 보듯이, 황제는 당혹감을 감추지 못한 얼굴로 아들을 설득하기 위해서 충고했다. 그리고 티투스도 오늘날의 아들들처럼 결국에는 베레니케를 멀리했다.

이후로 티투스는 황제가 되기 위한 본격적인 수업을 시작했다. 아우구스투스 이후로 로마 제국의 최고의 현인이었던 베스파시아누스는 10여 년간의 현명한 정치를 마감하고 리에티로 휴가를 떠났다. 이전에도 황제는 가끔씩 청년 시절의 친구들을 방문하여, 이들과 즐거운 대화와 토끼 사냥을 즐기고 돼지고기와 콩으로 요리한 음식을 먹으면서 가장 좋아하던 빗자루 놀이를 하기도 했다. 놀이 도중에 베스파시아누스는 코토렐라 분수의 물로 자신의 신장을 치료하려는 별로 좋지 않은 생각을 했다. 어쩌면 방법이 적합하지 않았는지 아니면 양이 지나쳤는지 결국에는 배앓이를 하게 되었는데, 불행히도 치유할 방법이 없다는 것을 알게 되었다. 그러나 황제는 그런 심각한 순간에도 한쪽 눈으로 윙크를 하면서, 유머 감각을 잃지 않고 "에이 참, 나도 곧 신이 되는군"이라고 농담을 했다. 당시 아첨꾼들로 가득 찬 로마에서는 황제가 죽으면 신으로 추대하는 것이 일반적인 관례로 자리 잡고 있었다. 사흘 동안 밤낮을 설사로 고생한 베스파시아누스는 레몬처럼 노란 얼굴에 식은땀까지 흘리면서도 기운을 차려 자리에서 일어났다. 공포에 질린 얼굴로 자신을 쳐다보는 사람들의 어색한 행동을 보고 웃으면서 그는 다음과 같이 중얼거렸다. "다 알아. 알고말고…… 하지만 어쩌겠어. 황제는 두 다리로 서서 죽어야 한다는데!"

부친에 이어서 황제가 된 티투스는 과실을 범할 시간적인 여유를 가지지 못할 만큼 짧은 재임 기간을 누렸다. 물론 짧은 기간 동안에도 수많은 단점들을 드러낼 수도 있겠지만, 어쨌든 재임 기간에 비해서 성실성과 관대함 그리고 순수함과 같은 좋은 점들만을 보여주었다는 의미에서 볼 때 가장 운이 좋은 황제였다고 할 수 있다. 황제는 단 한 건의 사형 집행도 승인하지 않았다. 자신에 대항하는 모반을 적발했을 때에도 황제는 모반자들에게 경고 서한을 보냈을 뿐이며, 아울러서 그들의 모친들에게도 안전을 보장하는 서한을 발송했다. 2년간의 통치 기간 동안에 로마에서는 끔찍한 화재가 발생했고, 폼페이는 베수비오 화산의 폭발로 땅속에 묻혀버렸으며, 이탈리아는 전염병으로 고통받고 있었다. 피해를 복구하기 위해서 티투스는 국고를 열 수밖에 없었다. 그리고 병든 시민들을 간호하는 과정에서 자신도 전염되어 42세의 젊은 나이에 목숨을 잃었다. 그의 죽음은 모든 시민들에게 커다란 슬픔이었지만, 황제로 즉위한 동생 도미티아누스에게만은 예외였다.

플라비우스 왕조의 마지막 인물인 도미티아누스에 대해서는 구체적인 평가를 할 수 없다. 그의 통치하에서 활동했던 작가들 중에 타키투스와 소小 플리니우스는 그를 부정적으로 묘사했던 반면에, 스타티우스와 마르티알리스는 매우 긍정적으로 평가했다. 그의 외모에 대한 언급에도 이견이 분분하다. 전자의 두 사람은 황제가 대머리의 배불뚝이였다고 하며, 후자의 두 사람은 천사처럼 아름답고 부드러우며 부끄럼을 잘 타는 인물이었다고 진술했다. 분명한 것은 부친인 베스파시아누스가 티투스를 편애함으로써 도미티아누스가 많은 고통을 받았다는 점이다. 부친이 사망했을 때 도미티아누스가 권력의 절반을 요구하자 티투스는 동생의 요구를 들어주었다. 그러나 도미티아누스는 다시 이를 거부하고 모반을 계획했다. 디오 카시우스가 전하는 바에 의하면 형이 병으로 쓰러지자, 동생은 형의 몸에 눈을 덮어 빨리 죽게 했다고 한다.

도미티아누스의 통치 방식은 어떤 면에서는 티베리우스의 그것과 어느 정도 비슷했으며, 인간적인 측면에서도 티베리우스와 유사했다고 한다. 통치 초반에 이들은 모두 청교도적인 엄격함과 현명함 그리고 신중함을 보였다는 측면에서 거의 흡사했다. 황제가 되기 이전의 도미티아누스는 엄격한 도덕주의자인 동시에 공학자였으며, 감찰관으로서 로마의 풍기를 통제하는 역할을 적극적으로 수행했다. 그리고 기술자 출신의 자문위원들을 지휘하여 화재로 파괴된 로마를 재건하는 데에 몰두했다. 그는 전쟁을 원하지 않았다. 브리타니아에 파견된 그나이우스 율리우스 아그리콜라가 제국의 국경을 스코틀랜드로 확장하려고 하자 도미티아누스는 그를 총독 직에서 해임했다. 도미티아누스의 이러한 결정은, 아그리콜라가 황제를 존경하고 있었으며 더구나 당대의 모든 인물들을 자신의 역사서를 통해서 평가하고 있던 타키투스의 장인이라는 사실에 근거할 때 재임 기간 중에 저지른 가장 큰 실수였다고 할 수 있다. 그럼에도 우리의 생각에는 황제에 대한 타키투스의 비판이 지나치게 독선적이었던 것으로 보인다.

불행히도 평화는 양측이 모두 원하는 경우에만 실현되는 것이다. 도미티아누스는 평화를 원하지 않는 다키아인들과의 전쟁을 피할 수 없었다. 다키아인들은 도나우 강을 건너 로마 군대를 격파하고, 황제로 하여금 직접 전장에 나올 수밖에 없게 만들었다. 도미티아누스가 훌륭한 사령관으로서 군대를 지휘하여 전황을 유리하게 이끌고 있을 때, 게르마니아의 총독인 안토니우스 사투르니우스가 군단을 이끌고 반란을 일으켜 로마로 하여금 불리한 평화 협정을 맺도록 강요했다. 그 결과, 황제는 반란에 대한 강박관념을 가지게 되었다. 당시까지 크롬웰처럼 로마 제국을 통치하던 도미티아누스는 이제 스탈린으로 돌변했으며, 자신의 개성을 정립하기 위해서 시대착오적인 '황제 숭배'를 강요했다. 절대 권력을 장악한 황제는 '우리들의 주군이며 주신'이라고 불리기를 원했으며, 방문자들에게 자신의 발에 키스하도록 강요했다. 도미티아누스 황제 또한, 자신의 절대 권력을 비판한다는 이유로 이탈리아로부터 철학자들을 추방했고, 자신의 신성을 부인한다는 이유로 그리스도교인들을 참수시켰다. 그리고 자신의 안전에 기여한다는 확신을 가지고 밀고자들을 우대했다. 원로원은 겉으로는 아첨했지만, 내심으로는 증오하면서 황제의 암살을 모의했다. 원로원 의원들 중에는 나중에 황제를 가장 심하게 비판할 타키투스도 포함되어 있었다.

황제는 광란의 박해와 탄압을 자행하던 어느 날 자신의 비서관인 에파프로디투스가 사반세기 전에 네로 황제가 경동맥을 끊고 자살할 수 있도록 도와준 인물이라는 것을 뇌리에 떠올렸다. 황제는 이러한 일이 반복되는 것을 예방하기 위해서 에파프로디투스에게 사형을 선고했다. 생명의 위협을 느끼던 궁중의 다른 모든 관리들은 모반 음모를 꾸몄고 황후인 도미티아까지 끌어들였다. 이들은 야간을 이용해 공격했다. 도미티아누스는 최후까지 처절하게 방어했지만, 끝내 죽음을 피할 수 없었다. 이때 그의 나이 55세였다. 그는 15년 동안 초기에는 현인으로서, 후기에는 최악의 폭군으로서 로마를 통치했다.

도미티아누스의 죽음으로, 아우구스투스의 뒤를 이은 두 번째 왕조가 시작되었다. 126년 동안(기원전 30년~기원후 96년) 열 명의 황제가 교체되었으며, 이중 일곱 명이 살해되었다. 훌륭한 성품의 인물들이 피에 굶주린 독재자들로 변모하는 것을 보면, 뭔가 제도적으로 잘못 돌아가고 있다는 것을 알 수 있다. 율리우스-클라우디우스 왕조의 피를 부패시키는 유전적인 악재가 작용했다는 설명보다 좀 더 구체적이고 명확한 이유가 있었을 것이다.

그럼, 앞으로 전개될 제국의 마지막 3세기 동안의 로마 사회에서 그 해답을 찾아보기로 하자.

제38장 향락의 로마

향락적인 사회라고 정의할 수 있는 당시의 로마에는 100만~ 150만 명의 인구가 거주하고 있었다. 로마의 인구는 일반적으로 계층과 계급으로 구분되었다. 귀족들의 수는 여전히 많았지만, 코르넬리우스 가문을 비롯해서 파비우스, 아이밀리우스, 발레리우스 등과 같이 도덕을 중요시하던 당대의 가문들은 더 이상 과거의 그 화려했던 명성을 유지하지 못하고 있었다. 과거의 명문가들은 초기에는 전쟁으로 수많은 희생을 감수해야 했으며, 나중에는 수많은 박해와 산아 제한으로 인해서 소멸되었거나, 지방의 산업 및 상업 부르주아로서 전통은 없지만 재력을 소유한 다른 신흥 가문들에 의해서 교체되었다.

'오늘날 상류 사회에서는 불임이 부인의 가장 큰 덕목으로 꼽히고 있다. 만약 당신의 부인이 불임 여성이라면, 사람들은 성서에 맹세하면서까지 당신의 친구로 행세할 것이다. 그러나 당신의 부인이 흑인 아이를 낳지 않으리라고 누가 장담하겠는가?'

유베날리스의 말에는 어느 정도의 과장이 섞이기는 했지만, 그럼에도 당시의 타락된 상황을 직시하고 있다. 결혼은 지난 금욕주의 시대와 그리스도교 시대에는 신성한 것으로 여겨졌으나, 이제는 일시적인 모험쯤으로 생각되었다. 자식을 양육하는 것은 한때 국가와 신들에 대한 의무였으며, 신들은 자신의 무덤을 돌보아줄 누군가를 남겨놓은 자에게만 내세의 평안한 삶을 보장한다고 믿어져 왔다. 그러나 이제는 한낱 귀찮고 피하고 싶은 일이 되어버렸다. 영아 살해 또한 금지되고 있었지만 낙태는 이미 공공연하게 자행되고 있었으며, 낙태가 여의치 않을 경우에는 신생아를 '우유 기둥Colonna lactaria' 밑에 내다버리는 일이 비일비재했다. '우유 기둥'에서는 국비로 노예 출신의 유모들을 고용하여 버려진 아이들을 양육했다.

이러한 세태의 영향 속에서 로마의 인종적, 생물학적 구조가 변화되었다. 과연 외국인의 피가 한 방울도 섞이지 않은 시민이 있었겠는가? 소수의 그리스계, 시리아계, 유대계가 모여 로마 시민의 절대 다수를 형성하고 있었다. 유대인들은 카이사르의 시대에 정부 체제의 주요 구성 요소로서 자신들끼리의 단합을 강력하게 유지하고 있었기 때문에 상당한 영향력을 지니고 있었다. 이들 중에는 부유한 사람들이 소수에 불과했지만, 전체적으로 규율과 근면성 그리고 건전한 풍속이 유지되는 공동체를 형성하고 있었다. 그러나 이와는 반대로 대부분의 검은 돈을 장악하고 있던 이집트인과 시리아인 그리고 다른 동방계 민족들은 유대인의 경우와는 매우 다른 면모를 보이고 있었다.

로마의 어머니들은 매우 가난하지만 않다면, 출산과 거의 동시에 신생아를 다른 사람에게 맡겼다. 처음에는 보모에게, 후에는 가정교사 ─오늘날에는 독일인 또는 영국인 여성들이 담당하고 있는─ 역할을 수행하는 그리스 여성에게, 최종적으로는 그리스인 교육자들로 구성된 교육 기관에 위탁함으로써 보다 자유로운 생활을 보장받을 수 있었다. 이외에도 아이들은 당시만 해도 어디에서든지 어렵지 않게 찾아볼 수 있었던 교사들이 운영하는 사립재단의 남녀공학 학교들에 보내지기도 했다. 12세나 13세의 아이들은 초등학교에 다니기 시작했다. 그 후로는 남녀가 분리되어 계속 공부했다. 여자아이들은 기숙사 학교에서 음악과 무용을 중심으로 짜인 교과 과정에 따라서 교육을 받았다. 반면에 남자아이들은 대부분 그리스 출신의 문법학자들이 가르치는 상급학교에서 특히 그리스의 언어와 문학과 철학을 공부했다. 한편 그리스의 학문에 대한 연구는 자연히 로마 문화를 퇴색시키는 결과를 초래했다. 대학은 수사학자들을 중심으로 운영되었지만, 이들의 가르침은 전혀 체계적이지 않았다. 시험과 학위 논문은 물론이고, 학위 후 연구 과정도 없었다. 단지 강연과 토론이 있었을 뿐이었다. 모든 과정들을 이수하는 데에는 최대 2,000세스테르티우스, 그러므로 1년으로 계산하면 거의 200만~300만 리라의 비용이 필요했다. 페트로니우스는 당시의 교육 내용이 현실과는 전혀 관련이 없는 것들이라고 불평했지만, 이와 같은 비판은 당시 로마 사회에서 만연하고 있던 전형적인 경향으로서, 반목과 얄팍한 생각 그리고 억지 논리를 상징했다. 그리고 이는 장래에 이탈리아인들의 고질적인 악습으로 유전되었다.

비교적 유복한 가정에서는 자녀들을 외국으로 유학을 보냈다. 가령 철학의 경우에는 아테네가, 의학의 경우에는 알렉산드리아가, 웅변의 경우에는 로도스가 선호되었다. 유학 비용은 상당했다. 이 때문에, 근검절약가인 베스파시아누스 황제는 과다한 비용을 방지하기 위해서 여러 도시들의 저명한 선생들을 로마의 국립학교들로 초대했으며, 10만 세스테르티우스, 즉 오늘날의 6,500만 리라에 해당하는 연봉을 지급했다.

젊은이들의 도덕성은, 사내아이들의 경우에는 금욕주의 시대에도 그리 투철한 것은 아니었다. 16세부터 남자아이들은 매춘부들과 어울렸으며, 때에 따라서는 남녀를 가리지 않고 함께 애정 행각을 벌이기도 했다. 그러나 이 모든 것은 그리 심각한 정도는 아니었으며, 매춘의 심각성도 그리 우려할 만한 수준에 이르지는 않았다. 한때의 도덕적 문란은 군 복무 그리고 엄격한 생활의 시작을 의미하는 결혼으로 종지부를 찍는 사회 구조로 인해서 차단되었다. 그러나 이제 젊은이들은 군 복무로부터 면제되었으며, 매춘은 더욱 사치스럽게 변화되어 매춘부들은 손님들과의 성행위 이외에도 일본의 게이샤들처럼 이들을 즐겁게 하기 위해서 대화와 음악과 춤을 의무적인 것으로 생각하고 있었다. 이곳에 출입하는 손님들 중에는 기혼자들도 적지 않았다.

소녀들에 대해서는 비교적 엄격한 교육이 실시되었다. 이들은 일반적으로 20세 이전에 결혼을 했는데, 그 이유는 결혼과 동시에 부녀자로 간주되면서 남성들에 비해서 어느 정도의 차별이 있긴 했지만 비교적 많은 자유를 누릴 수 있기 때문이었다. 세네카는 아내가 단지 두 명의 정부로 만족한다면 그 남편은 운이 좋은 편이라고 했다. 유베날리스, 마르티알리스, 스타티우스에 따르면, 부르주아 계층의 부인들이 원형경기장에서 말을 타고 창 시합을 하고 로마의 거리를 활보하면서 자신들의 마차를 직접 몰기도 했다고 한다. 또한 그녀들은 대문 앞에 서서 사람들과 대화를 나누면서, 오비디우스의 말처럼, '행인들에게 하얀 어깨의 아름다운 속살을 과시했다'고 한다.

당시에는 재능 있는 여성들도 많이 배출되었다. 마르티알리스의 친구인 테오필라는 스토아 철학에 능통했으며, 술피키아는 사랑의 표현들을 시로 노래했다. 여성들은 오늘날의 국제직업여성회Soroptimist club와 같은 단체들을 조직하기도 했으며, 회원들에게는 오늘날 의무가 더 이상 존중되지 않는 사회에서 종종 보이듯이 사회적 의무에 대한 토론의 기회를 제공했다.

사람들의 체형도 비대해지기 시작했다. 금욕주의 시대의 로마 동상들은 마르고 각이 졌던 반면에, 이 시대의 동상들은 안락한 생활과 무절제한 탐식으로 인해서 풍성하고 둥글넓적해진 체형을 반영하고 있었다. 수염을 기르는 관습은 이미 사라졌으며, 이발사들의 수도 증가했다. 최초의 면도는 남자의 인생에서 기념할 만한 축제로 간주되었다. 대부분의 남자들은 머리카락을 아주 짧게 잘랐지만, 머리를 길게 길러서 우아하게 보일 목적으로 여러 갈래로 땋고 다니는 남자들도 있었다. 진홍색 망토는 황제만이 착용하는 독점적인 의상이었으나, 다른 사람들은 흰색의 투니카나 블라우스 그리고 가죽으로 만든 '카프리 양식'의 샌들, 즉 발가락을 끈으로 고정시키는 신발을 신고 다녔다.

반면에 여성들의 의상은 좀 더 복잡했다. 부유한 계층의 부인네들은 대부분 아침에 머리를 치장하는 데에 적어도 세 시간 동안 여섯 명 이상의 하녀들을 동원했다. 우리는 많은 문학작품들이 여성들의 이러한 모습을 묘사하는 데 열중했다는 사실을 알고 있다. 욕실에는 면도날, 가위, 크고 작은 칫솔, 크림, 분첩, 화장품, 향유, 비누 등이 구비되어 있었다. 포파이아는 얼굴 피부의 탄력성을 유지하기 위해서 우유로 만든 저녁용 가면(즉 오늘날의 여성용 마사지 팩)을 발명했는데, 이는 여성들 사이에서 필수적인 화장품이 되었다. 우유로 목욕하는 것은 당연한 일과가 되었다. 이 때문에 부유한 집안의 여성들은 여행을 다닐 때에도 신선한 우유를 공급받기 위해서 젖소들을 데리고 다녔다. 당시의 미용 전문가들은 식이요법, 체조, 일광욕, 마사지 등의 필요성을 역설했다. 이발사들은 보다 특이하고 독창적인 머리 모양을 개발하여 보급시키기도 했는데, 이중에서 머리카락을 뒤로 넘긴 다음 목덜미에 묶거나, 망사나 그물 같은 것으로 보다 우아하게 고정시키는 스타일이 유행했다.

시트는 비단이나 리넨으로 제작되었다. 브래지어가 유행하기 시작했으나, 양말은 아직 사용되지 않았다. 그러나 신발은 한층 복잡해졌다. 신발 재료로는 부드럽고 가벼운 가죽이 사용되었고, 로마를 포함해 이탈리아 여성들의 엉덩이가 밑으로 처진 단점을 보완하기 위해서 높은 뒷굽이 부착되었으며, 금실로 수를 놓아 화려하게 장식되었다.

겨울에는 모피 의상이 애용되었다. 이는 갈리아와 게르마니아 같은 북부 지방의 속주들에서 남편이나 정부情夫가 부인에게 주는 선물로 인기가 높았다. 부인들은 계절과 상관없이 금은보석으로 몸을 치장하고 다니는 것을 매우 좋아했다. 롤리아 파울리나는 오늘날의 250억 리라에 해당하는 4,000만 세스테르티우스 상당의 귀금속을 몸에 달고 다녔는데, 대大 플리니우스의 증언에 따르면 보석의 종류가 100가지를 넘었다고 한다. 물론 이 당시에도 모조 귀금속이 유행했는데, 그것들도 훌륭한 작품으로 인정받았을 것이다. 한 원로원 의원은 손가락에 20억 리라 상당의 오팔 반지를 끼고 다닌다는 이유로 베스파시아누스 황제로부터 처벌을 받았다. 엄격하기로 소문난 티베리우스 황제는 부를 과시하려는 부자들의 심리에 제동을 걸려고 했지만 중단해야만 했다. 사치산업을 금지시킨 것이 오히려 로마의 경제 위기를 불러일으켰기 때문이었다.

집 안의 가구 장식도 이상에서 언급한 사치의 정도와 비슷한 수준이거나, 어쩌면 그 이상이었을 것이다. 적어도 저택이라고 할 수 있는 집들에는 정원, 대리석 현관, 40개 이상의 방, 얼룩 마노로 제작된 기둥들과 모자이크 천장, 값비싼 석재로 벽을 두른 응접실, 다리가 상아로 된 레바논 삼나무 탁자(네로는 이 탁자를 무려 40억 리라에 구입했다)와 코린토스의 항아리들 그리고 모기장이 부착된 철제 침대가 있었다. 또한 이런 저택에는 수백 명의 노예들이 있었다. 이들은 손님의 식사를 돕기 위해서 두 명씩 한 조로 손님 뒤에서 대기했으며, 다른 두 명은 손님이 옆으로 누울 경우에 신발을 벗기기 위해서 대기했다.

당시 로마 상류 계층의 인사들은 아침 일곱 시경에 일어났으며, 우선 두 시간 정도 손님들을 맞이했고 인사를 할 때에는 볼에 키스를 했다. 그리고 검소한 아침 식사를 하고 나서 친구들의 방문을 받거나, 이들을 찾아가기도 했다. 로마의 사회생활에서 가장 엄격하게 지켜야 했던 의무들은 임종하는 친구의 옆에서 유언에 입회하는 것이나 친구 자식의 혼사에 참석하는 것, 또는 친구가 지은 시를 읽거나 입후보한 친구를 지원하는 것, 친구의 보증을 서는 것 등이었는데 이러한 일들을 바쁘다거나 하는 이유로 거부하면 일거에 사회적 신용을 잃게 되었다. 바로 이러한 대외적인 책임을 다한 후에야 비로소 사적인 일을 볼 수가 있었다.

이런 규정들은 미천한 신분의 사람들이나 중산층 부르주아들에게도 마찬가지로 적용되었다. 이들은 정오까지 일하고, 오늘날의 미국식에 가까운 가벼운 점심식사를 한 다음, 다시 일을 시작했다. 그리고 직업과 정해진 시간표에 따라서 일을 마친 후에는 누가 먼저라고 할 것 없이 모두 공중목욕탕으로 향했다. 로마 시민들만큼 몸을 깨끗하게 유지했던 사람들도 없었을 것이다. 대저택에는 사설 목욕탕과 개인 수영장이 있었다. 이 외에도 일반인들을 위한 수천 개의 공중목욕탕이 있었는데, 수용 인원은 평균 약 1,000명이었다. 수영장은 나중에 남녀 혼용이 되기 전까지는, 여성들은 새벽부터 오후 한 시까지 그리고 남성들은 오후 두 시부터 일몰 때까지 이용할 수 있었다. 입장료는 모든 서비스를 포함하여 13만 리라였다. 손님들은 개인 사물함이 있는 탈의실에서 옷을 갈아입었다. 그리고 체육관에서 권투, 투창, 농구, 높이뛰기, 원반던지기 등을 연습했다. 마지막으로 마사지실에서 휴식을 취한 다음에는 목욕탕에서 정해진 순서에 따라서 본격적인 목욕을 시작했다. 당시의 목욕 순서는, 먼저 미지근한 수증기로 몸을 적시고, 다음에는 뜨거운 대기 사우나에 이어서 끓는 수증기의 열 사우나를 했다. 열 사우나실에서는 갈리아에서 수입된 비누로 몸을 씻었다. 마지막에는 혈액 순환을 활발하게 하기 위해서 냉탕에서 수영을 했다.

이 모든 과정을 마치면, 물기를 닦아내고 기름을 바른 후에 옷을 입고 오락실에 가서 체스와 주사위 게임Dadi을 하거나 단골처럼 거의 매일 함께 출입하는 친구들과 함께 농담을 즐겼다. 그리고 레스토랑에서 식사할 경우, 검소하게 차려도 두 종류의 돼지고기 요리를 포함하여 적어도 여섯 종류의 요리가 준비되었다. 식사를 원하는 사람들은 소파처럼 긴 탁자가 딸려 있는 3인용 식탁을 이용했다. 이 탁자에서 손님들은 각종 운동으로 인한 피로를 풀기 위해서 밑에 방석을 놓고 왼쪽 팔로 머리를 받치고 길게 누워서 오른손으로 편안하게 식사를 했다. 음식들은 주로 위에 부담을 주는 것들로서 많은 종류의 소스가 사용되었다. 아마도 로마인들은 자주 벌어지는 화려한 만찬을 거뜬히 소화해 낼 만큼 상당히 튼튼한 위장을 소유하고 있었던 것 같다.

만찬은 보통 오후 네 시에 시작하여 저녁 늦게까지 계속되었으며, 특별한 경우에는 다음 날 새벽까지 이어졌다. 탁자는 향수와 꽃으로 장식되었다. 좀 더 화려한 만찬의 경우, 동원되는 하인들의 수는 적어도 손님의 두 배가 되었으며, 식탁에는 산해진미들만이 올랐다. 유베날리스는 '생선들의 경우에는 생선을 잡는 어부의 가치보다 훨씬 비싼 것을 원했다'고 했다. 붉은 가재는 최고의 음식으로 생각되어 마리당 80만 리라로 거래되었는데, 베디우스 폴리오는 최초로 가재를 양식한 인물이었다. 식탁의 음식들 중에 조개와 개똥지빠귀의 가슴살은 필수였다. 아피키우스는 '파테 드 푸아그라'라는 새로운 요리를 만들어냄으로써 로마 사회에서 자신의 지위를 공고히 했다. 이 요리는 거위에 무화과 열매를 반죽하여 만든 음식이었다. 아피키우스는 기인으로서, 한 번의 점심 식사에 엄청난 재산을 소비했으며, 상당한 재산이 남아 있었음에도 불구하고 가난하다는 이유로 자살했다.

만찬이 일종의 제전으로 전환되는 경우도 있었는데, 이때 주인은 손님들에게 값진 물건을 선물했으며, 노예들은 음식을 토하게 만드는 구토제를 제공하여 다음 음식을 먹을 수 있도록 배려했다.

식탁에서의 트림은 허용되었을 뿐만 아니라, 오히려 제공된 음식들에 대한 훌륭한 찬사로 받아들여졌다.

제39장 로마의 자본주의

로마는 산업 도시가 아니었다. 대규모의 산업 시설로는 제지 공장과 염료 공장이 고작이었다. 고대부터 로마의 산업은 진정한 의미의 노동이라기보다는, 가장 신속한 방법으로 수입을 보장하는 정치 그 자체였다. 이러한 특성은 오늘날까지도 변함없이 지속되고 있다.

로마 귀족들은 관리들에 대한 로비 활동과 속주들에 대한 약탈을 통해서 엄청난 재산을 모았다. 그리고 출세를 위해서 엄청난 돈을 지출했다. 그러나 일단 고위직에 오르고 나면 다시 높은 수입을 보장받았으며, 그 수입을 농업에 재투자했다. 이와 관련하여 유니우스 콜루멜라와 대★ 플리니우스는 대농장제 사회의 여러 가지 흔적들과 농장 착취에 대한 비평의 글을 남겼다.

그라쿠스 형제, 카이사르 그리고 아우구스투스가 자신들의 농지법안을 통해서 재확립하려고 했던 소농장제는 대농장제와는 경쟁 상대가 되지 못했다. 한 번의 전쟁이나 가뭄으로도 소규모 농장은 쉽게 파괴되었지만, 주변 상황의 어려움에 잘 견딜 수 있었던 대규모 농장은 오히려 더 큰 이익을 남길 수 있었다. 세네카의 말처럼, 구체적인 운영 기준도 없이 노예들의 무임금 노동으로 농장을 운영하는 절대 권력의 농장주들이 로마에는 무수히 많았다. 뿐만 아니라 농장주들은 농지 개간에 비해서 더 많은 이윤을 보장하는 가축 사육의 전문가들이기도 했다. 1만~2만 헥타르에 1만~2만의 노예를 둔 경우도 적지 않았다.

하지만 클라우디우스와 도미티아누스 황제의 통치 기간을 거치며 서서히 변화가 일어났다. 오랜 평화가 지속되고 속주들에까지 시민권이 확대되어 노예들의 공급이 줄어들면서 이들의 경매 가격이 상승했다. 교통로가 개선되면서 가축의 과잉 생산은 위기에 직면하게 되었고, 사료 구입이 어려워지면서 결국 가축 가격도 하락했다. 수많은 가축 사육자들은 농업으로 전환하는 것이 더 이익이라고 생각하여 가축 방목지를 농장으로 전환하고, 오늘날의 농민들에 해당되는 소작인들이나 농노들에게 분배했다. 그리고 플리니우스의 말에 의하면, 당시의 농민들은 지주들과 마찬가지로 강인하고 신념이 강하지만 탐욕적이고 무관심하며 보수적인 사람들이었다.

토지를 분배받은 농민들은 보다 많은 이윤을 위해서 열심히 일했다. 이들은 비료를 사용하고 윤작법을 도입했으며 좋은 씨앗을 선별하기 시작했다. 과실 재배의 경우, 포도, 복숭아, 살구, 버찌를 수입해서, 합리적인 실험을 거친 후에 본격적인 재배를 시작했다. 플리니우스는 무려 29가지 종류의 무화과나무에 관하여 서술했다. 포도주의 생산이 급격히 증가해서, 도미티아누스 황제는 과잉 생산으로 인한 위기를 극복하기 위해 신규 포도 농장의 개설을 금지했다.

이러한 농업 변화의 흐름 속에서 각종 산업은 수공업 체제와 가족을 중심으로 한 자급자족경제를 보완할 목적으로 성립되었다. 농장은 부유한 만큼, 생필품들을 충분히 공급받고 있었다. 농장에는 도축장이 있어서, 가축을 도살하고 고기를 소금에 절이기도 했다. 또한 이곳에는 벽돌을 굽는 화덕 이외에도 가죽으로 신발을 만들거나 면직물을 짜서 옷을 만들기도 했다. 그러나 오늘날처럼 복잡한 생산 공정이나 노동의 자동화를 가져오는 이른바 '전문화' 공정은 존재하지 않았다. 당시의 근면한 농부들은 농지로부터 가축들을 격리했으며, 목수일을 하거나 철을 이용하여 갈고리나 냄비를 만들기도 했다. 농사일과 수공업을 병행하고 있던 당시의 농민들은 오늘날의 농민들에 비해서 훨씬 더 활발하고 다양한 삶을 살아가고 있었다.

유일하게 근대적인 기준에 따라서 활발하게 추진된 산업은 광산업이었다. 지하자원의 소유권은 이론적으로는 국가에 있었지만, 채굴권은 얼마간의 세금을 대가로 개인에게 위탁되었다. 열심히 일하여 이윤이 많아짐에 따라서, 사람들은 시칠리아에서 유황을, 롬바르디아에서 석탄을, 엘바 섬에서 철을 그리고 루니지아나에서 대리석을 채굴했다. 당시의 채굴은, 한 푼의 대가도 받지 못했으며 부상을 당해도 아무런 보상을 받지 못하는 노예들과 강제 노역자들에게 일임되었기 때문에 채굴 비용은 거의 들지 않는 것이나 마찬가지였다. 당시 광산의 노동 여건은 열악한 상태를 면치 못해 매주 수많은 사상자가 발생했을 게 분명한데 이러한 일들은 당시로서는 큰일이 아니었다. 때문에 로마의 역사가들은 오늘날의 신문기자들과는 다르게 이런 일에 대해서 아무런 기록도 남기지 않았다. 또 다른 거대 산업은 벌목꾼, 수도공, 유리 제조인 등의 전문가들이 활동하는 건축 분야였다. 그러나 진정한 의미의 산업자본주의는 노예 노동과 기계 노동 간의 비균형적인 경쟁 때문에 발전될 수가 없었다. 100명의 노예들을 동원하는 데에 필요한 비용이 한 대의 터빈 기계를 돌리는 비용보다 더 적었으며, 기계화는 심각한 실업문제를 야기시킬 수 있다.

그럼에도 수많은 공공시설은 추측건대 어떤 면에서는 700년대의 그것보다 더 잘 조직되어 있었다. 로마 제국은 총 10만 킬로미터에 이르는 고속도로를 갖추고 있었다. 이탈리아에만 해도 400킬로미터의 장대한 도로들이 건설되어 이를 통해서 무역 활동이 활발하게 전개되고 있었다. 잘 정비된 도로 덕분에 카이사르는 1,500킬로미터를 8일 만에 주파할 수 있었고, 네로의 사망 소식을 갈바에게 알리기 위해서 원로원이 보낸 연락병은 36시간 만에 500킬로미터를 달릴 수 있었다. 우편은 비록 '공공의 길cursus publicus'이라고는 했지만, 국가의 소유는 아니었다. 페르시아를 모방하여 아우구스투스가 설립한 로마의 우편 제도는 외교 문서들의 통로, 즉 정부의 통신 업무만을 위해서 독점적으로 활용되고 있었다. 이를 이용하려는 개인들은 특별한 허가를 받아야 했다. 전신 업무에는 고지대에 세워진 등대의 불빛이 활용되었는데 이 제도는 나폴레옹 시대에까지 별다른 변화 없이 유지되었다. 개인 우편은 개인 회사, 아니면 통행인이나 친구를 통해서 전달되었다. 그러나 레피두스, 아피키우스, 폴리오와 같은 대부호는 독자적으로 우편 시스템을 운영했고 그에 대해 상당한 자부심을 가지고 있었다.

도로 연결망과 정거장은 훌륭하게 갖춰져 있었다. 1킬로미터 간격으로 인접 도시와의 거리를 나타내주는 이정표 기둥이 설치되어 있었다. 그리고 10킬로미터마다 침실, 마구간, 임대용 말들이 딸려 있는 선술집과 역stazione이 있었다. 30킬로미터마다 이상에서 언급한 것과 비슷하지만 규모가 크고 훌륭한 역참mansione이 설치되어 있었는데 이곳에는 특히 유곽이 성행했다. 여행로는 순찰대에 의해서 감시되었지만, 전 구간을 안전하게 유지하고 있지는 못했다. 대부호들은 이 길을 따라서 마차를 타고 여행을 하다가 시간이 늦으면 무장 호위대의 호위를 받으며 노숙을 하기도 했다.

관광 여행은 오늘날과 마찬가지로 성행했다. 플루타르코스는 무리 지어 로마를 돌아다니는 세계여행자들을 풍자했다. 지난 세기 영국의 젊은이들에 대한 교육과 마찬가지로, 로마의 젊은이들에 대한 교육 내용에는 장기 여행이 포함되어 있었다. 이 시대의 여행자들이 좋아한 코스는 당시에 가장 큰 항구들이었던 오스티아나 포추올리를 통해서 바닷길로 그리스에 가는 것이었다. 가난한 사람들은 화물선을 타고 동방으로 여행을 했던 반면, 부유한 사람들은 돛을 장착하고, 150미터의 길이에 1,000톤에 가까운 거대한 규모로, 화려하고 사치스러운 방들을 구비한 여객선을 이용하여 바다를 여행했다. 여행자들을 가장 위협한 해적 활동은, 두 개의 거대한 함대를 조직하여 지중해에 상주시킨 아우구스투스의 노력으로 거의 완전히 근절되었다. 거의 모든 배들이 밤에도 항해를 하기는 했지만, 폭풍에 대한 두려움 때문에 연안 항해만을 고집했다. 항해 시간표는 존재할 수가 없었는데, 모든 것이 바람에 의해서 달라질 수 있었기 때문이었다. 보통은 한 시간에 5~6노트의 속도로 항해했다. 그러므로 예를 들어 오스티아에서 알렉산드리아까지는 대략 10일의 기간이 소요되었다. 그러나 운임은 저렴했으며, 화물의 경우에도 아테네까지의 비용은 1,000리라를 넘지 않았다. 승무원들은 훈련을 받은 사람들이었다. 이들은 오늘날의 선원들과 마찬가지로 강직하고 거친 성격의 사람들로서, 선술집이나 매춘굴에 자주 출입했다. 장교들은 전문가들이었으며, 시간이 가면서 과학적 발전이 이루어져 항해가 전문적인 직업으로 육성되는 데에 크게 기여했다. 히파로스는 주기적인 계절풍을 발견하여, 초기에는 6개월이 필요하던 이집트-인도 여행을 1개월로 단축시켰다. 당시에 처음으로 지도가 등장한 데에 이어서 최초의 등대들이 설치되었다.

이러한 변화들은 빠른 속도로 진행되었다. 왜냐하면 로마인들이 전쟁과 법률에 대한 열정 이외에도 공학에서 무한한 재능을 발휘했기 때문이다. 로마인들은 수학에 관한 한 그리스인들의 높은 경지에는 결코 도달하지 못했지만, 실용적인 분야에서는 그리스인들을 능가했다. 푸치노 호수를 간척한 것은 로마인들의 위대한 업적이었다. 로마인들이 건설한 도로들은 오늘날까지도 기본적인 모델이 되고 있다. 물의 역학 원리를 발견한 것은 이집트인들이었지만, 이를 이용하여 상수도와 하수도 시설을 건설한 것은 로마인들이었다. 또한 오늘날 로마의 분수들이 힘차게 물을 뿜어대고 있는 것도 로마인들의 덕분이라고 할 수 있다. 분수의 작동 체계를 설계한 섹스투스 율리우스 프론티누스는 과학적으로 상당한 수준의 지침서를 후대에 남겨주었다. 수많은 공익을 가져온 그의 업적들은 피라미드와 수많은 그리스 건축물들의 무용성과는 분명하게 대조적인 면모를 보이고 있다. 그의 업적들은 로마인들의 천재성과 현실성, 사회에의 기여도 그리고 인간의 주관적인 취향이나 멋과는 대조적인 측면을 가지고 있다.

개인의 창의성이 어디까지 로마와 제국의 경제적인 발전에 기여했으며 그리고 어디까지가 국가의 역할이었는가를 밝히는 것은 거의 불가능하다. 후자, 즉 국가는 지하자원과 국유 재산 그리고 군수 산업에서 주도적인 역할을 담당했다. 그리고 매점매석을 통해서 밀의 가격을 보장했고, 실업 문제를 해결할 목적으로 대규모 공공사업을 직접 주도했다. 정부는 국고를 은행 체제로 전환하여 개인들에게 확실한 담보와 높은 이자를 대가로 자금을 대부해주었다. 그러나 로마의 재정이 그 정도로 튼튼한 것은 아니었다. 수입을 증가시키고 이를 철저하게 관리했던 베스파시아누스 황제 시대에도, 거의 대부분을 세금에 의존하던 로마의 수입은 1조 리라를 초과하지 않았다.

전체적으로 볼 때 로마는 사회주의적이라기보다는 오히려 자유주의적인 정부였으며, 심지어는 속주를 통치하는 장군들에게도 통화를 주조할 수 있는 권한을 부여하고 있었다. 그러나 이를 배경으로 성립된 통화 체제는 금융업자들에게도 자유로운 행동을 보장하여, 통장, 환전, 어음, 지불명령과 같은 수많은 금융 행위들에 기초하여 돈을 벌 수 있는 기회를 제공했다. 금융업자들은 지점들을 설립하여 제국 내의 어느 곳에서도 동일한 기능을 보장하는 체제를 확립함으로써, 오늘날에도 종종 발생하고 있는 금융 위기를 유발하기도 했다.

1929년의 월스트리트 주가 폭락은 역사상 최초의 금융 위기는 아니었다. 이와 같은 사태는 로마 시대에 아우구스투스가 이집트로부터 가져온 엄청난 양의 전리품을 투입하여 침체된 무역 활동을 활성화시키려고 했을 때 이미 발생한 바 있었다. 인플레이션 정책은 무역 활동을 자극하지만, 한편으로는 물가를 상승시키기도 하는 법이어서 티베리우스 황제는 물가의 급등을 막기 위해서 유통되던 통화를 회수해 총수요를 억제시켜 인플레이션의 종식을 꾀했다. 이로 인해서, 인플레이션을 기대하고 돈을 빌린 사람들은 현금이 동결되자 은행으로 달려가 돈을 인출하는 소동을 빚기도 했다. 발부스와 올리우스의 은행은 단 하루 만에 3억 리라의 현금이 인출되는 사태로 인해서 결국에는 문을 닫게 되었다. 은행이 문을 닫자, 자동적으로 공장과 상점은 더 이상 물품 공급자들에게 대금을 결제할 수 없게 되어 활동을 중단해야만 했다. 악순환은 계속해서 확산되었다. 모든 사람들이 그동안의 저축을 은행으로부터 인출하려고 했다. 당시에 자본력이 가장 튼튼했던 막시무스와 비보의 은행은 더 이상 인출 요구를 감당하지 못하고 급기야는 페티우스의 은행에 지원을 요청했다. 그러나 이번에도 위기 소식이 빠른 속도로 확산되자 페티우스의 은행 고객들은 통장을 들고 달려가 타 은행의 요청을 수락하지 말 것을 강력하게 요구했다. 제국의 거대한 영토를 배경으로 속주들과 로마를 상호 연결하고 있던 경제 고리는 리옹, 알렉산드리아, 카르타고, 비잔티움의 은행들에도 금융 위기의 영향을 그대로 전달했다. 로마의 신용 위기는 빠른 속도로 제국의 외곽 지역에까지 확산되었다. 그리고 부도와 관련자들의 자살이 계속적으로 이어졌다. 농민들을 포함한 수많은 소규모 자영업자들은 빚에 몰려 장래에 예상되는 수입으로도 지불이 불가능한 사태에 직면하게 되자 최후의 해결책으로, 아직까지는 불황을 이겨내고 있던 대농장주들에게 거의 헐값으로 자신들의 재산을 매각해야만 했다. 은행들의 설립으로 한때 주춤했던 고리대금업자들의 활동이

다시 고개를 들기 시작했으며, 물가는 거의 살인적으로 폭락했다. 티베리우스 황제는 디플레이션이 인플레이션보다 더 나을 것이 없다는 사실을 인정해야만 했다. 황제는 각고의 노력으로 마련한 2,500억 리라의 현금을, 필요한 사람들에게 3년 만기 무이자로 대부해줄 목적으로 은행들에 분배해야만 했다.

이러한 조치들은 다행히도 경제를 회생시키고 신용과 믿음을 회복하는 데에 충분했다. 그럼에도 이 사실은 우리로 하여금, 당시의 은행들이 얼마나 정부에 의존했는지, 즉 다시 말해서 로마 제국 정부가 근본적으로 얼마나 자본주의적인 것이었는지를 알 수 있게 해준다.

제40장 로마의 오락

아우구스투스가 권력을 장악했을 당시, 로마 달력에는 오늘날의 경우와 비슷하게 76일의 축일이 있었다. 그리고 로마 제국이 몰락했을 때에는 거의 이틀에 하루 꼴인 175일의 축일이 있었다. 축일에는 연극과 스포츠 경기가 거행되었다.

당시의 연극들은 과거의 화려하고 엄격했던 전통과 많이 달랐다. 뿐만 아니라 한 시즌을 마친 후에는 마치 언제 있었냐는 듯이 사람들의 기억에서 사라져버렸다. 사회적으로도 로마와 이탈리아 반도에 대한 적대적인 분위기가 고조되고 있었기 때문에 연극에도 부정적인 영향을 주었다. 제정 시대 초기에도 희곡들이 계속해서 쓰였지만, 무대 공연을 위한 대본으로서가 아니라 살롱에서의 낭독용 수준으로 전락했다. 관객 또한 일반 청중이 아닌 살롱의 출입자들로 국한되어 있었다. 대부분이 외국인들로 구성된 청중은 초보적인 라틴어만을 이해하고 있어서 수준이 낮은 편이었으며, 대사보다는 연기와 춤으로 내용을 쉽게 이해할 수 있는 판토마임을 선호했다. 이로써 연기력이 부족하고 촌스러우며 저속한 배우들이 주로 과장된 행동 연기를 통해서 내용을 전달하는 이른바 지지Gigi적 전통이 형성되었다.* 이러한 경향은 오늘날의 이탈리아 배우들에게도 찾아볼 수 있다. 현대 이탈리아의 위대한 희극배우였던 토토와 마카리오와 같은 배우들에 비교되는 인물로서, 당시 로마에는 베데테스vedettes[초계정(哨戒廷)이라는 뜻]라는 별명으로 알려진 이솝과 로스키우스가 활동하고 있었다. 이들은 인기를 위해서 괴상한 언동을 과시하면서, 이중적인 의미의 외설적인 이야기들로 극장에 모인 사람들을 열광시켰다. 뿐만 아니라 로마의 배우들은 귀족들의 살롱에서 사랑받는 '귀염둥이'로 활동하면서, 귀부인들의 정부가 되기도 했다. 행운을 잡은 배우들은 엄청난 돈을 벌어 때에 따라서는 10억 세스테르티우스가 넘는 막대한 유산을 남기기도 했다. 로마 시대의 배우들 중에는 직업상 당대의 창녀들과 다를 바가 없던 여성 배우들도 있었다. 이들에게 여성으로서의 덕목은 더 이상 중요하지 않았으며, 오직 연극 무대에서의 생활만이 전부였다.

　　로마의 배우들은, 독재 정부 치하에서 종종 그렇게 하듯이, 정부의 검열을 교묘하게 피하면서 정치적인 풍자를 연기했다. 감히 반정부적인 의사를 표현하지 못했던 사람들은 이들의 공연에 열광적인 찬사를 보냈다. 베스파시아누스 황제의 장례식이 거행되던 날 저녁, 한 배우가 관 속의 시신으로 연기하면서 장례 일꾼에게 "이 관을 옮기는 데에 얼마나 받습니까?"라고 물었다. 이에 "1,000만 세스테르티우스를 받습니다"라고 대답하자, 시신은 "나에게 10만 세스테르티우스만 주면 나를 테베레 강에 던져버려도 좋소"라고 했다. 이 에피소드는 다행히도 죽은 이에 대한 비평이었고, 죽은 황제의 후계자가 마음씨 좋은 티투스였기 때문에 아무런 박해를 받지 않았다. 그러나 불

---

* 이탈리아의 연극배우인 페라빌라는 한 연극에서 지지Gigi라는 인물을 통하여 허풍스럽고 과장된 언행으로 청중의 관심을 모아 유명해졌다.

과 몇 년 전만 해도 칼리굴라 황제는 미움을 산 배우를 산 채로 태워죽일 것을 명령했다고 한다.

한편 무대극이 단순히 주기적인 반복 공연을 거듭함에 따라서 퇴조하고 있을 때, 다른 한편에서는 원형경기장이 시민들의 새로운 흥미를 유발하고 있었다. 오늘날 개봉 영화를 광고하는 데에 이용되는 벽보와 같은 광고지를 통해서 출전하는 경기자들을 자세하게 선전했다. 이들은 당일의 경기 내용들을 선전했기 때문에 각 가정들과 학교, 광장, 목욕탕 그리고 원로원에서는 온통 경기장에 관한 화제로 이야기꽃을 피웠다. 그리고 심지어는 일간지인 〈악타 디우르나〉도 경기 내용을 구체적으로 언급했으며, 어제의 경기에 대한 종합적인 언급을 했다. 경기당일에는 15만~20만의 관중이 오늘날의 종합운동장에 해당하는 원형경기장에 모여들어 자신들이 좋아하는 팀 색깔의 손수건을 흔들며 열광했다. 남자들은 입장하기 전에 경기장 근처에 있는 사창가에서 쉬기도 했다. 높은 신분의 사람들은 동으로 장식된 대리석의 지정석을 가지고 있었지만, 그 외의 사람들은 경기가 하루 종일 계속되었기 때문에 이에 필요한 빵과 방석을 들고 와서 나무로 된 의자에 앉았다. 또한 사람들은 그날 경기의 내기에서 승리할 수 있을지를 점치기 위해서 말의 배설물 모양을 유심히 관찰하기도 했다. 황제는 간혹 가족을 동반하고 경기장에 등장했으며, 경기와 경기 사이에 잠시 동안의 낮잠을 즐기기 위하여 침실과 욕실이 딸린 방을 이용했다.

오늘날처럼 말과 기수들은 개인 시종과 고유의 승마복을 가지고 있었으며, 가장 유명한 기수는 주로 붉은색과 녹색의 의상을 입었다. 말 경주에서는 주로 두 마리나 세 마리 또는 네

마리가 한 경기에 출전했다. 거의 대부분이 노예들인 기수들은 철모를 착용하고, 한 손에는 채찍을 다른 손에는 말고삐를 쥐고 경주를 했다. 그리고 경기 중에 낙마할 경우 몸에 고정된 장식끈을 자르기 위해서 작은 칼을 가지고 다녔다. 당시의 경주는 오늘날 시에나Siena에서 열리는 팔리오 경주Corsa del Palio처럼, 많은 위험이 도사리고 있었기 때문에 기수가 낙마하는 일이 빈번히 발생했다. 말 경주는 경기장 트랙의 코너마다 설치되어 있는 표지용 말뚝을 피하고 벽에 가장 가깝게 곡선을 그리면서 타원형의 경기장을 일곱 번 돌아 가장 먼저 도착하는 기수가 승리하는 것으로 되어 있었다. 이륜마차 또는 사륜마차들은 자주 충돌했으며, 이때 기수와 말들은 땅에 구르게 되고, 뒤에 오는 마차와 충돌하여 심한 부상을 당하거나 심지어는 사망하는 경우도 자주 발생했다. 이 모든 장면은 관중의 고함소리와 이에 자극받아 흥분한 말들의 거친 질주로 연출되었다.

하지만 가장 인기가 좋았던 경기는 검투사들의 결투로서, 짐승과 짐승의 대결, 인간과 짐승의 대결 그리고 인간과 인간의 대결로 구성되어 있었다. 티투스가 콜로세움Colosseum의 개장을 축하하던 날, 로마 시민들은 건물의 장대한 규모에 감탄했다고 한다.

검투사들의 경기장은 호수 분지처럼 지면을 낮추고 물로 채울 수도 있었으며, 그 반대로 지면을 높이고 장식을 동원하여 사막의 우물이나 정글의 효과를 연출할 수도 있었다. 신분이 높은 사람들을 위해서는 대리석으로 제작된 아치 형태의 특별석이 준비되어 있었으며 그 한가운데에는 재판관석suggestum, 즉 황제의 옥좌가 자리 잡고 있었다. 이곳에서 황제와 황후는 상아로 만든 좌석에 앉아 경기를 관람했다. 누구든지 황제에게 접근하여 자신의 은퇴나 인사 이동 또는 형벌에 대한 사면을 간청할 수 있었다. 각각의 구석진 공간에는 향기로운 흰 물기둥을 하늘로 뿜어 올리는 분수가 설치되어 있었다. 휴게실에는 작은 탁자들이 마련되어 있어서, 막간에 간단한 식사를 할 수 있었다. 경기장에서는 입장은 물론이고, 의자, 방석, 불에 구운 고기, 포도주 등 모든 것이 무료였다.

경기장에서의 첫 번째 순서는 대부분의 로마 시민들이 한 번도 보지 못했던 신기한 동물들의 행진이었다. 짐승들은 코끼리, 호랑이, 사자, 표범, 자칼, 곰, 늑대, 악어, 하마, 기린, 살쾡이 등을 포함하여 대략 1만 마리가 동원되었다. 많은 동물들이 수많은 역사적 인물들이나 전설을 풍자할 목적으로 장식되기도 했다. 행렬을 마친 동물들이 원형경기장의 지하로 사라지면 사자와 호랑이, 사자와 곰, 표범과 늑대의 사투를 위한 무대가 준비되었다. 모든 대결이 끝나면 1만 마리의 짐승들 가운데 불과 절반만이 살아남았으며, 나머지 절반은 승리한 짐승의 먹이로 소비되었다. 짐승들의 대결이 끝나면 다음 순서로서 광장에서의 '투우경기plaza de toros'가 시작되었다. 이미 에트루리아 시대부터 있었던 투우는 카이사르가 크레타 섬에서 처음 목격한 후에 로마에 소개한 것이었다. 카이사르는 이런 종류의 경기를 매우 좋아했다. 그래서 그는 사자들의 사투와 같은 것을 동료 시민들에게 제일 먼저 소개하여 즐거움을 함께 나누고자 했다. 이제 로마인들은 황소와 인간과의 결투에 열광했으며, 이후로 이 경기는 계속적인 인기를 누렸다. 투우의 경우에도 많은 투우사들이 경기 도중에 목숨을 잃었다. 이 때문에 이들은 검투사들과 마찬가지로 노예나 죄수 중에서 선택되었다. 그리고 이들의 대부분은 신화에 등장하는 인물로 분장을 하고 그들의 운명을 그대로 재연함으로써 진정한 싸움을 해보지도 못한 상태에서 비참한 최후를 맞이했다. 애국적인 내용을 보여주기 위해서 어떤 검투사는 가이우스 무키우스 스카이볼라*로 분장하여 불타는 석탄 더미 속에 손을 집어넣는 연기를 실제로 재연해야만 했다. 또 어떤 사람은 헤라클레스로 분장하여 화장용 장작더미에 던져져 산 채로 불에 태워지거나, 리라를 연주하면서 갈기갈기 찢겨 죽은 오르페우스의 최후를 재연해야만 했다. 로마인들은 청소년들에게도 교훈을 실제 상황을 연출해 보여주려 했기 때문에 16세 이하도 원형경기장의 입장이 허용되었을 뿐 아니라 장려되기까지 했다.

그다음 순서로 살인, 강도, 신성모독, 폭동과 같은 중죄로 사형 선고를 받은 죄수들로 구성된 검투사들의 대결이 시작되었다. 보통 중죄인들에게는 거의 확실하게 죽음이 언도되었지만, 기근과 같은 비상사태의 경우에는 이보다 훨씬 가벼운 죄를 범한 죄인들의 경우에도 사형 판결이 선고되었다. 로마와 제국의 황제에게는 인육의 향연이 거의 필수적이었다. 검투사들 중에는 자원자들도 있었다. 이들은 자의적으로 검투사 학교에 등록하여 필요한 살인 기술을 배우고, 원형경기장에서 죽음의 대결을 벌이기도 했다. 로마의 검투사 학교는 가장 엄격한 규율

---

* 로마의 전설적인 영웅. 포르센나 앞에서 이글거리는 제단의 불길 속에 오른손을 집어넣고 손이 다 탈 때까지 그대로 있음으로써 용기를 증명했다고 한다.

을 가지고 있었다. 입학하기에 앞서 사람들은 반드시 '채찍으로 얻어맞고, 불에 태워지고, 칼에 찔릴 것'을 맹세해야만 했다. 검투사들은 모든 결투에서 승리할 경우 민중의 영웅이 될 수 있었다. 이들이 영웅으로 등장할 경우에는 시인들의 찬사와 조각가들의 동상과 건축물 그리고 여성들의 애정 담긴 시선과 유혹을 통해서 모든 찬사를 한 몸에 받을 수가 있었다. 검투사들은 경기에 앞서 호사스러운 만찬을 즐겼지만, 패배했을 경우에는 무자비한 죽음의 운명을 피할 수가 없었다. 이들은 자신들이 사용하는 무기의 종류에 따라서 여러 가지의 이름으로 불렸다. 한 번의 쇼는 수백 번의 결투로 이루어졌는데, 결투에서 진 검투사가 용기와 대담성을 가지고 훌륭하게 싸웠고 이를 지켜본 관중이 엄지를 위로 치켜들어 살려줄 의사를 표현한다면 죽음을 피할 수도 있었다. 아우구스투스가 주최한 어느 쇼는 8일 동안 계속되었으며, 무려 1만여 명의 검투사들이 동원되었다. 카론Charon*과 메르쿠리우스로 분장한 경비병들은 쓰러진 검투사들의 생사를 확인하기 위해서 날카로운 창으로 다시 찔렀다. 만약 죽은 척하는 자들이 있으면 목을 베었다. 흑인 노예들이 죽은 자의 시신을 운반하고 경기장에 새로운 모래를 깔아 다음 결투를 위한 준비를 했다.

엄격한 도덕주의자들도 피와 고통을 동반하는 검투사들의 사투에는 이의를 제기하지 않았다. 주변의 모든 것을 비판했던 유베날리스까지도 경기장의 잔인한 오락에 열광했으며, 이를

---

* 그리스 신화에 나오는, 죽음과 지하세계를 상징하는 존재.

합법적인 것으로 간주했다. 타키투스는 로마의 오락거리들에 관하여 처음에는 가벼운 회의를 느끼고 있었지만, 결국에는 경기장에서 흘리는 피는 '저속한 피'로 단정하고 이 모든 잔인한 경기들을 정당한 것이라고 정의했다. 심지어 당대의 가장 예의 바르고 가장 근대적인 정신의 소유자였던 소小 플리니우스마저도 이러한 살육 현장이 타인의 삶을 무시하는 사람들에게 교육적인 가치를 가진다고 주장했다. 그 이외에도 폭군 도미티아누스 황제의 찬양자들인 스타티우스와 마르티알리스는 삶의 대부분을 경기장에서 보내면서 검투사들의 사투를 통해서 시적 영감을 얻었다고 한다. 나폴리 출신의 스타티우스는 비교적 읽을 만한 작품으로 평가되고 있는 『라 테바이데La Tebaide』라는 최악의 시를 써서 유명해졌는데, 후에 자신의 작품을 무대에 올려 황제로부터 점심에 초대받는 영광을 누리기도 했다. 그리고 이러한 자신의 영광을 나폴리의 모든 시민들에게 알리기 위해서 도미티아누스를 신으로 묘사한 『밀림Silvae』을 써서 황제에게 바치기도 했다. 그는 자신의 명성이, 경기장과 매춘굴에서 작품을 위한 영감을 구하고 있던 마르티알리스에 의해서 가려지고 있던 어느 날 50세의 일기로 사망했다.

히스파니아의 빌바오 태생인 마르티알리스는 24세의 나이에 로마로 온 뒤 세네카와 루카누스와 같은 친구들의 도움으로 생활했다. 당시의 히스파니아 사람들은 오늘날의 시칠리아인들처럼 서로 돕고 있었다. 마르티알리스는 결코 위대한 시인은 아니었다. 그러나 자신의 시구를 통해서 심적인 고통의 한 파편을 세인들에게 들려주었다. 그는 '내 작품의 구절들은 인간들의 삶을 대변하고 있다'고 말했는데, 이는 사실이었다. 그의 예술 세계는 매춘부들과 검투사들의 비참한 생활을 배경으로 형성되었기 때문에, 그의 작품에 등장하는 인물들은 미천한 자들로서 저질적이고 외설적인 표현들을 자유롭게 구사했다. 실제로도 마르티알리스는 저속한 인물이었다. 그는 도미티아누스 황제에게 아첨하고, 후원자들을 배신했으며, 술과 도박으로 돈을 물 쓰듯 했다. 또한 그는 수사학을 전혀 이해하지 못했다. 그러나 그의 풍자집들은 같은 종류의 작품들 중에서 가장 뛰어난 것으로서, 당시의 로마에 관한 신빙성 있는 정보들을 제공한다. 로마 생활을 청산하고 빌바오로 돌아간 마르티알리스는 친구가 제공한 한 별장에서 기거했다. 이곳에서도 그는 나이로 인해서 더 이상 유곽에 출입할 수 없게 된 자신의 처지를 한탄했다. 하지만 아마도 그는 로마의 원형경기장에 출입할 수 없게 되었다는 사실을 더욱 슬퍼했을 것이다.

오직 세네카만이 검투사들의 잔혹한 결투를 비판하면서 경기장에 출입하지 않겠다고 말했다. 세네카는 딱 한 번 콜로세움에 갔었는데, 이때 큰 충격을 받았다. 집으로 돌아와 세네카는 '인간이란 인간에게 있어 가장 귀중한 것이다. 그것이 여기에서는 유희와 오락을 위해 죽임을 당하고 있다'라고 썼다.

그러나 중요한 것은 이러한 유희와 오락이, 아직 그리스도교화되지도, 그렇다고 더 이상 이교적이지도 않은 로마의 도덕 수준을 그대로 반영하고 있었다는 사실이다. 로마는 더 이상 아무것도 신봉하지 않았다. 이러한 명확한 이유로 해서 제국의 종교는 불명예스러운 경기장의 존재를 비판할 수 없었다. 그리고 제국의 대제사장인 황제는 오락과 즐거움의 이름으로 피와 살인이 난무하는 원형경기장에 출입했다. 로마는 갈수록 복잡해지는 예식 절차로 축제들을 거행하고 웅장한 사원들을 건축했으며, 안노나Annona 신과 포르투나Fortuna 신 같은 새로운 우상들을 숭배했다. 그러나 이들을 지탱하고 있는 것은 대리석 기둥들뿐이었으며, 신앙심은 그 어디에서도 찾아볼 수 없었다. 오히려 신앙심은, 경기장에 참석하여 인간들의 죽음에 환호하기보다는 작은 교회에 모여 경기장에서 죽어가는 가엾은 인간들의 영혼을 위해서 기도하던 소수의 그리스도교인들, 특히 유대인들이 독점하고 있었다.

제41장 네르바와 트라야누스

도미티아누스 황제는 자신의 후임자를 결정할 시간적인 여유도 없이 음모자들에 의해서 살해되었다. 비록 공식적으로는 황제의 후계자 임명권을 인정하지 않았지만 항상 수용해왔던 원로원은 이 기회를 이용하여 자신들의 취향에 따라서 의원들 중의 한 사람을 새로운 황제로 선택하려고 했다.

마르쿠스 코케이우스 네르바는 시를 읽으면서 시간을 보내는 것을 좋아하던 법률학자였지만, 변호사들이 즐기는 논쟁과 시인들의 허영심을 가지고 있지는 않았다. 네르바는 키가 크고 몸집이 거대한 사람이었지만, 결코 한 번도 나쁜 짓을 한 적이 없었고 야심을 드러낸 적도 없었다. 통치 말년에 그는, 아무런 생명의 위협 없이 개인 생활로 은퇴할 수 있을 만큼 선정을 베풀었다고 자평했다.

아마도 그가 은퇴를 선택한 것은 그의 인간적인 덕목에서 비롯된 것이라기보다는, 이미 70세의 고령에다가 허약한 위장 때문에 오랫동안 통치하지 못할 것이라는 판단에 기인했을 것이다. 실제로 네르바가 통치한 기간은 불과 2년밖에는 되지 않았지만, 전임자의 실정을 바로잡기에는 충분한 기간이었다. 추방자들을 불러들이고 많은 토지들을 빈자들에게 분배했으며, 베스파시아누스 황제가 부과했던 과도한 세금의 압박감으로부터 유대인들을 해방시켜주었다. 그러나 자신들이 휘두르던 절대 권력에 제동을 거는 네르바의 정책에 불만을 가지고 있던 친위대는 황궁을 포위하고 여러 명의 관료들을 살해하면서, 도미티아누스 황제의 살해범을 인도하라고 위협했다. 네르바는 관료들을 구하기 위해서 자신이 희생을 감수하려고 했다. 그러나 다행히 목숨을 건지게 되자, 이번에는 원로원에 자신의 사임을 요청했지만 거부당했다. 네르바 황제는 원로원에 자문을 구하는 절차를 무시하고 결정을 내리거나, 직접 원로원에 반대하는 그 어떤 의사도 표명한 적이 없었다. 그는 이번에도 역시 원로원의 의지에 복종했다. 네르바는 자신에게 시간이 얼마 남지 않았다는 사실을 직감하게 되자, 자신에게는 친자식이 없었으므로 원로원이 선호하는 인물을 자신의 양자로 삼아 후계자로 양성했다. 이 때문에 친위대는 더 이상 그들만의 독단적인 행동으로 황제 추대를 원천 봉쇄할 수 없게 되었다. 이러한 의미에서 트라야누스를 선택한 것은 네르바가 로마 제국을 위해서 행한 가장 최선의 정책이었다고 생각된다.

마르쿠스 울피우스 트라야누스는 당시 게르마니아 지역에 주둔 중인 군대의 장군이었다. 트라야누스는 자신이 황제로 추대되었다는 소식을 듣게 되었을 때에도 별다른 반응을 보이지 않았다. 그는 대리인을 파견하여 자신에 대한 믿음에 감사를 보내며, 시간이 나는 즉시 로마로 달려가겠다는 의지를 원로원에 전달했다. 그러나 이후 2년 동안, 테우토네스족과의 분쟁이 해결되지 않아 시간을 낼 수가 없었다. 트라야누스는 40년 전 히스파니아에서 로마 관리의 아들로 출생했으며, 자신도 반은 군인으로 그리고 반은 행정가로서 지냄으로써 평생 동안 로마의 공복으로 살아왔다. 그는 키가 크고 튼튼한 체격으로서 스파르타적인 습관과 용기까지 갖춘 인물이었지만, 결코 이를 자랑하지 않았다. 그의 부인 플로티나는 남편이 종종 젊은이들과 어울리기는 했지만, 결코 다른 여성들과 놀아나는 일이 없었기 때문에 자신은 가장 행복한 아내라고 확신하고 있었다. 황제가 된 트라야누스는 디온 크리소스토모스라는 박식한 인물에게 철학에 관한 수많은 이야기를 들었으며, 그와 좀 더 가까이 지내기 위해서 자신의 마차에 동승시키기도 했다. 그러나 후에 황제는 디온의 설명을 한마디도 이해할 수 없었으며, 경청하려는 노력조차도 하지 않았다고 고백했다. 다시 말해서 황제는 그의 말을 들으면서 다른 일들, 즉 정부 예산의 지출, 전투 계획, 교량 건설 등에 관한 생각에 몰두하고 있었다.

황제 즉위식에서 트라야누스 황제를 찬양하는 연설을 하게 된 소小 플리니우스는 정중한 표현으로, 이날의 영광된 순간이 원로원의 덕분이며 모든 결정에 앞서서 원로원의 자문을 경청해야 한다고 말했다. 트라야누스 황제는 최고 통치권자로서 원로원의 자문을 수용하겠다는 의사를 표명했지만, 실제로 이를 믿는 사람은 아무도 없었다. 그러나 황제는 정책을 통해서 자신의 약속을 엄격하게 이행했다. 결코 권력을 남용하지 않았으며, 반역 음모에 대처할 때에도 독재권을 사용하여 피의 숙청을 단행하는 것을 삼갔다. 루키우스 리키니우스 수라의 모반을 적발했을 때, 황제는 그와 함께 만찬에 참석하여 즐겁게 음식을 먹었고, 심지어는 모반에 가담한 이발사에게 면도를 부탁하는 담대함을 보여주기도 했다.

트라야누스 황제는 스스로 근면하게 일하면서, 주변 사람들에게도 열심히 일할 것을 당부했다. 원로원 의원들에게는 속주에 대한 감찰과 명령 이행을 감시하는 임무를 부여했으며, 이들과의 서신(그중의 일부는 오늘날까지 전해지고 있다) 교환을 통해서 그들에게 철저한 임무 수행과 근면한 자세를 여러 차례 강조했다. 황제는 보수적이고 계몽주의적인 자신의 정치적인 이념에 입각해서, 원대한 개혁들을 단행하는 것보다는 행정을 개선하는 것을 더욱 중요하게 여겼다. 폭력을 자제했지만, 때에 따라서는 무력을 사용할 줄도 알았다. 이 때문에 황제는 다키아Dacia[오늘날의 루마니아에 해당하는 지역]의 왕 데케발루스가 로마령 게르마니아 지역을 되찾으려고 했을 때, 그에 대한 해결책으로 전쟁을 과감하게 추진했다. 전쟁은 로마의 장군인 박스투스의 눈부신 공로로 승리했으며, 데케발루스는 항복했다. 그러나 황제는 적의 왕을 죽이지 않았고, 그의 왕권을 이전과 같이 인정해주면서 군신의 계약을 체결했다. 로마의 자비로운 행동과 끝없는 인내심에도 불구하고 2년 뒤 데케발루스가 다시 반란을 일으키자, 이번에는 전격적인 무력 사용을 결정하고 단숨에 반란군을 진압한 후에 이 지역(트란실바니아)에 있던 금광의 금을 몰수했다. 황제는 반란 세력으로부터 몰수한 전리품으로 무려 4개월 동안 원형경기장에 1만여 명의 검투사들을 동원하여 승리를 기념하는 성대한 축제를 벌였고, 후대에 도시계획과 기계공학 그리고 건축학적으로 그의 위대한 업적으로 기념될 대규모 공공사업을 추진했다.

거대한 상수도 시설, 오스티아의 새로운 항구 건설, 네 개의 대도로, 베로나의 야외극장은 모두 트라야누스 황제의 위대한 업적이었다. 그러나 그의 업적들 중에 가장 유명한 것은 트라야누스 광장이다. 이 건축물은 다마스쿠스 출신의 그리스인이

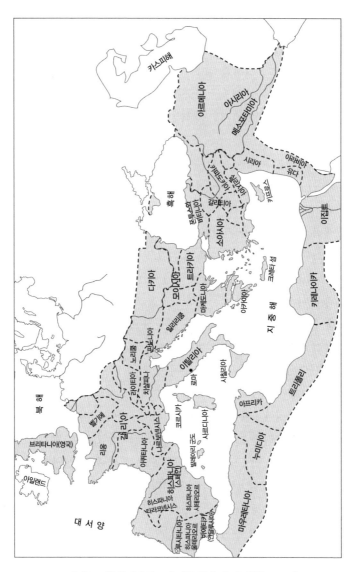

트라야누스 황제 시대의 로마 제국 최대 판도(기원후 117년)

카스피해

아르메니아

아시리아

메소포타미아

아라비아

시리아

유다

킬리키아

카파도키아

갈라티아

폰투스

흑 해

비티니아

소아시아

키프로스

키레네

트라키아

모이시아

다키아

마케도니아

아카이아

크레타 섬

지 중 해

일리리쿰

판노니아

이탈리아

키레나이카

로마

노리쿰

라이티아

달마티아

시칠리아

이집트

아프리카

북 해

코르시카

사르데냐

누미디아

트리폴리

브리타니아(영국)

벨기에

갈리아

루시타니아

아퀴타니아

나르보넨시스

마우레타니아

아일랜드

히스파니아
타라코넨시스

히스파니아
바이티카

루시타니아

코르시카

대 서 양

자 얼마 전에 도나우 강에 교량을 건설하여 황제가 데케발루스를 격파하는 데에 결정적인 수훈을 세운 바 있던 천재적인 건축가 아폴로도로스에 의해서 건설되었다. 오늘날 울피아 성당의 정면에 위치하고 있는 그 거대한 기둥을 세우기 위해서 파로스Paros에서 각각의 무게가 50톤이나 되는 18개의 특별한 대리석 기둥을 가져오도록 했다. 당시로서는 거의 기적이나 다름없는 일이었다. 이 기둥의 표면에는 2,000여 명의 인물들이 일종의 신사실주의적인 양식, 즉 투박한 형태의 음각으로 조각되어 있었다. 이 조각은 아름답다고 말하기에는 지나치게 많은 장면들로 구성되어 있지만, 문헌학적인 측면에서는 흥미로운 유적이다. 물론 트라야누스 황제는 대단히 만족했다.

6년간의 평화 기간을 대대적인 건축 사업으로 보낸 후, 트라야누스 황제는 전쟁에 대한 향수를 떨치지 못하고 육십대의 고령에도 불구하고, 동방에서 카이사르와 안토니우스가 추진하려고 했던 업적을 완성하고 로마의 국경을 인도양까지 확대하려고 했다. 성공적인 군사 원정을 통해서 황제는 메소포타미아, 페르시아, 시리아 그리고 아르메니아를 정복하여 모두 로마의 속주로 만들었다. 또한 홍해의 해상권 장악을 위해서 함대를 편성했지만, 인도와 극동 지역에 대한 원정을 추진하기에는 너무 나이가 든 상태였다. 또한 이 지역에 대한 통치를 확립하기 위해서는 소수의 주둔군만으로는 불충분한 상황이었다. 황제는 로마로 귀환하는 도중에, 자신이 지나온 지역에서 반란이 발생했다는 소식을 접하게 되었다. 늙은 황제는 이들을 진압하기 위해서 되돌아가려고 했지만, 부종浮腫이 발병하여 대신 루키우스 퀴에투스와 마르키우스 투르바를 파견하고 계속

로마로 향했다. 황제는 로마에서 죽기를 희망했지만, 기원후 117년 64세의 나이로 마리넬라Marinella에서 사망했다. 황제의 유골은 현지에서 화장된 후 로마로 옮겨져 그의 이름으로 불리는 거대한 기둥 아래에 묻혔다.

물론 네르바 황제와 트라야누스 황제는 로마 제국의 위대한 황제들이었다. 그러나 이들의 이름이 오늘날까지 찬양받고 있는 중요한 이유 중 하나는 역사가 타키투스와 도덕주의자 소小 플리니우스로부터 좋은 평가를 받았다는 데 있다. 이들의 증언은 황제들에 대한 사후 평가에 절대적인 영향력을 행사했다.

타키투스는 수많은 인물들의 생애를 서술했지만, 오히려 자신의 일생에 대해서는 특별한 관심을 보이지 않았다. 사실 그가 어디에서 출생했으며, 과연 오늘날의 벨기에 지역의 재정을 담당하던 코르넬리우스 타키투스의 아들이었는지에 관한 확실한 증거들은 발견되지 않았다. 그의 가족은 부유한 부르주아 가문으로 나중에 귀족에 편입된 것으로 추측된다. 그러나 타키투스는 자신의 가문보다도, 과거에 브리타니아의 총독을 지냈으며 도미티아누스 황제의 박해를 받기도 했던 아그리콜라의 딸인 자기 아내의 가문에 대하여 더 특별한 자부심을 가지고 있었다고 한다. 아그리콜라에 대한 이야기는 일대기를 쓰는 데에 남다른 재능을 가지고 있던 사위 타키투스의 기록을 통해서 찾아볼 수 있다. 그러나 일반적으로 타키투스는 위대한 작가로서의 모든 재능을 갖추기는 했지만, 그럼에도 객관성이 결여된 역사가로 평가되고 있다. 그러므로 아그리콜라에 대한 이야기를 검증하는 데에는 적지 않은 문제점들이 있다. 다만 우리가 알고 있는 유일한 사실은 자신이 높게 평가하는 인물들에 대한 타키투스의 찬사는 모두 진실하다는 것이다.

타키투스는 위대한 변호사였다. 플리니우스는 타키투스를 키케로보다 더 위대한 인물이라고 평가했다. 그러나 우리의 판단에 따르면 타키투스는 고객들을 변호할 때 사용한 방법을 역사 기술에 그대로 적용했다고 볼 수 있다. 즉 다시 말하면, 진실을 밝히는 것보다는 오히려 자신의 논지에 설득력을 부여하려는 일에 더 많은 관심을 보였다는 것이다. 타키투스는 자신이 살았던 갈바 황제로부터 도미티아누스 황제까지의 시기를 대상으로 첫 번째 역사서를 썼다. 독재에 관한 타키투스의 강력한 저항적 표현들은 독재의 가장 큰 희생물이었던 귀족들 사이에서 상당한 호응을 불러일으켰다. 더 나아가 귀족들은 타키투스에게 네로, 클라우디우스 그리고 티베리우스의 시대에 대한 역사서를 써달라고 요청했다. 그리고 타키투스는 도미티아누스 황제의 독재에 굴복했으며, 원로원 의원으로서 부패를 저질렀다고 스스로 정직하게 고백하기도 했다. 자유에 대한 타키투스의 애착심은 바로 이 당시에 형성되었다. 그는 14권의 『역사Historiae』와 16권의 『연대기Annalae』를 집필했지만, 오늘날에는 각각 4권과 10권만이 전해오고 있다. 이외에도 타키투스는 『아그리콜라Agricola』와 자신의 놀라운 토론 능력을 활용하여 로마인들의 악습을 은근히 거부하고 자신들의 건전한 덕목들을 지키려는 게르만족의 의식을 높이 찬양한 『게르마니아Germania』 등을 저술하기도 했다.

타키투스의 작품들을 읽는 데에는 구체적인 기준이 필요하다. 그렇다고 그의 저술에 대해서 사회적이고 경제적인 분석이 필요한 것은 아니다. 다만 영화 비평적인 표현을 빌리면, 스릴과 서스펜스를 갖추고 있으면서 허구적인 인물들에 부여된 특성들을 통해서 이전의 그 어느 누구도 흉내 내지 못했던 표현 양식으로 자신의 기억들을 보고서적인 역사로 전환시킬 수 있었던 그의 능력을 높이 평가하는 것에 만족할 필요가 있다. 물론 그가 이용했을 것으로 생각되는 기초 사료에는 많은 의문이 제기되고 있다. 아마도 그는 사료를 찾는 일에 별다른 관심을 보이지 않았던 것으로 생각된다. 전해오는 말에 의하면, 타키투스는 비록 거짓된 정보라고 하더라도 자신의 역사 서술에 필요하다고 생각되면 선택했고, 잘 이해되지 않는 내용은 자신의 논지에 걸맞지 않다고 판단되면 진실이라고 하더라도 자료에서 제외했다. 타키투스의 주요 논지는 자유가 최대의 재산으로서 과두-귀족정치에 의해서만 보장될 수 있으며, 개성이 지성보다 더 중요하다는 것이다. 또한 그는 개혁은 최악의 상황을 연출할 뿐이라고 확신하고 있었다. 이 모든 사실을 고려할 때, 타키투스가 역사에 관심을 가지게 된 것은 진정 유감이 아닐 수 없다. 만약 타키투스가 문학가로서의 야심을 좀 더 강하게 키워나갔다면, 타키투스 자신에게나 그리고 결과적으로 우리들에게도 더 나은 결과를 가져왔을지도 모른다.

소小 플리니우스는, 타키투스보다 재능과 다양성 차원에서 다소 부족하기는 하지만, 오히려 정확하고 신빙성 있게 당대의 로마 사회를 좀 더 자세하게 표현했다. 플리니우스는 당대 최고의 행운을 누린 인물로서, 부유했던 삼촌으로부터 가문의 이름과 재산을 물려받았다. 그는 모든 것을 긍정적으로 생각했으며, 최고 수준의 교육을 받은 인물답게 당시에는 쉽게 찾아볼 수 없었던 훌륭한 여성을 부인으로 맞았다. 그의 이러한 인격적인 배경은 아테네적 전통, 즉 오늘날의 신사도 전통으로 무장되어 있었다. 그는 이탈리아 북부의 코모에서 출생했으며 변호사로서 활약했다. 타키투스는 플리니우스에게 오직과 가혹한 정치로 고발된 관리인 마리우스 프리스쿠스에 대항하는 재판에서 함께 일할 것을 제안받고 이를 수락했다. 그러나 플리니우스는 피고에 대한 논고의 낭독을 생략하고, 오히려 두 시간 동안 자신의 동료인 타키투스를 찬양하는 연설을 계속했다. 물론 타키투스도 이에 화답하는 연설을 했는데, 이러한 상황에서 이들의 연설을 피고석에서 듣고 있던 프리스쿠스는 사람들이 자신에 관해서는 전부 잊어버려주기를 초조하게 바라고 있었을 게 틀림없다.

플리니우스는 몇 차례 관직을 수행하면서 근면과 정직으로 일관했으며, 특히 외교적인 임무에서는 놀라운 능력을 발휘했다. 그리고 이 때문에 인사에 밝았던 트라야누스 황제에게 발탁되기도 했다. 그의 가장 큰 장점은 재치 있는 태도였다. 플리니우스는 어느 날, 자신의 옛 가정교사였던 저명한 법학자 아리스티데스 퀸틸리아누스에게 서한을 보내어 당신 딸의 지참금 마련을 위해서 5만 세스테르티우스 이상은 제공할 수 없음을 사과했다. 그의 서한은 축의금을 낼 수 있다는 것을 강조하기보다는 오히려 법학자의 도움을 요청하는 것으로 보였다. 대사나 감찰관의 자격으로 파견되었을 때에도 플리니우스는 봉급, 출장비, 일당을 거부했으며, 거리에서 우연히 마주칠 경우를 대비하여 총독들과 장군들 그리고 그들의 부인들을 위한 선물을 가지고 다녔다. 또한 자비를 들여가면서까지 여행 중에는 항상 문학에 관한 대화를 나눌 수 있는 사람과 동행했는데,

이 경우에는 보통 수에토니우스를 선호했다고 한다. 그는 모든 사람들과 서한을 통해서 '관계'를 유지하고 있었기 때문에(어느 시대를 막론하고 이러한 인간관계는 항상 눈치 빠른 처세술로 간주되어 왔다), 어디를 가든지 항상 초대를 받았다. 이때마다 그는 항상 편지를 통해서 '식사 초대에 기꺼이 응하겠네. 친구여, 그러나 적당한 시간 동안 그리고 적당한 수준의 식사로 나를 맞아주기 바라네. 식탁에서는 항상 철학에 관한 대화를 원하지만, 그래도 항상 중용을 지키는 마음가짐으로 우리 함께 즐거운 시간을 보냈으면 한다네'라는 말을 남겼다고 한다.

'중용을 지키는 마음가짐', 이것이 바로 플리니우스의 윤리이며 미학이며 그리고 식이요법이기도 했다. 플리니우스는 모든 것에 중용적인 자세로 임했는데, 이는 사랑에 대해서도 마찬가지였다. 모든 일에서 그는 황제, 동료들, 친척들, 고객들에게 보내는 서한들을 통하여 항상 중용적인 기준으로 자신을 표현했다. 그러므로 이러한 그의 수많은 서한들은 당시 사회와 풍속에 관한 매우 귀중한 자료로 간주되고 있다.

제42장 하드리아누스

별로 인정하고 싶지는 않지만, 고대의 가장 위대한 황제의 등장이 간통과 같은 통속적이고 불결한 사건과 연류되어 있다는 것이 밝혀졌다. 디오 카시우스는 하드리아누스가, 후계자를 남기지 않고 사망한 트라야누스 황제의 뒤를 이어서, 죽은 황제의 부인인 플로티나의 정부라는 유일한 칭호만을 가지고 공식적으로 황제가 되었다고 기록했다.

'소문'이란 것은 어느 정도 거리를 두고 수용하는 것이 중요하다면, 간통에 관련된 소문들의 경우에는 특히 주의할 필요가 있다. 그러나 하드리아누스가 황제로 즉위하는 데에 플로티나의 영향력이 어느 정도 작용한 것은 사실이었다. 하드리아누스와 플로티나는 외숙모와 조카 사이였지만, 실질적인 혈연관계는 아니었다. 당시 로마에서는 인척 관계가 사랑의 방해 요인으로 작용하지도 않았다. 이 두 사람은 동향으로서 히스파니아의 이탈리카Italica에서 출생했다. 하드리아누스라는 이름은 그의 가족이 하드리아Hadria 출신이라는 사실에서 비롯된 것이었다. 그는 집안의 친구이자 보호자로서 자신보다 스물네 살이 많은 트라야누스의 요청으로 로마로 왔다. 어린 하드리아누스는 활력이 넘치고 호기심이 많았던 소년으로서, 수학, 음악, 의학, 철학, 문학, 조각 그리고 기하학 등을 열심히 공부했고, 학습 능력도 상당했다. 트라야누스 황제는 그에게 자신의 조카인 비비아 사비나를 신부로 주었다. 이들 부부는 서로를 존중하기는 했지만, 동시에 얼음처럼 차가운 관계이기도 했다. 사비나는 상당한 미인이었지만 성적인 매력은 없었다. 그녀는 남편이 자신보다는 오히려 개들이나 말들과 더 많은 시간을 보낸다고 작은 목소리로 늘 불평을 하곤 했다. 그러나 하드리아누스는 많은 여행에 부인을 동반했으며, 정중한 예의를 갖춰 그녀를 대했다. 어느 날 비서관인 수에토니우스가 자신의 부인에 대하여 부정적인 말을 하는 것을 듣고 곧바로 해고했다고 한다. 그리고 그날 밤에는 각방을 사용했다고 한다.

하드리아누스는 40세에 황제가 되었다. 취임 후 가장 먼저 취한 정책은 전임 황제가 추진하던 군사 정책을 빠른 시일 내에 정리하는 것이었다. 그는 항상 전임자의 정복 사업에 반대하는 입장이었다. 황제가 된 후에는 원정군을 지휘하는 장군들의 상당한 불만을 무릅쓰고, 페르시아와 아르메니아로부터 군대를 신속하게 철수시켰다. 장군들은 로마의 군사 정책이 공격에서 수비로 전환됨으로써 제국의 몰락과 더불어 자신들의 군대 경력, 훈장 그리고 물질적인 보상을 없애는 것과 같은 최악의 결과를 가져올 것이라고 생각했다. 당시 무엇 때문에 뛰어난 능력과 영향력에도 불구하고 네 명의 장군들이 아무런 재판도 없이 처형되었는지에 대해서는 알 수가 없다. 이 당시 하드리아누스는 다키아와의 분쟁을 종식하고 최종적인 해결책을 모색하기 위해서 도나우 지역에 원정을 가 있었다. 황제는 로마로 급히 돌아왔지만, 원로원은 장군들이 반정부 음모에 가담했다고 주장했고 이미 이들을 제거하는 모든 작업이 진행되고 있었다. 하드리아누스는 수십억 세스테르티우스를 시민들에게 분배하여 이들의 부채를 청산해주고, 몇 주 동안 계속해서 원형경기장에서 축연을 베풀어 시민들의 마음을 달래려고 노력했다. 그러나 시민들은 오히려 하드리아누스의 행동을 의심의 눈으로 바라보았다.

하드리아누스의 정책은 수많은 로마인들에게 네로 황제에 대한 부정적인 기억만을 되살려줄 뿐이었다. 더구나 하드리아누스가 네로 황제처럼 노래를 하고 그림을 그리며 시를 쓰는 것을 보고 더욱 의심을 가지게 되었다. 그러나 실제로 황제의 예술에 대한 열정 속에서는 병리적인 기미를 찾아볼 수 없었다. 하드리아누스는 시간적인 여유가 있을 때나, 정치와 행정 업무로 인한 피로를 풀기 위해서 예술에 몰입했다. 하드리아누스는 곱슬머리에 키가 크며, 볼에 난 푸른 반점을 감추기 위해서 기른 우아하고 멋진 노란 수염을 가진 인물이었다. 그리고 로마 시민들은 아무런 생각 없이 황제의 멋진 수염을 유행처럼 흉내 냈다. 또한 하드리아누스 황제의 성격은 상당히 복잡하고 자기 모순적이었다. 보통은 친절하고 밝은 편이었지만, 때로는 잔인하다고 생각될 만큼 강인한 면도 가지고 있었다. 개인적으로는 회의주의자였고 신들과 신의 의지를 무시했지만, 최고 종교권Pontifex Maximus을 행사할 때에는 신들을 불경건하게 대하는 사람들을 가차 없이 처벌하기도 했다. 그러나 황제가 개인적으로 무엇을 믿고 있었는지에 관해서는 알려지지 않았다.

다만 황제가 가끔 별점을 치기도 했으며 일식과 조수간만에 대한 미신을 중요하게 생각하고 있었다는 사실을 보면, 천체의 변화에 대해서는 신앙에 가까운 관심을 가지고 있었던 것으로 생각된다. 그러나 하드리아누스는 여전히 종교를 사회의 중추로 간주하고, 이에 대한 공식적인 도전을 용납하지 않았다. 황제는 베누스 신전과 로마의 도시 설계를 아폴로도로스에게 의뢰했으나 그가 단호하게 거절하자, 그를 죽이고 자신이 직접 건축 계획을 추진하기도 했다.

하드리아누스 황제는 스토아주의적인 지성을 갖춘 인물이었다. 그는 자신이 존경하는 에픽테토스를 열심히 연구하기도 했다. 그러나 이론을 현실에 직접 적용하지는 않았다. 그는 자신의 세련된 감각으로 모든 종류의 쾌락을 추구하면서도, 아무런 부끄러움이나 후회도 느끼지 않았다. 그는 아름다운 소년들과 소녀들에게 무차별적으로 탐닉했지만, 이로 인해서 완전히 이성을 잃지는 않았다. 그리고 좋은 음식을 선호했지만, 성대한 만찬은 멀리했다. 만찬시에는 소수의 친구들만을 초대하여 과음하기보다는 대화를 즐겼다. 학교를 설립하고, 거의 대부분이 그리스인들로 구성된 학자들을 초빙하여 교육을 장려했는데, 학자들과 그들의 제자들은 거의 모두 황제의 손님으로 대우받았다. 토론에서는 아무런 사심 없이 모든 종류의 항의와 비판을 수용하기도 했다. 어느 날 황제가 자신의 말에 지나칠 정도로 동의하는 파보리누스에게 화를 내자, 젊은 철학자인 그는 "그렇지만 30개 군단의 군대를 바탕으로 자신의 주장들을 내세우는 사람은 항상 자신의 정당함을 주장할 수 있지요"라는 재치 있는 표현으로 응수했다고 한다. 황제는 이 에피소드를 원로원에 소개하면서 자신과 더불어 참석한 모든 의원들에게 즐거움을 선사했다.

하드리아누스 황제의 가장 훌륭한 점은 다른 사람들로 하여

금 자신을 '필요한 사람'으로 생각하지 않도록 노력했다는 사실이다. 오히려 이를 피하기 위해서 모든 노력을 기울였으며, 스스로도 '신의 섭리의 대표자'로 착각하지 않으려고 매사에 조심했다. 그 결과 모든 시민들로부터 절대군주라는 부정적인 비판을 피할 수 있었다. 황제는 원로원의 지도하에 무리 없이 운영되는 관료 정치 확립을 목표로 했다. 또한 질서를 통치의 가장 중요한 과제로 설정하고, 그동안의 혼란스러운 상황을 거치면서 반복적으로 제정되었던 법률들을 단순화시키기 위한 작업을 율리아누스에게 위임했다. 그리고 이 작업은 먼 훗날 유스티니아누스 1세에 의해서 계승되었다.

하드리아누스가 합리적인 업무 분담을 통해서 정부 기구에 구체적인 구조적 기능을 부여하려고 노력한 배경에는, 사실 황제의 지극히 개인적인 이유가 포함되어 있었다. 황제는 여행에 대단한 열정을 가지고 있었으며, 자신이 부재한 상황에서도 모든 것이 정상적으로 운영되기를 바랐다. 그의 여행은 제국의 모든 지역을 두루 살피기 위해서 무려 5년 동안이나 계속되었다. 이것은 의무적인 행동이었을까? 아니면 호기심 때문이었을까? 둘 다 조금씩 관련이 있었을 것이다. 하드리아누스는 황제로 등극한 뒤 4년 만에 갈리아를 감찰하기 위한 여행을 결정했다. 평범한 한 시민으로 여행을 하면서 대부분이 기술자들로 구성된 수행원들을 동반했다. 갑작스럽게 방문하는 황제 일행 앞에서 총독들과 장군들은 통치 현황을 그대로 보여주어야만 했다. 하드리아누스 황제는 새로운 교량이나 도로의 건설을 명령하기도 하고, 평가 결과에 따라서 승진이나 상을 내리기도 했다. 필요할 경우 직접 군단을 지휘하여 평화 사절로서 불확실한 국경을 정리하는 일에 적극적으로 나서기도 했다. 그는 보병들을 이끌고 직접 전투에 참가하여 하루에 40여 킬로미터에 달하는 먼 거리를 행군하기도 했으며, 일단 전쟁이 시작되면 결코 적들에게 도망칠 기회를 주지 않았다.

갈리아로부터 게르마니아 지역으로 이동한 후에는 이곳에서 주둔군을 조직하고 원주민들의 풍속을 세심하게 연구했으며, 이들의 원초적인 저력에 우려를 나타내면서도 다른 한편으로는 높이 평가했다. 그리고 배를 타고 레노 강을 거슬러 내려온 다음에는 브리타니아에 도착했다. 이곳에 프랑스의 '마지노 선'에 해당하는 그 유명한 '발룸Vallum' 즉 하드리아누스 성채를 구축했으며, 마지막으로는 갈리아를 거쳐 히스파니아로 귀환했다. 타라고나에서는 한 노예로부터 공격을 받았는데, 사료에 따르면 황제는 노예를 제압한 후에 의사들에게 정신 감정을 의뢰했다. 의사들이 그를 미친 사람으로 판정하자, 하드리아누스 황제는 이들의 견해를 수용하여 관용을 베풀었다. 아프리카에 도착한 황제는 몇 개의 군단을 지휘하여 모리족의 반란을 평정하고 계속해서 소아시아로 향했다.

이때, 로마에서는 황제의 오랜 부재로 인해서 이상한 소문들이 확산되고 있었다. 더구나 황제가 배를 타고, 부드러운 눈빛에 곱슬머리의 안티노우스라는 인물과 함께 나일 강을 거슬러 여행하고 있다는 소식이 전해지자, 더 좋지 않은 소문이 떠돌았다.

로마의 황제들이 이집트에 갈 때마다 사랑의 불행에 빠지게 되는 것은 카이사르 이후 로마인들에게는 마치 운명과 같았다. 하드리아누스 황제가 어떤 이유에서 안티노우스에게 빠겨들었는지는 알려지지 않았다. 황제와 동행한 사비나는 이 소년의 출현을 적지 않게 경계했다. 이 소년이 어떻게 죽었는지는 밝혀지지 않았지만, 아마도 물에 빠져 죽었을 것으로 생각된다. 소년의 죽음은 하드리아누스에게는 상당한 충격이었다. 스파르티아누스의 말에 의하면, 황제는 철없는 여자처럼 '대성통곡'을 했다고 한다. 그리고 소년의 죽음을 기념하여 사원을 건축하고, 이를 중심으로 도시를 건설하도록 지시했다. 그 결과 비잔틴 시대에 중요한 역할을 하게 될 안티노오폴리스An-tinoöpolis가 성립되었다. 전설에 따르면, 안티노우스는 자신의 죽음으로 황제의 모든 계획들이 실현될 것이라는 신탁을 듣고 자살했다고 한다. 물론 자신을 희생시킴으로써 하드리아누스 황제에게 확실한 군주정을 보장하는 결과를 가져왔다. 안티노우스는, 죽지 않았다면 로마를 지배하는 황제와 같이 군림했을지도 모른다.

엄청난 비극을 겪고 로마로 돌아온 하드리아누스 황제는 더 이상 긴 여행을 떠나기 전의 쾌활하고 밝은 성격의 인물이 아니었다. 일과 휴식을 균형 있게 유지했던 과거와는 다르게 염세적으로 변하여 쉬는 시간을 두려워했으며, 이때마다 뭔가를 쓰면서 불안한 마음을 떨쳐버리려고 노력했다. 황제는 문법서, 시 그리고 자서전을 쓰면서 자신만의 고독한 시간을 잊으려고 노력했다. 그러나 황제가 아직도 가장 중요하게 생각하고 있는 것이 있다면, 그것은 건축 계획이었다. 하드리아누스는 자신의 영감과 감각을 중심으로 '돌의 예술 정책'을 실시했다. 아그리파가 건축했지만 화재로 파괴된 신전 판테온Pantheon을 로마 양식이 아니라 자신이 선호하던 그리스 양식에 따라서 재건축했다. 이 건축물은 가장 잘 보존된 고대의 문화 유적이다. 교황 우르바누스 8세는 이 신전의 현관 천장에서 100대의 대포를 만들 수 있는 양의 동과 지금은 성 베드로 성당의 대제단에 있는 비단을 발견했다.

하드리아누스 황제의 건축 업적들 중에 또 다른 대표적인 작품은 티볼리Tivoli에 세워진 별장이었다. 이곳에는 사원, 경마장, 도서관, 박물관 등 없는 것이 없었다. 이후 2,000년 동안 전 세계의 군대가 이곳을 침입할 때마다 항상 먼저 약탈했을 정도로, 그 규모와 재산은 대단한 것이었다. 이 별장이 완성될 무렵, 황제는 병으로 고생하고 있었다. 그의 육신은 부어오르기 시작했으며, 코를 통해서 상당량의 피를 흘렸다. 하드리아누스는 자신의 죽음이 멀지 않았음을 직감하고 친구인 루키우스 아우렐리우스 베루스를 양자로 삼아 후계자로 결정했지만, 그마저 얼마 후 사망했다.

베루스가 죽자 하드리아누스 황제는 안토니누스를 후계자로 임명하고, 자신을 위해서는 '아우구스투스(Augustus, 황제)'를 그리고 계승권자에게는 '카이사르(Caesar, 부황제)'라는 칭호를 부여했다. 이후 카이사르라는 칭호는 항상 제위 계승권자에게 붙여지게 되었다.

황제는 육신의 고통이 더욱 심해지자 차라리 죽기를 바랄 뿐이었다. 황제는 테베레 강 반대편에 자신의 무덤을 건설하도록 명령하고, 이곳의 통행을 용이하게 하기 위해서 강 위에 교량을 건설하도록 했다. 이 다리는 '아일리우스 다리'로 명명되었는데, 지금은 '카스텔 산탄젤로Castel Sant'Angelo'로 불리고 있다. 교량의 건설 작업이 거의 끝나가던 어느 날, 스토아 철학자유프라테스가 황제에게 자신의 자살을 허락해줄 것을 요청했다. 황제는 철학자의 요청을 수락하면서 함께 삶의 허무함에 관하여 토론했다. 토론을 마감하는 자리에서 유프라테스가 독약을 마시자 황제도 자신이 마실 독약을 준비하도록 명령했지만, 그 어느 누구도 감히 황제에게 독약을 주려고 하지 않았다. 황제가 의사에게 독약을 요청하자, 의사는 명령에 복종하기를 거부하고 자살했다. 이번에는 하인에게 칼이나 단도를 요청했지만, 하인도 두려워하며 도망쳤다.

절망감에 빠진 황제는 "죽기를 원하는 다른 사람들에게는 죽음을 허용하는 권력을 가지고 있지만, 자기 자신에게는 그렇지 못한 한 인간이 여기 있노라"라고 탄식했다.

그러나 결국, 황제는 62세의 나이로 21년간의 통치를 마감하고 죽음을 맞이했다. 죽기 며칠 전 하드리아누스 황제는 과거를 회상하는 시를 썼는데, 이는 대표적인 라틴 서정시로 간주되고 있다. '세상을 헤매는 작고 사랑스런 영혼이며, 잠시 머물다가는 육신의 벗이여Animu-lavagula blandula, hospes comesque corporis……'

하드리아누스의 죽음은 위대한 황제의 죽음과 동시에, 전 $_{全}$ 시대의 역사를 통해서 가장 복잡하고 불안정한 성격을 가진 불쌍한 인물이자 고대 세계에서 가장 근대적인 인물의 죽음을 상징했다. 하드리아누스 황제는 네르바 황제의 경우와 마찬가지로, 죽음에 앞서 보다 훌륭한 후계자를 남김으로써 로마 제국의 번영에 최대의 기여를 했다.

제43장 마르쿠스 아우렐리우스

　원로원은 안토니누스 황제가 죽은 후에 '성스러운Pius'이란 호칭을 제공했다. 또한 원로원은 그를 군주들 중 최고를 의미하는 '가장 훌륭한 군주Optimus princeps'라고 부르기도 했다. 그의 후계자였던 마르쿠스 아우렐리우스는 안토니누스 황제를 '미덕의 화신'이라고 불렀으며, 어려운 일에 봉착하여 해결이 난감한 경우에는 '이 경우에 안토니누스라면 어떻게 했을까를 생각하자'라고 자신에게 타일렀다고 한다. 사실 이러한 말은 입 밖에 꺼내기는 쉬워도 실행에 옮기기에는 부적합한 것으로 생각된다. 왜냐하면 안토니누스 황제가 어떻게 했을지에 관해서는 아무도 알 수가 없기 때문이다.

　안토니누스는 기원후 138년, 그리 적지 않은 나이인 오십대에 황제가 되었다. 그는 한번은 자신의 등장을 열렬하게 환영하는 한 로마 시민에게 그 이유를 물어 난처하게 만들기도 했다. 당시까지 안토니누스는 별로 알려져 있지 않았다. 훌륭한 변호사였지만 수사학에 염증을 느껴서인지 별로 활동을 하지 않았으며, 일을 할 경우에도 이미 상당한 부자였으므로 거의 아무런 보상 없이 무료로 봉사했다. 그의 집안은 갈리아 출신의 금융 가문으로서 몇 세대 전에 로마로 이주했다. 대부르주아로 교육을 받으면서 철학을 공부했지만, 심취하지는 않았다. 또한 종교에 대해서도 매우 열성적이었지만 맹신하기보다는 존중하는 마음을 가지고 있었다. 안토니누스는 신들을 진심으로 숭배한 또는 적어도 신자처럼 행동한 최후의 로마인이었을 것이다. 그는 문학에 정통해서 많은 작가들을 보호하고 장려했지만, 조금은 그들보다 높은 위치에서 관용적인 자세와 가벼운 마음을 가지고 이들을 사회의 장식적인 요소로서 간주했다. 그러나 모든 사람들이 그를 좋아했으며, 특히 넓은 두 어깨에 평화롭고 침착한 인상을 주는 그의 얼굴에 많은 친근감을 느끼고 있었다. 또한 그는 다른 사람들의 말을 성실하게 경청하고, 이들을 지겹게 만들지 않기 위해서 자신의 이야기를 자제하는 배려심도 지니고 있었다. 안토니누스는 그 어떤 적도 만들지 않았지만, 부인의 경우만은 어쩔 수가 없었다. 그의 부인 파우스티나는 아름답다기보다는 활달한 성격의 여성이었다. 부인은 그 어떤 남편이라도 분노를 느끼게 만드는 유형이었다. 그러나 안토니누스는 이 모든 것을 모른 척했다. 부인으로부터 두 딸을 얻었지만, 하나는 죽었고 다른 하나는 엄마를 닮아 남편인 마르쿠스 아우렐리우스를 대하는 태도에서 모친과 거의 동일했다. 안토니누스는 자신의 절망감을 침묵 속에 묻어버렸다. 부인 파우스티나가 죽었을 때에는 부인을 기념하여 신전을 건립하고, 가난한 소녀들의 교육을 위한 기금을 조성하기도 했다. 일생에 단 한 번 아내에게 화를 낸 적이 있었는데, 이때 황제는 황후인 아내의 사치를 질타하면서 "황제가 되었기 때문에 이제 우리가 과거의 모든 재산을 잃었다는 사실을 알지 못한단 말이오?"라고 말했다.

그 말은 전혀 허풍이 아니었다. 실제로 안토니누스는 황제 취임 후에 가장 먼저 자신의 개인 재산을 모두 국고로 귀속시켰다. 그가 사망했을 당시 그의 재산은 거의 아무것도 남아 있지 않았지만, 반대로 정부는 26억 세스테르티우스라는 그 어느 때보다도 많은 재산을 보유하게 되었다. 국가 재정의 흑자 상황이 발생하게 된 배경에는, 정직하지만 인색하지 않았던 안토니누스의 행정적인 노력이 크게 작용했다. 안토니누스 황제는 하드리아누스 황제의 재건축 작업을 재검토하고 축소했지만, 결코 취소하지는 않았다. 비록 얼마 안 되는 경비가 들어가더라도, 모든 비용을 세밀한 내용까지 검사하는 원로원의 승인 하에 집행했다. 항상 원로원의 동의하에, 전임자들이 추구했던 법률들을 재검토하고 이에 따른 구조 개편을 단행했다. 그 결과 부부간의 권리와 의무가 처음으로 동등한 차원에서 마련되었고, 범죄자에 대한 고문과 노예를 죽이는 것이 범죄로 규정되었다.

불안정하고 호기심 많은 대여행가였던 하드리아누스 황제와는 반대로, 거대한 몸집의 안토니누스 황제는 움직이는 걸 그다지 좋아하지 않고 시간을 엄수하는 관료 타입이었다. 그는 친구들과 함께 라누비오의 별장에서 낚시와 사냥을 즐긴 것 외에는 멀리 간 적이 없었다. 홀아비가 된 이후, 죽은 부인보다 더 충실했던 여성과 결혼을 하지 않은 상태에서 함께 살았다. 그리고 안토니누스는 동거녀와 국무를 완전히 분리함으로써 국무에 간섭하지 못하도록 했다. 그는 온전한 평화를 원했다. 어쩌면 도가 지나칠 정도로 평화를 열망했다. 심지어 제국의 권위를 조금 잃더라도 평화를 수호하기 위하여 노력했다. 예를 들면, 게르마니아 지역에 대해서 지나치게 부드러운 태도로 일관함으로써 반란자들의 경거망동을 유발하기도 했다. 그러나 모든 외국인 출신의 작가들은 한결같이 안토니누스 황제의 통치하에서 제국이 누렸던 평화와 질서를 찬양했다. 아피아노스의 기록에 의하면, 안토니누스 황제는 제국에 병합되기를 희망하는 수많은 지역에서 파견된 대사들에 둘러싸여 있었다고 한다. 전성기의 모든 왕국들처럼, 안토니누스 황제의 통치하에서 로마 제국은 거의 23년간 별다른 사건 없이 유지되었다. 에르네스트 르낭은 '유토피아적인 상황이었다. (로마 제국의) 세계는 한 아버지에 의해서 통치되고 있었다'라고 당시의 평화를 논평했다.

안토니누스 황제는 74세의 나이에 처음으로 병에 걸렸다. 병을 앓아본 경험이 없었기 때문에, 배앓이와 같은 가벼운 증상에도 불구하고 황제는 자신의 죽음이 멀지 않았다고 심각하게 받아들였다. 황제는 이미 후계자를 지명했다. 하드리아누스 황제가 자신을 지명했듯이, 안토니누스 황제도 자신의 조카인 마르쿠스 아우렐리우스를 카이사르(부황제), 즉 후계자로 결정했다. 황제는 자신의 후계자를 부른 후에 "아들아, 이제 네 차례구나"라고 간단하지만 명확하게 자신의 의지를 밝혔다고 한다. 다음에는 금으로 제작한 포르투나 여신상을 가져오도록 명령하고는 친위대 장교에게 그날의 훈시를 전했다. '무사평온을 지켜라'라는 훈시였다. 훈시를 마치고는 졸리니까 혼자 있고 싶다고 말했다. 황제는 침대에서 반대편으로 몸을 돌려 누워 진짜로 잠에 들었다. 생애 마지막이자 동시에 영원한 잠이었다.

이때 마르쿠스의 나이 40세였다(기원후 161년). 마르쿠스는 행운 속에서 출생한 소수의 인물들 중의 한 사람이었으며, 모든 사람들이 이러한 사실을 진심으로 인정하고 있었다. 그는 기록을 통해서 다음과 같은 자신의 심정을 표현했다. '나는 신들에게 많은 은혜를 입었다. 이들은 나에게 좋은 할아버지, 좋은 부모님, 착한 여동생, 훌륭한 스승 그리고 좋은 친구들을 주었다.' 친구들 중에는 그의 집에 자주 출입하던 하드리아누스도 있었는데, 마르쿠스와는 어려서부터 매우 친했다. 둘 사이의 우정은 이들이 모두 히스파니아 출신이었다는 사실 때문에 더욱 깊어졌다. 히스파니아에서 유래한 아우렐리우스 가문은 정직하다는 이유로 '진실Verus'이라는 별명을 얻고 있었다. 당시 집정관이었던 마르쿠스의 할아버지는 고아가 된 손자를 양육했다. 손자에 대한 할아버지의 남다른 애정은 손자에게 붙여준 각 분야별 선생들의 숫자로도 알 수 있는데, 문법의 경우 네 명을, 철학의 경우 여섯 명을, 수학의 경우에는 한 명의 스승을 모셔왔다. 단 한 명의 손자를 위해서 무려 열일곱 명의 선생을 동원했다. 어떻게 어린 소년이 미치지 않고 이렇게 많은 지식을 습득할 수 있었는지는 신만이 알 수 있을 것이었다. 그는 수많은 스승들 중에, 특히 웅변가로서 자신의 학문을 멸시하던 마르쿠스 코르넬리우스 프론토를 좋아했다. 마르쿠스는 원로원의 패권주의와 웅변을 별로 좋아하지 않았다. 그러나 철학 특히 스토아 철학에 관해서 유난히 많은 관심을 보이면서 철저하게 공부했을 뿐만 아니라, 이를 현실에 적용하려고 노력했다. 마르쿠스는 12세가 되었을 때, 자신의 방에 있는 침대를 치우고 맨땅에서 잠을 자며 금식을 해 결국 병에 시달리게 되었다. 그러나 그는 아무런 고통도 호소하지 않았다. 오히려 이에 대하여 신들에게 감사했다. 그는 18세까지 동정을 유지하면서,

스스로 성적인 충동을 억제했다.

만약 안토니누스 황제가 어린 나이의 마르쿠스를 후계자로 지목하여 국정에 참가시키지 않았거나, 하드리아누스 황제가 자신의 후계자로 지목했지만 일찍 사망한 인물의 아들인 루키우스 베루스와 함께 그를 양아들로 받아들인 후 통치권을 물려주지 않았더라면, 마르쿠스는 당시의 관습에 따라서 사제가 되었을 것이 거의 확실했다. 루키우스는 마르쿠스와는 전혀 다른 유형으로서, 세속적이고 여성을 좋아하는 향락적인 인물이었다. 그런 만큼 나중에 안토니누스가 마르쿠스만을 후계자로 인정했을 때에도 별로 심각한 반응을 보이지 않았다. 그러나 마르쿠스는 하드리아누스의 속마음을 잘 기억하고 있었기 때문에, 루키우스를 불러들여 권력을 나누어주고 자신의 딸인 루킬라를 신부로 주었다. 그러나 정치 현실은 반드시 좋은 것만을 마르쿠스에게 선사하지는 않았다.

마르쿠스가 황제가 되었을 때, 제국의 모든 철학자들은 이를 자신들의 승리로 간주하고 황제를 유토피아의 실현자로 환호했다. 이들의 예상은 잘못된 것이었다. 실제로 마르쿠스는 훌륭한 통치자는 아니었다. 특히 경제에 무지하여 예산 문제에서는 항상 오판을 했기 때문에 계획을 재수립하는 수고를 빈번하게 반복했다. 그러나 안토니누스 황제 밑에서 수습 기간 때부터, 보수적이고 계몽주의적이며 현실주의자이자 회의주의자였던 마르쿠스는 인간에 대한 자신의 관점을 만들어가고 있었다. 인간을 개선하는 일이 법률만으로는 불충분하다는 사실을 인식하고, 두 명의 전임 황제들이 제정했던 법률들에 대한 개혁 작업을 추진했다. 그러나 그의 노력은 무기력했으며, 아무런 호응도 얻어내지 못했다. 훌륭한 도덕주의자인 마르쿠스는 말보다는 실천이 더욱 중요하다고 확신하고, 이를 자신의 금욕적인 생활을 통해서 보여주고자 노력했다. 그러나 신하들은 그의 선구자적인 노력에 감탄하면서도, 이를 따르려고 하지 않았다.

당시의 주변 상황은 황제에게 별로 우호적이지 못했다. 황제로 즉위하던 때를 전후하여, 브리타니아, 게르마니아 그리고 페르시아에서 안토니누스가 죽었다는 소식에 고무된 원주민들이 제국의 국경을 위협하기 시작했다. 마르쿠스는 루키우스에게 군대의 지휘권을 위임하여 동방으로 파견했지만, 루키우스는 판테아를 만난 뒤로는 안티오크에서 움직이려고 하지 않았다. 판테아가 이 지역의 클레오파트라에 해당하는 여성이었다면, 루키우스는 용기도 지략도 없는 마르쿠스 안토니우스에 비유될 수 있었다. 루키우스는 판테아를 만난 후로는 분별력을 완전히 상실했다. 사람들의 말에 따르면 판테아는 미약媚藥을 이용하여 루키우스를 유혹했다고 한다. 그러나 만약 판테아가 당시의 기록처럼 진정으로 아름다운 여성이었다면, 결코 미약에 의존하지 않았을 것이다.

마르쿠스는 페르시아인들이 독단적으로 시리아를 통치하고 있음에도 불구하고, 판테아와 함께 놀아나고 있는 루키우스의 직무 유기를 질책하지 않았다. 황제는 자신이 수립한 군사 작전 계획을 동료이자 로마 군대의 최고 지휘관이던 가이우스 아비디우스 카시우스에게 보이면서 정확하게 실행에 옮길 것을 지시했다. 당시의 기록에 의하면 이 작전 계획은 상당히 천재적인 것이어서, 루키우스가 안티오크에서 여색에 빠져 있는 동안, 그의 군대는 페르시아인들을 연파했다. 루키우스는 마르쿠스의 지시로 자신이 공포한 전승의 기념일이 되어서야 비로소 모습을 드러내었다. 그러나 불행히도 로마의 시민들에게는 패배자들로부터 강탈한 화려한 보물들이라는 전리품이 아닌 흑사병이라는 죽음의 선물이 제공되었다. 제국에 확산된 엄청난 재앙으로 인해서 로마에서만 무려 20만 명이 목숨을 잃었다. 당대 최고의 의사였던 클라우디오스 갈레노스의 증언에 따르면, 병자들이 심한 기침으로 고통을 받았으며 몸에는 심한 농종이 발생했고 호흡기에서 심한 악취가 풍겼다고 한다. 전염병은 이탈리아의 전 지역으로 확산되었으며, 많은 도시와 마을들이 방치되어 주민들이 이주했고, 신전에는 신의 보호를 호소하는 사람들로 만원이었다. 일하는 사람들은 아무도 없었으며, 전염병에 이어 심각한 식량난이 발생했다.

마르쿠스 황제는 잠시도 병상을 떠나지 못하는 환자가 되고 말았다. 그러나 당대의 의학 수준으로는 아무런 대책이 없는 형편이었다. 황제는 제국의 불행에 이어서 이번에는 개인적인 불행을 겪어야만 했다. 마르쿠스의 부인인 파우스티나는 안토니누스 황제의 아름답고 우아한 딸로서, 남편에게 충실하지 못한 면까지도 자신의 모친과 매우 흡사한 여성이었다. 그녀의 간통은 한 번도 증명되지 않았지만, 온 로마가 그녀의 간통을 확신했다. 마르쿠스 황제는 회의적이고 침울한 성격의 소유자로서 자신을 '정부의 공복'이라고 생각하고 있었고, 자신의 아내와 같이 육감적이고 활력적인 생활을 멀리하고 있었기 때문에 부인의 부정한 행위에 대해서조차 별로 신경을 쓰지 않았다. 전임자이자 장인인 안토니누스 황제와 마찬가지로 마르쿠스 황제는 한결같은 관심과 사랑으로 부인을 대하면서, 단 한 번도 아내를 질타하거나 불평하지 않았다. 심지어는 자신의 『명상록 *Tōn Eis Heauton Divlia*』을 통해서 헌신적이고 사랑스러운 부인을 맞게 해준 신들에게 감사했다. 결혼생활에서 얻은 네 명의 자식들 중 첫째 딸은 죽었으며, 둘째 딸은 죽는 순간에서야 비로소 착한 남편으로 돌아왔던 루키우스와 불행한 결혼 생활을 했다. 다른 두 명은 쌍둥이로서, 로마의 시민들은 이들의 진짜 아버지가 검투사라고 생각했다. 이들 중에 한 아이는 태어나면서 사망했고, 당시 7세였던 다른 아이는 콤모두스라는 이름을 가지고 있었다. 콤모두스는 뛰어난 용모와 훌륭한 체격을 가지고 있었지만, 공부를 싫어하고 경기장에 출입하면서 짐승들과 사투를 벌이는 데에 열중함으로써 많은 스승들을 실망시켰다. 사람들은 한결같이 "피는 못 속이지"라고 말했지만, 콤모두스에 대한 마르쿠스의 애정은 절대적이었다.

전염병으로 인한 높은 사망률과 기근으로 인해서 로마는 암흑과 불신의 도시로 전락했다. 불과 50세의 나이에 이미 심하게 늙어버린 마르쿠스 황제는 불면증과 위궤양을 앓고 있는 상태에서, 예상하지 못한 주변 상황의 변화로 한층 심한 고통에 시달리게 되었다. 게르만족이 오늘날의 헝가리와 루마니아 지역까지 세력을 팽창하기 시작했다. 마르쿠스 황제가 직접 군대를 통솔하여 출정하자, 많은 사람들이 비웃었다. 병약한 채식주의자인 마르쿠스를 장군으로서 신뢰하지 않았던 것이다. 그러나 로마 군대는 마르쿠스 황제의 지휘하에서 강력한 충성심으로 뭉쳐 적들과 대적했다. 마르쿠스 황제는 평화를 사랑했지만, 그럼에도 무려 6년 동안 전쟁을 수행하여 콰디족, 랑고

바르디족, 마르코만니족, 사르마티족과 같은 강력한 적들을 차례로 격파했다. 그러나 전투를 벌인 후에는 자신의 천막에서 홀로 쉬면서 조용히 『명상록』을 썼다. '거미는 파리를 잡았을 때 큰일을 해냈다고 생각한다. 한 명의 사르마티인을 포로로 잡은 사람도 이와 마찬가지로 생각하기 마련이다. 그럼에도 둘 다 좀도둑에 불과하다.' 그리고 황제는 다음 날 다시 사르마티족과의 전쟁을 계속했다.

보헤미아 지역에서 빛나는 승리를 거두고 있을 때, 이집트에 파견되어 있던 아비디우스 카시우스 장군이 스스로 황제를 자처하면서 반란을 일으켰다. 카시우스는 루키우스의 부하로서 이전에 마르쿠스 황제가 수립했던 작전에 따라서 페르시아인들을 격파했던 인물이었다. 황제는 대치하고 있던 적들과 조속히 평화조약을 체결한 후에 군인들 앞에서, 만약 로마가 원한다면 반란군의 장군에게 자신의 지위를 양도하고 은퇴할 것이라고 연설했다. 그러나 원로원이 만장일치로 이 제안을 거부하자, 마르쿠스 황제는 군대를 이끌고 카시우스와 대결했다. 그러나 카시우스는 부관에 의해서 살해되었다. 부하들의 예상과는 달리, 마르쿠스 황제는 반란을 일으킨 장군을 사면할 수 없었다는 사실에 대해서 슬퍼했다. 황제는 잠시 동안 아테네에 머물면서 이 지역 여러 학파의 철학자들과 철학적인 대화를 나누었다. 그러나 로마로 돌아온 후에는 자신에게 주어진 승리에 오히려 착잡해하면서 검투사로서의 잔인함과 이름에서 풍기는 저속함으로 유명세를 타고 있던 콤모두스를 자신의 후계자로 선포했다.

이런 황제의 결정은 한편으로는 콤모두스의 건전하지 못한 열정을 자제시키기 위한 것이었는지도 모른다. 그러나 마르쿠스 황제는 곧 게르만족과 전쟁을 시작했고, 콤모두스를 동행시켰다. 황제는 또 다른 전쟁에서의 승리를 목전에 두고, 빈에서 이전과는 정도가 다른 심각한 병에 걸리게 되었다. 5일 동안 아무것도 먹거나 마시지 못했다. 그리고 6일째 되는 날 자리에서 일어난 황제는 자신의 군대 앞에서 콤모두스를 새로운 황제로 선포하고, 로마의 국경을 엘베 강으로 확대할 것을 당부한 후에 다시 자리로 돌아가 이불로 얼굴을 덮고 죽음을 맞이했다.

마르쿠스 아우렐리우스 황제가 자신의 막사에서 그리스어로 쓴 『명상록』은 오늘날까지 전해오고 있다. 『명상록』은 문학적으로 위대한 작품은 아니지만, 고대 세계의 가장 숭고한 도덕 세계를 대표하는 중요한 사료로 간주된다. 제국의 명성이 빛을 잃어가고 있는 상황에서 로마는 마르쿠스 황제의 내면을 통해서 그 가장 찬란한 섬광을 내비쳤다.

제44장 세베루스 왕조

　자신의 병사들에게 후계자를 소개하는 자리에서 마르쿠스 아우렐리우스 황제는 콤모두스를 '떠오르는 태양'이라고 불렀다. 만약 그들이 진짜로 부자父子 관계였다면, 아버지의 시각에서는 충분히 이해할 수 있는 상황이었다. 황제의 군인들은 신중하지 못하고 대식가이며 색욕가인 콤모두스가 부친보다 더 전쟁에 적극적이라는 이유로 환영했다.

　그러나 콤모두스가 이미 수세에 몰리고 있던 적들을 완전히 소탕하지 않고 오히려 이들에게 상당히 유리한 조건의 평화 협정을 서둘러 체결하자, 군인들은 새로운 황제의 행동에 적지 않은 불만과 실망감을 가지게 되었다. 무엇보다도 게르만족은 두 번의 위기를 극복하게 되었으며, 후에 로마는 이러한 결정에 대해서 엄청난 대가를 치러야 했다.

　콤모두스 황제는 소심한 겁쟁이는 아니었다. 오히려 그는 전쟁보다는 검투사나 사나운 짐승들과의 사투에 더 몰두하고 있었다. 아침에 일어나 매일같이 호랑이들과 사투를 벌여 이들을 죽이기 전에는 아침 식사를 하지 않았다고 한다. 게르마니아 지역에는 호랑이가 없었기 때문에, 황제는 서둘러 로마로 귀환했다. 당시 로마에는 동방의 총독들이 황제와 로마 시민들의 즐거움을 위해서 호랑이들을 보내오고 있었다. 이 때문에 로마와 로마의 운명은 풍전등화와 같은 불안한 평화 시기를 보내고 있었으나, 그 고요함 속에서 심각한 문제점들이 서서히 나타나고 있었다. 원로원은 네르바 황제 이후 좋은 성과를 내고 있던 후임 황제의 선출권을 이번에는 포기하지 않을 수 없었고, 콤모두스가 체현하는 제위 상속의 부활을 묵인했다.

네로와 칼리쿨라의 경우처럼 당대의 황제들에 대한 기록 내용을 사실 그대로 수용할 필요가 없다는 점을 고려한다면, 콤모두스 황제의 경우에도 그가 반드시 제국에 손실만을 가져온 인물이라고 평가할 수는 없다. 황제는 광대들과 음주가들 그리고 자신이 좋아하는 수백 명의 아름다운 소년 소녀들과 함께 끝없는 쾌락을 추구했다. 그러나 그 가운데에서도 유일하게 그리스도교 신자인 마르티아라는 여성에게 애정을 느끼고 있었다. 마르티아는 자신의 신앙과 황제의 방탕한 삶을 중재하려는 노력 사이에서 괴로워했지만, 적어도 당시의 그리스도교 신자들은 죽음의 박해를 피할 수 있었다.

그러나 몇몇 밀고자들이 부친의 여동생인 숙모 루킬라가 주동이 된 반역 음모를 고발하는 사건이 발생하자, 그동안 잠잠했던 피의 숙청이 다시 시작되었다. 콤모두스 황제는 아무런 증거도 발견하지 못한 상황에서 숙모를 살해하고 친위대의 책임자인 클레안드루스를 앞세워 공포의 탄압을 시작했다. 도미티아누스 황제 이후, 로마는 처음으로 친위대가 주동이 된 폭정에 신음하고 있었다. 어느 날, 로마의 민중은 용기를 내서라기보다는 공포심을 견디지 못하여 황궁을 포위하고 클레안드루스의 신변을 인도할 것을 요구했다. 황제는 아무런 망설임 없이 민중의 요구를 수락하고 라이투스를 새로운 친위대장으로 임명했다. 신중한 성격의 소유자인 라이투스는 자신이 일단 책임자로 임명되면 황제의 만족을 위하여 민중에 의해서 살해되거나 또는 민중의 만족을 위하여 황제에 의해서 살해될 것이라는 사실을 직시하고 있었다. 라이투스는 이런 진퇴양난의 상황에서 벗어나기 위해서는 황제를 살해하는 것이 유일한 방법이라고 생각했다. 그는 황제의 애첩인 마르티아를 공모자로 선택하고, 그녀의 제안에 따라서 독이 든 음료로 콤모두스를 살해할 계획을 세웠다. 이를 통해서 분명히 알 수 있는 사실은 황제 살해에 그리스도교가 분명히 개입되었다는 것이다. 결국 삼십대의 혈기왕성한 콤모두스 황제는 독을 마시고도 완강히 저항하다가 욕실에서 목 졸려 살해되었다.

이 사건은 기원후 192년 12월 31일에 일어났다. 그리고 이후 심각한 무정부 상태가 시작되었다.

콤모두스의 죽음으로 인하여 활기를 되찾은 원로원은 마치 자신들이 주동자인 것처럼 행동하면서, 원로원 의원들 중에 푸블리우스 헬비우스 페르티낙스를 새로운 황제로 선출했다. 페르티낙스는 마치 자신의 미래를 이미 알고 있기나 한 듯이 원로원의 제안을 계속해서 사양했으나, 결국은 수락해야만 했다. 제국의 재정을 다시 회복하기 위해서는 경제를 살려야 했고, 경제를 살리기 위해서는 친위대 장교들이 상당수 포함되어 있는 수많은 이권자들을 해고해야만 했다. 그러나 페르티낙스가 통치를 시작한 지 두 달 만에 친위대에 의해서 살해되었으며, 군인들은 더 많은 부를 제공할 인물에게 황제의 칭호를 보장하겠다는 의지를 표명했다.

당시 억만장자로서 금융업에 종사하고 있던 디디우스 율리아누스는 자신의 대저택에서 조용히 식사하고 있던 어느 날,

야심에 불타는 부인과 딸의 강요에 못 이겨 황제가 되기 위한 경선에 참가하게 되었다. 별로 마음이 내키지는 않았지만, 디디우스는 권력에 대한 야심보다는 여자들의 등쌀에 못 이겨 친위대 장교 한 사람당 무려 4,000만 세스테르티우스를 제공하는 조건으로 황제에 선출되었다.

원로원은 황제 계승권이 시장 거래로 전락한 상황을 그대로 인정할 정도로 몰락한 것은 아니었다. 원로원은 속주에 주둔 중인 장군들에게 비밀서한을 보내 지원을 요청했다. 이들 중에 셉티미우스 세베루스가 로마로 달려와 상황을 판단한 다음, 율리아누스가 제공한 금액의 두 배를 보장하겠다고 제안하여 승리를 쟁취했다. 가련한 율리아누스는 통한의 심정으로 화장실에 숨어 후회의 눈물을 삼키고 있다가 발각되어 그 자리에서 살해되었다. 그의 부인은 과부가 되었지만, 잠시나마 황후라는 명예를 가져본 것으로 마음의 위안을 삼았다.

로마 역사상 처음으로 유대계 아프리카인인 셉티미우스가 황제에 즉위했다. 그러나 로마의 원로원은 이러한 결정을 거부하면서 데키무스 클로디우스 알비누스 장군을 새로운 후보로 선출했다. 그러나 셉티미우스는 경선에서 승리한 후에 다른 경쟁자들을 제거하고, 군주정을 군사 독재를 기초로 하는 군주 상속제로 전환했다. 상황이 이런 지경에까지 이른 것은 분명히 서글픈 일이 아닐 수 없었다. 그러나 이와 같은 상황이 연출된 것은 분명히 셉티미우스의 잘못은 아니었다. 누구라도 셉티미우스의 입장이라면, 똑같이 행동했을 것이다. 로마의 불행을 마감하기 위해서는 강력한 힘이 필요했고, 셉티미우스는 이를 소유하고 있었던 것이다. 셉티미우스는 오십대의 나이에 뛰어난 용모와 건장한 체격, 놀라운 지략 그리고 세련된 대화술을 가지고 있었다. 그러나 지휘관으로서는 평범한 인물이었다. 셉티미우스는 부유한 가문에서 출생하여 아테네에서는 철학을, 로마에서는 법률을 공부했으며, 페니키아 억양이 강하게 섞인 라틴어를 구사했다. 물론 안토니누스 황제나 마르쿠스 아우렐리우스 황제의 도덕성과 하드리아누스 황제의 복합적인 지성을 가지고 있지는 못했다. 오히려 그는 냉소적이었지만 보다 직선적이고 정직했으며, 현실적인 감각을 소유하고 있었다. 그의 유일한 기행奇行은 점성술에 대한 관심이었는데, 점성술에 의한 그의 결혼 결정은 궁극적으로 로마에 불행을 가져다주기도 했다. 착하고 소박했던 부인이 사망했을 당시, 그는 시리아에 있었다. 홀아비가 된 셉티미우스는 별들을 관찰하면서, 아마도 운석이었을 것으로 생각되는 한 별이 에메사Emesa 근처에 떨어지는 것을 목격했다. 그곳에 가자, 운석이 떨어진 장소에는 사원이 있었다. 이곳은 유골들을 보관하는 사원으로서, 한 사제와 그의 아름다운 딸 율리아 돔나가 살고 있었다. 율리아를 바라보는 순간 셉티미우스는 그녀가 바로 별들이 자신에게 정해준 새로운 신부라고 확신하게 되었다. 적어도 이때까지는 황제의 상태가 지극히 정상적이었다고 말할 수 있었다. 율리아는 황후가 된 후에 국사에 매여 있던 남편의 입장을 여러 측면에서 불편하게 만들었다. 이것은 일종의 불행이었지만, 그 성격상 지극히 개인적인 것들이었다. 황후는 상당한 수준의 지성과 교양을 갖추고 있는 여성으로서, 문학 살롱을 열고 이곳을 통해서 동방의 여러 문학 조류와 유행을 소개했다. 그리고 결과적으로 볼 때 불행하게도, 카라칼라와 게타를 낳았다.

셉티미우스는 17년 동안, 원로원에는 단지 자신의 명령만을 통보하고 전쟁을 직접 수행하는 방식으로 제국을 통치했다. 황제는 모두에게 상당한 위화감을 주는 제도를 도입했는데, 이는 바로 이탈리아인들을 제외한 제국의 모든 주민들에게 군 복무를 의무로 규정한 것이었다. 이로 인해서 이탈리아인들의 전사적戰士的인 성격의 퇴보와 결국에는 회복 불능의 상황이 연출되었다. 또한 제국의 군대는 외국인 군단으로만 구성되는 현실을 피할 수 없게 되었다. 셉티미우스는 적어도 자신의 통치 기간 동안은 이들을 거느리고 일련의 승리를 기록하면서 국경을 강화하고 주둔군을 강력하게 유지했다. 그러나 여러 과업들을 거의 완성해가고 있던 순간에 셉티미우스 황제는 기원후 211년, 브리타니아에서 급작스럽게 사망했다. 과거에 마르쿠스가 후계자로 콤모두스를 결정한 것을 비판했던 셉티미우스는 이제 카라칼라와 게타를 후계자로 선정했다. 셉티미우스도 아버지였기 때문이었을까? 아니면, 거의 대부분의 시간을 자식과 멀리 떨어져 지내왔기 때문에 자식을 올바르게 파악하지 못한 결과였을까? 아마도 이 모든 것들이 셉티미우스에게는 별로 중요하지 않았던 모양이다. 어느 날 자신의 부관에게 셉티미우스는 '군인들에게 돈을 아끼지 말라. 그리고 항상 그 나머지 것에 대해서는 별로 신경을 쓰지 말라'고 말했다고 한다.

그러나 셉티미우스의 당부는 모두 허사가 되었다. 카라칼라와 게타는 모든 것에 무신경하게 행동했으며, 심지어는 부친의 죽음을 앞당기도록 의사들에게 지시하기도 했다.

두 아들 중에 카라칼라는 '제2의 콤모두스'라고 불렸는데, 이를 증명하는 데에는 별로 많은 시간이 걸리지 않았다. 자신의 동생과 권력을 양분하는 데에 지친 카라칼라는 동생을 살해하도록 지시하고, 동생을 지지한 혐의로 2만여 명의 시민들을 사형에 처했다. 또한 부친의 모든 당부를 무시하고, 불만을 가진 군인들에게 수많은 금품을 제공하여 이들을 매수했다. 그러나 카라칼라는 무능한 인물이 아니라, 다만 비윤리적인 성격을 가진 인물일 뿐이었다. 매일 아침 일어나 근육을 강화할 목적으로 살아 있는 곰과 함께 운동을 했고, 식탁에서는 호랑이와 함께 식사를 했으며, 사자의 다리 사이에서 잠을 잤다. 또한 문 밖에서 기다리는 원로원 의원들을 한 번도 접견하지 않았다. 그러나 군인들에게는 예의를 보였으며, 이들의 입장을 지지했다. 제국의 모든 남자들에게로 시민권을 확대했지만, 그 본의는 상속세의 수입을 증가시키는 데에 있었으며 시민들은 착취 대상이었을 뿐이었다.

그는 정치에는 별다른 관심이 없었다. 오히려 정치에 관심을 가지고 있던 모친에게 모든 정무를 위임했다. 황제의 모친은 주로 여성의 입장에서 정치를 수행함으로써 지지와 반대를 동시에 받아야만 했다. 그녀는 서신 연락과 관리 그리고 대사들을 접견하는 일도 도맡아 처리했다. 로마에서는 모친이 자신의 육체를 이용하여 아들의 근친상간적인 욕망을 만족시켜주는 대가로 섭정을 하고 있다는 소문이 퍼져 나갔다. 물론 이는 사실이 아닐 것이다. 카라칼라는 이런 측면에서는 상당히 진실한 인물로서, 그의 유일한 열정은 전쟁과 결투였다. 어느 날 누군가가 알렉산드로스 대왕에 대해서 언급하자, 카라칼라는 이에 열광하여 알렉산드로스의 흉내를 내려고 했다. 알렉산드로스의 전법에 따라서 사각밀집대형으로 군단을 조직하고 페르시아로 원정을 떠났다. 그러나 전투가 벌어지자, 그는 장군으로서의 지위를 망각하고 마치 평범한 군인처럼 육박전을 벌이기도 했다. 그러나 어느 날, 아무런 계획도 없이 이리저리 몰려다니며, 특히 전리품도 없는 상황에서 행군과 전쟁을 수행하는 것에 염증을 느낀 병사들에 의해서 살해되었다.

율리아 돔나는 남편과 사위 그리고 아들들과 권력을 잃고 안티오크로 유배된 후, 식사를 거부하다가 결국에는 사망했다. 그러나 돔나의 지혜와 야심의 보고寶庫로 활약했던 여동생 율리아 마이사는 살아남았다. 마이사에게는 두 딸이 낳은 손자들이 있었다. 한 명은 바리우스 아비투스 바시아누스로서 엘라가발루스, 즉 '태양신'이라는 가명으로 황후의 가문이 기원한 에메사에서 사제로 활동하고 있었으며, 다른 손자는 아직 어린 나이의 알렉시아누스였다.

마이사에 의해서 엘라가발루스가 카라칼라의 친자식이라는 소문이 퍼지자, 시리아에 주둔하고 있던 중에 이 지역 종교로 개종한 로마 군대는 14세의 어린 사제를 신의 대리인으로 섬기면서 황제로 선포한 후, 할머니와 모친을 대동하고 로마로 입성했다.

기원후 219년, 어느 봄날 로마는 역사상 가장 이상한 용모로 입성하는 제위 계승권자를 목격하게 되었다. 소년은 온 몸을 붉은 비단옷으로 휘감고, 입술에는 붉은 루즈를, 속눈썹에는 헤나 염료를 바르고, 목에는 진주목걸이를 걸고, 손목과 발목은 에메랄드로 만든 팔찌와 발찌로 치장했으며, 머리에는 다이아몬드로 장식된 왕관을 쓰고 있었다. 그러나 로마의 시민들은 소년의 우스꽝스러운 모습에도 불구하고 그를 황제로 추대했다. 당시 이러한 상황은 로마의 사정을 고려할 때 그리 심각한 일도 아니었다.

제국의 실권은 다시 한 번 한 여성에 의해서 장악되었다. 옛 황후의 여동생이자 새로운 황제의 할머니인 마이사가 바로 그 주인공이었다. 소년 황제 엘라가발루스에게 황제라는 직위는 일종의 장난감과 같았을 것이다. 어린 시절의 소년 황제는 다른 어린 아이들처럼 귀여운 모습으로 주변의 사랑을 받았다. 소년이 가장 좋아하는 것은 모든 사람들에게 농담을 하는 것이었지만, 악의가 있는 것은 아니었다. 갑작스러운 빙고 게임이나 복권 놀이, 또는 카드 놀이나 사람 놀리기 등으로 주변 사람들을 당황하게 만들었다. 그러나 근본적으로 소년은 사치와 쾌락을 좋아했고, 이 방면에서는 다른 사람보다 잘하고 싶어 했다. 여행을 할 때에는 항상 50마리 이상의 말이 끄는 마차를 타고 다녔으며, 낭비벽이 심해서 한 병의 향수를 사기 위하여 주저 없이 수백만 세스테르티우스를 지불하기도 했다. 한 예언자가 비극적인 죽음을 맞이할 것이라고 말을 하자, 어린 황제는 황금칼, 비단끈으로 만든 무기집, 다이아몬드로 장식된 독미나리 단지 등과 같은 세련된 자살 도구들을 구입하는 데에 국고를 탕진했다. 가끔은 자신의 옛 사제 시절을 회상하면서 심미적인 위기감에 빠져들기도 했다. 어느 날 할례 의식을 거행한 데에 이어서, 어느 날은 자신의 성기를 거세했고, 또 어느 날은 에메사에서 가져온 증조부의 그 유명한 운석을 주춧돌로 하여 사원을 건축했다. 그리고 어린 황제는 유대인들과 그리스도교인들이 각각 여호와와 예수를 자신이 신으로 섬기는 운석으로 교체한다면, 그들의 종교를 국교로 수용할 것이라는 조건부 제안을 했다.

할머니 마이사는 어린 황제가 가문의 영광을 무너뜨릴지도 모른다고 걱정했다. 그리하여 할머니는 어린 손자로 하여금 알렉시아누스를 양자로 선택하고, 마르쿠스 아우렐리우스 세베루스 알렉산데르라는 이름으로 카이사르(부황제)로 임명하도록 설득했다. 그러고 나서 이 가문의 독특한 전통에 따라서 어린 황제와 자신의 딸이기도 한 황제의 모친을 살해했다.

비정한 살인을 통해서 성자聖子와 같은 황제가 탄생한 것은 참으로 아이러니한 일이라고 하겠다. 당시 14세였던 세베루스 알렉산데르는 자신의 이름을 명예롭게 만드는 방법을 알고 있는 인물이었다. 알렉산데르는 열심히 공부했으며, 딱딱한 침대에서 잠을 잤다. 소식을 하고, 겨울에도 찬물로 목욕을 했다. 다른 사람과 마찬가지로 평범한 옷을 입고 다녔으며, 종교 분야에서는 전임자들과 마찬가지로 유대교와 그리스도교의 도덕 규정들에 호의적인 반응을 보임으로써 비교적 형평성을 유지했다. 그의 기본적인 철학은 다음과 같은 말로 요약될 수 있다. '네가 원하지 않는 일을 다른 사람들에게 행하지 말라.' 이 말은 알렉산데르 황제의 명령에 따라서 수많은 공공건물의 전면에 조각되었다. 신학자들과 동등한 입장에서 대화를 했으며, 얼마 전에 죽은 마이사의 뒤를 이어서 그 지위를 계승한 모친 율리아 마마이아의 압력 속에서도 중심을 잃지 않았다. 그리고 그리스도교에 스토아주의를 도입하려는 오리게네스에게 유난히 호의적인 면모를 보였다.

알렉산데르 황제가 하늘나라의 일에 몰두했던 반면에, 마마이아는 알렉산데르의 스승인 도미티우스 울피아누스의 도움을 받아 지상의 제국을 통치했다. 마마이아는 효율적인 경제 정책을 수행하면서, 군인들의 영향력을 줄이고 이들이 불법적으로 장악하고 있던 권력을 원로원에 반환했다. 그러나 유일하게 며느리에 대해서는 정의롭지 못한 행동을 했는데, 자신의 아들과 결혼시킨 후에 아마도 질투심이 발동하여서인지 모르겠지만, 그녀를 쫓아냈다. 역시 모후母后도 어머니인 동시에 여자이기도 했던 것이다. 그러나 페르시아인들이 다시 위협을 가해오자, 마마이아는 자신의 아들과 함께 선두에서 원정군을 지휘했다. 알렉산데르는 전투에 앞서서, 적군의 왕에게 서한을 보내 전쟁을 피하려는 노력을 했다. 적군은 이 서한을 상대의 허약함으로 오해하고 공격을 해왔지만, 로마 군대에 의해서 격파되었다. 전쟁을 좋아하지 않던 황제는 적어도 게르만족과의 대결만은 피하려고 했다. 갈리아에서는 적군의 밀사들과 만나 퇴각을 조건으로 공물을 제공하기도 했다.

이것이 아마도 그의 유일한, 하지만 치명적인 실수였을 것이다. 결국 이 때문에 비싼 대가를 치러야만 했다. 로마 군대는 더 이상 전투를 갈망하지 않았지만 그렇다고 돈으로 평화를 사려는 마음을 가지고 있지도 않았다. 격노한 장병들은 불명예를 피할 수 없게 되자 반란을 일으켜 황제의 거처를 급습하고 알렉산데르와 그의 모친을 살해한 후에 판노니아에 주둔 중인 군대의 사령관인 율리우스 막시미누스를 황제로 추대했다.

기원후 235년의 사건이었다.

제45장 디오클레티아누스

    세베루스 알렉산데르의 죽음으로 야기된 무정부 상태는 디오클레티아누스 황제가 등장하기 전까지 무려 50여 년간 지속되었다. 반란과 새로운 황제의 등극으로 이어지는 로마의 역사는 이제 더 이상 역사가 아니라, 죽어가는 제국이 해체되는 과정을 반영하고 있을 뿐이었다. 심지어 황제들의 교체를 살피는 것조차 매우 힘들 정도로 복잡해졌다. 어쩌면 이 책의 독자들이 로마 제국의 후임자가 전임자를 살해하는 과정을 통해서 서로 교차해 등장하는 수많은 인물들의 이름을 일일이 기억하는 것은 거의 불가능하다고 할 수 있다. 따라서 이 책에서는 이들의 비망록을 살피는 것으로 제한하기로 한다.

    막시미누스 황제는 키가 2미터가 넘는 장신에다가 그만큼 넓은 가슴과 부인의 팔찌를 반지로 사용할 만큼 굵은 손마디를 가진 인물이었기 때문에, 일명 '거인Maximus'이라고 불리기도 했다. 황제는 트라키아 지역의 한 농부의 아들로 태어났으며, 자신의 무식함에 대하여 항상 열등감을 느끼고 있었다. 3년간의 재위 기간 동안, 일생을 통해서 한 번도 가본 적이 없었던 로마에 결코 가려고조차 않았다. 그는 자신의 성장 배경인 군대와 함께 생활하는 것을 선호하면서 자신의 유일한 즐거움인 전쟁의 비용을 마련하기 위해서 부자들에게 세금을 부과했다. 재정을 지원해야만 했던 부자들은 막시미누스에 대항하여, 아프리카의 속주 총독으로서 팔십대의 고령이었지만 세련되고 유식한 인물이었던 고르디아누스 1세를 경쟁자로 내세웠다. 그러나 막시미누스가 전투에서 고르디아누스 1세의 아들을 죽이자 고르디아누스 1세는 자살했다.

자본가들은 다시금 막시무스와 발비누스에게 관심을 돌려 이들을 공공연하게 황제로 추대했다. 막시미누스는 이들 모두를 상대로 전쟁을 벌여 승리를 목전에 두고 있었을 때, 자신의 부하들에 의해서 살해되었다. 그러나 그의 적들은 친위대에 의해서 동일한 운명을 겪게 됨으로써, 막시미누스의 죽음을 기뻐할 여유도 가질 수 없었다. 대세를 장악한 친위대는 동명이인의 고르디아누스, 즉 고르디아누스 3세를 자신들의 황제로 선택했다. 그러나 다시금 로마 군대는 페르시아 원정 도중에 고르디아누스 3세를 살해하고, 필리푸스를 황제로 선포했다. 불행히도 새로운 황제 또한 베로나에서 데키우스에 의해서 살해되었다.

데키우스는 2년 동안 황제로 재임했고, 이 기간 동안 자신이 증오하던 그리스도교를 탄압하고 고대 종교를 복원하려는 개혁을 단행했다. 그러나 개혁이 완수되기 전에 고트족과의 전쟁에서 패하면서 전사했다. 새로이 권력을 장악한 갈루스는 자신의 군인들에 의해서 살해되었으며, 후임자인 아이밀리누스도 마찬가지로 비극적인 운명을 맞이했다.

황제 직위에는 이미 육십대의 고령인 발레리아누스가 올랐다. 그는 고보족, 고트족, 알레만니족, 프랑크족, 스키타이인 그리고 페르시아인들과 동시에 전쟁을 벌였다. 황제는 서부전선에 아들 갈리에누스를 남겨두고 먼저 동방으로 진격하여 적들과 전쟁을 수행했다. 그러나 부친이 적의 포로가 되자 아들이 실질적인 1인 황제 체제를 구축하게 되었다. 갈리에누스는 마흔도 안 된 나이에 용기와 결정력 그리고 지적인 능력까지 겸비한 인물이었다. 만약 다른 시대에 태어났다면, 훌륭한 인물로 평가되었을 것이다. 그러나 당시 로마 제국이 겪고 있던 수많은 재앙들은 더 이상 인간의 힘으로 극복될 수 있는 한계를 초월한 것들이었다. 페르시아인들은 시리아에, 스키타이인들은 소아시아에 그리고 고트족은 달마티아에 각각 자리 잡고 있었다. 만약 포에니 전쟁의 영웅인 스키피오나 카이사르의 로마라면 이러한 재앙을 충분히 극복했겠지만, 갈리에누스 황제 시대의 로마 제국은 표류하는 난파선에 비유할 수 있었다. 오직 기적만이 이 난국으로부터 로마를 구할 수 있었을 것이다.

기적적인 구원의 손길은 동방에서 나타났다. 로마식 이름으로 팔미라Palmyra를 통치하고 있던 오데나투스는 페르시아인들을 격파하고 스스로를 실리시아, 아르메니아 그리고 카파도키아의 왕으로 선포했다. 그러나 그의 사망으로 왕위는 동부 지역의 강력한 여왕이었던 제노비아에게 넘어갔다. 제노비아는 출생 당시 신의 실수로 성별이 뒤바뀌었을 것이라고 생각될 만큼 대단한 여걸이었다. 실제로 그녀는 남자의 두뇌와 용기 그리고 결단력을 소유하고 있었다. 여성적인 특성으로는 외교적인 테크닉의 부족을 지적할 수 있었다. 공식적으로는 로마의 이름으로 통치를 하면서 대리인 자격으로 이집트를 병합했다. 실제로 그의 왕국은 제국의 심장부에서 자신만의 독자적인 통치 영역을 보장받고 있으면서, 동시에 북부 지역으로부터 대규모로 이동하여 그리스를 이미 장악한 사르마티족과 스키타이인들을 상대로 전쟁을 수행하고 있었다. 갈리에누스는 힘겹게 이들을 격파했지만, 그의 군인들은 마치 이에 감사라도 하듯 자신들의 지휘관을 살해했다. 그의 후계자인 클라우디우스 2세도 전보다 더 강력한 적들과 대치하게 되었다. 그러나 만약 패했을 경우에는 제국의 종말이 도래할 수도 있었을 만큼 위험하고 힘든 전쟁에서 가까스로 승리했다. 하지만 대전투로 인해서 야기된 수많은 인명 살상으로 흑사병이 발생했으며, 황제도 병에 감염되어 사망하게 되었다. 기원후 270년의 사건이었다.

드디어 로마의 제위에는 위대한 장군인 루키우스 도미티우스 아우렐리아누스가 등극했다. 일리리아 지역의 가난한 농부의 아들로 출생한 그는 자신의 군인들 사이에서 '검 위에 놓인 손'이라고 불리고 있었다. 그는 평생 동안 군인으로 살아왔지만, 그럼에도 유능한 통치자로서의 자질을 발휘했다. 아우렐리아누스 황제는 사방의 적들을 상대로 동시에 전쟁을 수행하는 것이 불가능하다는 사실을 인식하고, 이들 중 몇몇을 자기편으로 끌어들이기 위해서 당시에 가장 강력하고 위험한 적으로 간주되고 있던 고트족에게 다키아 지역을 제공했다. 이후 그는 이미 이탈리아 반도에까지 출몰하고 있던 반달족과 알레만니족을 세 번의 연속적인 전투를 통해서 각개격파했다.

그러나 이러한 일련의 승리로는 제국이 당면하고 있는 불행의 도래를 지연시킬 수 있을 뿐 피할 수는 없다는 것을 간파하고, 중대한 결심을 해야만 했다. 역사적인 측면에서 볼 때 황제의 결단은 로마의 몰락을 의미하면서 새로운 시대, 즉 중세의 시작을 상징하는 것이었다. 황제는 명령을 내려, 당장 제국의 모든 도시들로 하여금 자체 경비를 위해서 주변에 방어를 위한 성벽을 건설하도록 했다. 제국의 중앙 권력이 상실되는 순간이었다.

그러나 비극적인 현실에도 불구하고 아우렐리아누스 황제는 자신의 의무를 계속해서 끝까지 추진했다. 황제는 제노비아의 분리주의를 용납하지 않고 군대를 동원하여 여왕의 의도를 좌절시켰다. 그리고 왕국의 자문위원이자 대신이었던 카시오스 롱기노스를 사형시키고, 왕국의 수도에서 포로로 잡힌 여왕을 쇠사슬로 묶어 티볼리로 압송했다. 그리고 그곳의 화려한 저택에 연금된 상태에서 어느 정도의 자유를 누리면서 살도록 했다. 얼마 동안 로마는 다시 세계의 수도로 복귀했다고 생각되었으며, 아우렐리아누스 황제에게 재건자Restitutor라는 칭호가 부여되었다. 황제는 이 모든 것을 정치적이고 도덕적인 기반 위에서 이룩하려고 노력했다. 주변의 모든 상황을 심층적으로 이해하고 있던 황제는 그리스도교의 신과 이교의 신들을 중재할 수 있는 새로운 종교를 만들어 제국을 정신적인 붕괴의 위험에 빠뜨리는 종교적 분쟁을 해결하고자 애쓰기도 했다. 그리하여 태양신 종교를 만들고, 거대한 사원을 건립했다. 황제의 결정으로 로마 제국의 역사에서는 공식적으로 최초의 일신교, 즉 다시 말하면 태양을 유일신으로 숭배하는 종교가 ─비록 올바른 것은 아니지만─ 성립되었다. 이는 멀지 않은 장래에 이룩될 그리스도교의 결정적인 승리를 향한 첫걸음이었다. 이로써 아우렐리아누스 황제는 원로원, 즉 인간들로부터 보다는 유일신으로부터 자신이 최고 권력을 부여받았음을 선포할 수 있었으며, 동방에서 유래하여 지난 19세기까지 지속되어온 절대주의의 원칙인 '신의 은총'에 기초하여 성립된 절대군주 체제의 원칙을 성립시켰다.

그럼에도 제국의 신하들은 종교 정책을 회의적인 시각으로 바라보면서 '신의 세례'를 받은 황제를, 전임 황제들에게 했던 것처럼, 살해했다. 원로원은 신으로부터 아무런 계시도 기다리지 않고, 도미티아누스 황제 시대의 저명한 역사가 타키투스의 후손인 타키투스를 황제로 선포했다. 타키투스는 75세의 노인으로서, 더 이상 아무런 욕망이나 미련도 가지고 있지 않았기 때문에 제의를 승낙했다. 그리고 고령이라는 이유로 6개월간의 통치를 마감하고 침상에서 평화로운 임종을 맞이할 수 있었다.

기원후 276년 타키투스의 뒤를 이어서, 이름의 의미에서뿐만 아니라 실제로도 이상理想만을 추구하던 마르쿠스 아우렐레우스 프로부스가 황제로 등극했다. 불행히도 프로부스는 몽상가였다. 도처에 출현하고 있던 게르만족과의 전쟁에서 승리한 직후에, 오래 전부터 약탈과 전쟁으로 살아가는 습관을 가지고 있던 군인들에게 토지를 분배하여 이들을 농부로 전환시키려고 했다. 결국 이들은 황제를 살해했지만, 얼마 가지 않아서 자신들의 행위를 후회하고 거대한 기념비를 건립했다. 드디어 로마 최후의 진정한 황제인 디오클레티아누스가 등장했다. 사실 그의 본명은 디오클레테스로서 달마티아 지역의 한 자유인의 아들로 출생했다. 그는 친위대의 지휘권을 장악하기 위해서 음모를 계획할 만큼 상당한 야심을 가지고 있었다. 그는 황제가 되기 위해서는 정치인 또는 군인으로서의 경력보다는 황궁에서의 로비가 절대적으로 필요하다는 사실을 잘 알고 있었다.

그러나 일단 황제가 된 후에는 다른 황제들의 비극적인 종말을 피하기 위해서 황궁에 남아 있을 필요가 없다는 사실도 알고 있었다. 더군다나 로마에도 거처할 필요가 없었다. 황제가 된 직후에 내린 첫 번째 결정은 수도를 소아시아의 니코메디아Nicomedia로 이전하는 것이었다. 로마의 주민들은 심한 모욕감을 느꼈지만, 디오클레티아누스 황제는 전략적인 필요성에 따른 불가피한 결정이었다고 해명했다. 이러한 결정에 따라서 로마는 통제권에서 멀리 떨어지게 되었지만, 제국의 최고 통수권은 국경 지역을 좀 더 효과적으로 통제할 목적으로 거리상으로 변방과 좀 더 가까운 위치에 있어야만 했다. 그리고 같은 이유에서 통수권은 양분되었다. 디오클레티아누스는 아우구스투스(황제)라는 칭호와 대부분의 군대를 보유했으며, 서방 지역을 방어하기 위해서 유능한 장군 막시미아누스를 자신과 마찬가지로 아우구스투스로 임명하여 밀라노에 주둔하게 했다. 두 명의 아우구스투스들은 각자 자신의 카이사르(부황제)를 임명했다. 디오클레티아누스는 자신의 카이사르에 갈레리우스를 임명하여 오늘날 유고슬라비아의 미트로비카Mitro-vica에 주둔하게 했으며, 장군 막시미아누스는 창백한 얼굴 때문에 클로루스Chlorus라는 별명을 가지게 된 콘스탄티우스 1세를 카이사르로 임명하여 게르마니아의 트레베리Treveri에 거주하게 했다. 이렇게 해서 제국의 4분할 통치가 형성되었지만, 로마는 한 지역의 중심지로서뿐만 아니라 부차적인 전략 거점으로도 주목받지 못했다. 로마는 단순히 제국에서 가장 규모가 크며, 시간이 갈수록 로마적인 특성을 상실해가고 있는 도시로서 남아 있게 되었다. 이곳에는 극장들과 원형경기장, 저명인사들의 대저택, 상호 비방의 소문, 지적인 공간 그리고 수많은 항의와 질투로 가득 차 있었다. 그러나 로마의 두뇌와 심장은 다른 곳으로 이전하고 있었다.

두 명의 아우구스투스들은 20여 년간의 통치를 마감하고 자신들의 카이사르들에게 모든 권력을 양도하려고 했을 뿐만 아니라, 자신들의 딸을 부인으로 주기도 했다. 그러나 이와 같은 시기에 디오클레티아누스는 아우렐리아누스 황제 당시에 시작되었던 절대군주 체제의 구축을 위한 개혁을 마무리하고 있었다. 그러나 이 개혁은 이전의 4분할 통치와 대립되는 것이었다. 디오클레티아누스 황제의 정책은 일종의 사회주의 정책으로서, 계획경제를 실시하고 산업을 국유화하며 관료 정치를 확대하는 것이었다. 통화의 가치는 1,000년 이상의 기간 동안 변함없이 그 가치를 유지하고 있던 금본위제와 연결되어 있었다. 농민들이 토지에 예속되면서 '농노제'가 형성되었다. 노동자들과 수공업자들은 상속을 특징으로 하는 직업조합들에 의무적으로 가입되었으며, 무단이탈을 할 수가 없었다. '창고 제도 ammassi'가 마련되었는데, 이 제도는 가격에 관한 엄격한 통제 없이는 운영될 수 없었다. 그러므로 디오클레티아누스 황제는 이 모든 것을 종합하여 기원후 301년에 하나의 칙령으로 발표했다. 이것은 오늘날까지 통제경제의 대표적인 표본으로 남아 있다. 가능한 모든 상황이 예측되고 조종되었지만, 그 약점들을 찾고 법망을 교묘히 피하면서 이권을 확대하려는 인간들의 끝없는 노력은 막을 수가 없었다. 이에 디오클레티아누스 황제는 관료 기구를 무한정으로 증가시켜야만 했다. 자유주의자인 락탄티우스는 이러한 상황에 대하여 '이 제국에서 두 명 중의 한 사람은 관리이다'라고 불평했다. 밀고인, 감독관, 통제인의 수는 실로 엄청나게 많았다. 그럼에도 통제 이전과 마찬가지로 상품들은 창고로부터 불법적으로 흘러나와 암시장에서 거래되고 있었다. 직업 단체들과 조합들에 가입하지 않는 것은 어디서나 보편적인 현상일 정도로 확산되어 있었다. 체포와 부패에 대한 수많은 처벌 그리고 수십억에 이르는 벌금 부과에도 불구하고 별다른 효과가 나타나지 않았다. 이때까지만 해도 일반적으로 야만인들은 제국의 국경선 안으로 들어와, 상당한 대가를 치르고 시민권을 획득하여 도시에 거주하는 것이 일반적인 현상이었다. 그러나 이러한 탄압으로 인해서 로마 역사상 처음으로, '철의 장막'이라고 부르던 제국의 국경을 몰래 넘어가 야만인들의 거주지로 피신하는 사람들이 등장함으로써 상황은 역전되기 시작했다. 이것은 바로 제국 몰락의 징조였다.

그럼에도 불구하고 이러한 노력은 디오클레티아누스 황제가 할 수 있었던 유일한 것이었다. 황제는 로마 제국의 해체를 저지하기 위해서 로마를 철의 상자에 넣어 보호하려고 했다. 효율적이지는 못했지만 구원의 손길은 외부로부터 다가오고 있었으며, 수많은 역경에도 불구하고 긍정적인 결과들이 전혀 없었던 것은 아니었다. 콘스탄티우스 1세 클로루스와 갈레리우스는 전쟁에 몰두하여 로마의 깃발을 브리타니아와 페르시아로까지 확대했다. 그리고 국내적으로는 질서가 확립되었다. 하지만 모든 것이 황량하고 메마른 공동묘지의 질서와 같은 상황에서는 별다른 효과를 기대할 수 없었다.

모든 계층들은 상속을 의무로 하는 집단으로 변질되었으며, 동로마 지역의 복잡한 예절에 젖어가고 있었다. 처음으로 황제는 복잡한 예식들을 도입하여 자신만의 궁정 세계를 형성했다. 디오클레티아누스 황제는 자신이 유피테르 신의 화신이라고 선포하면서(반면에 막시미아누스는 자신을 비교적 겸손하게 헤라클레스에 비유했다), 비단과 금으로 장식된 예복을 입고 엘라가발루스의 경우처럼 자신을 '주인Dominus'이라고 부르도록 함으로써 제국의 수도가 비잔티움Byzantium(즉 콘스탄티노플Constantinople)으로 완전히 이전되기 전에 이미 자신이 마치 비잔틴 제국의 황제가 된 것처럼 생각했다. 그러나 황제는 올바른 정신과 균형 감각 그리고 긍정적인 시각을 유지하고 있었으므로 자신의 절대 권력을 남용하지는 않았다. 황제는 신중한 행정가였으며, 공명정대한 법관이기도 했다. 20여 년간의 통치 말기에 그는 황제로 등극하면서 초기에 추진하던 일들을 거의 끝내가고 있었다.

기원후 305년, 니코메디아와 밀라노에서 동시에 거행된 엄숙한 의식을 통해서 두 명의 아우구스투스들은 모든 권력을 자신들의 사위이기도 했던 카이사르들에게 위임했다. 디오클레티아누스는 55세의 나이에 스팔라토에 건축한 자신의 거대한 저택으로 은퇴하여 말년을 보냈다. 몇 년 후에 막시미아누스가 다시금 무정부 상태를 초래한 제위 계승 전쟁을 종식하는 데에 개입해줄 것을 요청했을 때에도, 디오클레티아누스는 자신의 정원에서 양배추가 자라는 것을 한 번도 보지 못한 사람이나 그런 부탁을 할 수 있다고 말하면서 분명하게 거절했다. 그는 저택에서 한 발짝도 밖으로 나가지 않았다. 그는 63세까지 살았으며, 은퇴 이후에 발생한 무정부 상태를 어떻게 생각하고 있었는지에 관해서는 지금까지도 알려지지 않았다. 그는 인간으로서 할 수 있는 모든 것을 했다. 그 결과, 제국의 붕괴는 적어도 그가 통치한 20여년의 기간 동안에는 지연되고 있었다.

제46장 콘스탄티누스

밀라노를 수도로 하는 서로마 제국의 새로운 아우구스투스에 임명된 플라비우스 발레리우스 콘스탄티누스는 막시미아누스의 카이사르였던 콘스탄티우스 1세 클로루스와 동방 출신의 하녀 헬레나의 사이에서 태어난 아들이었다. 디오클레티아누스는 콘스탄티누스를 카이사르로 임명하기에 앞서 콘스탄티우스 1세에게 신분이 좋지 않은 헬레나와 결별하고 막시미아누스의 딸인 테오도라와 결혼하도록 명령했다. 어린 콘스탄티누스는 모친으로부터 훌륭한 교육을 받지는 못했지만, 어린 시절부터 군대 생활을 하면서 스스로 깨우쳐 갔다. 니코메디아의 아우구스투스인 갈레리우스는 젊고 유능한 콘스탄티누스를 자신의 직속 휘하에 두고 있었다. 그러나 이러한 조치는 실질적으로 자신이 상관이라는 생각에, 밀라노의 아우구스투스를 견제하고 자신에게 반기를 들 경우를 대비해서 그의 아들인 콘스탄티누스를 인질로 잡아두기 위한 것이었다. 또한 같은 논리에 따라서, 갈레리우스는 동료 아우구스투스에게 플라비우스 발레리우스 세베루스를 카이사르로 임명하도록 했다. 그리고 자신은 막시미누스 다이아를 카이사르로 임명했다.

그러나 콘스탄티누스는 갈레리우스 장군의 휘하에서 평온함을 유지할 수 없었는데, 아마도 그는 자신의 주변 상황을 이미 잘 알고 있었던 것으로 생각된다. 어느 날 어린 장교는 갈레리우스의 진영으로부터 탈영한 후에 유럽을 횡단하여 브리타니아에 있는 부친에게 갔다. 이곳에서 여러 전투에 참가하여 부친의 승리에 많은 공을 세웠지만, 요크York에서 승리하고 몇 달 뒤에 부친의 임종을 지켜보아야만 했다. 군인들은 죽은 장군의 아들이 보여준 놀라운 지도력에 감탄하여 새로운 아우구스투스로 옹립했다. 그러나 콘스탄티누스는 겸손하게 카이사르라는 칭호에 만족하려고 했다. 이유를 묻는 군인들에게 어린 장교는 "이 칭호는 나에게 군대 지휘권을 보장하며, 동시에 모든 위험으로부터 안전하게 해주기 때문이라네"라고 답했다. 니코메디아의 아우구스투스인 갈레리우스는 비록 마음이 내키지 않음에도 불구하고, 어린 콘스탄티누스를 카이사르로 인정했다.

그러나 밀라노에서는 두 명의 경쟁자가 아우구스투스라는 칭호를 차지하기 위하여 경쟁 중이었다. 원칙적으로는 세베루스에게 카이사르 칭호가 주어져야만 했다. 그러나 막시미아누스의 아들인 막센티우스는 친위대의 지지를 얻어 후보로 출마했다. 혼자의 힘으로는 역부족이라는 생각에, 디오클레티아누스와 함께 은퇴했던 부친에게 지원을 요청했다. 그는 부친과 연합하여 군대를 이끌고 세베루스에 대항했지만, 전투가 시작되기도 전에 세베루스는 자신의 군인들에게 살해되었다. 갈레리우스는 니코메디아에서 자신의 책임하에 리키니우스를 아우구스투스로 임명하여 지금까지의 분쟁을 해결하려고 노력했다. 그러나 콘스탄티누스는 이에 불복하여 아우구스투스의 자격으로 전쟁을 선택했다. 혼란을 종식시킨다는 명분으로 갈레리우스의 카이사르인 막시미누스 다이아도 전쟁을 결정했다. 한편 자신의 밭에서 자라고 있는 양배추에 물을 주면서 시간을 보내고 있던 디오클레티아누스는 자신의 4분할 통치 체제가 아우구스투스들의 권력 쟁탈을 위한 마당이 되어버렸다는 사실을 알게 되었다.

솔직히 말해서, 이후의 더욱 복잡한 전개 과정을 모두 설명함으로써 이미 혼란스러워진 독자들에게 두통을 느끼게 하고 싶지는 않다. 바로 결론부터 언급하기로 하자. 이 시대는 한마디로 이교도 시대의 종말이며, 동시에 그리스도교 시대의 시작을 의미했다. 기원후 312년 10월 27일 두 명의 대권 주자인 콘스탄티누스와 막센티우스의 군대는 로마로부터 북쪽으로 20킬로미터 정도 떨어진 지역에서 대치하고 있었다. 콘스탄티누스는 교묘한 전술을 이용하여 경쟁자를 테베레 강가에서 공격했다. 이때 콘스탄티누스는 로마의 역사가 에우세비우스에게 '이 표지로써 승리하리라In hoc signo vinces'라고 쓰여 있는 불타는 십자가를 하늘에서 보았다는 말을 나중에 했다고 한다.

같은 날 밤, 잠을 자고 있는 동안 어떤 목소리가 콘스탄티누스의 귀에 속삭이면서 군대의 방패에 십자가를 그려 넣도록 권고했다. 새벽이 되자, 콘스탄티누스는 명령을 내려 군기 대신에 예수를 상징하는 문자들과 십자가가 그려진 로마 제국의 군기labarum를 사용하도록 지시했다. 그리고 아우렐리아누스가 새로운 이교신으로 선포했던 태양이 그려진 적군의 깃발을 꺾어버렸다. 이제 로마 역사상 처음으로 전쟁이 종교의 이름으로 치러지고 있었다. 그리고 승리한 것은 십자가였다. 테베레 강은 하구를 향하여 흘러 내려가는 막센티우스와 그의 군인들의 시신을 삼켜버렸다. 테베레 강은 그렇게 고대 세계의 모든 잔재들을 남김없이 쓸어버렸다.

그러나 아직 모든 것이 종식된 것은 아니었다. 리키니우스와 막시미누스 다이아가 건재해 있었다. 기원후 313년 콘스탄티누스는 밀라노에서 리키니우스와 만나 제국을 두 명의 아우구스투스에게 양분한다는 내용에 합의하고, 그 유명한 밀라노 칙령을 발표하여 모든 종교에 대한 정부의 관용 방침을 표명했다. 아울러 그리스도교인들에게는 최근의 박해 당시에 몰수된 재산을 반환했다. 그해 막시미누스 다이아는 사망하고, 리키니우스는 콘스탄티누스의 여동생과 혼인했다. 얼마 동안은 두 명의 황제가 평화적인 양분 통치 정책을 수행하는 것처럼 보였다.

그러나 이듬해에 다시금 분쟁이 발생했으며, 결국 콘스탄티누스의 군대는 판노니아에서 이 지역의 그리스도교인들을 박해하고 있던 리키니우스의 군대와 충돌하여 승리를 획득했다. 콘스탄티누스는 아직 그리스도교로 개종하지는 않고 있었다. 그러나 그리스도교인들은 콘스탄티누스를 자신들의 대표로 간주하고 있었다. 거의 대부분이 그리스도교인으로 구성된 13만 명의 콘스탄티누스 군대는 16만여 명의 이교도로 구성된 리키니우스의 군대와 대적하여 처음에는 아드리아노폴리스Adrianopolis에서 그리고 후에는 스코드라Scodra에서 승리했다. 항복한 리키니우스는 겨우 목숨은 구했지만, 이듬해에 사망했다. 황제는 그리스도의 이름으로 제국을 개혁함으로써, 로마 제국은 형식적으로 단지 로마라는 이름만을 유지하고 있었다.

어떤 과정을 통해서 이런 상황이 벌어진 것일까?

그리스도교의 초기 조직 형성 단계에 신자들은 수백 명에 불과했지만, 시간이 흐르면서 수천 명―거의 모두 유대인들이었다―으로 증가한 이들은 크게 연결성이 없으며, 아직은 유동적인 교리들과 적대 세력의 무관심 속에서 자신들의 조그만 교회에서 모임을 가지고 있었다. 산발적이고 허약한 조직으로 구성된 신자들은 예수가 신의 아들로서 다시 지상세계로 돌아와 천국을 건설할 것이며, 예수에 대한 믿음은 천국에서 보상될 것이라는 신앙심으로 결속되어 있었다. 그러나 이미 심각한 내부 불화가 예수의 재림 시기를 둘러싸고 시작되고 있었다. 누군가는 제국이 겪고 있는 침체 현상과 연관시켜 예수의 재림 시기를 언급하기도 했다. 시리아의 주교 테르툴리아누스는 예수가 로마 제국의 몰락 이후에 재림할 것이라고 했다. 로마의 몰락은, 시리아의 주교가 예수를 만날 수 있을 것이라는 확신 아래 추종자들과 함께 사막으로 떠날 만큼 멀지 않았다고 생각되었다. 사도 바르나바는 예수가 1,000년 이후에나 등장할 것이라고 예언한 바 있었다. 많은 시간이 흐른 후에는, 예수의 왕국이 우리의 정신세계로 옮겨질 것이라는 사도 파울로의 주장이 보편화되었다. 그러나 당시만 해도 예수의 재림이 멀지 않았다는 언급은 신앙을 확산시키는 데에 크게 기여했다.

그러나 이단들의 등장을 가져온 다른 종류의 교리들도 적지 않았다. 그리스도교에 가장 적대적인 논쟁가였던 켈수스는 그리스도교가 수많은 종파로 분할되었으며, 모든 그리스도교인들은 자신들만의 분파를 형성했다고 주장했다. 이레나이우스의 주장에 따르면, 그리스도교 분파의 수는 20여 개였다고 한다. 이제 거짓된 것과 진실된 것을 구별할 중앙 권력이 필요한 시점이었다.

거의 2세기 동안 계속 논쟁의 핵심이 되어왔던 사항은 그리스도교의 중심지를 어디로 결정할 것인가였다. 그리스도교는 예루살렘에서 성립되었지만, 로마의 권위는 '너 베드로여, 나는 너의 이름 위에 나의 교회를 세우겠노라'라는 성경 구절에 기초하고 있었다. 시급히 결정되어야 할 사항은, 세계를 지배하는 것이 로마이지 예루살렘이 아니라는 사실이었다. 테르툴리아누스는 베드로가 순교하면서 교회의 운명을 성 리누스에게 위임했다고 확신했다. 그러나 가장 확실한 계승자는 세 번째 인물인 성 클레멘스였다. 그가 권위적인 어조로 써서 다른 주교들에게 보낸 서한이 오늘날까지 전해오고 있다.

그리스도교인들은 더욱 자주 종교회의를 개최했다. 이 모임은 '보편적catholic'이라고 불리기 시작한 그리스도교의 최고 결정기관으로서, 대외적으로는 대주교회의라고 불렸다. 교황이라는 용어는 4세기가 더 지난 후에 최고 성직자Supremus Pontifex를 지칭하는 표현으로서 사용되었지만, 그 전까지는 모든 주교들의 권한은 평등했다.

이러한 초기의 미숙한 조직에도 불구하고, 교회는 대외적으로는 제국과 그리고 대내적으로는 이단들과의 투쟁을 동시에 전개했다. 두 가지 중에 어느 것이 더 위험한 것이었는지는 알수 없다. 단지 우리가 아는 것은 기원후 2세기에 교회가 신앙을 기반으로 로마인들을 불안하게 만들었다는 사실이다. 가장 유식한 로마인 중의 한 사람이었던 켈수스는 그리스도교의 종교적 기능에 대하여 연구하고, 풍부한 정보를 체계적으로 정리한 저서—비록 결론이 편파적이고 주관적이기는 하지만—를 기술했다. 그리스도 교도는 선량한 시민이 될 수 없다는 것이 그의 결론이었는데, 이교가 공인된 국교인 한은 그의 의견에도 일리는 있다. 그러나 현실적으로 중요한 사실은 이교도들은 더 이상 자신들의 보호자를 가지고 있지 못했으며, 그리스도교를 수용하지 않는 사람들도 더 이상 과거의 신앙을 위한 명분들을 발견하지 못하고 있었다는 점이다. 플로티노스는 마르쿠스 아우렐리우스와 에픽테토스의 계보에 속하는 인물이었지만, 세례를 받지 않았다는 이유 때문에 이교 철학자로 규정되고 있었다. 그러나 그의 도덕관은 이미 그리스도교적이었다.

당대의 위대한 사상가들은 그리스도교를 부정하면서도, 예수와 그의 제자들에 관한 교리에는 관심을 갖고 있었다. 비록 카르타고 출신이었지만, 로마인들의 엄격한 법정신을 이해하고 있었으며 위대한 변호사이기도 했던 테르툴리아누스는 그리스도교인으로 개종했다. 그는 복음서에서 삶의 지표를 발견했으며, 진정한 의미의 법령-법률적인 측면에서 그리스도교에 조직성을 부여했다. 그는 키케로와 같은 화려한 웅변가에, 타키투스와 같은 뛰어난 저술가로서 논쟁과 풍자를 좋아했다. 또한 테르툴리아누스는 그리스 신학과 형이상학적인 이론을 거친 이후에, 조직가와 법률가를 더욱 절실하게 필요로 하던 그리스도교에 상당한 도움을 제공했다. 그러나 시기심으로 인하여 거의 이단으로 전락한 테르툴리아누스는 나이를 먹으면서 더욱 날카로운 성격을 가지게 되어, 정통 그리스도교 신자들을 너무 소극적이고 자비로우며 나약한 존재들이라고 비난했다. 이 때문에 그는 좀 더 엄격한 신앙으로 돌아가자고 설교하면서 로마 시대의 마르틴 루터라고 할 수 있는 몬타누스의 진지한 교리들을 수용했다.

그리스도교를 활발하게 선전한 또 다른 인물은 6,000여 권의 서적과 서평을 남긴 오리게네스였다. 부친이 그리스도교인으로 체포되어 처형되었을 때 그의 나이는 16세에 불과했다. 소년은 부친의 뒤를 따라 순교의 길을 원했지만, 모친은 아들의 행동을 저지할 목적으로 옷을 감추었다. 소년은 죽음을 앞둔 부친에게 "부탁해요, 아버지. 당신과 저의 인간적인 사랑을 위해서 당신의 신앙을 부정하지 마세요"라고 말했다. 그는 금욕주의적인 삶을 추구하여, 금식을 하고 맨땅에서 알몸으로 잠을 잤다. 결국에는 그도 탈진 상태에 빠지고 말았다. 실제로 오리게네스는 철저한 스토아주의를 실천한 인물로서, 그리스도교에 대한 자신의 스토아적 입장을 분명하게 드러냄으로써 불과 소수의 공동체로부터 환영을 받았을 뿐이었다. 알렉산드리아의 주교인 디미트리오스는 얼마 전에 성직자로 임명된 오리게네스의 설교 내용이 교회에 적합하지 않다는 이유를 들어 직위에서 해임했다. 그러나 사제직에서 물러난 오리게네스는 열성을 가지고 설교 활동을 계속하면서 자신의 유명한 저서들을 통해서 켈수스의 주장을 반박했다. 결국 체포되어 모진 고문을 받았지만, 끝까지 자신의 신앙을 부인하지 않고 순교로써 자신의 고결한 삶을 지켰다. 그러나 200년 후에 그의 이론들은 그동안 자체적으로 교리를 세울 만한 지위를 획득하게 된 교회로부터 거부되었다.

초기의 어려운 시기에 그리스도교의 조직을 강화하는 데에 보다 많은 공헌을 한 교황은 사람들로부터 모험가로 간주되고 있던 칼릭스투스였다. 일설에 따르면, 개종하기 전에 그는 노예였으며 모호한 방법으로 돈을 벌어 금융업자가 된 후에는 고객들의 돈을 갈취하다가 체포되어 강제 노동을 했으나 속임수를 써서 도망쳤다고 한다. 교황이 된 직후에는 죽음의 고행으로 자신의 죄를 회개한다고 선언했지만, 여기에도 석연치 않은 점이 없지 않았다. 어쨌든 그는 교황으로서는 위대한 인물이었다. 히폴리투스의 위험한 교회 분열 시도를 저지했으며, 중앙 권력을 확립했다. 그리스도교인들의 가장 강력한 적이었던 데키우스 황제는 로마의 칼릭스투스와 같은 교황을 상대하는 것보다는 차라리 경쟁 관계의 황제와 대결하는 것이 더 낫다는 말을 남겼다고 한다. 그의 재임 기간 동안에 교황청은 많은 의미에서 로마화되었다. 칼릭스투스는 로마의 이교도 사제들로부터 스톨라Stola, 제단에 향을 피우고 초를 밝히는 관습 그리고 대성당의 건축 양식을 모방했다. 뿐만 아니라 교회의 건설자들은 제국의 행정적인 구조가 약화되는 것을 이용하여 지방의 모든 관리들에 대립과 협력으로 맞서면서 대주교 제도를 성립시켰으며, 모든 총독의 부임지에 주교를 파견하거나 임명했다. 정치권력이 약화되고 이의 영향으로 제국이 몰락해가는 상황에서 교회는 자신의 권한을 강화해나가고 있었다. 콘스탄티누스가 황제가 되었을 때, 수많은 총독들의 기능은 이미 질적으로 상당히 저하되면서 오히려 주교들의 권한이 상대적으로 강화되는 현상이 나타나고 있었다. 이제 교회는 몰락해가는 제국의 명실상부한 후계자로 간주되고 있었다. 유대인들은 교회에 윤리를, 그리스인들은 교리에 철학을 그리고 로마는 언어, 실행 정신과 조직력, 예식과 계급 제도를 제공하고 있었다.

제47장 그리스도교의 승리

  수준 낮은 소설들과 저질적인 영화들의 적지 않은 영향으로 그리스도교인들에 대한 박해는 항상 또는 거의 필연적으로 네로 황제의 이름과 연결되곤 한다. 하지만 이것은 잘못된 편견이다. 네로 황제는 로마의 대화재로 인하여 자신에게 쏠리는 의심의 눈초리를 피하기 위해서 계획적으로 그리스도교인들을 탄압한 것이다. 그의 술책은 그리스도교 공동체에 대한 정부와 민중의 적대감과는 무관하게, 그의 회피적인 성격에서 비롯된 것이었을 뿐이다. 그리고 그리스도교 공동체는 평화적인 단체로서 로마 정부의 관용적인 정책하에서 성장하고 있던 수많은 종교 단체들 중의 하나였다. 로마 제국은 외부의 모든 신들을 수용함으로써, 종교적인 측면에서도 이른바 세계의 중심적인 역할을 수행하고 있었다. 당시 로마에는 무려 3만 이상의 신들이 숭배되고 있었다. 또한 외국인이 로마 시민권을 신청할 때에도 심사 대상에서 신청인의 종교적 신념은 고려되지 않았다.

  최초의 불화는 황제를 신으로 수용하고 숭배하라는 명령을 계기로 시작되었다. 사실 이교도들에게 이 명령은 아무런 문제가 되지 않았다. 이교신들의 신전에서는 이미 많은 황제들이 숭배되고 있었으며, 이들 중에서 누군가 카라칼라 황제와 콤모두스 황제를 새로운 신으로 숭배한다고 해도 이상할 것이 아무엇도 없는 상황이었다. 그러나 로마의 감찰관들로서도 구분의 한계가 명확하지 않던 유대인들과 그리스도교인들은 유일신을 숭배하고 있었다. 뿐만 아니라 이 유일신은 다른 신들과 그 어떤 관계도 없었다. 한편 네로 황제 이전에, 그리스도교인들에게 신앙을 포기하지 않아도 된다는 법적인 보장을 약속하는 법령이 발효되었다. 그러나 네로 황제와 그 후임자들은 이법을 거의 존중하지 않았기 때문에 해결이 불가능한 최초의 심각한 오해가 발생했다. 처음으로 이러한 문제점들을 분석했던 켈수스는 종교를 단순히 정부의 도구 중 하나로 간주하고 있던 로마 정부가 그리스도교인들의 황제 숭배 거부를 당국에 대한 복속을 거부하는 것으로 받아들인 것은 결코 우연이 아니었다고 지적했다. 또한 켈수스는 그리스도교인들이 그리스도를 다른 모든 종교들이 최고의 군주로 섬기는 카이사르보다 상위라고 생각하고 있다는 점을 간파했다. 테르툴리아누스는 다른 종교에 대한 그리스도교의 우월성이 바로 이 점에 있다는 점을 역설하면서, 자신들에 대한 고발은 근거가 있지만, 오히려 그 이상으로 자신들의 신념을 발전시킬 것과 더 나아가 그리스도교도의 의무는 잘못된 것에 대한 불복종까지 포함하는 것이라고 주장했다.

이런 식의 비평이 단지 철학자들 간의 활발한 논쟁으로 국한되어 있는 동안에는 문제가 발생하지 않았다. 그러나 교인들의 수가 증가하고 로마 시민을 대상으로 하는 선교 활동이 결실을 맺게 되면서, 민중은 유능한 선교자들에게 적대감을 나타내기 시작했다. 그리고 민중의 반그리스도교적인 행동은 후에 유대인들을 상대로 다시 한 번 되풀이되었다. 민중 사이에서는 그리스도교인들이 마술과 굿을 행하고, 인간의 피를 마시며, 노새를 숭배하고, 불행을 가져온다는 소문이 확산되기 시작했다. 이는 '신에 대한 제물 의식'으로 오해되어 탄압과 마녀 재판의 성립을 가져왔다.

네로 황제 이후, 그리스도교인들에 대한 적대감은 한층 심해졌다. 그리스도교의 신앙 고백을 사형과 같은 중형으로 처벌하라는 법령은 이제 더 이상 황제의 변덕 때문이 아니라, 신흥 종교에 대한 로마 민중의 극단적인 증오심을 반영하는 것이었다. 오히려 대부분의 황제들은 이 법령을 무시했다. 트라야누스 황제는 플리비우스에게 보낸 서한에서, 그리스도교인들에 대한 관용의 의지를 다음과 같이 표현했다. '당신들의 방법을 승인하노라. 그러나 피고인이 그리스도교인이라는 사실을 스스로 부인하고 우리들의 신에 대한 존경심의 증거를 보인다면, 아무런 조건 없이 석방하겠노라.' 훌륭한 회의론자였던 하드리아누스 황제는 이보다 더 관용적인 태도를 보였다. 단지 형식적인 회개의 모습을 보이는 피고인에게도 무죄를 선고했다. 그러나 민중의 증오심이 극단적인 수준에 이르자 더 이상의 관용적인 정책이 불가능하게 되었다. 특히 로마의 기근으로 인한 피해들이 불경건한 그리스도교인들에 대한 관용으로 신들이 분노한 결과이며, 이로 인하여 불행한 사건들이 정기적으로 발생했다는 소문들이 무성했다. 로마에서 이교 신앙은 거의 대부분 사라졌지만, 미신은 여전히 존재하고 있었다. 그리고 그리스도교를 증오하는 로마인들은 지진이나 흑사병 또는 기근과 같은 모든 불행의 원인이 그리스도교인들에 기인한다고 믿고 있었다. 성인이나 다름없던 마르쿠스 아우렐리우스 황제도 끝없이 발생하는 재앙들에 대한 민중의 분노를 극복하지 못하고 굴복한 바 있었다. 아탈루스, 포티누스 그리고 폴리카르포스는 민중의 분노로 순교한 그리스도교 신자들 중에 가장 저명한 인물들이었다.

셉티미우스 세베루스 황제는 자신의 통치 기간 동안 세례 행위를 범죄로 간주하고 박해를 체계적으로 진행했다. 그러나 과거와는 다르게 그리스도교인들도 강력하게 저항하여 로마를 '새로운 바빌론'으로 정의하면서 파괴할 것을 주장했고, 신앙과 군 복무를 양립할 수 없는 것으로 규정했다. 이는 공개적인 매국 행위로서 '애국주의자'의 분노를 야기했다. 그리고 로마의 애국주의자들은 더 이상 외부로부터 로마를 위협하는 자들을 상대로 전쟁을 하기보다는, 내부의 비무장한 적들을 대상으로 애국 투쟁을 전개했다. 데키우스 황제는 불명예스러운 그리스도교 분쟁을 통해서 오히려 제국 통일의 기초를 발견하고, 이를 실천하려고 노력했다. 그는 신들에 대한 거대한 숭배 축제를 거행하면서 참석하지 않은 사람들을 체포할 것을 선포했다. 두려움에 못 이겨 축제에 참석한 사람들도 많았지만, 참석을 거부하다가 모진 고문을 받고 변절한 사람들도 적지 않았다. 테르툴리아누스는 '순교자들을 위해서 슬퍼하지 말라. 이들은 우리를 위한 씨앗이 되리라'고 말했다. 참혹하고 비참한 진실이었다. 6년 후, 발레리아누스 황제 시대에는 교황 식스투스 2세가 순교를 당하기도 했다.

그리스도교도들에 대한 가장 대규모의 박해 사건은 디오클레티아누스 황제 시대에 발생했다. 위대한 황제가 그리스도교 신앙을 강력하게 탄압하고도 오히려 부정적인 결과를 야기시켰다는 것은 참으로 이상한 일이 아닐 수 없었다. 그러나 어쩌면 이것은 그리스도교 신앙에 대한 분노심에 기초한 탄압의 서막이었는지 모른다. 어느 날, 황제는 최고 성직자Pontifex Maximus의 자격으로 예식을 거행하는 동안, 주변에 있던 그리스도교인들이 십자가 성호를 긋는 것을 목격했다. 이에 격노한 황제는 민간인과 군인을 막론하고 자신의 신하로서 예식에 동참할 것과 거부하는 이들을 채찍형으로 처벌할 것을 발표했다. 수많은 사람들이 자신의 명령에 불복하자 황제는 땅 위의 모든 교회들을 불태우고, 이들의 재산을 몰수하고, 관련 서적들을 불태우고, 예배에 참가하는 사람들을 죽이라고 명령했다.

황제가 권좌에서 은퇴한 후, 스팔라토에서 자신이 저지른 박해의 결과에 대해서 명상에 잠겨 있을 때에도 그리스도교도들에 대한 박해는 계속되고 있었다. 당시의 명상으로 황제는 그리스도교에 대한 상당한 견해를 가지게 되어, 오늘날로 말하면 '박사 학위'*를 취득할 수 있을 정도로 많은 식견을 가지게 되었다. 당시에 신앙을 부정하기보다는 차라리 죽음을 선택한 순교자들의 이름과 소원을 기록한『순교기록집Atti dei martiri』은 어느 정도는 과장된 면이 있지만 선교에 커다란 일익을 담당했다. 그리스도교인들은 주님이 자신의 이름으로 인해서 박해를 당하는 이들의 고통을 무디게 하며, 천국으로 인도할 것이라고 설교했다.

콘스탄티누스 황제가 군기에 그리스도의 십자가를 그려 넣

---

* Laurea : 어원적으로는 승리자를 의미한다.

도록 했을 때, 과연 내면적으로 신앙을 수용하고 있었는지에 관해서는 알 수 없다. 그의 모친은 그리스도교 신자였다. 그러나 그의 모친은 자식의 교육에 별다른 관심을 가지지 않았기 때문에, 어린 콘스탄티누스는 군인들의 막사에서 이교 철학자들이나 웅변가들과 함께 지내면서 스스로 배우고 느끼며 성장했다. 그리스도교로 개종한 후에도 그는 이교 의식에 따라서 군대를 축복하는 예식을 거행했다. 교회에 자주 가지도 않았고, 성공의 비밀을 묻는 친구에게는 "행운이 인간을 황제로 만든다네"라고 답했다. 그가 말한 것은 그리스도교의 유일신이 아니라, 행운이었던 것이다. 사제들과 만날 때에는 어느 정도 권위 의식을 가지고 대했지만, 신학 문제에 대해서는 신학의 권위를 인정해서가 아니라 별로 관심이 없었기 때문에 비교적 자유로운 토론과 결정 과정을 허가했다. 에우세비우스와 동시대의 그리스도교인들의 증언에 따르면, 이들의 진심에서 우러나오는 감사를 받을 충분한 자격이 있던 콘스탄티누스 황제는 성인이나 다름없는 존재로 정의되고 있었다. 그러나 우리는 그가 균형 감각과 냉철함 그리고 넓은 시야와 긍정적인 감각을 소유한 정치인으로서, 그리스도교인들에 대한 박해가 성공하지 못했음을 인정하고 과감하게 이들의 존재를 인정한 인물이었다는 사실을 잊어서는 안 될 것이다.

이외에도 그에게는 다른 보다 복잡한 이유들이 있었을 것이다. 콘스탄티누스 황제는 그리스도교인의 높은 도덕성과 품위 있는 생활, 즉 다시 말하면 더 이상 과거의 훌륭한 정신 유산을 보유하지 못하고 있던 제국의 풍속을 고려할 때 이들이 추진하고 있던 청교도적인 혁명에 많은 감명을 받았을 것이다. 그리스도교인들은 놀라운 인내심과 규율을 가지고 있었다. 당시 훌륭한 작가나 변호사 또는 정직하고 능력 있는 관리를 찾으려면 무엇보다도 그리스도교인들 사이에서 살펴볼 필요가 있을 정도였다. 주교보다 더 훌륭한 총독이 존재하는 도시는 더 이상 찾아볼 수가 없었다. 늙고 부패한 정부 관리들을 유능한 그리스도교 성직자들로 교체하거나, 이들을 새로운 제국의 건설을 위한 필수적인 기반으로 활용할 수는 없었을까?

해결책은 그리스도교의 이념보다는, 그리스도교가 과거와는 다른 방식으로 당시의 지도 계층을 개선시키고 발전시키는 구체적인 작업을 추진했다는 사실에 있었다. 그리고 그리스도교는 이 작업을 성공적으로 완수했다.

콘스탄티누스 황제는 관할 구역과 그 주변 지역의 주교들에게 법관으로서의 권한을 인정해주었다. 그다음에는 교회 재산에 대해 세금을 면제해 주고, 신자들의 모임을 법적 단체로서 승인했으며, 자기 아들에게 세례를 준 다음 그에 대한 교육을 신부에게 위임했다. 결국 모든 종교들을 동일한 차원에서 인정하는 밀라노 칙령을 폐지하고 그리스도교의 우월성을 인정하여 공식적인 국가종교로서 수용했고, 모든 시민들에게 종교 회의에서 결정한 규정들에 복종하도록 명령했다.

콘스탄티누스 황제는, 황제로서보다는 오히려 교황의 자격으로 최초의 종교회의Concilius Ecumenicus를 주재하여 그리스도교 내부의 심각한 분쟁들을 해결하려고 했다. 황제는 제국의 재정을 동원하여 318명의 주교들과 그 외 수많은 인사들이 회의 개최지인 니코메디아 근처의 에페소스에 올 수 있도록 경비를 지원했다. 종교회의에서는 해결이 시급한 문제들이 거론

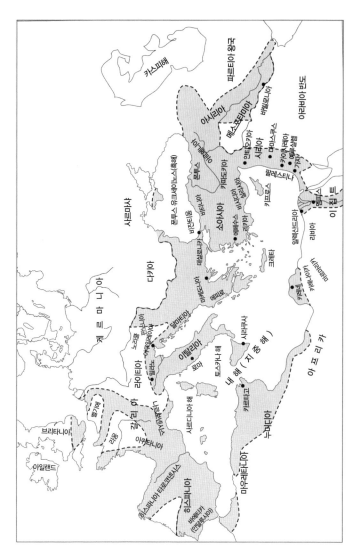

3세기말 그리스도교의 확산

되었다. 소수의 극단적인 금욕주의자들은 자신들이 보기에 지나친 타협과 물욕에 빠진 사제들의 행태를 비난하여 분열의 위기를 자초했으며, 수도원 운동을 전개했다.

이와 거의 때를 같이하여 카르타고의 주교인 도나투스는 박해의 위협을 견디지 못하고 변절했거나 이교도들로부터 세례를 받은 성직자들을 숙청하자는 내용의 안건을 상정하여 많은 사람들로부터 호응을 받았지만, 정작 표결에서는 부결되었다. 그 결과 대분열의 위기가 발생했으며, 이후 수세기 동안 계속될 분쟁이 시작되었다. 그러나 가장 심각한 분열은 알렉산드리아 출신의 설교인인 아리우스가 그리스도교의 핵심 교리인 그리스도와 하나님의 본질적인 동질성을 부인함으로써 야기되었다. 아리우스는 주교에 의해서 파문당했지만, 설교를 계속하면서 주변에 수많은 추종자들을 끌어 모았다. 콘스탄티누스 황제는 양측을 소집하여 중재자의 입장에서 타협안을 모색하려고 노력했다. 그러나 그의 노력이 실패로 돌아가면서 분쟁의 규모는 더욱 확대되었다. 결국 종교회의의 개최는 불가피하게 되었다.

늙고 병든 교황 실베스테르 1세는 더 이상 개입할 수가 없었다. 아타나시우스는 용기와 정직을 무기로 아리우스의 주장을 정면으로 반박했다. 성실하지만 가난하며 고독한 성격의 소유자인 아리우스는 자신의 순수한 신앙심에도 불구하고 패배를 감수해야만 했다. 318명의 주교들 중에 두 명만이 그의 주장을 끝까지 지지했으나, 이들도 모두 파문되었다. 콘스탄티누스 황제는 모든 논쟁을 경청하면서 대화에 개입하는 것을 되도록 자제했다. 그러나 논쟁이 심각한 지경에 이르자, 양측을 불러 신중함을 유지하면서 진정할 것을 당부했다. 그러나 표결을 통해서 그리스도의 신성이 확인되고 아리우스의 처벌이 공식화되자, 황제는 결정 사항을 법안으로 제정하고 아리우스와 그 추종자들을 이단으로 선포하여 이들을 추방했으며 관련 서적들을 불태우고 이를 숨기는 사람들을 죽음으로 처벌한다고 발표했다.

콘스탄티누스 황제는 종교회의를 끝내는 의미에서 참석자들에게 성대한 만찬을 베풀었으며, 엄숙한 의식으로 새로운 수도의 건설을 축하하고 이를 성모 마리아에게 헌정했다. 당시의 사람들은 새로운 수도를 '새로운 로마Nova Roma'로 불렀지만, 후손들은 이를 '콘스탄티노플Constantinople'이라고 불렀다.

우리로서는 콘스탄티누스 황제가 천도 결정이 실질적인 로마 제국의 종말과 새로운 제국의 시작을 의미한다는 사실을 알고 있었는지에 대해서 확신할 수 없다. 새로운 제국은 이후 상당 기간 지속되었으며, 로마라는 명칭을 계속해서 사용했다. 그리고 그 결과로 이제 이탈리아는 제국 영내의 한 속주의 수도로 전락했다.

콘스탄티누스 황제는 조금 특이하면서 복잡한 유형의 인물이었다. 황제는 그리스도교를 공식적으로 지원하면서도, 가족들에게는 예수의 가르침을 적용하지 않았다. 황제는 모친 헬레나를 예루살렘으로 보내, 부패한 로마 관리들이 예수의 무덤 위에 건축한 아프로디테 사원을 파괴하도록 했다. 이전에 에우세비우스 주교는 예수가 처형된 장소에서 십자가를 발견했다고 주장한 바 있었다. 그러나 황제는 이 일이 있은 지 얼마 지나지 않아서 자신의 부인과 자식 그리고 조카를 죽이는 만행을 저질렀다.

그는 두 번 결혼했다. 첫 번째 부인인 미네르비나와의 사이에서 훌륭한 장교로서 리키니우스와의 전쟁에서 뛰어난 활약을 했던 크리스푸스를 얻었으며, 막시미아누스의 딸인 파우스타와의 두 번째 결혼에서는 세 명의 아들과 세 명의 딸을 얻었다. 파우스타는 크리스푸스를 제위 계승권으로부터 제외시킬 목적으로, 그가 자신을 유혹하려 했다고 남편에게 고발했다. 그러나 크리스푸스를 유독히 사랑하던 헬레나는 자신의 손자인 크리스푸스를 유혹한 것이 오히려 파우스타였다고 주장했다. 황제는 실수하지 않으려는 의도에서 양측을 모두 처형했다. 전하는 말에 의하면, 황제는 배다른 여동생인 콘스탄티아와 리키니우스의 사이에서 출생한 아들로서 자신에게는 조카가 되는 리키니아누스가 모반을 획책했다는 이유로 처형했다고 한다.

그러나 이런 내용들은, 에우세비우스 주교가 박해받던 그리스도교 단체를 제국의 교회로 성장시킨 인물들에 대해서 비교적 찬사의 표현으로 논리적으로 서술한 『콘스탄티누스의 생애 *Vita Constantini*』에서는 찾아볼 수 없다. 콘스탄티누스 황제는 그의 자서전을 쓴 작가의 표현과는 다르게 성인이 아니었다. 그는 위대한 장군이자 정확한 행정가였으며 선견지명이 있는 정치가였지만, 실수를 범하지 않은 것은 아니었다.

기원후 337년 부활절을 앞둔 어느 날, 황제는 30년간의 제위를 끝으로 자신의 운명이 다했음을 직감했다. 그는 교회의 신부를 불러 자신을 축복해줄 것을 부탁하면서, 축복받은 사람들이 걸치는 흰색 망토를 입기 위해서 자신의 진홍색 스톨라를 벗고 조용히 죽음을 맞이했다.

만약 콘스탄티누스 황제를 오늘날의 법정에 세울 경우, 그가 그리스도교 문명에 기여한 공로는 재위 기간에 저지른 모든 범죄에도 불구하고 무죄 선고를 받기에 충분할 만큼 위대한 것이었다. 그러나 천국의 심판 앞에서 어떤 판결을 받을지는 아무도 모를 일이다.

제48장 콘스탄티누스의 유산

콘스탄티누스 황제는 아우구스투스 황제 이후 30년 이상 제 국을 통치한 유일한 인물이었다. 그러나 그의 위대한 업적은 자신의 어리석은 유언으로 인하여 심각한 타격을 입고 말았다. 황제는 유언으로 제국을 다섯 개의 구역으로 분할하고, 각 지역의 통치권을 아들들인 콘스탄티누스 2세, 콘스탄티우스 2세, 콘스탄스 1세 그리고 두 명의 조카 델마티우스와 한니발리아누스에게 위임했다.

당시 콘스탄티누스 황제가 제국 분할에 관한 디오클레티아누스의 결정으로 인하여 발생한 불행한 결과들과 아우구스투스들과 카이사르들 간에 벌어진 갈등과 내전의 결과를 몰랐을 리가 없었을 텐데도 이를 무시했다는 것은 실로 놀라운 일이 아닐 수 없다. 하다 못해 제국 분할을 결정한 뒤에도 황제는 세 아들에게 서로 다른 지위의 명칭이라도 부여했으면 좋았을 것이다. 어쨌든 역사가들이 황제의 죽음 이후 발생한 사건들을 기술하는 것은 보통 일이 아니었으며, 그 많은 변화의 실타래를 풀어내는 일 또한 거의 불가능할 정도였다. 그럼 이제부터 최선을 다해서 설명해보기로 하자.

위대한 황제의 장례식이 끝나면서 곧바로 시작된 대학살에서 두 명의 상속자 한니발리아누스와 델마티우스가 살해되는 비극이 벌어진 뒤, 남은 세 명의 아우구스투스들은 상호 견제를 위해서 콘스탄티노플에 주둔군을 설치하는 방안을 채택했다. 그리고 공석 중인 카이사르의 칭호는, 국경을 방어하기 위해서 파견된 갈루스와 율리아누스를 제외하고 살해된 상속자들의 이복형제들과 여러 아들들이 차지했다. 갈루스와 율리아누스에 대해서는 다음에 언급하기로 하자. 이외에도 권력투쟁에는 적지 않은 수의 고위 인사들도 참가했다. 건설된 지 얼마되지 않은 콘스탄티노플에서는 벌써부터 미래의 수백 년 역사를 통해서 반복될 살육전이 시작되었다.

정말로 후대의 역사학자들이 말하는 것처럼, 대살육을 시작한 인물이 콘스탄티우스 2세였을까? 사실 분명하지 않다. 다만우리가 알고 있는 것은, 살육전이 시작되었을 때 콘스탄티우스 2세는 도시에 머물고 있었고 대살육을 저지하려는 어떤 행동도 취하지 않았으며 오히려 참사를 통해서 가장 많은 혜택을 얻은 인물이었다는 사실이다. 콘스탄티우스 2세는 다른 두 형제를 스미르나Smirna에 불러들여 이들과 함께 다시 한 번 제국분할을 논의했다. 최후의 결정에 따라서 자신은 콘스탄티노플과 트라키아를 포함한 동방 지역을 차지하고, 막내인 콘스탄스 1세에게는 이탈리아, 일리리아, 아프리카, 마케도니아 그리고아카이아의 통치를 위임하고, 갈리아 지역을 차지한 콘스탄티누스 2세에게는 주종 관계를 유지하도록 했다.

만약 콘스탄티우스 2세가 다른 두 상속자들 간의 불화를 조장하고 이들의 싸움을 통해서 어부지리를 얻어내기 위해서 타협안을 마련한 것이었다면, 상당히 훌륭한 계책이었다고 할 수있다. 불과 3년이 지나기도 전에 이들은 모두 제거되었다. 최초의 전투에서 콘스탄티누스 2세는 다혈질적인 성격으로 인해서 무리한 공격을 감행하다가 매복에 걸려 살해되었다. 콘스탄스 1세는 패배자의 모든 영토를 병합했다. 한편, 이들 간의 전쟁이 오래 지속되어 서로 많은 피해를 입기를 희망했던 콘스탄티우스 2세는 당황하지 않을 수 없었다. 불행히도 유일하게 남은 적은 자신보다 월등한 전력을 보유하고 있었다.

이번에도 행운은 콘스탄티우스 2세에게 미소를 보냈다. 드넓은 갈리아에서 반란이 발생하자, 콘스탄스 1세는 유능한 장군으로서 반란군들을 차례로 격파했다. 그러나 콘스탄스 1세는 무능한 통치자였기에 신하들에게 무거운 세금을 부과하여 이들의 불만을 샀고, 또 좋지 못한 행실로 주변의 비난을 받았다. 이에 야만족 출신의 장군인 마그넨티우스는 콘스탄스 1세를 살해하고 스스로 황제를 자처했으며, 거의 때를 같이하여 일리리아에 주둔하고 있던 베트라니우스도 자신을 황제로 선포했다.

콘스탄티우스 2세는 서방 지역의 정의를 확립한다는 합법적인 개입 명분을 가지게 되었다. 그리고 이 당시에 군대를 이끌고 여러 지역들을 돌아다니면서 약탈을 일삼던 페르시아의 왕 샤푸르 2세와 평화 협정을 체결했다. 콘스탄티우스 2세는 제위 찬탈자들을 처벌하기 위한 군사 원정과 동시에 자신의 목표를 완수하는 데에 중요한 변수로 작용했던 능률적인 외교 전략을 병행했다. 베트라니우스는 세르디카Serdica 평원으로 자신을 만나러 온 콘스탄티우스 2세와 협정을 체결한 후에 곧바로 합류했다. 이곳에서 베트라니우스는 콘스탄티우스 2세에게 무릎을 꿇고 자신의 행동에 대한 용서를 빌었다. 콘스탄티우스 2세는 이들을 용서하고 상금을 지급한 후에, 마그넨티우스에 대한 군사 원정에 동참시켰다. 콘스탄티우스 2세는 오늘날의 헝가리에서 벌어진 전투에서 적군을 격파하고 히스파니아까지 추격하여, 마그넨티우스로 하여금 동생 데켄티우스와 함께 자살할 것을 명령했다. 이렇게 해서 제국은 다시 한 번 한 명의 군주에 의해 통일되었다.

콘스탄티우스 2세는 전임자였던 부친과는 다르게 위대한 장군이 아니었다. 더구나 그는 전쟁을 좋아하지 않았으며, 가능한 한 회피하려고 했다. 그러나 일단 피할 수 없는 상황에 처하게 될 경우에서는 적극적이면서도 신중한 자세로 전투에 임했다. 그는 의무에 대한 강한 책임감을 가지고 있었으며, 어떠한 희생과 대가를 치루더라도 자신에게 주어진 의무를 반드시 수행했다. 콘스탄티우스 2세는 고독을 즐기고 의심이 많았으며 조용하고 과묵한 성격의 소유자로서, 인간미와 사악한 면모를 모두 갖추고 있었다. 그러나 자포자기하는 유형은 아니었다. 이런 의미에서, 그는 16세기 스페인의 펠리페 2세나 오스트리아의 프란츠 요제프와 흡사했다. 콘스탄티우스 2세는 이들과 마찬가지로 성인에 가까운 인물들이었지만, 자비와 희망이 결여된 신앙인이기도 했다. 오히려 그는 비관론자로서 자비에 인색했으며, 인간의 영혼을 위해서는 육신을 희생시킬 필요가 있다고 강하게 믿고 있었다. 그는 세 번 결혼했지만, 사랑보다는 상속자를 얻는 것에 보다 큰 관심을 가지고 있었다. 세 명의 부인들은 아들을 낳지 못했다. 더구나 그의 형제들도 아들을 가지지 못했다. 콘스탄티누스 황제의 수많은 자손들 가운데 기원후 337년에 벌어진 참혹한 대학살에서 살아남은 사람은 겨우 갈루스와 율리아누스뿐이었다.

갈루스와 율리아누스는, 오래 전부터 아리우스파를 추종하던 주교로서 자비심이 없고 무리 속에서 고독과 절망감을 즐기던 에우세비우스의 보호하에 카파도키아에서 살고 있었다. 337년에 벌어진 대학살에서 겨우 목숨을 건진 이들은 모친인 바실리나와 부친, 삼촌들, 사촌들 그리고 심지어는 하인들까지 무참하게 살육되는 비극적인 장면을 목격해야만 했다. 당시 갈루스는 10세였고, 율리아누스는 6세였다. 이들은 후에 대학살의 직간접적인 책임자가 콘스탄티우스 2세였다는 사실을 알게 되었지만, 여전히 황제의 감시를 받는 처지였다. 성년이 된 갈루스는 죄수나 다름없는 처지에서 황제의 딸, 콘스탄티나와 혼인한 후에 카이사르의 자격으로 안티오크에 파견되었다. 갈루스는 빠르게 승진했으나, 자신에게 주어진 기회를 포착할 만한 인물은 아니었다. 그러나 갈루스는 어린 시절의 경험들을 통해서 살인과 속임수가 인간의 속성이며, 자신을 보호하기 위해서는 모든 것을 의심하고 조금이라도 이상해 보이는 사람을 가차 없이 죽여야 한다는 사실을 굳게 믿게 되었다. 콘스탄티우스 2세가 자신의 선택이 크게 잘못되었다는 사실을 알게 됐을 때에는 이미 사위가 많은 사람들을 탄압한 후였다. 황제는 사위의 직위를 박탈할 경우 반란의 위험이 있다는 것을 알고 있었기 때문에, 마치 아무것도 모르는 것처럼 행동하면서 친구의 입장에서 갈루스를 밀라노로 불러들였다. 본능적으로 불안감을 느낀 갈루스는 사정을 알아보기 위해서 부인을 먼저 로마로 보냈으나 부인이 여행 중에 사망하게 되자, 할 수 없이 자신의 입장을 분명하게 밝혀야만 했다. 결국 갈루스는 판노니아에서 한 무리의 군인들에게 체포되어, 콘스탄티누스 황제가 자신의 맏아들을 살해한 비극의 도시였던 풀라Pula로 이송되었다. 콘스탄티우스 2세는 가문의 전통에 따라서 갈루스를 처형하도록 지시했다. 약식재판에 이어 미리 준비된 판결문이 낭독된 후에 곧바로 처형이 집행되었다.

콘스탄티우스 2세는 또다시 아무런 후계자도 없는 유일한 통치자로 남게 되었다. 그러나 그는 그사이에 많이 늙어 있었다. 황제는 갈루스를 제거한 날, 공범으로 의심받고 있던 율리아누스마저도 국경 지역으로 보내버렸다. 그러나 이 소년의 몸속에는 위대한 콘스탄티누스 황제의 피가 흐르고 있었다. 결국 콘스탄티우스는 수없이 망설인 뒤에 그를 다시 불러 카이사르로 임명했다. 율리아누스는 콘스탄티우스 2세의 유일한 후계자가 된 것이었다.

황제는 자신의 결정이 별로 내키지 않았지만, 결과적으로는 가장 훌륭한 선택으로 입증되었다. 율리아누스는 문학과 철학을 공부하면서 시간을 보내고, 임무가 주어졌을 때에는 결단력 있게 일을 처리했다. 황제로부터 입찰의 형식으로 위임받은 서부 지역에 도착했을 때, 율리아누스는 수많은 반란군만이 자신을 기다리고 있다는 사실을 알게 되었다. 율리아누스는 처음부터 휘하의 장군들에게 모든 일을 위임했지만, 반란군의 움직임을 확실히 간파한 후에는 지휘권을 장악하고 레노 강을 건너오는 프랑크족과 게르만족을 상대로 싸워 이기고, 계속해서 지방 반란들을 진압하여 브리타니아 지역에 제국의 권위를 재확립했다. 그러나 여기에서 기억해둘 것은 일반적으로 많은 권력을 소유한 인물에게는 카이사르라는 칭호가 결코 주어지지 않았다는 사실이다.

콘스탄티누스 황제의 가계도

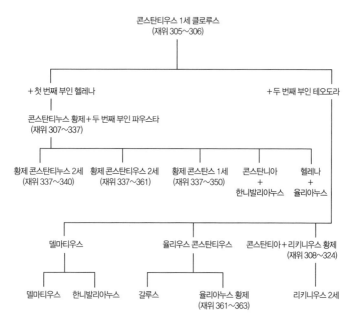

콘스탄티우스 1세 클로루스
(재위 305~306)

+ 첫 번째 부인 헬레나

콘스탄티누스 황제 + 두 번째 부인 파우스타
(재위 307~337)

황제 콘스탄티누스 2세
(재위 337~340)

황제 콘스탄티우스 2세
(재위 337~361)

황제 콘스탄스 1세
(재위 337~350)

콘스탄티아
+
한니발리아누스

헬레나
+
율리아누스

+ 두 번째 부인 테오도라

델마티우스

율리우스 콘스탄티우스

콘스탄티아 + 리키니우스 황제
(재위 308~324)

델마티우스

한니발리아누스

갈루스

율리아누스 황제
(재위 361~363)

리키니우스 2세

불행히도, 바로 이 당시에 페르시아의 왕 샤푸르 2세가 전쟁을 시작하자 콘스탄티우스 2세는 이들의 위협에 대처하기 위해서 율리아누스에게 군대의 일부를 파견하도록 요청했다. 이제 어엿하게 군인으로서의 면모를 갖춘 율리아누스는 명령에 마지못해 복종하면서, 휘하의 군인들과 이별해야만 하는 심정을 드러내지 않으려고 노력했다. 그러나 군인들은 상관의 착잡한 마음을 명령 불복의 의지로 해석하고 율리아누스를 황제로 선포했다. 이에 율리아누스는 콘스탄티우스 2세에게 서한을 보내 부하들의 행동이 자신의 의지와는 관계가 없는 일이라고 해명했다. 그러나 황제가 카이사르의 칭호를 반납하고 자신에게 복종한다는 의지를 분명하게 표명하라는 답장을 보내자, 율리아누스는 거부 의사를 밝히면서 자신의 군대 앞에서 정면대결 의사를 분명하게 밝혔다. 비유적인 표현을 빌리면, 당시의 율리아누스는 은행을 턴 것이 아니라, 경로는 알 수 없지만 자신이 소유하게 된 장물의 반환을 거부한 것이다.

　그러나 전쟁은 일어나지 않았다. 율리아누스와 대결하기 위해서 출정했던 콘스탄티우스 2세가 행군 중에 사망한 것이다. 황제는 유언장에서, 자신을 상대로 전쟁을 시작했고 자신이 승리했을 때에는 처형시켰을 것이 확실한 율리아누스를 후계자로 임명할 것을 지시했다. 이번에도 콘스탄티우스 2세는 자신의 개인적인 감정보다는 국가의 필요에 복종했다. 즉 콘스탄티우스 2세는 율리아누스에게서 정치인으로서의 위대한 재능을 발견하고 자신의 후계자로 결정한 것이었다. 율리아누스는 장엄하게 거행된 장례식에서 상복을 입고 관 위에 엎드려 울면서 자신의 복잡한 심정을 토로했다. 이는 실로 멋진 연극의 한 장면이었으며, 두 배우의 연기는 가히 천재적인 것이었다.

율리아누스 황제에 대한 이야기는 그 자신이 남긴 수많은 기록들 이외에도, 이후 많은 작가들의 언급을 통해서 끊임없이 소개되고 있다. 율리아누스 황제는 글을 써서 발표하는 것을 좋아했으며, 찬양문 그리고 철학적이고 정치적인 표현들을 애용했다. 그러나 20개월 동안 제국을 통치했던 율리아누스 황제에 관한 언급에는 과장된 내용이 적지 않았다.

그에 관한 소문이 그토록 무성했던 이유는 율리아누스 황제가 그리스도교를 배척하고 이교를 재확립했다는 사실에 기초하고 있었다. 이미 콘스탄티우스 2세는 복잡한 종교 문제를 해결하는 데에 상당한 시간을 소비해야만 했다. 콘스탄티우스 2세는 제국의 황제였을 뿐만 아니라, 교권의 수장 자격으로 교회의 내부에서 발생한 도나투스파, 아리우스파 그리고 멜레티우스파 같은 교리 문제에 개입하고 있었다. 그는 독실한 그리스도교 신자였지만, 이교적인 입장에서 교회를 국가의 한 수단으로 간주했으며, 그리스도교를 보호한다는 명분으로 교회를 통제하고 있었다.

율리아누스 역시, 비록 의도가 굴절되기는 했지만, 종교에 많은 관심을 가지고 있었다. 그 결과로 '배교자'로 불리기도 했다. 율리아누스에게 그리스도교에 대해서 회의를 가지게 만든 인물은 교리문답적인 교훈들을 엄격하게 가르쳤던 스승 에우세비우스였다. 한때 국경 지역의 니코메디아에 있던 율리아누스에게 유일한 위안거리를 제공한 인물은 스키타이인이었던 늙은 하인 마르도니우스였다. 그는 율리아누스에게 호메로스와 그리스 철학자들의 글을 읽어주었다. 지금까지 이 늙은 하인이 이교도였는지, 그리스도교도였는지는 알려져 있지 않다. 다만 밝혀진 사실은 그가 고전주의의 충복으로서, 자신의 주인에게 고전 시대의 지성을 주입했다는 것이다. 율리아누스는 주변의 그리스도교인들이 위대한 시대정신을 대표하지 못한다고 생각했다. 율리아누스는 결코 위대한 사상가는 아니었다. 그의 작품을 읽어보면 이 사실을 보다 확실하게 알 수 있다. 종종 그의 사고의 논리는 오리무중에 빠지기도 했다. 그는 뛰어난 기억력을 가지고 있었지만, 예술을 이해하지 못했고 부차적인 철학 문제들에 지나치게 치중함으로써 핵심을 놓쳐버리는 오류를 범하기도 했으며, 인용과 형이상학적인 표현들을 추종했다. 교회와 사악한 신부들을 동일하게 취급하는 편견에 빠져 분별력을 상실한 것은 그의 심각한 단점이었다. 어쨌든 그의 정치적 지성은 자신이 가진 이념을 명예롭지 못하게 만들었다. 이 과정에서 율리아누스는 이교를 국교로 결정하려는 결심을 하게 되었다. 그러나 정치 분야에서 과거로의 환원은 시대착오에 불과했다.

율리아누스 황제의 그 유명한 저서인 『아포스타시아*Aposta-sia*』는 분명한 불가지론이다. 황제는 교회에 많은 피해를 주고 있던 이단들을 처리하는 문제에 무관심하여, 마치 이단들에 호의를 가지고 있었던 것처럼 보였다. 그러나 유대인들에게도 솔로몬 사원을 건축하도록 허가했는데, 불행히도 그 기초가 지진으로 붕괴되었다. 후에 그리스도교 역사가들은 이 사건을 신의 분노라고 해석했다. 황제가 고대의 이교 신앙들을 청산하는 일을 추진했다고는 하지만 입증된 것은 없었다. 어쨌든 그의 정책은 지지를 받지 못했다. 시민들은 마지못해 그의 명령에 따르고 있었을 뿐이었다. 알렉산드리아에서는 게오르기오스 주교가 이교도에게 살해되고, 안티오크에서는 아폴로 신전이 그리스도교도들에 의해서 불타는 사건이 발생했지만, 율리아누스는 형평성을 유지한다는 취지에서 아무런 조치도 취하지 않았다. 만약 페르시아의 왕 샤푸르 2세가 전쟁을 일으키지 않았다면, 신은 율리아누스의 정치-종교적 무정부주의가 어떻게 그리고 어디에서 종말을 맞이하게 되었을지를 보여주었을 것이다. 율리아누스는 그 어느 때보다도 어렵고 위험한 전쟁에 직면했음에도, 과거와 같은 방식으로 군대를 조직하고 수천의 함대를 구성하여 군사 원정을 개시했다. 전투 초기에 로마 군대는 승리를 거두었지만, 적들의 도시인 크테시폰Ctesiphon을 함락시키지 못하고 결국 후퇴해야만 했다. 그러나 누가 이 순간에 운명의 풍랑을 불게 하여 배들에 심각한 타격을 입히도록 했을까? 율리아누스는 이 상황에서 선택의 여지가 없음을 알게 되자, 얼마 남지 않은 배들을 모두 불태우도록 명령했다. 그러나 이 사건은 승리에 대한 결연한 의지를 다시 한 번 점검하려던 황제의 의도와는 다르게, 오히려 군인들의 사기를 저하시키는 결과를 가져왔다. 결국 로마 군대는 대부분이 바위로 덮여 있으며 더구나 강한 태양열로 인하여 더 이상 버틸 수가 없었던 이 지역으로부터 후퇴해야만 했다. 페르시아 군대는 창부대를 동원하여 후퇴하는 로마 군대에 큰 타격을 입혔다. 그리고 전투 과정에서 황제는 적의 창에 간이 관통되는 치명적인 부상을 입었다. 율리아누스는 손으로 창을 뽑으려다가 심한 출혈을 하게 되었다. 자신의 죽음이 멀지 않았음을 알게 된 황제는 친구들인 철학자 막시무스와 프리스쿠스를 불러 이들과 영혼 불멸에 대한 대화를 나누면서 최후를 맞이했다.

전승에 따르면, 황제는 한 손을 허공에 뻗고 다른 한 손으로는 상처 부위를 압박하며 피를 튀기면서 분노의 목소리로 "갈릴레오여, 그대가 승리했노라"라고 외쳤다고 한다.

그러나 이 말은 사실이 아닐 것이다.

제49장 암브로시우스와 테오도시우스

　당시 제국의 심각한 위험의 순간에 군대는 장교들 가운데에서 새로운 황제를 선출함으로써 결정적인 역할을 했다. 황제로 추대된 인물은 장교 출신의 요비아누스로서, 재임 기간 동안 어리석고 미련한 일만 했다. 황제는 서둘러 적들과 평화 조약을 체결했는데, 그 결과 페르시아인들은 제국으로부터 아르메니아를 획득할 수 있었고 승리 아닌 승리의 대가로 매년 엄청난 재물을 얻어낼 수 있었다.

　그러나 요비아누스 황제는 제국의 수도로 돌아가기도 전에 객지에서 병으로 사망했다.

　또다시 군대는 발렌티니아누스 1세를 새로운 황제로 추대했다. 그는 판노니아의 밧줄 제조인의 아들로서 훌륭한 장군이었다. 소문에 의하면, 그리스도교 신앙을 부인하지 않는다는 이유로 율리아누스 황제에 의해서 좌천된 적이 있었다고 한다. 황제라는 칭호가 의미하는 막중한 책임감에 부담을 느낀 발렌티니아누스 1세는 통치권을 분담하기 위해서 동생인 발렌스에게 콘스탄티노플을 수도로 하는 동로마 지역을 위탁하고, 자신은 밀라노를 수도로 하는 서로마 지역을 통치하는 이중적인 지배 체제를 구축했다. 이 결정은 기원후 364년의 일이었다.

　그러나 이 형제들 사이에도 시급히 해결해야 할 문제가 발생했다. 발렌스 황제는, 율리아누스의 유일한 인척으로서 카파도키아에 주둔 중인 군대의 일부를 지휘하여 스스로를 황제로 선포한 프로코피우스의 반란을 진압해서 주모자를 체포하여 처형시켰다. 발렌티니아누스 1세는, 평소 두려워하던 율리아누스가 죽었다는 소식에 용기를 내어 갈리아에서 반란을 일으킨 야만족 알레만니족과 전쟁을 준비했다. 황제는 레노 강 유역에서 이들을 포위한 후에 섬멸했다. 계속해서 유능한 플라비우스 테오도시우스 장군을 브리타니아로 파견하여 색슨족과 스콧족을 정복하도록 지시했다. 그러나 테오도시우스는 자신의 능력과 공적에 비해서 모자라는 대우를 받고 있었다. 그는 브리타니아 원정 후에 평화를 정착시키는 임무를 부여받고 아프리카로 다시 파견되었지만, 부패한 공직자들의 모함과 거짓말로 인해서 반역의 누명을 쓰고 체포되어 참수되었다.

거짓 보고를 사실로 믿은 황제는 자신의 결정이 올바른 것이었다고 확신하고 있었다. 그는 탁월한 정신의 소유자는 아니었지만, 긍정적이고 올바른 성격을 가지고 있었다. 결점은 화가 나면 정신을 잃을 정도라는 것인데 이로 인해 두 가지 심각한 실수를 범했다. 첫째는 테오도시우스의 처형을 승인한 것이었고, 둘째는 자신의 죽음이었다. 왜냐하면 콰디족의 모반 소식을 듣고는 분노로 실신해 그대로 저세상으로 가버렸기 때문이다.

이는 375년의 일이었다. 그러나 황제는 사망하기 8년 전에 아들 그라티아누스를 후계자로 임명함으로써 이번에는 새로운 황제의 선택 과정이 합법적으로 이루어졌다. 15세의 그라티아누스는 콘스탄티우스 2세의 유복녀인 13세의 콘스탄티아와 혼인했다. 한편 콘스탄티우스 2세의 미망인인 유스티나는 후에 프로코피우스와 재혼했지만, 발렌티니아누스 2세를 낳은 후에 다시 과부가 되었다. 설명이 상당히 복잡하게 얽혀 있지만, 좀 더 쉽게 설명해보기로 하자.

발렌티니아누스 1세에게는 제국의 동부 지역을 통치하고 있던 형제 발렌스 이외에도, 콘스탄티우스 2세의 딸 콘스탄티아와 혼인한 그라티아누스라는 이름의 아들이 있었다. 그리고 콘스탄티아의 모친인 유스티나는 과부가 된 후에 찬탈자인 프로코피우스와 재혼하여 발렌티니아누스라는 이름의 아들을 낳았다. 그러므로 발렌티니아누스 2세는 콘스탄티아의 이복형제였다.

유스티나는 시아버지인 발렌티니아누스 1세에게 그라티아누스와 당시 4세였던 발렌티니아누스 2세를 제국의 분할 통치 권자로 임명하도록 압력을 넣을 만큼, 야심이 상당한 여성이었다. 황제가 사망했을 때 콘스탄티노플에서는 발렌스가, 밀라노에서는 발렌티니아누스 2세의 대부로서 권력을 행사한 그라티아누스가 제위를 차지하고 있었다.

바로 당시에 러시아 지역으로부터 가장 위험한 야만족인 훈족이 밀려오고 있었다. 고트족의 왕은 이들과 협정을 체결하고, 이들을 동로마 제국의 국경 지역으로 끌어들였다. 국경에 도달한 훈족은 발렌스 황제에게 국경을 경비하는 임무를 대가로 제국에 편입시켜줄 것을 요구했다. 황제는 오랫동안 망설인 끝에, 이들의 요구를 수용했다. 그러나 20만~30만 명에 이르는 거대한 무리를 이룬 이들이 제국의 새로운 신하가 된 후에도 자신들의 풍속에 따라서 약탈과 도둑질을 계속하자 황제는 곧 그들과의 협약을 철회했다. 그리고 황제는 페르시아에 대한 전쟁을 계획하고 있었다. 따라서 황제는 호전적인 고트족의 공격을 받고 있던 아드리아노폴리스를 구하기 위한 계획을 좀 더 연기해야만 했다. 황제는 자신을 돕기 위해서 달려오고 있던 조카 그라티아누스를 기다리지 않고 적들을 공격하기 위해서 북쪽으로부터 접근했다. 발렌스 황제는 즉시 전군을 투입하여 단독으로 공격을 시도했다. 그러나 부상까지 당한 황제는 부하들에 의해서 근처의 초가집으로 옮겨졌다. 뒤를 추격해 온 적들이 피신처에 불을 질러버림으로써 황제는 산 채로 불에 타죽는 비참한 운명을 맞이했다.

홀로 남은 그라티아누스는 감히 공격할 엄두를 내지 못하고 있었다. 비록 20세의 어린 나이였지만, 그는 훌륭한 자질을 갖춘 장군이었다. 그 어느 때보다도 분별력이 필요한 이 순간에 그라티아누스는 조심스럽게 군대를 후퇴시켜 일리리아와 이탈리아를 방어하는 데에 투입했다. 나이 어린 사촌인 발렌티니아누스 2세와 권력을 분담할 수 있는 상황이 아님을 알게 되자, 그는 동방 지역을 통치할 다른 인물을 선택할 필요성을 강하게 느꼈다. 현명한 판단 끝에 그라티아누스는 당시 유능한 장군으로서 아프리카에서 억울한 모함을 받고 발렌티니아누스 1세에 의해서 죽임을 당한 장군과 동명이인인 사람의 아들인 테오도시우스 1세를 선택했다. 황제는 테오도시우스에게 동로마 제국의 통치를 위임했다. 그러나 당시의 역사 무대에는 또 다른 결정적인 중요성을 가진 인물로서 밀라노의 주교이며 당시의 모든 이탈리아 주민들, 특히 롬바르디아 주민들이 성인으로 간주하고 있던 암브로시우스가 등장했다.

암브로시우스는 신부도, 신학자 출신도 아니었다. 그저 훌륭한 세속 관리로서 기원후 374년까지 리구리아와 아이밀리아를 통치하던 총독이었다. 암브로시우스는 이 지역 교구에서 심각하게 대립하고 있던 로마가톨릭과 아리우스 추종자들 간의 분쟁을 해결하는 역할을 수행해야 했다. 그는 자신의 임무를 훌륭하게 수행함으로써, 아리우스파였던 아우센티우스 주교가 사망한 후에는 후임자로 임명되기도 했다. 또한 당시에 세례를 받지 않은 상태에서 선거를 통해서 주교로 선출되었다. 발렌티니아누스 1세는 암브로시우스에 대해서 깊은 존경심을 가지고 있었기 때문에 이의를 제기하지 않았다고 한다. 암브로시우스는 그 후 불과 며칠 만에 세례와 서품을 받고 주교 자리를 차지했다.

만약 그가 오늘날의 미국에서 출생했다면, 포드나 록펠러 같은 인물이 되었을지도 모른다. 부친이 사망한 후에 전권을 물려받은 그라티아누스 황제는 암브로시우스를 가장 긴밀한 협력자로 신임했다. 황제와 주교는 이교와 아리우스파에 대항하여 공동으로 투쟁했다. 아리우스의 추종자들은 자신들을 보호해주던 발렌스 황제의 죽음으로 인해서 위기 상황에 놓이게 되었다. 그라티아누스는 자신이 황제가 되는 데에 상당한 역할을 했을 것으로 생각되는 암브로시우스 주교의 가장 확실한 지지자로서, 종교적으로도 지지를 아끼지 않았다. 이제 이교는 결정적으로 패배했다. 그리스도교 세계에서 가톨릭은 가장 확실하고 영속적인 승리를 확인하고 있었다.

그러나 불행히도 정치적인 측면에서는 상황이 여의치 않게 전개되고 있었다. 브리타니아의 총독이었던 마그누스 막시무스가 그라티아누스 황제를 오늘날로 말하면 맹신적인 그리스

테오도시우스 1세의 가계도

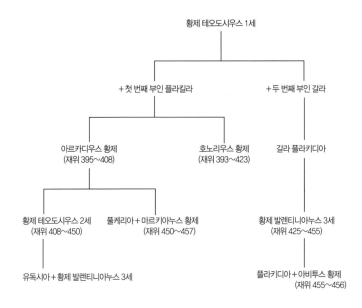

황제 테오도시우스 1세

+첫 번째 부인 플라킬라
+두 번째 부인 갈라

아르카디우스 황제
(재위 395~408)

호노리우스 황제
(재위 393~423)

갈라 플라키디아

황제 테오도시우스 2세
(재위 408~450)

풀케리아+마르키아누스 황제
(재위 450~457)

황제 발렌티니아누스 3세
(재위 425~455)

유독시아+황제 발렌티니아누스 3세

플라키디아+아비투스 황제
(재위 455~456)

도교 민주당원으로 고발하면서 반란을 일으켰다. 그리고 또 다른 음모가 어린 황제의 궁전에서 발생했는데, 이 과정에서 당시 파리에 머물고 있던 황제는 도망치던 중에 칼에 찔려 살해되었다. 비열하게도 막시무스는 테오도시우스 1세에게 보낸 서한에서 이 사건을 사고로 묘사하면서, 제국을 세 부분으로 나누어 이탈리아를 죽은 황제의 모친과 암브로시우스의 섭정하에 발렌티니아누스 2세에게 주고 자신은 서로마 지역을 차지하겠다는 제안을 했다.

테오도시우스 1세는 생각이 깊은 인물이었다. 그의 적들은 그를 '결단력이 없는 인물'이라고 말하곤 했지만, 이런 평가가 어느 정도까지 사실인지는 생각해볼 필요가 있다. 테오도시우스 1세는 자신의 친구이자 동료인 그라티아누스의 죽음에 울분을 토로했지만, 고트족과 훈족 그리고 목전에 도달한 페르시아인들과 대치하고 있는 상황에서 복수를 위한 전쟁을 수행한다는 결정을 내리는 것은 쉬운 일이 아니었다. 결국 테오도시우스 1세는 자신의 의사를 분명하게 드러내지 않는 답장을 했고, 막시무스는 이를 긍정적인 회답으로 받아들였다. 막시무스는 이전에 그라티아누스 황제를 광신자라고 비난했던 사실을 잊고, 암브로시우스의 지원을 기대하면서 이단에 대한 탄압을 열렬하게 주장했다. 그는 발렌티니아누스 2세에게 이탈리아를 주기로 약속했음에도 불구하고 자신이 반도를 차지할 생각을 하고 있었으며, 국경 수비를 강화한다는 명분하에 자신이 파견한 부대의 이탈리아 상주를 요청했다. 만약 공포심에 사로잡힌 유스티나가 황제인 아들과 아름다운 딸 갈라를 데리고 테오도시우스 1세에게 도망가지만 않았다면, 나이 어린 황제를 살해하려는 막시무스의 계획은 성공했을 것이다.

갈라를 보는 순간 첫눈에 반해버린 테오도시우스 1세는 냉철한 정치적 계산으로는 해결을 볼 수 없었던 찬탈자에 대한 복수를 사랑의 이름으로 결행했다. 양측 군대는 판노니아에서 충돌했는데, 전투에서 패한 막시무스는 처형되었다. 갈라와 결혼한 테오도시우스 1세는 장모와 사촌을 데리고 밀라노로 가서 이들과 잠시 동안 함께 지냈다. 이런 과정을 통해서 서로마에 대한 동로마의 보호 정책이 시작되었다.

한편, 암브로시우스는 계속해서 이단 세력과의 투쟁을 전개했다. 아리우스의 추종자들은 콘스탄티노플에서 테오도시우스 1세의 박해를 받았지만, 이탈리아에서는 유스티나가 아들 발렌티니아누스 2세를 그들의 교리를 중심으로 교육시키고 있었기 때문에 보호받을 수 있었다. 그러나 암브로시우스는 아리우스의 추종자들에게 하나의 교회라도 제공하자는 유스티나의 요구를 단호하게 거절했다. 이에 발렌티니아누스 2세는 유배시키겠다는 위협으로 맞섰지만, 암브로시우스는 굴복하지 않았다. 그 후 심각한 사건들이 연쇄적으로 발생했다. 칼리니코Callinico의 그리스도교인들이 유대인 마을에 불을 지른 사건의 경우, 밀라노에 있던 테오도시우스 1세는 방화 책임자들에게 마을의 재건축 비용을 지불하도록 명령했다. 암브로시우스는 이러한 명령을 취소해주도록 요청했다. 그러나 자신의 요구가 수용되지 않자, 다음과 같이 심정을 토로했다. '나는 황제께서 나의 요청을 수락해줄 것으로 믿고 이같이 서한을 보냅니다. 그렇지 않으면 나는 나의 교회로 하여금 당신을 거부하고 나의 말을 따르도록 만들 것입니다.'

도대체 세상이 어떻게 변했기에 제국의 일개 관리에 불과한 성직자가 황제인 테오도시우스 1세를 심판하겠다고 하는 것일까? 발렌티니아누스 2세라면 아마도 분노에 못 이겨 졸도했을 만한 일이었다. 그러나 테오도시우스 1세는 더 이상 아무런 말도 하지 않고 자신의 의지를 철회했다. 얼마 후에 테오도시우스 1세는 테살로니카에서 친위대의 한 장군을 살해한 그리스도교인들에 대해서 처벌을 내렸다. 황제는 열성분자들을 체포하도록 지시했다. 이처럼 황제는 이 사건에 대하여 엄격한 처벌의 의지를 보였지만, 실제로 문제의 핵심은 종교적인 것이 아니었다. 그럼에도 암브로시우스는 적극적으로 개입하려는 의도에서 자신의 의사를 설교로 분명히 나타내며 황제와의 면담을 거부했다. 암브로시우스는 테오도시우스 1세가 엄숙하고 성실한 마음으로 용서를 구하기 전까지 교회에 출입하는 것을 금지했다. 이는 세속 권력에 대한 영적 권력의 승리였으며, 이를 기념하기 위해서 다음의 찬송가가 작곡되었다. '우리 모두 주 하나님을 찬양합니다Te Deum laudamus.'

그러나 이교도들은 프랑크족 출신의 모험가로서 그라티아누스 황제의 통치하에서 제국에 충실하게 봉사했던 아르보가스트를 구심점으로 세력을 유지하고 있었다. 이제 그는 발렌티니아누스 2세의 친위대를 지휘하면서, 암브로시우스에게 굴복하여 주교 반지에 키스하는 복종 의식을 거행한 어린 황제를 마음속으로 무시하고 있었다. 어느 날 어린 황제가 침대에서 죽은 채로 발견되었지만, 아르보가스트는 황제가 자살했으며 자신은 결코 제위를 찬탈하지 않겠다고 말했다. 그 이유는 비록 로마 제국이 몰락의 과정에 있기는 하지만, 야만인 출신의 인물이 황제가 될 정도는 아니라는 사실을 잘 알고 있었기 때문인 듯하다. 이 틈을 이용하여 근대 역사의 서기장에 비유될 수 있는 플라비우스 유게니우스가 군대를 장악하여 권력의 최일선에 등장했다.

이번에도 테오도시우스 1세는 즉각적인 반응을 보이지 않았다. 오히려 2년이 지난 후에야 비로소 복수를 위한 군사 원정을 단행했다. 이 기간에 아르보가스트는 유게니우스에게 가톨릭과 아리우스파에 대한 형평성 있는 정책과 관용을 요구했다. 그러나 유게니우스 역시 아드레날린 주사로도 이교를 재생시킬 수 없다는 사실을 잘 알고 있었다.

기원후 394년, 황제와 제위 찬탈자는 결전을 준비했다. 유게니우스와 아르보가스트는 이탈리아에서 적의 군대를 기다리면서 알프스 동부의 통로에 유피테르의 동상을 설치했다. 이때 이후로 금빛의 번개로 무장한 유피테르의 모습은 다시는 인간들 앞에 나타내지 않았다. 결전의 장소로 출발하기 앞서, 테오도시우스 1세는 테베 사막에 숨어살면서 자신의 승리를 예언해준 한 은둔자를 방문했다.

양측은 자신들의 신을 앞세워 전투를 벌였다. 그러나 승리의 행방은 기적적인 기상 현상에 의해서 결정되었다. 찬 공기를 몰고 오는 심한 북동풍이 유게니우스 진영에 포진한 군인들의 시야를 방해하여 거의 장님으로 만들어버린 것이었다. 유피테르와 아르보가스트 그리고 유게니우스는 패배의 운명을 피할 수 없었다. 승리는 예수의 이름으로 로마 제국의 황제 테오도시우스 1세의 지휘 아래 실현되었지만, 그럼에도 적들을 물리친 실질적인 세력은 알라리크가 이끈 이교도 고트족 전사들이었다.

밀라노에 입성한 테오도시우스 1세는 이곳에서 부종浮腫으로 사망했다. 로마 황제는 불과 50세였으며, 당시에 로마 제국의 중앙 정치 무대에서 벗어나 변두리로 전락해 있던 로마에는 한 번도 가지 않았다. 그는 비록 위대하지는 않았지만 훌륭한 군주였고, 비록 소심하고 세심하기는 했지만 현실 감각과 성실한 인품을 지니고 있었다.

황제는 죽기 전에 18세의 아르카디우스와 11세의 호노리우스를 남겼다.

제50장 종말

어린 나이의 호노리우스가 물려받은 서로마 제국은 이미 테오도시우스 1세의 통치 시대부터 동로마 제국의 직접적인 영향권 아래에 놓여 있던 위성국가에 불과했다. 서로마 제국은 주교와 교회의 영적인 힘에 위탁된 상태였지만, 현실적으로는 제국의 방어를 위하여 정부와 법에 의해서 이교 신앙을 가지고 있는 야만족을 국경 내부로 끌어들여야만 하는 숙명적인 과제를 안고 있었다. 그러나 로마 제국은 이미 내부적으로 해체 과정을 겪고 있었다. 국경 지역에서 벌어지는 빈번한 전쟁으로 더 이상 군대의 보호를 받지 못하게 된 작은 마을과 지방 공동체들은 독자적인 무력을 보유하고 있는 지방 세력가들에게 종속되어갔다. 세력가들은 시간이 갈수록 세력이 약화되고 있는 중앙 권력의 통제권으로부터 벗어나고 있었다. 이러한 중앙 권력의 약체화 현상은 디오클레티아누스 황제 이후 농민들을 토지와 토지 소유주들에게 더욱더 예속시키는 결과를 가져왔을 뿐만 아니라, 로마 사회를 더욱 숨 막히게 만들고 있던 법안들에 의해서 한층 가속화되고 있었다. 이제 농민들은 경작지의 농노로 전락했으며, 수공업자들도 좋든 싫든 자신들의 직종에 매이는 종속 현상이 확산되고 있었다. 이러한 환경에서 주민들은 이미 정해진 운명에 따라서 살면서 더 이상 아무런 변화의 가능성도 기대할 수 없었다. 비록 감시를 피해 농지나 상점들을 버리고 도망가는 데에 성공한 사람들도 있었지만, 잡히는 경우에는 더 이상 아무런 일자리도 찾을 수가 없었기 때문에 기아로 고통받다가 죽을 수밖에 없었다. 부유한 사람들은 무거운 세금에 시달렸으며, 거부할 경우에는 감옥에 가야만 했다.

이런 법률들은 비록 우리들의 시각으로는 상당히 어리석어 보이지만, 당시로서는 시대적인 변화를 반영하는 것이었다. 알다시피, 여러 조각으로 깨진 해골을 원래의 모양으로 원상 복구시키기 위해서는 석고를 이용할 수 있지만, 석고는 해골이 분해되는 것을 막을 수 없으며 다만 그 해체 과정을 지연시킬 뿐이다. 이 모든 것은 로마 제국과 로마의 문화 그리고 로마의 모든 주민들의 운명을 결정하는 심판관으로서 절대적인 역할을 수행하고 궁극적으로는 모든 사람들의 법적인 평등을 이루어, 주민들에게 피치자로서뿐만 아니라 주인공으로서의 적극적인 활동을 제시했던 법률 체계의 종말을 의미했다. 중세는 바로 이러한 시대 현실을 배경으로 시작되었다. 세력가는 정부의 관직을 독점하고 이를 이용해 더욱 많은 재산을 획득했다. 그리고 결국에는 대농장을 이루어 정부 조직을 파괴하기에 이르렀다. 세력가들은 자신의 영지에서 절대 권력을 행사하며 자신들만의 무장 세력을 보유하고, 아무런 희망이나 법적인 권리 그리고 심지어는 직업이나 거주지도 바꿀 수 없는 종속된 신분으로서 하루하루를 살아가는 예속 농민들에게 절대 권력을 가진 군주처럼 군림했다.

11세의 어린 나이에 붕괴되고 있던 서로마 제국을 유산으로 물려받은 호노리우스의 측근에는 게르만족의 일파로 알려진 반달족 출신의 플라비우스 스틸리코 장군이 있었다. 스틸리코의 등장은 어떤 면에서는 로마인들의 무능이 어느 지경까지 이르렀는지를 보여주는 예라고 할 수 있다. 군대의 수많은 장교들 중에 유일하게 현실 감각과 용기와 통찰력을 겸비한 인물은 스틸리코 한 사람뿐이었다. 장군은 테오도시우스 1세의 죽음 이후 밀라노와 콘스탄티노플 간의 불편한 관계로 인하여 야기된 상황을 조속히 처리함으로써 자신의 능력을 유감없이 발휘했다. 전임 황제는 제국을 양분했지만, 누가 어떤 지역을 차지할 것인가에 관해서는 언급하지 않았다. 아르카디우스는 동로마 제국의 황제가 된 후 스틸리코의 충고를 받아들여 다키아와 마케도니아를 자신의 소유지로 간주했다. 이 때문에 두 황제 사이에는 불화가 발생했다. 한편, 알라리크는 사전 약속에도 불구하고 그 어느 누구도 아르보가스트와의 전쟁에서 테오도시우스 1세를 위하여 자신이 보여준 노력에 대해서 대가를 지불하려고 하지 않자 콘스탄티노플로 진격했다. 만약 아르카디우스가 그리스를 제공할 용의가 있다고 설득하지 않았다면, 콘스탄티노플은 약탈을 피할 수 없었을 것이다. 방어 능력을 이미 상실한 제국은 속주를 희생양으로 해서 겨우 위험을 피할 수 있었다.

이에 굴욕감을 느낀 스틸리코는 아르카디우스 황제가 요청한 지원군을 콘스탄티노플로 보내면서, 야만족 출신의 지휘관인 가이나에게 아르카디우스 황제를 살해하도록 지시했다. 명령은 은밀하게 이행되었다. 피살된 황제의 후임에는 형제간의 화해를 마련하기 위해서 시종장 유트로피우스가 임명되어 두 제국 간의 화해 무드를 조성했다. 그리고 스틸리코는 이 상황을 이용하여 펠로폰네소스를 약탈하고 있던 알라리크를 제거하려고 했다. 서로마 제국의 스틸리코가 코린토스의 운하 지역에서 적들에게 날릴 결정타를 준비하고 있는 동안, 이를 시기한 동로마 제국은 고트족과 협정을 체결하고 장군에게 작전을 중지하도록 압력을 행사했다. 스틸리코는 울분을 삼키고 명령에 복종할 수밖에 없었다. 왜냐하면 그 당시 아르카디우스와 유트로피우스의 은밀한 지원 아래 아프리카에서 반란이 일어났으며, 같은 시기에 발칸 지역에서는 야만족들의 대규모 공격이 시작되었기 때문이었다. 콘스탄티노플의 동맹자인 알라리크는 알바니아와 달마티아를 통과하여 파다나의 평야 지역으로 진격했다. 영원한 제국의 번영을 믿으며 충성을 바치고 있었음에도 항상 홀로 남겨진 스틸리코 장군은 수많은 지역에서 끝없이 발생하는 반란과 침입으로 인해서 문자 그대로 말 위에서 평생을 보내야만 했다. 이탈리아로 돌아온 스틸리코는 우선 알라리크를 적당히 굴복시킨 후에 이들과 연합하여 사방의 강력한 적들에 대해서 공동으로 대처하려고 생각했다. 그리고 스틸리코는 제국의 수도를, 누구든 쉽게 접근할 수 있었던 밀라노에서 말라리아가 기승을 부리는 늪지대로 둘러싸여 있어 포위 공격이 불가능했던 조그만 마을인 라벤나Ravenna로 이전했다. 이것이 기원후 403년의 사건이었다.

서로마 제국은 알라리크의 서고트족과는 다른 동고트족의 침략이 시작되고 있던 거의 같은 시기에 수도를 이전함으로써 야만족들의 공격을 피할 수 있었다. 동고트족은 라다가이스의 지휘 아래 알프스를 횡단한 후 토스카나 지역을 향하여 가고 있었다. 한니발의 공격 이후 처음으로 이탈리아는 같은 형태의 공격에 또다시 노출되었다. 스틸리코는 군대를 모집하는 데에 거의 1년을 소비했다. 406년, 스틸리코는 막강한 군대를 조직하여 라다가이스의 야만족을 피에솔레에서 공격하여 전멸시킬 수 있었다. 그러나 같은 시기에 반달족, 알라니족 그리고 수에비족들은 마인츠에 설치된 로마 방어선을 돌파하여 갈리아로 침입했으나, 브리타니아로부터 이곳에 상륙한 제위 찬탈자 플라비우스 클라우디우스 콘스탄티누스의 공격을 받았다. 그러나 이들은 후퇴하지 않고 방향을 바꾸어 히스파니아를 약탈했다. 이로써 서로마 제국의 가장 아름다운 지역은 야만족들의 지배에 놓이게 되었으며, 이탈리아도 같은 운명에 노출되었다.

이런 대혼란 속에서도 스틸리코는 분별력을 가지고 행동한 유일한 인물이었다. 그는 알라리크와 지원을 전제로 협상을 전개하면서, 다른 한편으로는 이탈리아 주민들을 대상으로 군인을 모집했다. 그러나 주민들은 군 복무를 거부하면서, 스틸리코가 자신들을 배신하고 야만족에게 굴복했다고 비난했다. 과연 이런 상황 속에서 스틸리코가 어떤 군대를 이끌고 자신을 비난하는 주민들을 보호할 수 있었는지는 진정 신만이 알고 있었을 것이다. 공포에 질려 있던 호노리우스 황제는 충실한 부하로서 10년 동안 자신에게 봉사해온 스틸리코의 충정을 저버리고, 그를 체포하도록 명령했다. 스틸리코는 비록 얼마 남지 않은 제국의 군대가 모두 자신에게 충성을 맹세하고 있었기 때문에 반란을 일으켜 충분히 권력을 잡을 수도 있었으나, 그는 반란에 대한 욕망보다는 권위에 대한 존경심을 더 강하게 가지고 있었다. 결국 그는 라벤나 근교의 한 조그마한 교회에서 처형되었다. 이 사건은 아마도 로마의 이름으로 저질러진 범죄들 중에 가장 무식하고 어리석으며 불행한 행동으로 간주될 것이다. 이제 제국은 가장 충실한 신하를 잃었을 뿐만 아니라, 로마 제국에 충성한 대가가 무엇인가를 모든 야만족들에게 분명하게 알려주었다. 스틸리코와 같은 야만족 출신의 신하들은 풍전등화와도 같은 로마의 운명을 영웅적으로 지켜오던 관리이자 군인들이었다. 이들은 로마의 명성을 신봉하고 있었다. 그러나 로마는 스틸리코를 죽임으로써 자신의 손으로 제국을 처형해버리는 결과를 초래했다.

이후 제국의 상황은 급속하게 악화되었다. 알라리크는 그동안 논의되고 있던 동맹자의 입장을 철회하고, 이제는 정복자의 모습으로 이탈리아에 침입했다. 알라리크는 호노리우스 황제에게 협상을 제안했지만, 황제는 이를 수락할 용기마저 상실한 상태에서 반도의 나머지 지역을 적들이 약탈하는 대로 방치하고, 침실의 모기를 쫓으면서 라벤나에 틀어박혀 세인의 웃음거리가 되고 있었다. 알라리크는 직접 로마까지 진출하여 도시를 포위했다. 세계는 숨을 죽이고 앞으로의 결과를 지켜보고 있었다. 영원의 도시 로마도 결국은 약탈의 심연으로 던져질까?

알라리크는 로마가 별 저항 없이 항복하자, 적지 않게 당황하면서 부하들에게 로마 입성을 금지했다. 그리고 홀로 비무장 상태로 로마로 들어가 원로원에게 호노리우스 황제를 폐위할 것을 요청했다. 겨우 이름만을 유지하고 있던 원로원은 알라리크의 제안을 수락했다. 그러나 이듬해가 되어도 호노리우스가 황제로 계속 군림하자 알라리크는 로마로 다시 돌아가 도시를 공격했으나, 이번에도 약탈 행위를 금지시키려고 노력했다. 야만족들은 도시의 모든 지역들을 돌아다니면서 그 웅장한 규모에 놀라고 있었다. 게르마니아 지역 출신자들로서 조상 대대로 그곳에서 살아온 이들에게 로마는 도달할 수 없는 이상과 같은 존재로 보였다. 이들은 로마 주민들을 약탈하기보다는, 더 이상의 전투 능력을 상실한 상태에서 도둑질만을 일삼는 로마 주민들에 의해서 오히려 약탈을 당하는 신세가 되었다. 알라리크 자신도 테오도시우스 1세의 아름다운 딸이자 호노리우스와 아르카디우스의 이복동생인 갈라 플라키디아를 보는 순간 정복자로서의 위용을 버리고 마치 포로와 같이 행동했다. 그리고 이때부터 고트족은 자신들의 왕을 굴복시킨 여왕을 섬기게 되었다. 알라리크는 자신의 마지막 군사 모험인 아프리카 원정을 화려하게 치장할 목적으로 갈라 플라키디아를 동반했다. 그러나 알라리크는 칼라브리아 해안에서 아프리카 원정을 준비하던 중에 사망했다. 군인들은 자신들의 지도자를 기념하기 위해서 거대한 지하 무덤을 건설하고, 동원된 모든 노예들을 살해함으로써 아무도 그 무덤의 정확한 위치를 알지 못하도록 했다. 후계자로는 알라리크의 의제義弟인 아타울푸스가 임명되었다. 그는 아름다운 용모의 소년으로서, 얼마 전부터 갈라의 정부로 지내오고 있었다.

기원후 410년에 벌어진 야만족의 로마 약탈과 복잡한 황제 가문을 대신하여 야만족 왕가를 선호한 공주의 선택은 세계 전체를 공포 속으로 몰아넣기에 충분했다. 이교도들은 이것이 인간들의 배신에 대한 신들의 복수라고 말했다. 로마를 상대로 무려 4세기 동안 투쟁했던 그리스도교도들은 로마의 몰락을 갑자기 고아가 된 것 같은 느낌으로 바라보았으며, 당시의 상황을 적그리스도의 등장으로 해석했다. 성 히에로니무스는 당시의 현실을 '우리들의 눈에는 눈물이 마를 날이 없구나'라고 탄식했다.

그러나 호노리우스 황제는 당시의 이러한 상황에 별다른 관심을 보이지 않았다. 라벤나에 은둔하고 있던 황제는 갈라와 아타울푸스의 결혼을 승인하지 않고, 몰락하는 주변 상황을 전혀 인식하지 못한 채 단조로운 생활을 하다가 기원후 423년에 사망했다. 젊은 나이에 요절한 느낌이 없지는 않지만, 당시의 정세를 고려할 때 너무 오래 산 것 같은 느낌도 없지는 않다. 아타울푸스도 오래 살지 못하고 한 야만인의 칼에 살해되었다. 갈라는 과부가 되어 집으로 돌아왔다. 호노리우스 황제는 과부를 콘스탄티우스라는 한 멍청한 장군과 강제로 재혼시켰다. 그리고 아들이 없던 황제는 이들 사이에서 출생한 발렌티니아누스 3세를 자신의 후계자로 지목했다.

콘스탄티노플에서도 아르카디우스 황제가 이미 오래 전에 사망하고, 그의 후임으로 어린 아들인 테오도시우스 2세가 황제가 되었다. 두 로마 제국은 황제 자리를 둘러싼 동일한 성격의 비극으로 인해서 희비극이 연출되고 있었으며, 국경을 결정하는 문제로 서로 대립하고 있었다. 제국은 이미 오래 전부터 야만족들의 실질적인 지배하에 놓여 있었다. 그리고 게르만인의 사촌인 두 황제들은 현실적으로는 상실한 것이나 다름없던 속주들에 대하여 이론상의 군주권을 행사하고 있었다. 최후의 자긍심과 용기를 가지고 로마 세계를 지킨 것은 아프리카였다. 이곳에서는 오래 전에 반역죄로 몰린 보니파키우스 장군과 성 아우구스티누스 주교가 히포Hippo에서 가이세리크가 이끄는 반달족의 공격에 저항하고 있었다. 보니파키우스 장군은 실로 참혹하게 전개된 최후의 전투에서 패하고 말았다. 후에 성 아우구스티누스 주교는 자신의 『신국론 De Civitate Dei』에서 보니파키우스 장군의 위대함을 칭송했다.

로마 문화에 대한 게르만 문화의 압도적인 영향을 보여주는 사례는 황제 가문의 변화에서도 찾아볼 수 있다. 서로마 제국의 수도인 라벤나에서는 발렌티니아누스 3세가 황제로 등극했으나, 실질적인 제국의 통치권은 갈라 플라키디아의 손에 있었다. 그녀는 권력 유지의 수단으로서 야만족 플라비우스 아이티우스를 스틸리코의 후임으로 임명했다. 플라키디아가 로마인을 남편으로 받아들이려고 하지 않았다는 것을 고려한다면, 관리나 장군을 임명하는 데에서도 결코 로마인을 선호하지 않았을 것이라는 사실은 충분히 미루어 짐작할 수 있다. 아틸라가 이끄는 훈족이 성문 앞에 도착했을 때 플라키디아는, 자신이 아타울푸스와 그러했듯이 딸 호노리아를 아틸라에게 신부로 주겠다고 제안했다. 그녀는 이제 로마가 야만족들과의 싸움에서 이길 수 있는 방법은 침실에서의 투쟁(?)만이 유일하다고 믿고 있었다.

그러나 아틸라는 알라리크와 다른 인물이었다. 호노리아의 미모에 빠져 자족하기보다는 지참금으로 갈리아 전체를 요구했다. 이 지역은 제국의 가장 아름다운 지역이었다. 비록 제국의 권위가 명목만을 유지하고 있었지만, 라벤나의 황제는 이 제안을 수용할 수 없었다. 아틸라가 제국의 의사에 상관없이 이 지역을 무력으로 점령하자, 아이티우스는 훈족과 전쟁을 해야만 했다. 그러나 군대를 모집하는 것이 불가능해지자, 기적적인 외교술을 발휘하여 동고트족의 왕인 테오도리쿠스 1세를 전쟁에 끌어들였다. 이들 간에 벌어진 대규모 전투는 트루아 근처의 카탈라우눔Catalaunum 평야에서 전개되었다. 이 전투에서 비록 로마는 승리했지만, 로마다운 모습은 그 어디에서도 찾아볼 수 없었다. 이 전투는 로마화된 야만족이 최고 지휘권을 장악하고 다른 야만족을 격파한 것에 불과했다. 로마 군대의 야만족 장군은 전투에서 승리했지만, 같은 야만족으로서 질서 있게 퇴각하는 적들을 더 이상 추격하지 않았다. 이것은 적들을 완전히 제압할 충분한 전력을 보유하지 못했기 때문이었을까? 아니면 스틸리코가 고트족에게 그러했듯이, 이번에도 전투 후에 이들과 동맹을 희망했기 때문이었을까? 아무도 알 수 없는 일이다.

기원후 452년, 아틸라는 서로마의 역사에 다시 등장했다. 그러나 이번에는 갈리아를 공격하지 않고 곧바로 이탈리아로 진격했다. 모친이 죽은 후에 권력을 장악한 발렌티니아누스 3세는 로마를 포기했던 호노리우스의 전철을 반복하지 않았다. 동로마로 피신하라는 아이티우스의 충고를 무시하고, 어린 황제는 다시 로마로 수도를 옮긴 다음 운명을 함께하기로 결정했다. 황제는 교황 레오 1세와 담합하여 민치오 강에 주둔 중이던 아틸라에게 원로원 의원들로 구성된 사절단을 보내기로 합의했다.

전설에 따르면, 아틸라가 교황의 파문을 두려워하여 감히 로마를 공격하지 못했다고 한다. 그러나 아틸라가 이교도였다는 사실을 고려한다면 우리로서는 그에게 종교적 파문이 무엇을 상징했는가를 어렵지 않게 짐작할 수 있을 것이다. 어쨌든 아틸라는 아펜니노 산맥을 통과하지 않고, 알프스를 거쳐 북으로 방향을 바꾸었다. 그리고 이듬해에 사망했다. 한때 러시아에서 포 강에 이르는 방대한 영토를 통치하던 제국은 이제 하루살이와 같은 운명에 처해 있었다. 민중도 뿔뿔이 흩어져 빠른 속도로 슬라브족과 게르만족에 흡수되어, 야만족들의 하인으로 전락했다.

위험한 적의 몰락은 이탈리아와 유럽에는 커다란 행운이었다. 그러나 위기의 순간에 아이티우스 장군은 라벤나에 머물면서 협조하지 않았다. 아이티우스 장군의 비협조적인 태도를 용납하지 않던 발렌티니아누스 3세는 호노리우스가 스틸리코에게 그랬듯이, 아이티우스를 처벌할 좋은 기회로 생각했다. 어느 날 황제는 아이티우스 장군과 다투던 도중에 자신의 손으로 그를 살해했다. 이 사건 역시 또 하나의 치명적인 실수로 기록되었다. 로마 제국의 영내에 거주하면서 명목상의 군신 관계를 인정하고 복종하던 모든 야만족들에게 상당한 충격을 안겨주었기 때문이었다. 결국 얼마 가지 않아서 발렌티니아누스 3세는 마르스 광장에서 이들에 의해서 살해되었다. 아프리카의 실질적인 주인으로 등장한 반달족의 왕 가이세리크는 황제의 피살에 대한 복수를 외치면서 군대를 이끌고 로마로 진격했다. 실제로 가이세리크의 생각은 복수라는 명분을 이용하여 자신의 아들인 훈네리크를 죽은 황제의 딸인 유도키아와 혼인시킨 후에 황제로 추대하려는 것이었다. 결혼은 성사되었다. 그러나 이들의 결혼을 축하하는 연회에서 군인들이 로마를 약탈하는 심각한 사건이 발생했다. 이리하여 '반달로vandalo'라는 단어는 오늘날까지 '야만스럽다'는 의미로 사용되고 있다. 이와 동시에 서고트족의 새로운 왕 테오도리쿠스 2세는 갈리아에서 자신이 신임하는 인물인 아비투스를 또 다른 황제로 선출하도록 했다.

가이세리크는 급히 서둘러 아프리카로 돌아왔지만, 며느리와 발렌티니아누스 3세의 과부 장모, 그리고 다른 딸인 플라키디아와 10여 명의 로마 원로원 의원이 포함된 로마 상류 계층 인물들을 포로로 확보하는 것을 잊지 않았다. 이로써 로마가 그의 소유물로 전락했다는 사실이 다시 한 번 입증되었다. 아프리카에 도착한 가이세리크는 서둘러 함대를 조직하고 시칠리아, 코르시카 그리고 이탈리아 남부를 점령했다. 그러나 아비투스에게는 스틸리코와 아이티우스 같은 야만족 출신의 유능한 장군 리키메르가 있었다. 리키메르 장군은 대규모 해전에서 적을 물리친 후에 아비투스를 폐위시켰다. 자리에서 쫓겨난 아비투스는 피아첸차의 주교로 선출되어 신앙을 위안으로 삼으며 살아갔다. 한편 리키메르는 아비투스의 후임 황제로, 4년이 지난 기원후 457년에야 비로소 마요리아누스를 임명했다.

리키메르의 이러한 행동은 반달족, 서고트족 그리고 황제의 자리가 공석인 것을 이용하여 독립적인 지위를 획득하려고 노력했던 다른 모든 야만족들을 자신의 명령에 복종하도록 만들기 위한 포석이었다. 그러나 별다른 효과를 거두지는 못했다. 이들은 계속해서 자신들이 원하는 것을 할 뿐이었다. 마요리아누스는 자신을 배신하고 함대를 파괴했던 가이세리크에 대한 군사 원정을 시도했다. 그러나 진정한 의미의 통치권을 원하고 있던 리키메르는 마요리아누스가 황제권을 제대로 펼치려 한다는 것을 알고 분개한 나머지 그를 죽이고 자신의 꼭두각시인 리비우스 세베루스를 다시 황제로 옹립했다. 세베루스는 전임자에 비해서 융통성이 있던 인물이었다. 그러나 가이세리크는 다른 생각을 하고 있었다. 이제 그는 유도키아의 남편이며 동시에 자신의 부친인 훈네리크를 황제로 추대하려던 생각을 철회하고, 며느리의 여동생인 플라키디아와 결혼한 원로원 의원 아니키우스 올리브리우스에게 희망을 걸고 있었다. 그는 이전에 로마를 상대로 생각하고 있던 전쟁을 이제 신중한 준비를 앞세워 본격적으로 시작했다.

리키메르는 자신을 방어하기 위한 훌륭한 대책을 가지고 있었다. 이는 세베루스가 때마침 죽은 것을 기화로 황제의 직위를 콘스탄티노플이 신임하는 인물에게 제공하고, 그 대가로 동로마 제국의 지원을 기대한다는 것이었다. 이러한 계획에 따라서, 리키메르는 기원후 467년에, 이탈리아에 도착한 프로코피우스 안테미우스를 황제로 추대하고 1,000여 척의 배로 함대를 구성하여 바실리스쿠스 장군이 지휘하는 10만의 병력을 동원하여 튀니지 해안으로 파견했다. 바실리스쿠스 장군은 상륙한 직후에, 기습 작전을 전개하여 자신의 배들을 불태워버린 가이세리크와 5일간의 휴전 협정을 체결해야만 했다. 이 때문에 원정군의 사령관인 바실리스쿠스는 배신의 오해를 받게 되었다. 그러나 실제로 배신 행위는 콘스탄티노플의 황제가 계획한 것으로, 물밑 작업을 통해서 반달족의 왕인 가이세리크와 비밀리에 협정을 체결했던 것이다. 가이세리크는 이탈리아에 상륙하여 세 번째로 로마를 공격하여 약탈을 자행했다. 리키메르는 올리브리우스를 새로운 황제로 인정했지만, 둘 다 같은 해인 472년에 사망했다.

반달족은 글리케리우스를 황제로 추대하려고 했지만, 콘스탄티노플은 이를 거부하고 율리우스 네포스를 황제로 추대할 것을 요구하면서, 가이세리크의 동의를 얻기 위해서 아프리카 이외에도 시칠리아, 사르데냐, 코르시카, 발레아레스를 넘겨주는 지극히 불평등한 조약을 감수했다. 이듬해 서고트족의 왕인 유리크는 중립을 지키는 대가로 히스파니아를 획득했다. 부르군트족, 알레만니족 그리고 루기족은 갈리아의 나머지 지역을 나눠 가졌다. 서로마 제국의 영토는 이제 이탈리아로 대폭 축소되었다. 네포스는 오레스테스에게 명령하여 더 이상 유지가 불가능한 군대를 해산하도록 했다. 군대를 구성하고 있던 야만족들은 반란을 시도했으며, 오레스테스는 이들의 지휘자로서 명령권을 장악했다. 반란 소식에 놀란 네포스는 달마티아로 피신하여 황제가 될 목적으로 자신을 폐위시켰던 글리케리우스에게 갔다.

오레스테스는 자신의 아들인 로물루스 아우구스투스를 서로마 제국의 황제로 선포했다. 이 어린 소년에게는 얄궂은 의미의 에피소드가 따라다니는데, 이는 로마 제국의 마지막 황제인 이 어린 소년이, 로마 제국 최초의 황제와 동일한 이름을 가지고 있다는 것이었다. 그러나 야만족의 군대는 승리에 도취하여 포 강 유역의 평야를 원하는 이들, 에밀리아 지역을 점령하려는 이들, 토스카나를 차지하려는 이들 등, 이제는 이탈리아 반도까지 차지하려는 욕심을 품고 있었다. 이러한 야심을 가지고 있던 장교들 중의 한 사람인 오도아케르는 반란을 주동하고, 파비아Pavia에서 오레스테스를 공격하여 죽였다. 역사적으로 '아우구스툴루스Augustulus', 즉 아우구스투스 황제와 구별하기 위해서 '작은 아우구스투스'라고 부르던 로물루스 아우구스툴루스는 폐위되어 나폴리 근교의 호화로운 저택인 카스텔 델 우오보Castel dell'Uovo에 유배되었다. 오도아케르는 동로마 제국의 황제인 제노에게 제국의 깃발을 보내면서, 이 순간 이후 '로마인의 수호자'의 자격으로 이탈리아를 통치할 수 있도록 해달라는, 실질적으로는 통보나 다름없는 요청서를 전달했다.

이것으로 복잡하고, 어떤 면에서는 고통스러웠던 기나긴 만감萬感의 역사가 종식되었다. 그러나 보다 중요한 것은 이러한 비극이 사실상으로뿐만 아니라 명목상으로도 로마 제국의 진정한 몰락을 의미했다는 것이다. 그동안 제국을 상징하던 독수리들은 하늘로 날아가버렸다. 실로 오랜만의 비행이었다. 그리고 독수리들이 떠나간 자리에는 중세가 새로운 보금자리를 마련하고 있었다.

제51장 **결론**

여기에서 우리들의 역사는 종식된다. 모든 위대한 제국들과 마찬가지로, 로마 제국은 외부의 적에 의해서 무너진 것이 아니라 내부의 문제들로 인해서 스스로 붕괴되었다. 또한 로마 제국의 몰락은 로물루스 아우구스툴루스의 폐위로 결정되었다기보다는, 그리스도교가 제국의 공식적인 종교로서 공인되었다는 사실과 수도를 콘스탄티노플로 이전했다는 사실에 기인한다. 그러나 이런 이중적인 사건은 로마에 또 다른 역사의 시작을 의미하는 것이었다.

대부분의 학자들은 당시의 유럽이 경험한 재앙이 그리스도교와 북유럽 지역과 동유럽 지역으로부터 밀려들어온 야만족들의 침략에 의해서 시작되었다고 주장한다. 그러나 우리는 이런 주장을 믿지 않는다. 그리스도교는 아무것도 파괴하지 않았다. 다만 이교의 시신屍身, 즉 더 이상 아무도 믿지 않는 이교의 시신을 매장하고 그 빈자리를 채웠을 뿐이다. 종교는 신을 숭배하는 사원을 건축하거나 구체적인 예식을 거행하는 데에 그 중요한 의의를 가지고 있는 것이 아니라, 행동상의 도덕적인 모범을 제시하는 데에 그 핵심이 있다. 과거의 이교는 이런 규범들을 제공했다. 그러나 예수가 출생했을 때에는 과거의 이교적인 규범들은 더 이상 적용되지 않았으며, 인간들은 의식적이든 무의식적이든 또 다른 삶의 규범을 학수고대하고 있었다.

고대의 규범들은 새로운 종교의 등장으로 몰락한 것이 아니다. 오히려 그 반대라고 할 수 있다. 이 점을 분명하게 인식하고 있던 테르툴리아누스는 모든 이교 세계가 청산되는 과정에 있으며, 이 과정이 빠른 속도로 진행된다면 이는 모든 사람에게 다행스러운 일이라고 생각했다.

로마 제국은 이미 먼 옛날부터 외부의 적들과 대치하고 투쟁하면서 이들의 위협을 훌륭하게 극복하고 있었다. 알프스 산맥을 넘어 이탈리아에 출현했던 서고트족, 반달족 그리고 훈족은 과거에 카이사르와 마리우스가 용감하게 대적하여 격파했던 킴브리족, 테우토네스족 그리고 갈리아인들보다 훨씬 더 두려운 상대들은 아니었다. 훈족의 아틸라가 로마를 상대로 한 열 번의 대전투에서 승리했지만, 로마와의 전쟁에서 패배했던 카르타고의 한니발보다 더 훌륭한 장군이라고 믿을 만한 근거는 그 어디에서도 찾아볼 수 없다. 다만 아틸라의 출현은 일반 군인들은 제외하더라도, 갈리에누스 황제가 원로원 의원들에게 군 복무를 금지함으로써 대부분의 장교들까지 게르만족으로 구성될 수밖에 없었던 당시의 허약한 로마 군대를 더욱 의기소침하게 만들었을 뿐이었다. 어쩌면 로마는 이미 외국 군대에 의해서 점령되어 있었거나, 이들의 주둔 지역으로 전락해 있었다. 그러므로 소위 '침략'이라는 말은 로마 방위군의 구성원들이 한 야만족에서 다른 야만족으로 교체되었다는 사실을 의미하는 것에 지나지 않았다.

게다가 군사적인 위기는 이보다 좀 더 복잡한 원인들로 서로 얽혀 있는 생물학적인 몰락의 결과였을 뿐이다. 로마의 생물학적인 몰락은 가족 관계의 해체 현상과 산아 제한 그리고 낙태가 만연해 있던 고위층으로부터 그 조짐을 드러내기 시작했다(이 시점에서, '생선은 머리부터 썩기 시작한다'는 나폴리의 속담은 적지 않은 의미를 가진다고 하겠다). 포에니 전쟁 이후, 특히 카이사르의 시대부터 로마의 전통 귀족들은 역사적으로 세계에서 가장 방대한 지도 계층을 형성하여 수세기 동안 강력한 단결력과 용기 그리고 애국심을 로마의 '특성'으로 승화시키는 데에 결정적인 역할을 했다. 그러나 시간이 흐르면서 이들의 위대한 업적은 지나친 이기주의와 악습으로 변질되었다. 로마의 주축을 이루고 있던 가족 단위는 전쟁으로 인해서 대부분 파괴되었고, 이들의 후손들은 정치적인 탄압을 통해서 그리고 특히 자식들의 수가 급격히 감소함으로써 자연적으로 몰락했다. 카이사르와 베스파시아누스와 같은 위대한 개혁가들은 지방과 농촌의 신흥 부르주아 계층으로 구성된 강력한 정부를 구축하여 희망 없이 표류하던 제국의 암흑 속에서 빛을 밝히려고 노력했다. 그러나 이들도 다른 사람들과 마찬가지로 부패하고 있었으며 이미 제2세대는 나약한 겁쟁이로 전락하여, 비유하자면 '영화映畵 속의 도시'에서 어렵지 않게 찾아볼 수 있는 허구적인 이상을 맹목적으로 추구하는 인물들과 같았다.

이러한 좋지 못한 사례는 신속하게 확산되어, 이미 티베리우스 황제 시대에는 농민들이 자식을 많이 낳도록 격려금을 지불하는 지경에 이르게 되었다. 물론 다른 한편에서는 전염병과 전쟁의 참혹한 결과로 인해서 농촌에서도 산아 제한이 확산되면서 인구가 급격히 줄어드는 현상이 발생하기도 했다. 페르티낙스 황제는 재건 의지를 가지고 있는 사람들에게 버려진 농장을 무상으로 제공했다. 로마는 도덕의 문란과 이로 인한 물질적인 궁핍으로 외부인들, 특히 동유럽 지역의 주민들을 대량으로 유입시켰지만, 이들을 충분히 수용하여 노동력을 활용함으로써 새로운 삶의 활력을 재건하는 데에 필요한 시간적인 여유를 조성하지는 못했다. 로마인들과 이들의 동화 과정은 적어도 카이사르 시대까지는 잘 운영되었다. 이 당시의 갈리아인들은 시민권을 획득하거나 관리로 진출하거나 심지어는 원로원의 의원으로 출세하면서 로마인의 생활을 별다른 무리 없이 받아들였다. 그러나 고전 문명에 낯선 게르만족의 경우에는 이러한 동화 과정이 불가능했고, 동유럽 지역 원주민들의 경우에도 비록 제국 내에 정착하여 문화 생활에 동참했지만 결국에는 동화 과정의 모든 연결고리들을 파괴함으로써 참담한 결과를 가져왔다. 독재는 항상 불행을 가져온다. 그러나 상황에 따라서는 이것이 필요한 순간도 있게 마련이다. 카이사르가 제국을 재건하려고 할 때, 로마는 이러한 논리에 집착하고 있었다. 카이사르를 살해한 브루투스는 저속한 야심가라기보다는, 세균이 아닌 열을 제거함으로써 심각한 병세를 치료할 수 있다고 믿는 일종의 '작은 악마'라고 할 수 있다. 디오클레티아누스 황제의 사회주의적인 경험과 계획화는 분명히 사악한 것이었으며, 어떤 문제도 해결하지 못했다. 그럼에도 주변에서는 이 황제가 로마를 치유하려 한 '최후의 의사'라고 생각하고 있었다. 만약 문제를 해결하는 데에는 위로부터의 개혁이 이상적이라고 가정한다면, 로마는 임무를 가지고 태어나 이를 완벽하게 수행했으며 임무가 종결된 순간에 종말을 맞이했다고 할 수 있다. 로마의 임무는 그리스 문명, 동방 문명, 이집트 문명, 카르타고 문명 등과 같은 이전 시대의 여러 문명들을 흡수하고 이를 전 유럽과 지중해 주변 지역에 확산시키는 것이었다. 로마는 철학과 예술 그리고 과학 분야에서 위대한 발명의 업적을 남기지는 않았지만, 여러 문화들의 상호 작용을 촉진하는 통로이자 이를 지켜주는 군대로서, 질서 있는 발전을 보장하기 위한 방대한 조직의 법률 체계로서 그리고 이 모든 것을 보편적인 차원으로 끌어올리기 위한 언어의 공급자로서의 역할을 훌륭하게 수행했다. 뿐만 아니라 로마는 군주제와 공화제, 귀족정과 민주정, 자유주의와 독재 등과 같은 정치 체제를 발명하지는 않았지만, 이들을 위한 최적의 실험실을 제공했으며 이들을 모델로 정착시키고 각각의 정치 형태에 자신의 현실적인 감각과 조직력을 부여했다.

콘스탄티누스 황제의 등장에 힘입어, 로마는 이후 1,000년간 더 지속된 동로마 제국(비잔틴 제국)에 자신의 행정 기구를 전수할 수 있었다. 이와 마찬가지로 그리스도교는 전 세계를 대상으로 한 종교적 승리를 위해서 로마의 종교가 되어야만 했다. 베드로는 아피아 도로, 카시아 도로, 아우렐리아 도로 그리고 로마의 건축가들이 건설한 다른 모든 도로들이 사막의 모래 위에 새겨진 일시적인 흔적이 아니라는 사실을 일찍부터 주목함으로써 비로소 예수의 선교사들이 성공할 것이라는 사실을 누구보다 잘 간파하고 있었다. 베드로의 후계자들은 이교의 도시인 로마에 확산되어 있던 종교 세계에서 이미 사용된바 있었던 최고 사제Summus Pontifex라는 명칭으로 불렸다. 유대교의 지나치게 비타협적인 규정에 반대하여, 교황들은 새로운 그리스도교 의식에 수많은 이교적인 요소들을 첨가했다. 예를 들면, 예식의 화려함, 몇몇 의식들에서 나타나는 인상적인 장면들, 라틴어 그리고 심지어는 성인들의 숭배에서 발견되는 다신론적인 흔적들을 지적할 수 있다.

이와 같이 로마는 이제 더 이상 제국의 정치 중심지가 아니라, 그리스도교 세계의 구심점으로서 카푸트 문디Caput mundi, 즉 세계의 중심으로 재등장했다. 그리고 이 구도는 종교개혁 시대까지 지속되었다.

세상의 그 어느 도시도 로마처럼 수많은 모험을 경험하지는 못했다. 로마의 역사는 자신이 범한 엄청난 죄악들까지도 사소한 것으로 보이게 할 만큼 실로 위대한 것이었다. 아마도 이탈리아에 불행을 가져온 원인은 바로 이상에서 언급한 사실들에 기인한다고 볼 수 있다. 즉 다른 표현을 빌리자면, 과거의 로마는 이름이나 지난 역사가 보여주듯이 위대한 제국의 중심지였다. 반면에 오늘날의 로마는 '힘내라 로마Forza Roma!'라는 구호를 들을 때마다 예외 없이 축구 경기를 떠올리는 너무나도 평범한 이탈리아인들의 수도가 되어버렸다.

로마 제국 연대기

로마의 성립

기원전

2000년경 : 북방 부족들이 이탈리아로 남하하여 반도의 원주민들인 리구르족, 시쿨리족과 혼합. 그리고 이로부터 움브리아족, 사비니족, 라틴족 등이 새로이 형성.

1000년경 : 라티움 지역의 중심지, 알바롱가의 발전.

753년 4월 21일 : 전통적인 로마의 성립년도.

600년경까지 : 농업 세력 출신 왕들의 시대.

600~509년 : 상업 세력 출신 왕들의 시대.

원로원과 로마의 민중

509년 : 로마로부터 에트루리아족이 추방됨. 로마에 새로운 공화정이 등장. 카르타고와 평화 협정 체결.

493년 : 로마 평민들이 항의의 상징으로 몬테 사크로(Monte Sacro) 산으로 가서 농성. 레질로(Regillo) 호수 전투에서 로마가 승리. 로마와 라틴족 간에 카시아눔 동맹(foedus Cassianum) 체결.

451~449년 : 10인 위원회(Decemviri)의 임기를 2년으로 결정. 12동판법 제정.

449년 : 로마 평민들의 일부가 또다시 추방됨.

445년 : 전통 귀족과 평민 간의 결혼에 관한 카눌레우스 법(Lex Canuleia) 제정.

396년 : 로마와 베이오와의 약 한 세기에 걸친 전쟁에서 베이오가 패배.

386년 : 브렌누스가 이끄는 갈리아인들이 로마 군대를 격파하고 로마를 약탈.

343~341년 : 제1차 삼니움 전쟁.

327~304년 : 제2차 삼니움 전쟁.

321년 : 로마 군대가 삼니움족에게 패배하여 포르카이 카우디나이(forchae caudinae)의 굴욕을 당함.

298~290년 : 제3차 삼니움 전쟁.

295년 : 센티노(Sentino) 전투.

287년 : 호르텐시우스 법(Lex Hortensia) 공포.

283년 : 바디모네(Vadimone) 호수 전투에서 로마 군대가 갈리아-에트루리아 연합군을 격파.

280~273년 : 로마와 타란토의 전쟁.

280년 : 에라클레아(Eraclea) 전투에서 피로스 왕이 첫 번째 승리를 거둠.

279년 : 아스콜리 사트리아노(Ascoli Satriano) 전투에서 피로스 왕이 두 번째 승리를 거둠.

278~276년 : 피로스 왕이 카르타고로부터 시칠리아의 그리스 식민지들을 방어하기 위하여 싸움.

275년 : 베네벤토(Benevento) 전투에서 피로스 왕이 패배.

272년 : 타란토 함락.

270년 : 로마 군대의 레지오(Reggio) 입성.

264~241년 : 제1차 포에니 전쟁.

260년 : 밀라초(Milazzo) 해전에서 로마의 장군, 가이우스 두일리우스가 승리.

256년 : 에크노모(Ecnomo) 전투에서 아틸리우스 레굴루스가 승리한 후에 아프리카에 상륙.

255년 : 아틸리우스 레굴루스가 포로가 됨.

242년 : 에가디(Egadi) 제도 해전에서 루타티우스 카툴루스가 카르타고를 격파.

240년 : 리비우스 안드로니쿠스의 초기 작품 활동으로 라틴 문학이 성립.

238~233년 : 로마가 리구르족을 공격.

238년 : 로마가 코르시카와 사르데냐를 점령.

225년 : 탈라모네(Talamone) 전투에서 갈리아인들이 결정적 패배를 당함.

218~201년 : 제2차 포에니 전쟁.

218년 : 카르타고의 한니발, 알프스 산맥 횡단 후 사군토(Sagunto)를 점령하고, 티치노(Ticino)와 트레비아(Trebbia)에서 로마 군대를 격파.

217년 : 트라시메노(Trasimeno) 호수 전투에서 로마 군대가 패배. 퀸투스 파비우스 막시무스가 한니발을 로마로부터 멀리 유인하는 데에 성공.

216년 : 8월, 칸나이(Cannae) 전투에서 로마 군대가 대패. 한니발은 카푸아(Capua)로 퇴각.

216~204년 : 한니발, 새로운 전쟁을 위한 지원을 카르타고로부터 받지 못함.

212년 : 로마가 시라쿠사(Siracusa)를 탈환. 아르키메데스 사망.

211년 : 로마가 카푸아를 탈환.

207년 : 한니발을 지원하기 위한 하스드루발의 군대가 메타우로(Metauro) 강에서 로마 군대에 패배.

215~205년 : 로마가 마케도니아의 필리포스 5세와 전쟁을 치름. 평화 협정 체결.

204년 : 스키피오의 로마 군대가 아프리카에 상륙. 한니발은 이탈리아에서 철수.

202년 : 카르타고의 한니발이 아프리카의 자마(Zama) 전투에서 스키피오의 로마 군대에게 패배.

201년 : 카르타고와 평화 회담.

197년 : 로마와의 새로운 전투에서 마케도니아의 필리포스 5세가 키노스 세팔라이(Cynoscephalae)에서 집정관 플라미니우스에게 패배.

196년 : 집정관 플라미니우스가 마케도니아의 탄압으로부터 그리스의 해방을 선언. 에트루리아(Etruria)에서 노예반란이 일어남.

195~190년 : 로마가 시리아의 안티오코스 1세와 전쟁을 치름. 마그네시아에서 안티오코스 1세를 격파.

186년 : 아풀리아(Apulia)에서 다시 노예반란이 일어남.

171~168년 : 로마가 마케도니아의 페르세우스와 전쟁을 치름. 피드나(Pidna)에서 페르세우스를 격파.

149~146년 : 제3차 포에니 전쟁.

146년 : 로마가 카르타고를 파괴하고, 코린토스를 약탈.

139~133년 : 시칠리아에서 노예반란이 일어남.

133년 : 티베리우스 그라쿠스가 호민관으로 선출. 농지개혁안 제출.

123년 : 가이우스 그라쿠스가 호민관으로 선출.

117~105년 : 로마와 누미디아의 유구르타 간의 분쟁이 전쟁으로 확대.

102년 : 로마의 마리우스가 아쿠이 섹스티아이(Aquae Sextiae, 지금의 엑상프로방스)에서 테우토네스족을 격파.

101년 : 로마의 마리우스, 베르켈라이와 라우디아 평야에서 킴브리족을 격파.

100년 : 마리우스가 생애 여섯 번째로 집정관에 임명.

90~88년 : 이탈리아 반도의 중남부 지역 속주들에서 로마 정부에 대항한 사회 전쟁[이른바 동맹시전쟁]이 일어남. 모든 이탈리아 주민에게 로마 시민권을 부여.

88년 : 술라의 로마 진군 그리고 마리우스의 피신.

86년 : 술라가 카이로네이아(Chaeroneia)에서 미트라다테스 6세의 군대를 격파.

82~79년 : 술라의 독재.

78년 : 기원전 77년에 권력을 양위하고 은퇴한 술라가 사망.

72년 : 히스파니아에서의 세르토리우스의 반란으로 야기된 오랜 전쟁이 종식.

74~64년 : 로마가 미트라다테스 6세와 두 번째 전쟁을 치름.

72~71년 : 스파르타쿠스가 지휘하는 노예반란이 일어남.

69년 : 루쿨루스가 아르메니아를 점령.

67년 : 폼페이우스가 해적을 소탕.

63년 : 키케로가 집정관으로 재임 중, 카틸리나의 음모가 발생.

60년 : 카이사르, 폼페이우스 그리고 크라수스의 제1차 삼두정치 성립.

58~51년 : 카이사르가 갈리아를 정복.

53년 : 크라수스가 동방의 파르티아인들과의 전투에서 전사.

카이사르 가문의 시대

49년 : 1월, 카이사르가 갈리아에 주둔 중인 자신의 군대를 이끌고 루비콘 (Rubicon) 강을 건넘. 폼페이우스의 추종자들과 히스파니아에서 전쟁을 치름.

48년 : 카이사르가 그리스에서 폼페이우스와 전쟁을 치름. 카이사르가 파르살로스(Pharsalos) 전투에서 승리하고, 폼페이우스는 도주. 폼페이우스는 이집트에서 프톨레마이오스 13세에게 살해됨.

48~47년 : 카이사르가 프톨레마이오스 13세와 이집트에서 전쟁을 치름.

47년 : 카이사르가 젤라(Zela)에서 파르나케스 2세를 격파.

47~46년 : 카이사르가 폼페이우스의 잔당과 아프리카에서 전쟁을 치름. 타프소스(Thapsos) 전투에서 승리.

46~45년 : 카이사르가 폼페이우스의 잔당과 히스파니아에서 전쟁을 치름. 문다(Munda) 전투에서 승리.

44년 : 3월 15일, 카이사르 피살.

43년 : 안토니우스, 옥타비우스 그리고 레피두스의 제2차 삼두정치 성립. 키케로가 삼두정치인들의 명령으로 살해됨.

42년 : 브루투스와 카시우스가 필리피(Philippi) 전투에서 사망.

40년 : 옥타비우스와 안토니우스의 군대가 페루자에서 충돌. 안토니우스는 페르시아로 도주.

31년 : 옥타비우스가 악티움(Actium)에서 안토니우스-클레오파트라 연합 군과 전투를 치름.

29년 : 옥타비우스가 로마의 군주로 등장하여 승리 의식을 거행.

27년 : 원로원이 모든 권력과 아우구스투스라는 칭호를 옥타비우스에게 제공.

기원후

4년경 : 팔레스티나에서 예수 그리스도 탄생.

9년 : 게르마니아에서 테렌티우스 바로가 이끄는 로마 군대가 대패.

14년 : 아우구스투스 황제 사망.

클라우디우스 왕조의 황제들

14~37년 : 티베리우스 황제의 통치.

26년 : 티베리우스 황제가 카프리로 은퇴.

30년 : 추측건대, 예루살렘에서 예수가 처형됨.

31년 : 세야누스 사망.

37~41년 : 칼리굴라 황제의 통치.

41~54년 : 클라우디우스 황제의 통치.

54~68년 : 네로 황제의 통치.

64년 : 로마에서 대화재 발생. 네로 황제가 그리스도교인들에게 책임을 전가함. 그리스도교 대박해 시작.

68~69년 : 세 명의 황제 등장? 갈바, 오토, 비텔리우스의 통치.

플라비우스 왕조의 황제들

69~79년 : 베스파시아누스 황제의 통치.

70년 : 티투스의 로마 군대가 예루살렘을 파괴.

79~81년 : 티투스 황제의 통치.

79년 : 베수비오 화산 폭발.

81~96년 : 도미티아누스 황제의 통치.

96년 : 도미티아누스 황제가 살해되자, 원로원은 네르바를 황제로 임명.

98년 : 네르바 황제가 사망하자, 트라야누스를 황제로 임명.

98~117년 : 트라야누스 황제의 통치.

101~107년 : 다키아 지역에 대한 정복전쟁.

113~117년 : 동방의 파르티아에 대한 정복전쟁.

117~138년 : 하드리아누스 황제의 통치.

138~161년 : 안토니누스 피우스 황제의 통치.

161~180년 : 마르쿠스 아우렐리우스 황제의 통치.

165~180년 : 콰디족, 랑고바르디족, 마르코만니족, 사르마티족과 전쟁을
치름.

180~192년 : 콤모두스 황제의 통치.

193년 : 1년간 헬비우스 페르티낙스, 디디우스 율리아누스, 클로디우스 알
비누스, 셉티미우스 세베루스 그리고 페스켄니우스 니게르가 황제로 등
장함.

세베루스 왕조의 황제들

193~211년 : 셉티미우스 세베루스 황제의 통치.

211~217년 : 카라칼라 황제의 통치.

212년 : 제국의 모든 자유인들에게 로마 시민권을 부여.

217~218년 : 마크리누스 황제의 통치.

218~222년 : 엘라가발루스 황제의 통치.

222~235년 : 세베루스 알렉산데르 황제의 통치.

235~268년 : 군사적인 무정부 상태 발생.

막시미누스 황제의 통치.

황제 고르디아누스 1세의 통치.

발비누스 황제의 통치.

황제 고르디아누스 2세의 통치.

필리푸스 황제의 통치.

데키우스 황제(249~251)의 통치.

갈루스 황제의 통치.

아이밀리아누스 황제의 통치.

발레리누스 황제의 통치.

갈리에누스 황제의 통치(253~268)

268~270년 : 클라우디우스 2세의 통치.

270~275년 : 로마의 재건자(Restitutor Orbis) 아우렐리아누스 황제의 통치.

275~276년 : 타키투스 황제의 통치.

276~282년 : 프로부스 황제의 통치.

282~283년 : 카루스 황제의 통치.

284~305년 : 디오클레티아누스 황제의 통치.

301년 : 물가에 관한 법령 제정.

303년 : 그리스도교인들에 대한 법령 제정.

305년 : 디오클레티아누스 황제의 양위.

305~306년 : 콘스탄티우스 1세 클로루스 황제의 통치.

305~312년 : 갈레리우스 황제, 막시미아누스 황제, 막센티우스 황제, 세베루스 황제, 막시미누스 황제, 콘스탄티누스 황제 간의 권력 쟁탈이 벌어짐.

312년 10월 27일 : 막센티우스 황제가 로마 근처의 밀비우스(Milvius) 다리 전투에서 테오도시우스 장군에게 패배.

312~337년 : 콘스탄티누스 황제의 통치(이미 307년에 아우구스투스로 임명됨).

311년 : 갈레리우스 황제가 친그리스도교적 법령을 공포.

313년 : 콘스탄티누스 황제가 친그리스도교적인 밀라노 칙령을 공포.

325년 : 콘스탄티누스 황제가 아리우스파의 처단을 위한 니케아 종교회의를 개최.

330년 : 비잔틴의 수도 신로마, 콘스탄티노플의 건설.

337년 : 콘스탄티누스 황제 세례를 받음. 그리고 사망.

337~361년 : 황제 콘스탄티우스 2세의 통치.

340년 : 황제 콘스탄티누스 2세가 사망함.

350년 : 황제 콘스탄스 1세가 사망함.

350~353년 : 마그넨티우스가 반란을 일으킴.

355년 : 황제 콘스탄티우스 2세에 의해서 율리아누스가 카이사르로 임명.

361~363년 : 율리아누스 황제의 통치.

363~364년 : 요비아누스 황제의 통치.

364~375년 : 황제 발렌티니아누스 1세의 통치.

364~378년 : 발렌스 황제(발렌티니아누스 1세의 동료)의 통치.

367~383년 : 그라티아누스 황제(발렌티니아누스 1세의 동료이자 후계자)의 통치.

374년 : 리구리아와 에밀리아의 통치자 암브로시우스가 밀라노의 주교로 선출됨.

375~392년 : 황제 발렌티니아누스 2세의 통치.

378년 : 발렌스 황제가 고트족과의 아드리아노폴리스 전투에서 패배 후 살해됨.

379년 : 그라티아누스 황제가 테오도시우스 1세를 동료로 선택.

379~395년 : 황제 테오도시우스 1세의 통치.

383~388년 : 마그누스 막시무스 황제의 통치.

392~394년 : 플라비우스 유게니우스 황제의 통치.

394년 : 플라비우스 유게니우스 황제가 프리기두스(Frigidus) 강에서 벌어진 황제 테오도시우스 1세와의 전투에서 전사.

395년 : 아르카디우스 황제와 호노리우스 황제가 제국을 양분.

395~408년 : 아르카디우스 황제의 통치.

395~423년 : 호노리우스 황제의 통치.

408년 : 스틸리코 장군이 살해됨.

408~450년 : 황제 테오도시우스 2세의 통치.

410년 : 알라리크가 로마를 약탈. 그러나 원정을 준비하던 중 사망.

410~415년 : 아타울푸스, 서고트족의 왕.

425~455년 : 황제 발렌티니아누스 3세의 통치.

430년 : 가이세리크가 이끄는 반달족이 아프리카의 히포(Hippo)를 포위. 이곳에서 성 아우구스티누스가 사망.

451년 : 아틸라가 이끄는 훈족이 갈리아를 침공했으나, 카탈라우눔 평야에서 아이티우스 장군에 의해서 격퇴.

452년 : 아틸라가 이탈리아 반도에서 교황 레오 1세와 회담 후 퇴각.

453년 : 아틸라 사망.

454년 : 발렌티니아누스가 아이티우스 장군을 살해.

455~456년 : 아비투스 황제의 통치.

455년 : 반달족이 로마를 약탈.

457~461년 : 마요리아누스 황제의 통치.

461~465년 : 리비우스 세베루스 황제의 통치.

467~472년 : 안테미우스 황제의 통치.

472년 : 올리브리우스 황제의 통치. 리키메르 장군 사망.

473~474년 : 글리케리우스 황제의 통치.

474~475년 : 율리우스 네포스 황제의 통치.

474년 : 가이세리크가 아프리카, 시칠리아, 사르데냐, 코르시카 그리고 발레아레스의 군주로 인정됨.

475년 : 서코트족의 왕 유리크가 히스파니아를 획득. 갈리아 지역은 부르군디족, 알레만니족 그리고 루기족에 의해서 3등분됨.

475~476년 : 로물루스 아우구스툴루스 황제의 통치.

476년 : 오도아케르가 로물루스 아우구스툴루스 황제를 폐위시키고, 동로
　　　마 제국의 황제 제노에게 제국의 깃발을 보내면서 '로마인의 수호자'라
　　　는 이름으로 서로마 제국을 통치하기 시작하면서 서로마 제국의 통치권
　　　은 종식됨.

옮긴이의 말

　얼마 전 서커스출판상회의 김석중 대표로부터 한 통의 전화를 받았다. 수년 전 번역했던 『로마 제국사 *Storia di Roma*』를 다시 출간하겠다는 제안과 함께, 이 책의 행간에 담긴 여러 이야기들과 성찰의 동기들이 우리 시대의 거울이라고 했다. 그렇다! 오래 전 '우리 시대 자화상'이라는 표현이 떠올랐다. 출판사의 제안을 반갑게 수용했다. 이 책을 번역하면서 경험했던 지적 유희의 신선함과 시공간 여행의 소소한 즐거움을 독자들과 공유하고 싶다는 생각을 했기 때문이었다.

　이 책의 저자인 인드로 몬타넬리Indro Montanelli(1909~2001)는 지난 20세기 이탈리아 저널리즘을 대표하는 지성인이었다. 이제 그는 역사의 기억으로만 남게 되었지만, 난 지금, 그의 신선한 지성이 숨쉬는 『로마 이야기』의 역자 후기를 쓰고 있다. 그는 역자의 기억 속에 남아 있기에 살아 있는 것과 다름없다.

　저자는 로마 제국의 전 기간에 걸친 문화와 정치의 굵직한 사건과 현상들을 특유의 날카로운 시선으로 읽어나가고 있다. 그는 로마의 역사를 주제로 다루었지만 결코 평범한 역사책을 쓰지는 않았다. 궁극적으로 몬타넬리는 로마 제국의 많은 에피소드들을 빗대어 독자들의 시대를 성찰하고 있다. 포에니 전쟁에서 그리스도교의 공인까지, 카토에서 율리우스 카이사르를 거쳐 제국 말기 여러 황제들의 흔적에 이르기까지 제국의 거의 모든 주인공들을 우리 시대로 소환하고 있는 것이다. 몬타넬리의 글에서는 때로는 바늘의 날카로움 같은, 때로는 고대 로마의 아피아Appia 가도를 산책하는 한 산문 작가의 모습이 교차한다.

로마는 하루아침에 이루어지지 않았다. 부자가 망해도 3년 간다고 하듯이, 하루아침에 멸망하지도 않았다. 로마는 게르만의 유입으로 몰락했다고 하지만 이들은 이미 기원후 2~3세기부터 제국의 영내로 향하고 있었다. 고대 지중해 제국의 포용성에 빗대어 다인종, 다문화, 다종교의 위대한 글로벌 사회를 의미하는 것이기도 하다. 로마의 위대함은 아무리 강조해도 지나치지 않다. 하지만 이러한 명망의 기억에도 사실적 기반에 대한 고찰이 필요하다. 사실상 로마의 역사도 성역聖域이 아니다. 일상의 생로병사이자, 지상地上의 시공간에 남겨진 원형이 정元亨利貞의 무늬(文)였다.

로마는 고대 지중해 문명을 통합하고, 소小문명권을 대변하는 그리스 도시국가 문명과 대大문명권을 상징하는 이집트와 메소포타미아의 역사와 문화를 상속했다. 고대 지중해 문명에 접변된 모든 지적, 물리적 유산을 승계했으며 지중해와 유럽의 여러 지역들을 연결하는 도로들을 통해 문화의 유통과 분배를 실천했다. 로마는 고대 지중해 문명의 완성이었으며 훗날, 게르만의 유입과 더불어, 이슬람의 지중해 출현을 통해 탈脫고대의 지중해 문명에 자리를 내어주었다. 로마는 전성기의 위대함 못지않게 자신의 몰락을 통해서도 새로운 지중해 문명의 밑거름이 되었다.

저자가 자신의 서문에서 언급했듯이, 로마는 경직된 역사도,

추상적인 역사도, 예외적이고 초자연적인 역사도, 생동감을 상실한 화석의 역사도 아니었다. 로마는 신화가 아니라, 다채로운 표정과 기벽奇癖, 절망과 생동감으로 상징되는 피와 살의 역사였다. 또한 신성했지만 세속적이기도 했으며, 강했던 반면 나약한 일면이 있었고, '너그러움'의 미덕과 잔혹함의 결단, 언행의 소박함과 화려함을 모두 갖추고 있었다.

우리가 로마의 역사에 그토록 오랫동안 관심을 가지는 이유는 무엇일까? 18~19세기의 유럽 중심주의 역사 연구를 배경으로 서양 고대사의 성역이 되어버린 그리스-로마 문명의 시원始原때문일까? 다른 이유가 있다면 그것은 상반相反의 공존일 것이다. 로마는 로물루스와 레무스의 신화에서 마지막 황제 아우구스툴루스의 비통함에 이르기까지 문명 교류의 여정에서 상반의 상호보완성 관계 구도를 유지했으며 이를 통해 갈등과 협력의 위대한 역사를 연출했다.

이번에 새롭게 출간되는『로마 이야기』는 대학의 강의실과 전문 연구자의 저서나 논문들과는 달리, 로마사의 실제 주인공들이 남긴 그들의 진솔한 이야기를 한 시대의 지성을 대표했던 인드로 몬타넬리를 통해 들려주고 있다. 독자들은 이 책을 읽으면서 논픽션의 멋진 영화 한 편을 보는 듯한 경험을 하게 될 것이다. 이 책이 눈으로 상상하고 소박한 마음으로 감동할 수 있는 소수의 저술들 중 하나이기 때문이다. 우리가 역사에서 배우는 것이 있다면 책의 행간에서 드러나는 감동을, 시공간의 간극을 초월해 현재의 삶을 위한 실재의 잣대로 가공하는 즐거움 때문일 것이다.『로마 이야기』는 쉽게 읽힌다. 독서가 깊어지면서 이에 생각의 폭과 깊이가 비례한다. 지적 유희는 독자를 위한 덤이다.

번역도 창작과 별반 다르지 않다. 번역에도 크고 작은 대가가 따르기 때문이다. 번역의 미숙함은 물론, 문화 간 차이에서 비롯되는 표현과 이해의 차이들이 존재한다. 행간에 대한 직역보다는 상황의 정서들을 우선시했던 경우도 적지 않았다.

『로마 이야기』의 출판에 있어 표현의 미숙함이 있다면 모두 역자의 책임이며, 감동은 독자들의 몫이다.

전 세계가 코비드 19로 많은 어려움에 직면하고 있다. 삶이 수많은 사람들과의 관계 형성과 그 변천의 축적이었다는 사실이 새삼스럽다. 하지만 우리는 코비드 19 이전의 시대로 돌아가지 못할 것이다. 역사적으로 과거를 지향했던 모든 시도는 성공하지 못했다. 우리에게도 예외는 아닐 것이다. 책을 읽는 것도 타인들과 소통하는 또 하나의 선택이다. 사람이 보이지 않는다고 대화가 단절되는 것은 아니다. 글도 쓰는 사람이나 읽는 사람 모두에게 세상과, 무엇보다 나 자신과 마주하는 기회이다.

금정산 기슭에서 지중해를 꿈꾸며
김정하

옮긴이 | 김정하

한국외국어대학교 이탈리아어과를 졸업하고 이탈리아 시에나 국립대학교에서 역사학 (중세문헌학) 박사학위를 취득했다. 현재는 부산외국어대학교 지중해지역원 HK 연구 교수로 재직하고 있다. 저술로는 『기록물 관리학 개론』 『남유럽의 전통 기록물 관리』 『지중해 다문화 문명』 『지중해 문명 교류 사전』(공저)이 있으며 옮긴 책으로는 『중세 허영의 역사』 『서양 고문서학 개론』 『서양 고서체학 개론』 『책공장 베네치아』 『크리스 토파노와 흑사병』 카를로 긴즈부르그의 『치즈와 구더기』(공역)와 『밤의 역사』가 있다.

로마 이야기

초판 1쇄 발행 2021년 2월 28일

지은이 인드로 몬타넬리
옮긴이 김정하

펴낸곳 서커스출판상회
주소 경기도 파주시 광인사길 68 202-1호(문발동)
전화번호 031-946-1666
전자우편 rigolo@hanmail.net
출판등록 2015년 1월 2일(제2015-000002호)

ⓒ 서커스, 2021

ISBN 979-11-87295-55-6 03920

이 도서의 국립중앙도서관 출판예정도서목록(CIP)은 서지정보유통지원시스템 홈페이지(http://seoji.nl.go.kr)와 국가자료공동목록시스템(http://www.nl.go.kr/kolisnet)에서 이용하실 수 있습니다. (CIP제어번호: CIP2020052548)